ANNA KATHARINA EMMERICH
LEBEN DER HL. JUNGFRAU MARIA

LEBEN
DER HL. JUNGFRAU MARIA

Nach den Betrachtungen

der gottseligen

Anna Katharina Emmerich

Augustinerin des Klosters Agnetenburg zu Dülmen
(† 9. Februar 1824)

Aufgeschrieben von
CLEMENS BRENTANO

PATTLOCH VERLAG

Aus den religiösen Schriften Clemens Brentanos herausgegeben und mit einem Nachwort versehen von Bernard Pattloch

Imprimatur:
Würzburg, 13. Mai 1964
Wittig
Generalvikar

Pattloch Verlag 1989
9. Auflage
© Weltbild Verlag GmbH, Augsburg
Gesamtherstellung: Wiener Verlag, Himberg bei Wien
Einbandentwurf: Werner van Treeck
ISBN 3 629 91005 X

INHALTSVERZEICHNIS

Allgemeines von den Voreltern der heiligen Jungfrau	9
Die Voreltern der heiligen Anna — Essener	12
Joachim, am Tempel verschmäht, zieht zu seinen Herden	36
Anna empfängt die Verheißung der Fruchtbarkeit und reist zum Tempel	38
Joachim, vom Engel getröstet, opfert wieder am Tempel	41
Joachim empfängt den Segen der Bundeslade	47
Joachim und Anna begegnen sich unter der goldenen Pforte	50
Beilagen zu den Mitteilungen über die Empfängnis der heiligsten Jungfrau Maria	52
Ein Vorbild Mariä in Ägypten vor Elias	58
Erläuterug des vorigen Eliasbildes	62
Maria, frommen Heiden verkündet	66
Die Geschichte des Tobias — Vorbild der Ankunft des Heils	66
Der Stammbaum des Messias	69
Erscheinung der heiligen Mutter Anna	71
Kirchenfestbild der Empfängnis Mariä	73
Die heilige Jungfrau spricht von Geheimnissen ihres Lebens	76
Feier der Empfängnis Mariä an verschiedenen Orten	77
Die heiligen drei Könige feiern Mariä Empfängnis	80
Abstellung eines Menschenopfers bei den Sterndienern	80
Parallelbild dieses Kinderopfers	82
Zur Geschichte des Festes der Empfängnis Mariä	83
Jahreszeit des Festes Mariä Empfängnis	85
Mariä Beseelung und Geburt	87
Mariä Geburt	88
Freude bei Mariä Geburt im Himmel	92
Verkündigung der Geburt Mariä in der Vorhölle	92
Bewegung in Natur und Menschen bei Mariä Geburt	93
Verkündung der Geburt Mariä bei den Chaldäern	94
Ereignis in Ägypten bei Mariä Geburt	96

Besuch bei dem neugeborenen Kinde Maria 96
Das Kind empfängt den Namen Maria 97
Veranlassung des Festes Mariä Geburt 99
Gebetsweise an Mariä Geburtsfest 101
Reinigungsopfer der heiligen Mutter Anna 102
Mariä Opferung 103
Abreise des Kindes Maria zum Tempel 110
Antritt der Reise 116
Ankunft in Jerusalem. Die Stadt — der Tempel 122
Einzug Mariä in den Tempel und Opferung 128
Aus der Jugend des heiligen Joseph 138
Von einem älteren Bruder Josephs 143
Johannes wird dem Zacharias verheißen 144
Vermählung der heiligen Jungfrau mit Joseph 147
Von der Hochzeit und der hochzeitlichen Kleidung Mariä und Josephs 152
Vom Trauring Mariä 156
Von Mariä Heimkehr bis zur Verkündigung 158
Mariä Verkündigung 160
Mariä Heimsuchung 168
Ankunft Marias und Josephs bei Elisabeth und Zacharias . . . 172
Geburt des Johannes — Maria kehrt nach Nazareth —
    Joseph von einem Engel beruhigt 189
Advent 192
Beschreibung der Krippenhöhle und ihrer Umgebung 215
Die Grabhöhle Marahas 219
Christi Geburt 226
Ankündigungen der Geburt Christi an verschiedenen Orten . . . 231
Bruchstückliche Zeitbestimmung der Geburt Christi 238
Persönliche Mildtätigkeit der Ekstatischen 242
Reise der heiligen drei Könige nach Bethlehem 256
Von der Heimatslage und Reiselänge der heiligen drei Könige . . 272
Von den Vorfahren der heiligen drei Könige 276
Wechselnde Betrachtung zwischen den Ereignissen in der Krippenhöhle
    und dem Zug der Könige 280
Abreise der Könige 312
Maßregeln der Obrigkeit in Bethlehem gegen die Könige . . . 313
Persönliches 325
Mariä Reinigung 332

Die Flucht nach Ägypten	347
Rückkehr der heiligen Familie aus Ägypten	401
Von dem Tode der heiligen Jungfrau Maria in Ephesus	404
Nach dem Tode der heiligen Jungfrau	435
Nachwort	447
Literaturhinweise	453

Allgemeines von den Voreltern der heiligen Jungfrau
(mitgeteilt am Morgen des 27. Juni 1819)

Heute nacht ist mir alles, was ich als Kind so oft aus dem Leben der Voreltern der heiligen Jungfrau Maria gesehen, in einer Reihe von Bildern ganz auf dieselbe Weise abermals vor die Seele getreten. — Könnte ich nur alles so erzählen, wie ich es weiß und vor Augen habe, es würde den Pilger[1] gewiß sehr erfreuen. Ich selbst bin durch diese Betrachtung in meinem Elende ganz erquickt worden. — Als Kind war ich in diesen Dingen so sicher, daß ich jedem, der mir etwas von diesen Geschichten auf andere Weise erzählte, gerade heraussagte: „Nein, es ist so und so", und ich hätte mich wohl dafür umbringen lassen, daß es so und nicht anders sei. Später machte mich die Welt unsicher, und ich schwieg. Die innere Gewißheit ist mir aber immer geblieben, und ich habe heute nacht alles bis in die kleinsten Umstände wieder gesehen.

---

[1] Sie meint hiermit den Schreiber, denn sie sah diesen in ihren Betrachtungen immer in der Gestalt eines Pilgers, der auf der Reise in die Heimat nach Maßgabe seines treuen Wandels oder seiner Nachlässigkeit, Segen, Schutz, Hilfe und Rettung oder Hindernisse, Anfechtungen, Irrwege, Gefahren, ja selbst Gefangenschaft erlebte. Sie nannte ihn daher nach ihren Anschauungen den Pilger, nach Umständen erschienen ihr auch ihr Gebet und ihre guten Werke, die sie für diesen Pilger Gott aufopferte, in der Gestalt entsprechender guter Werke, welche man Pilgern, Gefangenen, in Sklaverei Geratenen erweisen kann. Es war aber eine Eigentümlichkeit ihrer inneren Führung, daß sie ihre Gebete nie für einen einzelnen Menschen allein, selbst für sich allein nicht, sondern immer zum Troste jeder Not aufopferte, für welche die Veranlassung ihres Gebetes ein Ebenbild oder Sinnbild sein konnte. So sind wir dann überzeugt, daß ihre Gebete im gegenwärtigen Falle auch wirklichen Pilgern, Gefangenen und dergleichen zum Troste geworden sind. Weil nun eine solche Gebetsweise allen menschenfreundlichen, frommen Christenherzen nahezuliegen scheint, wird auch der wohlmeinende Leser den Vorschlag, diese Gebetsweise sich zu Herzen zu nehmen, nicht unbescheiden finden.

Ich war als Kind mit meinen Gedanken immer mit dem Krippchen und dem Jesuskind und der Mutter Gottes beschäftigt und war oft sehr verwundert, daß man mir nichts von den Leuten der Mutter Gottes erzählte und konnte gar nicht begreifen, warum man so wenig von ihren Voreltern und Verwandten aufgeschrieben habe. In dieser meiner großen Sehnsucht erhielt ich dann eine Menge Anschauungen von den Voreltern der heiligen Jungfrau. — Ich sah ihre Voreltern wohl bis in das vierte oder fünfte Glied aufwärts und sah sie immer als wunderbar fromme und einfältige Leute, in denen eine ganz außerordentliche, heimliche Sehnsucht nach der Ankunft des verheißenen Messias lebte. — Ich sah diese guten Leute stets zwischen anderen Menschen wohnend, die mir im Vergleich mit ihnen roh wie Barbaren erschienen; sie selbst aber sah ich so still, sanft und mildtätig, daß ich oft in großer Sorge um sie in Gedanken sagte: „Ach! Wo sollen diese guten Leute nur bleiben, wie sollen sie sich nur vor den bösen rohen Menschen retten? Ich will sie aufsuchen, ich will ihnen dienen, ich will mit ihnen fort in einen Wald fliehen, wo sie sich verbergen können; ach! ich finde sie gewiß noch!" — So bestimmt sah ich sie und glaubte ich sie, daß ich immer ganz bang und voll Sorgen um sie war.

Stets sah ich diese Leute in großer Entsagung lebend. Oft sah ich die Verehelichten unter ihnen sich in gegenseitiger Enthaltung voneinander auf eine Zeitlang verloben, was mich dann sehr freute, ohne daß ich doch bestimmt sagen konnte, warum. — Solche Absonderungen beobachteten sie meistens, wenn sie allerlei Gottesdienst mit Räucherungen und Gebeten vorhatten, aus welchen Handlungen ich erkannte, daß Priester unter ihnen waren. — Ich sah sie oft von einem Ort nach dem anderen ziehen, indem sie, um nicht von bösen Leuten in ihrem Leben gestört zu werden, große Güter verließen und sich auf kleinere zurückzogen.

Sie waren so innig und voll Sehnsucht nach Gott, daß ich sie oft einsam im Felde am Tage oder auch zur Nachtzeit mit so heftigem Verlangen nach Gott flehend und schreiend laufen sah, daß sie sich aus Herzenshunger die Kleider vor der Brust aufrissen, als werde Gott mit den heißen Sonnenstrahlen sich in ihr Herz einbrennen oder mit dem Mondlicht und dem Sternenschein ihren Durst nach der Erfüllung der Verheißung ersättigen. — Solche Betrachtungen hatte ich wohl, wenn ich als Kind oder als junges Mädchen einsam auf der Viehweide bei der Herde oder nachts auf den höchsten Feldern unserer Bauernschaft kniend zu Gott flehte, oder wenn ich im Advent um Mitternacht durch den Schnee dreiviertel Stunden weit von unserer Hütte in Flamske nach Koesfeld in die Jakobikirche zu der Roratcandacht ging. — Abends vorher und auch wohl in der Nacht betete ich dann fleißig für die armen Seelen, die, weil sie vielleicht die Sehnsucht nach dem Heile in ihrem Leben nicht genug erweckt und sich anderer Begierde nach Kreaturen und Gütern der Welt hingegeben hatten, in mancherlei Mängel gefallen waren und jetzt in Sehnsucht nach der Erlösung schmachteten, und ich opferte mein Gebet und meine Sehnsucht nach dem Heiland Gott für sie auf, als wolle ich ihre Schuld bezahlen. — Ich hatte aber doch auch einen kleinen Eigennutz dabei, denn ich wußte, daß die lieben armen Seelen mich aus Dank dafür und aus stetem Verlangen nach Gebetshilfe zur rechten Zeit wecken würden, um nicht zu verschlafen. Sie kamen dann auch wie kleine stille schwache Lichter an mein Bett herangeschwebt und weckten mich so zur rechten Minute, daß ich noch mein Morgengebet für sie aufopfern konnte, dann besprengte ich mich und sie mit Weihwasser, kleidete mich an und begab mich auf den Weg und sah die kleinen armen Lichtchen wie in einer Prozession mich ganz ordentlich begleiten. Da sang ich dann mit rechtem Herzensverlangen auf dem Wege:

„Himmel! tauet den Gerechten,
Wolken, regnet ihn herab!"

und sah hin und wieder in der Wüste und auf dem Felde jene Voreltern der heiligen Jungfrau voll großer Sehnsucht laufen und nach dem Messias schreien und tat wie sie und kam immer zur rechten Zeit in Koesfeld zur Roratemesse an, wenn die lieben Seelen mich gleich manchmal einen großen Umweg durch alle Stationen des Kreuzweges geführt hatten.

Wenn ich nun diese lieben Voreltern der heiligen Jungfrau so nach Gott hungernd flehen sah, erschienen sie mir in Tracht und Wesen so fremd und waren mir doch so deutlich und nah, daß ich noch jetzt alle ihre Gesichtszüge und Gestalten vor Augen habe und kenne; und ich dachte dann immer bei mir, „was sind das nur für Leute? Es ist alles nicht wie jetzt, und doch sind diese Leute da, und alles ist geschehen!" Und so hoffte ich dann immer, noch zu ihnen zu kommen. — Diese guten Leute waren in allem Tun und Reden und in ihrem Gottesdienst sehr bestimmt und genau und hatten keine Klage als über das Leid ihres Nächsten.

Die Voreltern der heiligen Anna — Essener
(mitgeteilt im Juli und August 1821)

Ich hatte eine ausführliche Anschauung von den Voreltern der heiligen Anna, der Mutter der heiligen Jungfrau. Sie lebten zu Mara in der Gegend des Berges Horeb und hatten einen geistlichen Zusammenhang mit einer Art sehr frommer Israeliten, von welchen ich vieles gesehen habe; was ich noch davon weiß, will ich erzählen. Ich war gestern fast den ganzen Tag unter diesen Leuten, und hätte mich nicht so viel Besuch bedrängt, so würde ich nicht das meiste vergessen haben.

Man nannte jene frommen Israeliten, die auf die Voreltern der heiligen Anna Bezug hatten, Essener oder Essäer. Sie haben aber dreimal andere Namen gehabt, zuerst hießen sie Eskarener, dann Chasidäer und endlich Essener oder Essäer. Der erste Name Eskarener kam von dem Namen Eskara oder Askara, wie man den Teil des Opfers nannte, der Gott zukommt, und auch den duftenden Weihrauch des Weizenmehlopfers [1]. —

Der zweite Name Chasidäer heißt soviel als die Barmherzigen. — Woher der Name Essener entstand, weiß ich nicht mehr. — Die Art dieser frommen Leute stammte aus der Zeit Moses' und Aarons, und zwar von den Priestern her, welche die Bundeslade trugen; sie erhielten aber erst in den Zeiten zwischen Jesaias und Jeremias ihre bestimmte Lebensverfassung. Anfangs waren ihrer nicht sehr viele; nachher aber wohnten sie im gelobten Lande in einem Raum von 48 Stunden in der Länge und 36 in der Breite in Versammlungen. Später erst kamen sie in die Gegend des Jordans. Sie wohnten hauptsächlich an dem Berge Horeb und dem Berge Karmel, wo Elias sich aufgehalten.

Die Essener hatten zu Zeiten der Großeltern der heiligen Anna auf dem Berge Horeb ein geistliches Oberhaupt, einen alten Propheten wohnen, er hieß Archos oder Arkas. — Ihre Ver-

---

[1] Als dieses im August 1821 nach dem Gehör Niedergeschriebene im Juli 1840 zum Druck durchgesehen ward, bat der Schreiber einen sprachkundigen Theologen um eine Erklärung des Wortes Askara und erhielt folgenden Bericht: Askarah heißt soviel als die Erinnerung (commemoratio) und ist der Name desjenigen Teiles des unblutigen Opfers, welcher von dem Priester auf dem Altare verbrannt ward, um Gott zu ehren und ihn an seine barmherzigen Verheißungen zu erinnern. Die unblutigen oder Speiseopfer bestanden gewöhnlich aus dem feinsten Weizenmehl mit Öl verbunden und mit Weihrauch belegt. Hiervon verbrannte der Priester allen Weihrauch und eine Handvoll des mit Öl dargereichten Mehls oder des davon Gebackenen als Askarah (Lev 2,2.9.16). Bei den Schaubroten war der Weihrauch allein die Askarah (Lev 24,7). — Bei dem Schuldopfer, wo Öl und Weihrauch ganz von dem Mehlopfer wegblieb, ward eine Handvoll des Mehls allein als Askarah verbrannt (Lev 5,12). Ebenso bei dem Opfer einer des Ehebruchs verdächtigen Frau, wo überdies nur Gerstenmehl dargebracht wurde (Num 5,12—26). In dieser letzten Stelle (Num 5,15) läßt die Vulgata die Übersetzung des Wortes Askarah ganz aus; in den anderen übersetzt sie abwechselnd mit memoriale, in memoriam, in monumentum —. Warum die Essener von dieser Askarah ihren ersten Namen erhalten haben sollten, hat die Erzählende nicht bestimmter ausgesprochen; wenn wir aber erwägen, daß die Essener keine Schlachtopfer zum Tempel brachten, sondern nur Weihgeschenke hinsendeten, jedoch sich selbst in Entsagung und Abtötung lebend gewissermaßen zum Opfer brachten, so liegt der Gedanke nahe, daß sie, die unfleischlich Lebenden, ihren Namen von Askarah, dem Gott zukommenden Teil des unblutigen Mincha oder Mehlopfers, erhielten, weil sie vielleicht, was wir jedoch nicht mit Bestimmtheit wissen, solche Speiseopfer wirklich brachten, oder weil sie in ihrem Wandel sich zu den anderen Israeliten gewissermaßen verhielten wie die Askarah zu dem übrigen Opfer.

fassung hatte sehr vieles von einem geistlichen Orden. Die Aufzunehmenden mußten ein Jahr Prüfungen bestehen und wurden nach höheren prophetischen Eingebungen für kürzere oder längere Zeit aufgenommen. — Die eigentlichen Glieder des Ordens, welche zusammenwohnten, heirateten nicht, sie lebten jungfräulich. Es gab aber Leute, die aus dem Orden ausgegangen waren oder ihm anhingen, welche heirateten und in ihren Familien eine in vieler Hinsicht ähnliche Zucht mit ihren Kindern und Hausgenossen wie die eigentlichen Essener hielten. Es war ein Verhältnis zwischen ihnen und den eigentlichen Essenern, wie es heutzutage die weltlichen Leute der Dritten Regel, die sogenannten Terziaren, zu den katholischen Ordensgeistlichen haben; denn diese verehelichten Essener suchten in betreff aller wichtigen Angelegenheiten, besonders bei der Verheiratung ihrer Angehörigen, Belehrung und Rat bei dem Oberhaupt der Essener, dem Propheten am Berge Horeb. Die Großeltern der heiligen Anna gehörten zu dieser Gattung verehelichter Essener.

Es gab später auch noch eine dritte Gattung von Essenern, welche alles übertrieben haben und auf große Irrtümer gekommen sind, und ich habe gesehen, daß die anderen sie nicht unter sich duldeten.

Die eigentlichen Essener hatten besonders mit prophetischen Dingen zu tun, und ihr Oberhaupt am Berge Horeb ward dort öfter in der Höhle des Elias göttlicher Offenbarungen teilhaftig, welche sich auf die Ankunft des Messias bezogen. — Er hatte Erkenntnisse von der Familie, aus welcher die Mutter des Messias hervorgehen solle, und wenn er den Voreltern der heiligen Anna in Sachen der Ehe weissagte, sah er auch, wie die Zeit des Herrn sich nahte. Wie lange aber die Geburt der Mutter des Heilandes durch Sünde noch verhindert oder verzögert werde, wußte er nicht, und er mahnte daher zu Buße, Abtötung, Gebet und innerlichem Opfer, in welchen gottgefälligen Übungen alle Essener immer zu gleichem Zwecke von je das Beispiel gaben.

Ehe Jesaias diese Leute sammelte und ihnen eine geregeltere Verfassung gab, lebten sie als fromme, der Abtötung beflissene Israeliten zerstreut. — Sie trugen immer dieselben Kleider und flickten sie nicht, bis sie ihnen vom Leibe fielen. — Sie kämpften vorzüglich gegen die Unsittlichkeit und lebten mit gegenseitiger Einwilligung oft in langer Enthaltung in weitentfernten Hütten von ihren Ehefrauen getrennt. Wenn sie aber in ehelicher Gemeinschaft lebten, geschah es allein in der Absicht einer heiligen Nachkommenschaft, welche der Ankunft des Heils förderlich sein möge. — Ich sah sie getrennt von ihren Frauen essen; wenn der Mann den Tisch verlassen hatte, kam die Frau, ihre Mahlzeit einzunehmen. — Schon in jenen Zeiten waren Vorfahren der heiligen Anna und anderer heiligen Leute unter den verehelichten Essenern.

Jeremias stand auch in Beziehung mit ihnen, und jene Menschen, die man Prophetenkinder nannte, waren aus ihnen. Sie wohnten häufig in der Wüste, um die Berge Horeb und Karmel, auch in Ägypten sah ich später ihrer viele. — Ich habe auch gesehen, daß sie durch Krieg eine Zeitlang vom Berge Horeb vertrieben waren und von neuen Oberhäuptern wieder gesammelt wurden. Die Makkabäer waren auch unter ihnen.

Sie hatten eine große Verehrung vor Moses und besaßen ein heiliges Kleidungsstück von ihm, das er dem Aaron gegeben, von welchem es auf sie gekommen war. Es war dieses ihr großes Heiligtum, und ich habe eine Anschauung gehabt, wie etwa 15 aus ihnen in Verteidigung dieses Heiligtums umgekommen sind. Ihre prophetischen Oberhäupter hatten Wissenschaft von den heiligen Geheimnissen der Bundeslade.

Die eigentlichen jungfräulich lebenden Essener waren von unbeschreiblicher Reinheit und Frömmigkeit. Sie nahmen Kinder auf und erzogen sie zu großer Heiligkeit. Um ein Mitglied des strengen Ordens zu werden, mußte man 14 Jahre alt sein. Schon erprüfte Leute hatten nur ein Probejahr, andere zwei zu bestehen. Sie hatten keine Art von Handel und tauschten nur ihre Bedürfnisse gegen die Erzeugnisse ihres Ackerbaues ein.

Hatte sich einer unter ihnen schwer versündigt, so wurde er durch den von dem Oberhaupte über ihn ausgesprochenen Bann von ihnen ausgestoßen. — Dieser Bann hatte eine Kraft wie jener des Petrus über Ananias, der von ihm getroffen starb. Das Oberhaupt erkannte auf prophetische Weise, wer gesündigt hatte. Ich sah auch einige Essener, welche nur Bußstrafen bestanden, und zum Beispiel in einem starren Rock, dessen ausgebreitete, unbewegliche Ärmel inwendig voll Stacheln waren, stehen mußten.

Der Berg Horeb war voll von kleinen Höhlen, welche die Zellen bildeten, worin sie wohnten. An einer größeren Höhle war von leichtem Flechtwerk ein Versammlungssaal angebaut. Hier kamen sie um 11 Uhr mittags zusammen und aßen. Jeder hatte ein kleines Brot und einen Becher vor sich. Der Obere ging von Stelle zu Stelle und segnete das Brot eines jeden. Nach der Mahlzeit kehrten sie in ihre einzelnen Zellen zurück. Es befand sich in diesem Versammlungssaal ein Altar, worauf verdeckte geweihte Brötchen standen, sie waren eine Art von Heiligtum, und ich meine, sie wurden den Armen verteilt.

Die Essener hatten viele Tauben, die zahm waren und ihnen aus den Händen fraßen. Sie aßen Tauben, hatten aber auch religiöse Gebräuche mit ihnen. Sie sprachen etwas über sie und ließen sie fliegen. Ich sah auch, daß sie Lämmer in die Wüste laufen ließen, über welche sie etwas ausgesprochen, als sollten sie ihre Sünden auf sich nehmen.

Ich sah sie alle Jahre dreimal nach Jerusalem zum Tempel gehen. Sie hatten auch Priester unter sich, denen besonders die Besorgung der heiligen Kleider oblag, die sie reinigten, zu denen sie beisteuerten, und deren sie auch neue bereiteten. — Ich sah sie Viehzucht und Ackerbau, besonders aber Gartenbau treiben. Der Berg Horeb war zwischen ihren Hütten voll von Gärten und Obstbäumen. Viele von ihnen sah ich weben und flechten und auch Priesterkleider sticken. Die Seide sah ich sie nicht selbst gewinnen, sie kam in Bündeln zum Verkauf, und sie tauschten sie gegen andere Produkte ein.

Sie hatten in Jerusalem eine getrennte Wohngegend und auch im Tempel eine abgesonderte Stelle. Die anderen Juden hatten eine Art Abneigung gegen sie wegen ihrer strengen Sitten. — Ich sah auch, daß sie Geschenke zum Tempel sendeten, zum Beispiel ganz große Trauben, welche zwei Leute zwischen sich an einer Stange trugen. Auch Lämmer sendeten sie, aber nicht zum Schlachten, man ließ sie nur, ich glaube, in einem Garten hinlaufen. Ich habe nicht gesehen, daß die eigentlichen Essener in der letzten Zeit blutige Opfer brachten. — Ich sah, daß sie sich, ehe sie zum Tempel reisten, immer erst sehr streng durch Gebet, Fasten und Buße, ja selbst durch Geißelungen vorbereiteten. So aber einer mit Sünden beladen und ohne sie durch Buße gesühnt zu haben, zum Heiligsten, zum Tempel ging, pflegte er meistens plötzlich zu sterben. — Fanden sie auf der Reise oder in Jerusalem auf ihrem Wege irgendeinen Kranken oder sonst Hilflosen, so gingen sie nicht zum Tempel, bis sie ihm alle mögliche Hilfe geleistet hatten.

Ich sah überhaupt, daß sie sich mit Heilung beschäftigten. Sie sammelten Kräuter und bereiteten Tränke. Ich sah jetzt auch, daß jene heiligen Leute, von welchen ich vor einiger Zeit gesehen habe, daß sie kranke Menschen auf eine Streu von Heilkräutern betteten [1], Essener waren. Ich sah auch, daß die

---

[1] Das Töchterchen des Bruders der gottseligen Emmerich war im Winter 1820 aus der Bauernschaft Flamske bei Koesfeld zu ihr nach Dülmen gezogen und erkrankte an starken Krämpfen, die sich längere Zeit täglich zur bestimmten Abendstunde mit einem lauten, widerlich tönenden Würgen einstellten und oft bis zur Mitternacht fortdauernd eine um so peinlichere Störung in die Nähe der stillen Kranken brachten, als sie die Veranlassung und die Bedeutung dieses Leidens wie der meisten Krankheiten erkannte; sie hatte mehrfach um die Erkenntnis eines Heilmittels gebetet und endlich ein ihr bekanntes Blümchen beschrieben, welches sie den heiligen Lukas pflücken und gegen die fallende Sucht anwenden gesehen. Auf ihre sehr genaue Beschreibung des Blümchens und seines Standortes fand es ihr Arzt, der Kreisphysikus Dr. Wesener, in Dülmen; sie erkannte die Pflanze, die er brachte, als jene an, welche sie meinte und Sternblümchen nannte, und er bestimmte dieselbe als Cerastium arvense Linnaei oder Holosteum caryophylleum veterum. Es scheint merkwürdig, daß das alte Kräuterbuch Tabernamontani den Gebrauch dieser Pflanze gegen die fallende Sucht auch erwähnt. Am 22. Mai 1821 sprach sie nach Mittag in Schlummer: „Weinraute (die sie schon früher angewendet) und

Essener Kranke durch Handauflegung heilten oder auch, indem sie sich mit ausgebreiteten Armen ganz über sie hinstreckten. Auch sah ich sie in die Entfernung auf eine wunderbare Weise heilen, indem sie Kranken, welche nicht selbst kommen konnten, einen Stellvertreter sendeten, an welchem alles geschah, was man an dem Kranken getan haben würde. Man merkte sich die Stunde, und der ferne Kranke war zur selben Zeit genesen.

Ich sah, daß die Essener auf Horeb in den Wänden ihrer Höhlen vergitterte Räume hatten, in welchen alte heilige Ge-

---

das Sternblümchen mit Weihwasser angefeuchtet und den ausgepreßten Saft dem Kinde eingegeben, sollte das wohl schaden können? Schon dreimal ist es mir innerlich gesagt, ich solle es selbst auspressen und ihm geben." — Der Schreiber wünschend, sie möge etwas Näheres von diesem Heilmittel mitteilen, hatte zu Haus ihr unbewußt einige Blüten dieses Kräutchens gleich einer Reliquie in Papier gewickelt und heftete ihr gegen Abend dieses Bäuschchen mit einer Stecknadel an ihr Wams. Sie wachte und sagte sogleich: „Das ist keine Reliquie, das ist das Sternblümchen." — Sie behielt auf diese Weise das Blümchen während der Nacht an ihrem Wams befestigt und erzählte am 23. Mai 1821 morgens: „Ich habe gar nicht gewußt, warum ich heute nacht wie auf einem Felde zwischen lauter Sternblümchen lag. Ich habe auch allerlei Gebrauchsarten dieses Blümchens gesehen, und es wurde mir gesagt: ‚Wenn die Menschen wüßten, wie heilsam dieses Blümchen ist, es stünde hier nicht so häufig um dich her.' Ich sah aber Gebrauchsbilder schon aus einer sehr alten Zeit. Ich sah den heiligen Lukas wandeln und diese Blumen pflücken. Ich sah auch in einer Gegend, gleich jener, wo Christus die 5000 Menschen speiste, viele Kranke, von einem leichten Schirmdach bedeckt, im Freien auf diese Blümchen gebettet. Es war ihnen eine Streu davon bereitet. Man hatte die Blüten nach der Mitte zu, worauf sie lagen, die Stiele und Blätter aber nach außen gerichtet. Sie litten an Gicht, Krämpfen und Geschwulst und hatten runde, mit den Blümchen gefüllte Kissen unter dem Kopfe liegen. — Ich sah, daß ihnen Leute die geschwollenen Füße mit diesen Blumen umwickelten. Ich sah die Kranken diese Blumen essen, auch Wasser darüber gießen und trinken. Die Blumen waren dort größer. Es war dies ein Bild aus alter Zeit, die Leute und Ärzte trugen langes, wollweißes Gewand und Gürtel. Ich sah die Kräuter immer vor dem Gebrauche segnen. Ich sah auch eine Pflanze desselben Geschlechts, aber fetter und mit runderen, saftigeren und sanfteren Blättern und mit sanftblauen Blüten von derselben Gestalt, die sehr heilsam in Terminen (Konvulsionen der Kinder) gebraucht wird. Sie wächst auf besserem Boden und ist nicht so häufig. Ich meine, sie heißt auch Augentrost. Ich habe sie einmal bei Dernekamp gefunden, sie ist kräftiger." — Sie gab hierauf das erstemal dem Kinde nur drei Blümchen, das zweitemal sollte sie fünf geben. Sie sagt: „Ich sehe des Kindes Natur, ich kann diese aber nicht richtig beschreiben; so ein Inneres ist wie ein zerrissenes Kleid, man muß für jede Stelle einen anderen Lappen haben."

beine, sehr schön in Baumwolle und Seide gewickelt, bewahrt wurden. Es waren Gebeine von Propheten, die hier gewohnt, und auch von Kindern Israels, die dort umher gestorben. Es standen kleine Töpfe mit grünenden Kräutern dabei. Sie steckten Lampen davor an, ehrten die Gebeine und beteten vor ihnen.

Alle unverheirateten Essener, welche am Berge Horeb und anderwärts in Klöstern zusammen wohnten, waren von großer Reinlichkeit. Sie trugen lange weiße Kleider. — Das Oberhaupt der Essener auf Horeb trug bei feierlichen Gebetshandlungen einen wunderbaren priesterlichen Ornat, auf die Weise des Hohenpriesters in Jerusalem, nur kürzer und nicht so prächtig. Wenn er in der Höhle des Elias auf dem Berge Horeb betete und weissagte, war er immer in dieser heiligen Kleidung, welche etwa aus acht Stücken bestand. Es befand sich ein großes Heiligtum darunter, eine Art Überwurf oder Skapulier [1] über Brust und Rücken, welches Moses auf bloßem Leibe getragen hatte, und das von ihm an Aaron und später an die Essener gekommen war. — Der Prophet Archos, ihr Oberhaupt am Berge Horeb, trug diesen Überwurf immer auf bloßem Leibe, wenn er mit dem ganzen Ornat bekleidet um prophetische Erkenntnis betete. Er hatte den Unterleib mit einer Binde bedeckt und Brust und Rücken mit diesem heiligen Überwurf, den ich so genau beschreiben will, als er mir noch erinnerlich ist. Es wird wohl deutlicher werden, wenn ich eine Art Muster davon von Papier ausschneide."

Nun schnitt sie die Figur von zusammengelegtem Papier flüchtig aus und sagte: „Ausgebreitet hatte dieses heilige Skapulier ungefähr diese Gestalt. Der Stoff war starr wie ein Gewebe von Haaren gewirkt. In der Mitte des Brustteils und des Rückenteils war eine dreieckige, doppelte wie gesteppte Stelle. Ich kann jetzt nicht recht bestimmt sagen, was dazwischen war. —

---

[1] Man störe sich nicht an dem Wort Skapulier, es wird von ihr jedes ärmellose, über den Schultern verbundene, an den Seiten offene, Rücken und Brust bedeckende Kleidungsstück so genannt.

An dem Halsloch des Skapuliers war vorn ein Dreieck eingeschnitten und oben die Trennung durch ein Band oder Riemchen verbunden. Dieses Dreieck hing an seiner unteren Spitze mit dem Stoffe noch zusammen und konnte auf eine andere Öffnung, die vor der Brust war, niedergelassen werden, welche es alsdann vollkommen bedeckte. Die oben erwähnte doppelte Stelle war gerippt wie gesteppt, es waren Buchstaben hineingesteckt mit kleinen Stiften, welche auf der anderen Seite mit spitzen Häkchen hervorragend die Brust stechend berührten. — Auf dem oben am Halsloch ausgeschnittenen, ebenfalls doppelten Dreieck war auch etwas gleich Buchstaben. Was diese Dreiecke enthielten, weiß ich jetzt nicht. — Wenn der Priester dieses heilige Kleid anlegte, bedeckte das obere Dreieck genau das untere. Auf der Mitte des Rückenteils befand sich auch eine solche doppelte durchnähte, mit Buchstaben und Stacheln versehene Stelle.

Über dieses Skapulier trug das Oberhaupt der Essener ein grauwollenes Hemd und über diesem ein großes weites Hemd von weißer gezwirnter Seide, welches in der Mitte durch einen breiten, mit Buchstaben bezeichneten Gürtel gegürtet war. Er hatte eine Art Stola um den Hals, die sich über der Brust kreuzte und vom Gürtel überfaßt bis zu den Waden hinabhing. Die Stola war über und unter der Stelle der Kreuzung mit drei Riemen verbunden.

Hierüber legte er ein Kleidungsstück an, das Ähnlichkeit mit einem Meßgewand hatte und auch von gezwirnter weißer Seide gearbeitet war. — (Sie schnitt die Form dieses Kleidungsstückes in ausgebreiteter Lage aus.) — Die hintere Seite war schmal und lang bis zur Erde und hatte zwei Schellen am unteren Saume, deren Klang, wenn der Priester ging, zum Gottesdienst rief. Die vordere Seite war kürzer und breiter und vom Halsloche bis herab offen. Es hatte dieser vordere Teil durch zusammenhaltende, mit Buchstaben und Edelsteinen verzierte Haften unterbrochene große Lücken auf Brust und Leib, wo die Stola und das Unterkleid durchsahen. Die vordere und hintere

Seite dieses Kleides war unter den Armen mit Querbahnen verbunden. (Sie gab diese bei dem Ausschneiden des Musters nicht an.) Das Halsloch umschloß ein aufrechtstehender, vorn zugehäkelter Kragen. Der über dem Kinn geteilte Bart des Priesters fiel über diesen Halskragen herab.

Über dies alles legte er zuletzt ein kleines Mäntelchen von weißer gezwirnter Seide. Es schimmerte und glänzte und war vorn mit drei Krampen, die mit Edelsteinen, worin etwas eingeschnitten, verziert waren, geschlossen. Von jeder Schulter dieses Mäntelchens hingen auch Fransen, Quasten und Früchte nieder. Er trug außerdem an dem einen Arme noch einen kurzen Manipel.

Die Kopfbedeckung war, wie ich meine, auch von weißer Seide und gewirkt und gewulstet wie ein Turban, näherte sich aber auch dem Barett unserer Geistlichen, denn sie hatte oben solche Erhabenheiten und auch einen seidenen Busch. Vor der Stirn war eine goldene Platte, mit Edelsteinen besetzt, angeheftet.

Die Essener lebten sehr streng und mäßig, sie aßen meist nur Früchte, die sie häufig in Gärten zogen. Archos sah ich meist gelbe bittere Früchte essen. — Etwa 100 Jahre vor Christi Geburt sah ich bei Jericho einen sehr frommen Essener, er hieß Chariot.

Archos oder Arkas, der alte Prophet am Berge Horeb, hat die Essener 90 Jahre regiert. Ich sah, wie die Großmutter der heiligen Anna ihn bei ihrer Verehelichung fragte. — Es ist merkwürdig erschienen, daß diese Propheten immer auf weibliche Kinder weissagten, und daß die Voreltern Annas und Anna selbst meist Töchter hatten. Es war, als sei es die Aufgabe all ihres Gebetes und frommen Wandels, von Gott einen Segen an frommen Müttern zu erflehen, aus deren Nachkommenschaft die heilige Jungfrau, die Mutter des Heilandes selbst, und die Familien seines Vorläufers, seiner Diener und Nachfolger hervorgehen sollten.

Der Gebets- und Weissagungsort des Oberhauptes am Berge

Horeb war die Höhle, in welcher Elias sich hier aufgehalten. Man ging viele Stufen zu ihr am Berge empor und dann durch einen kleinen unbequemen Eingang in die Höhle ein paar Stufen hinab. Der Prophet Archos ging allein hinein. Es war dieses den Essenern, als wenn der Hohepriester im Tempel in das Sanktissimum ging, denn hier war ihr Allerheiligstes. Es befanden sich hier einige geheimnisvolle Heiligtümer, welche schwer auszusprechen sind. Was ich noch davon vorzubringen vermag, will ich erzählen. Ich habe es gesehen, als Annas Großmutter sich bei dem Propheten Archos Rats erholte.

Annas Großmutter war von Mara in der Wüste, wo ihre Familie zu den verehelichten Essenern gehörte und Güter hatte. Ihr Name klang mir auf die Art wie Moruni oder Emorun. Es wurde mir gesagt, es heiße so viel wie eine gute Mutter oder erhabene Mutter [1]. — Als die Zeit kam, daß sie sich verehelichen sollte, hatte sie mehrere Freier, und ich sah sie zu dem Propheten Archos am Horeb gehen, auf daß er ihre Wahl bestimme. Sie begab sich in einen abgesonderten Raum an dem großen Versammlungssaale und sprach mit Archos, der in dem Saale war, durch ein Gitter, als ob sie ihm beichte. Nur auf diese Weise nahten sich hier die Frauen.

Ich sah hierauf den Propheten Archos seinen großen Ornat anlegen und in diesem viele Stufen hinan zur Spitze des Horebs steigen und dann durch den kleinen Eingang einige Stufen hinab in die Höhle des Elias gehen. Er schloß die kleine Tür der Höhle hinter sich und öffnete ein Loch in der Wölbung, wodurch Licht hereinfiel. Die Höhle war inwendig reinlich ausgearbeitet. Es herrschte eine Dämmerung in ihr. Ich sah an der Wand einen kleinen Altar aus dem Fels gehauen und bemerkte, jedoch nicht ganz deutlich, auf demselben mehrere heilige Gegenstände. Es standen auf dem Altare einige Töpfe mit niedrig

---

[1] So die Worte der gottseligen A. K. Emmerich am 16. August 1821. Die Namensklänge sind hier niedergeschrieben, wie sie dem Schreiber aus ihrem Munde lauteten, ebenso auch ihre Erklärung: „die erhabene Mutter". — Als im Mai 1840 der Schreiber dieses einem Sprachkundigen vorlas, sagte dieser, Emromo heiße allerdings eine erhabene Mutter.

wachsenden Kräuterbüscheln. Es waren von jenen Kräutern, die so hoch wuchsen, als der Saum des Rockes Jesu von der Erde abstand [1]. Dieses Kraut kenne ich, es wächst auch, doch schwächer, bei uns; diese Kräuter zeigten durch ihr Welken oder Grünen bei prophetischen Erkenntnissen des Archos irgend etwas an.

In der Mitte zwischen diesen kleinen Kräuterbüscheln sah ich etwas wie ein höheres Bäumchen, die Blätter kamen mir gelblich und wie ein Schneckenhäuschen gedreht vor. Es erschienen mir auf diesem Bäumchen wie kleine Figürchen. Ich vermag jetzt nicht gewiß zu sagen, ob dies Bäumchen lebendig oder ein gemachtes Kunstwerk gleich einer Wurzel Jesse [2] war. — (Am folgenden Tage sagte sie): An diesem Bäumchen mit den gedrehten Blättern war gleichwie an einer Wurzel Jesse oder einem Stammbaume zu sehen, wie weit die Herannahung der heiligen Jungfrau schon fortgeschritten war. Es erschien mir wie lebendig und doch auch wie ein Behälter, denn ich sah einen blühenden Zweig, ich glaube, den Stab Aarons darin bewahrt, der ehemals in der Bundeslade gewesen.

Wenn Archos um eine Offenbarung bei einer Verehelichung unter den Voreltern der heiligen Jungfrau in der Höhle des Elias betete, nahm er diesen Stab Aarons in die Hand. Sollte diese Ehe zu dem Stamme der heiligen Jungfrau beitragen, so trieb der Stab Aarons einen Sprossen und dieser wieder eine oder mehrere Blumen, worunter manchmal einzelne mit dem Zeichen der Auserwähltheit bezeichnet waren. Einzelne bestimmte Sprossen bedeuteten schon bestimmte Vorfahren Annas,

---

[1] Sie wollte hiermit unstreitig aussprechen, es seien diese Kräuter von der Art jener gewesen, von welchen Eusebius in seiner Kirchengeschichte Band VII, Kap. 18 sagt, daß sie um das von der geheilten Blutflüssigen in Cäsarea Philippi errichtete Standbild Jesu Christi gewachsen seien, und wenn sie den Saum des Standbildes mit ihrer Größe berührt, eine Heilkraft für alle Krankheit empfangen hätten. Dieses Kraut wird dort als von unbekannter Art erwähnt. Die Erzählende sprach auch früher schon von jenem Bild und diesem Kraut.

[2] Sie versteht wahrscheinlich hierunter die unter diesem Namen bekannten Abbildungen des Stammbaums Jesu nach dem Fleisch (Is 11,10).

und kamen diese nun zur Verehelichung, so beobachtete Archos die sie bedeutenden Sprossen und weissagte, nachdem diese sich weiter entwickelten.

Es war aber auch noch ein anderes Heiligtum im Besitze der Essener auf Horeb in der Höhle des Elias, und zwar ein Teil des eigentlichen heiligsten Geheimnisses der Bundeslade, das in den Besitz der Essener gekommen, als die Lade einmal in die Hände der Feinde fiel. (Sie sprach hierbei unbestimmt von einem Streit, einer Spaltung unter den Leviten.) — Dieses mit dem Schrecken Gottes in der Bundeslade verhüllte Heiligtum kannten nur die Heiligsten der Hohenpriester und einige Propheten. Ich meine jedoch, erkannt zu haben, es sei einiges davon in nur wenig bekannten geheimnisvollen Büchern alter tiefsinniger Juden erwähnt [1]. — Es war nicht mehr vollkommen in der neuen Bundeslade des von Herodes hergestellten Tempels. Es war kein Werk von Menschenhänden bereitet, es war ein Mysterium, ein heiligstes Geheimnis des göttlichen Segens zur Ankunft der heiligen Jungfrau voll der Gnade, aus welcher durch Überschattung des heiligen Geistes das Wort Fleisch angenommen hat und Gott Mensch geworden ist. — Ich sah einen Teil dieses Heiligtums, das vor der Babylonischen Gefangenschaft ganz in der Bundeslade gewesen, jetzt hier bei den Essenern in einem braunen glänzenden Kelch, der mir wie aus einem Edelstein schien, bewahrt. Auch aus diesem Heiligtume weissagten sie. Es schien manchmal wie kleine Blüten zu treiben.

Als Archos in die Höhle des Elias getreten war, schloß er die Tür, kniete nieder und betete. Er schaute empor nach der Lichtöffnung in der Decke und warf sich auf sein Angesicht zur Erde. — Ich sah nun eine prophetische Erkenntnis, die er hatte. Er sah nämlich, als wachse unter dem Herzen der um Rat fragenden Emorun ein Rosenstock mit drei Zweigen hervor und an jedem dieser Zweige eine Rose. Die Rose des zweiten

---

[1] Im Juli 1840, etwa 20 Jahre nach dieser Mitteilung, als sie zum Druck geordnet ward, erfuhr der Schreiber von einem Sprachkundigen, das kabbalistische Buch Sohar enthalte manches hierauf Bezügliche.

Zweiges war mit einem Buchstaben, ich glaube mit einem M [1] bezeichnet. Er sah noch mehreres. Ein Engel schrieb Buchstaben an die Wand. Ich sah, daß Archos sich erhob, als erwache er, und daß er diese Buchstaben las. Ich habe das einzelne vergessen. — Er begab sich hierauf aus der Höhle hinab und verkündete der fragenden Jungfrau, daß sie heiraten solle, und zwar ihren sechsten Freier. Sie werde ein auserwähltes, mit einem Zeichen bezeichnetes Kind gebären, welches ein Gefäß des nahenden Heils sein werde.

Emorun heiratete hierauf ihren sechsten Freier, einen Essener, der Stolanus hieß; er war nicht aus der Gegend von Mara und erhielt durch seine Ehe und die Güter seiner Frau einen anderen Namen, den ich nicht mehr bestimmt vorbringen kann; er wurde verschieden ausgesprochen und klang ungefähr wie Garescha oder Sarzirius [2] und dergleichen.

Stolanus und Emorun hatten drei Töchter, von welchen ich mich der Namen Ismeria, Emerentia und einer späteren Tochter erinnere, die, wie ich meine, Enue hieß. — Sie lebten nicht lange mehr in Mara, sondern zogen später nach Ephron. Doch

---

[1] In der ursprünglich hebräischen Schrift, welche sich im samaritanischen Alphabet, auf makkabäischen Münzen und sonst erhalten hat, bietet der Buchstabe M eine Ähnlichkeit mit der lateinischen Form N.

[2] Diese wie alle anderen Namensklänge sprach die Erzählerin in plattdeutscher Mundart, und zwar oft schwankend, aus. Sie gab sie nur als mit den Namen ähnlich klingend an, und es ist nicht zu bestimmen, inwiefern sie hier mehr oder weniger richtig geschrieben sind. Um so überraschender schien es, wenn sich später anderwärts für dieselben Personen ähnliche Namensklänge fanden, wovon folgendes ein Beispiel. Mehrere Jahre nach dem Tode der Erzählenden fand der Schreiber in dem „Encomium trium Mariarum Bertaudi, Petragorici", Paris 1529 und namentlich in dessen anhängender Abhandlung de cognatione divi Joannis Baptistae cum filiabus et nepotibus beatae Annae. lib. III. fol. L II. usw., daß der heilige Cyrillus, 3. General des Karmelitenordens († 1224), in einer Schrift von den Vorfahren der heiligen Anna ganz ähnliche Anschauungen von Zweigen, Sprossen und Blüten anführt, welche der befragte Prophet gesehen; und weiter, daß Stolanus auch Agarim oder Garizi genannt werde, in welchen Namen allerdings Klänge wie in den oben angeführten Garescha oder Sarziri liegen. Übrigens wird hier der Karmeliten auf dem Karmel statt der Essener auf dem Horeb als der Befragten erwähnt. — 17 Jahre nach dem Tode der gottseligen A. K. Emmerich las der Schreiber am Fronleichnamstag 1840 in dem Leben der heiligen Mutter Anna in den Actis Sanctorum Tom. VI. Julii, daß Joan. Eckius in seiner Homilie von der heiligen

sah ich, daß auch noch ihre Töchter Ismeria und Emerentia sich nach Weissagungen des Propheten auf Horeb verehelichten. — Ich kann immer nicht begreifen, daß ich so oft gehört, Emerentia sei die Mutter der heiligen Anna geworden, da ich doch immer gesehen, daß es Ismeria gewesen. Ich will in Gottes Namen erzählen, was mir noch von diesen Töchtern des Stolanus und der Emorun gegenwärtig ist [1].

Anna sagt: Stolanus werde von der Tradition Stolan genannt, und daß das Breviarium Romanum von 1536 und mehrere vor Pius V. gedruckte Breviere Anna eine Tochter Gaziri, andere diesen aber Garzim nennen. — Ein sprachkundiger Freund, welcher die Güte hatte, die Korrektur dieses Blattes zu lesen, fügte hinzu: „Es überrascht, daß die Namen Gaziri, Garzi (das m ist am Schluß angehängt), Garscha oder Garescha, welche Formen alle drei richtig, obwohl von verschiedenen Zeitworten gebildet sind, in der Bedeutung „Verstoßener" übereinstimmen und daß Agari (m) sich im Arabischen ebenfalls auf Flucht und Vertreibung bezieht. Das griechische Stolanus schließt den Begriff der Wanderschaft ein, also einen ähnlichen, doch milderen Sinn als die semitische Bezeichnung. Bekanntlich kam es seit Alexander sehr häufig vor, daß die Juden ihren Namen griechische Beugungen gaben oder sie ganz übersetzten. — Sarßir heißt Star und deutet somit auch auf einen Wandervogel."

[1] Allerdings nennen die der Tradition folgenden Schriftsteller gewöhnlich Emerentia als die Mutter der heiligen Anna. Aber sie nennen diese Emerentia auch als das Weib des Stolanus, welches die Erzählerin Emorun nennt. Die Tradition sagt, Emerentia, das Weib des Stolanus, gebar Ismeria, die Mutter der Elisabeth, und Anna, die Mutter der heiligen Jungfrau, Maria. — Nach der Mitteilung der Erzählerin ist aber Anna nicht die Tochter, sondern die Enkelin des Stolanus. Wäre dies ein Irrtum von ihr, so könnte er dadurch veranlaßt sein, daß die demütige Seherin das von Jugend auf von der Herkunft der heiligen Anna aus der Tradition Gehörte mit ihren eigenen Anschauungen vermischte. Vielleicht ist der Name Emerentia nichts als die Latinisierung des von ihr gehörten Namens Emorun. Da sie dieses aber nicht weiß oder es vergessen hat und die Namen Emerentia und Ismeria ihr von der Tradition immer neben Stolanus als nächste Angehörige der heiligen Anna vor deren Verehelichung dargeboten werden, so bildeten sich ihr vielleicht Töchter des Stolanus heraus. Es ward übrigens höchst selten bemerkt, daß sie bei den unzähligen Namen, welche sie vernahm, einige verwechselt hätte, es sei denn in äußerster Krankheit und Verlassenheit geschehen. Wir sind jedoch geneigt, hier irgendeinen Irrtum zu vermuten, da die Tradition allgemein die heilige Elisabeth eine Nichte der heiligen Anna nennt, nach der Mitteilung der A. K. Emmerich aber Elisabeth die Nichte von Annas Mutter ist, wodurch Elisabeth, da Anna eine späte Tochter genannt wird, fast älter als diese scheinen dürfte. — Da der Schreiber den etwa hier eingetretenen Irrtum nicht zu erklären vermag, so ersucht er den wohlwollenden Leser, es geduldig hinzunehmen, und somit das an Geduld für den Schreiber zu ersetzen, was dieser während der mühseligen, mannigfach gestörten Auffassung dieser Mitteilungen in dieser christlichen Tugend versäumt haben dürfte.

Emerentia heiratete einen Aphras oder Ophras, einen Leviten. Aus dieser Ehe stammt Elisabeth, die Mutter Johannes' des Täufers. — Eine andere Tochter von ihnen ward, wie die Schwester ihrer Mutter, Enue genannt. Sie war bei Mariä Geburt bereits Witwe. — Eine dritte Tochter von ihnen war Rhode, deren Tochter unter anderen jene Mara war, die ich bei dem Tode der heiligen Jungfrau gegenwärtig gesehen.

Ismeria verehelichte sich mit einem Eliud. Sie lebten in der Gegend von Nazareth, ganz in der Weise der verehelichten Essener. Von ihren Eltern war die hohe eheliche Zucht und Enthaltsamkeit auf sie gekommen. Aus ihnen stammte unter anderen Anna.

Enue, die dritte Tochter des Stolanus, wohnte verheiratet zwischen Bethlehem und Jericho. Ein Nachkomme von ihr war bei Jesus.

Ismeria und Eliud hatten eine erstgeborene Tochter Sobe. Da bei dieser aber das Zeichen der Verheißung nicht eingetreten, waren sie sehr betrübt und zogen wieder zu dem Propheten auf dem Berge Horeb, um sich Rats zu erholen. Archos ermahnte sie zu Gebet und Opfer und verhieß ihnen Trost. — Ismeria war hierauf wohl während 18 Jahren unfruchtbar. Als Gott sie aber wieder segnete, sah ich, daß Ismeria nachts eine Offenbarung hatte. Sie sah, daß ein Engel neben ihrem Lager einen Buchstaben an die Wand schrieb. Ich meine, daß es wieder jenes M war. Ismeria sagte es ihrem Manne, dieser aber hatte dasselbe gesehen, und sie sahen nun beide erwacht das Zeichen an der Wand. Sie gebar aber nach drei Monaten die heilige Anna, welche jenes Zeichen auf der Magengegend mit zur Welt brachte.

Anna ward mit ihrem fünften Jahre, wie später Maria, in die Tempelschule gebracht. Sie lebte dort 12 Jahre und ward in ihrem 17. Jahre nach Hause gesendet, wo sie zwei Kinder fand, nämlich ein nach ihr geborenes Schwesterchen Maraha und ein Söhnlein ihrer älteren Schwester Sobe, welches Eliud hieß.

Ein Jahr nachher erkrankte Ismeria tödlich. Sie ermahnte alle die Ihrigen auf ihrem Sterbelager und stellte ihnen Anna als die künftige Hausmutter vor. Dann sprach sie noch mit Anna allein, sagte ihr, daß sie ein auserwähltes Gefäß der Gnade sei, heiraten müsse und sich bei dem Propheten auf Horeb Rats erholen solle. Dann starb sie.

Sobe, die ältere Schwester Annas, war mit einem Salomo verheiratet. Sie hatte außer dem Sohne Eliud noch die Tochter Maria Salome, die mit Zebedäus die Apostel Jakobus Major und Johannes erzeugte. Sobe hatte noch eine zweite Tochter, welche eine Tante des Bräutigams von Kana und die Mutter dreier Jünger war. — Eliud, der Sohn der Sobe und des Salomo, war der zweite Mann der Witwe Maroni von Naim und der Vater des von Jesus erweckten Knaben.

Mahara, Annas jüngere Schwester, erhielt, da der Vater Eliud in das Tal Zabulon zog, das Gut in Sephoris. Sie heiratete und hatte eine Tochter und zwei Söhne Arastaria und Cocharia, welche Jünger wurden.

Anna hatte noch eine dritte Schwester, welche sehr arm, eines Hirten Weib auf Annas Trift war. Sie war viel in dem Hause Annas.

Annas Urgroßvater war ein Prophet. Eliud, ihr Vater, stammte aus Levi, ihre Mutter Ismeria aber aus Benjamin. Anna ist in Bethlehem geboren. Ihre Eltern zogen aber dann nach Sephoris, vier Stunden von Nazareth, wo sie ein Haus und dabei ein Gut hatten. Sie besaßen aber auch Güter in dem schönen Tal Zabulon, anderthalb Stunden von Sephoris und drei von Nazareth. Annas Vater war oft mit seiner Familie in der schönen Jahreszeit im Tale Zabulon und zog nach dem Tode seiner Ehefrau ganz dahin, wodurch die Berührung mit den Eltern des heiligen Joachim, der Anna heiratete, entstand. — Joachims Vater hieß Matthat und war der zweite Bruder von Jakob, dem Vater des heiligen Joseph, der erste Bruder hieß Joses. Matthat hatte sich im Tale Zabulon niedergelassen.

Ich sah Annas Vorfahren sehr fromm und andächtig mit an der Bundeslade tragen und sah, daß sie Strahlen aus dem Heiligtum derselben empfingen, die sich auf ihre Nachkommenschaft, auf Anna und die heilige Jungfrau Maria bezogen. Annas Eltern waren reich. Ich sah dies an ihrer großen Wirtschaft; sie hatten viele Ochsen, aber sie hatten nichts für sich allein, sie gaben alles den Armen. — Ich habe Anna als Kind gesehen. Sie war nicht besonders schön, aber doch schöner als andere. So schön wie Maria war sie bei weitem nicht, aber ungemein einfältig und kindlich fromm; so habe ich sie allezeit gesehen, auch als Jungfrau, als Mutter und als altes Mütterchen; so daß, wenn ich eine recht kindliche alte Bauersfrau sah, ich immer denken mußte, die ist wie Anna. — Sie hatte noch mehrere Geschwister, Brüder und Schwestern, die wurden verheiratet. Sie aber wollte noch nicht heiraten. Ihre Eltern hatten sie besonders lieb. Sie hatte wohl an sechs Freier, aber sie schlug sie aus. — Sie erhielt, da sie sich wie ihre Vorfahren bei den Essenern Rats erholt hatte, die Weisung, Joachim zu heiraten, den sie damals noch nicht kannte, der aber, als ihr Vater Eliud in das Tal Zabulon zog, wo Joachims Vater Matthat wohnte, um sie freite.

Joachim war gar nicht schön. Der heilige Joseph, wenngleich nicht jung, war gegen ihn ein sehr schöner Mann. Joachim war von kleiner, breiter und doch magerer Gestalt[1], und ich muß lachen, wenn ich an seine Figur denke, aber er war ein wunderbar frommer, heiliger Mensch. — Joachim war auch arm. Er war mit dem heiligen Joseph verwandt, und zwar folgendermaßen: Josephs Großvater stammte aus David durch Salomon und hieß Mathan. Er hatte einen Sohn Jakob und einen Joses. Jakob war der Vater Josephs. — Als Mathan starb, heiratete seine Witwe einen zweiten Mann Levi, der aus David durch Nathan stammte, und von diesem Levi gebar sie Matthat, den Vater Heli, denn so hieß auch Joachim.

---

[1] Zum Beweis des kindlich vertrauten, ganz unfeierlichen Verkehrs der Seherin mit diesen ihr so heiligen Personen führen wir hier an, daß sie sich in der Erzählung des Ausdrucks bediente, „ein kleiner, breiter und doch magerer Butzen".

Die Freierei war damals ganz einfach. Die Freier waren ganz schüchtern und blöde. Man sprach zusammen und dachte nichts bei dem Heiraten, als es müsse so sein. Sagte die Braut ja, so waren es die Eltern zufrieden, sagte sie nein und hatte Gründe dazu, so war es auch recht. War die Sache bei den Eltern richtig gemacht, so geschah die Versprechung in der Synagoge des Ortes. Der Priester betete an der heiligen Stelle, wo die Gesetzrollen lagen, die Eltern an dem gewöhnlichen Ort. Die Brautleute aber gingen in einen Raum zusammen und beredeten sich über ihre Verträge und Absichten; waren sie einig, so sagten sie es den Eltern und diese dem Priester, der sich nun nahte und die Erklärung annahm. Am folgenden Tage wurden sie dann getraut; das geschah mit allerlei Zeremonien unter freiem Himmel.

Joachim und Anna wurden an einem kleinen Orte getraut, wo nur eine geringe Schule war. Es war nur ein Priester zugegen. Anna war etwa 19 Jahre alt. — Sie hausten bei Eliud, dem Vater Annas. Dies Haus gehörte zu der Stadt Sephoris, es lag aber eine Strecke davon ab, zwischen einer Gruppe von Häusern, worunter es das größere war. Hier lebten sie wohl mehrere Jahre. — Sie hatten beide etwas Ausgezeichnetes in ihrem Wesen; sie waren zwar ganz jüdisch, aber es war etwas in ihnen, was sie selbst nicht kannten, ein wunderbarer Ernst. Ich habe sie selten lachen gesehen, wenn sie gleich am Anfang ihrer Ehe nicht eigentlich traurig waren. Sie hatten einen stillen, gleichmäßigen Charakter und in ihrem frischen Alter schon etwas von alten gesetzten Leuten. Ich habe wohl in meiner Jugend schon solche junge Paare gesehen, die sehr gesetzt waren, und bei denen ich damals schon dachte, die sind gerade wie Anna und Joachim.

Die Eltern waren wohlhabend, sie hatten viele Herden, schöne Teppiche und Geschirre und viele Knechte und Mägde; den Acker bauen habe ich sie nicht gesehen, aber wohl Vieh treiben auf der Weide. Sie waren sehr fromm, innig, wohltätig, schlicht und recht. Sie teilten oft ihre Herden und alles in drei

Teile und gaben ein Drittel des Viehs in den Tempel, und das trieben sie selbst hin, wo es von Tempeldienern empfangen wurde. Das zweite Drittel gaben sie den Armen oder begehrenden Anverwandten, deren meistens einige zugegen waren, die es wegtrieben. Das letzte und gewöhnlich geringste Drittel behielten sie für sich. Sie lebten sehr mäßig und gaben alles hin, wo begehrt ward. — Da habe ich oft schon als Kind gedacht: „Geben reicht aus; wer gibt, erhält doppelt wieder"; denn ich sah, daß ihr Drittel sich immer wieder mehrte, und daß alles bald wieder so vollauf war, daß sie wieder in drei Teile teilen konnten. — Sie hatten viele Verwandte, die bei allen feierlichen Gelegenheiten bei ihnen versammelt waren; da sah ich dann nie viel Schmauserei. Ich sah sie wohl in ihrem Leben hie und da einem Armen Speise reichen, aber eigentliche Gastmahle sah ich nie. — Wenn sie zusammen waren, sah ich sie gewöhnlich im Kreis an der Erde liegen und von Gott mit einer großen Erwartung reden. Ich sah auch oft böse Menschen aus ihrer Verwandtschaft dabei, welche das mit Unwillen und Erbitterung ansahen, wenn sie so voll Sehnsucht nach dem Himmel in ihren Gesprächen emporblickten. Aber sie wollten diesen Übelgesinnten doch wohl, versäumten bei keiner Gelegenheit, sie zu sich zu bitten, und gaben ihnen alles doppelt. Ich sah oft, daß diese mit Unwillen und stürmend das begehrten, was die guten Leute ihnen mit Liebe entgegenbrachten. Es waren auch Arme in ihrer Familie, und ich sah sie oft ein Schaf, auch mehrere hingeben.

Das erste Kind, welches Anna im Hause ihres Vaters gebar, war eine Tochter, aber sie war das Kind der Verheißung nicht. Die Zeichen, welche geweissagt worden waren, traten nicht ein bei ihrer Geburt, die mit einigen betrübten Umständen verbunden war. — Ich sah nämlich, daß Anna, die gesegneten Leibes war, Kummer durch ihr Gesinde hatte. Eine ihrer Mägde war durch einen Verwandten Joachims zu Falle gekommen. Anna sehr bestürzt, die strenge Zucht ihres Hauses so verletzt zu sehen, verwies dieser Magd ihren Fehler etwas streng, und diese nahm sich ihr Unglück nun so zu Herzen, daß sie vor der Zeit ein totes Kind gebar. Anna war hierüber ganz untröstlich, sie fürchtete schuld daran zu sein, und es folgte, daß auch sie zu früh gebar. Ihre Tochter aber blieb am Leben. — Weil nun dieses Kind die Zeichen der Verheißung nicht hatte und zu früh geboren war, so hielt Anna dies für eine Strafe Gottes und war sehr betrübt, denn sie glaubte sich versündigt zu haben. — Dennoch hatten sie eine herzliche Freude an dem neugeborenen Töchterlein, das auch Maria genannt ward. Es war ein ganz liebes, frommes und sanftes Kind, und ich sah es immer etwas dick und stark heranwachsen. Die Eltern hatten es auch sehr lieb, aber es blieb doch eine gewisse Unruhe und Betrübnis in ihnen, weil sie erkannten, daß es nicht die von ihnen erwartete heilige Frucht ihrer Verbindung sei.

Sie büßten daher lange und lebten in Enthaltung voneinander; auch ward Anna unfruchtbar, was sie stets für eine Folge ihrer Versündigung ansahen und darum alle ihre guten Werke verdoppelten. Ich sah sie oft in eifrigem Gebete abgesondert und wie sie sich längere Zeit voneinander trennten, Almosen gaben und Opfer zum Tempel sendeten.

So lebten sie bei dem Vater Eliud wohl sieben Jahre, was ich an dem Alter des ersten Kindes sehen konnte, als sie sich entschlossen, sich von den Eltern zu trennen, und ihren Wohnsitz in einem Haus und Feldgut aufzuschlagen, das von Joachims Eltern ihnen in der Gegend von Nazareth zugekommen war. Sie hatten die Absicht, dort in der Einsamkeit ihr eheliches Leben ganz von neuem zu beginnen und durch einen Gott noch gefälligeren Wandel seinen Segen auf ihre Verbindung herabzuziehen. — Ich sah diesen Entschluß in der Familie fassen und sah Annas Eltern die Ausstattung ihrer Kinder zurüsten. Sie teilten die Herden und sonderten für den neuen Haushalt Ochsen, Esel und Schafe ab, welche viel größer als bei uns zulande waren. — Auf die Esel und Ochsen vor der Tür wurden allerlei Geräte, Gefäße und Gewande gepackt, und die guten Leute waren so geschickt, alles aufzupacken, als die Tiere es zu

Annas und Joachims Niederlassung bei Nazareth

empfangen und fortzutragen. Wir können unsere Sachen kaum so geschickt auf Wagen packen, wie diese Leute es auf diese Tiere konnten. Sie hatten schönen Hausrat, alle Gefäße waren zierlicher als jetzt, es war, als hätte der Meister jedes mit anderer Gesinnung und Liebe gemacht. Ich sah, wie sie gebrechliche mit allerlei Bildwerk künstlich geformte Krüge mit Moos ausgefüllt und umwickelt und an beiden Enden eines Riemens befestigt, den Tieren über den Rücken hängten, auf den freien Rücken der Tiere aber allerlei Päcke von bunten Decken und Gewand legten. Ich sah auch, wie sie kostbare, mit Gold rohgestickte Decken aufpackten, und daß die Ausziehenden von den Eltern einen kleinen, schweren Klumpen in einem Beutel empfingen, als sei es etwa ein Stück edles Metall.

Als alles bereitet war, traten auch Knechte und Mägde zu dem Zug und trieben die Herde und Lasttiere vor sich hin nach der neuen Wohnung, welche wohl 5—6 Stunden von da entlegen war. Ich glaube, sie rührten von Joachims Eltern her. — Nachdem Anna und Joachim von allen Freunden und Dienern dankend und ermahnend Abschied genommen hatten, verließen sie ihren bisherigen Aufenthalt mit Rührung und guten Vorsätzen. Annas Mutter lebte nicht mehr, aber ich sah doch, daß die Eltern der beiden Eheleute sie nach ihrer neuen Wohnung begleiteten. Vielleicht hatte Eliud wieder geheiratet, oder es waren etwa von den Eltern Joachims dabei. Maria Heli, Annas erstes Töchterlein, ungefähr 6—7 Jahre alt, war auch bei dem Zuge.

Die neue Wohnung lag sehr angenehm in einer hügeligen Gegend, von Wiesen und Bäumen umgeben, etwa anderthalb Stunden oder eine starke Stunde gegen Abend von Nazareth, auf einer Höhe zwischen dem Tal bei Nazareth und dem Tal Zabulon. Eine mit einer Allee von Terebinthen besetzte Schlucht führte von dem Hause gegen Nazareth zu. Vor dem Hause lag ein geschlossener Hofraum, sein Boden schien mir nackter Felsengrund. Er war von einer niederen Felsen- oder rohen Steinmauer und hinter oder auf dieser von einem lebendigen Flechtzaun umgeben. — An einer Seite dieses Hofes befanden sich leichtere kleine Gebäude für das Gesinde und zur Aufbewahrung von mancherlei Gerätschaften, auch war ein offener Schoppen dort errichtet, um Vieh und Lasttiere da einzustellen. — Es lagen mehrere Gärten umher, und in einem solchen Gartenraum nahe bei dem Hause stand ein großer Baum von eigentümlicher Art. Seine Zweige senkten sich zur Erde nieder, wurzelten und trieben wieder Bäume empor, die ebenso taten, wodurch ein ganzer Kreis von Lauben gebildet ward.

Die Türe in der Mitte des ziemlich großen Hauses drehte sich in Angeln. Das Innere war wohl von dem Umfange einer mittleren Dorfkirche und durch viele mehr oder weniger beweglich geflochtene Wände, die nicht bis zur Decke emporreichten, in die verschiedenen Wohnräume eingeteilt. Durch die Haustüre trat man in den ersten Teil des Hauses, einen großen Vorsaal, der die ganze Breite einnahm, und zu Festmahlzeiten gebraucht oder auch nach Bedürfnis bei vielen Gästen durch leichte bewegliche Schirmwände in viele kleine Schlafräume abgezeltet ward. — Der Haustüre gegenüber trat man durch eine leichte Türe in der Mitte der Rückwand dieser Vorhalle in den mittleren Teil des Hauses, und zwar in einen Gang, welcher zwischen vier Schlafkammern zur Rechten und vier zur Linken dieses Hausteils hinlief. Diese Kammern waren auch von etwas mehr als mannshohen leichten Flechtwänden gebildet, die oben in offenem Gitterwerk endeten. — Von hier führte der Gang in den dritten oder hinteren Teil des Hauses, welcher nicht viereckig, sondern nach der Gestalt des Hauses wie der Chor einer Kirche halbrund oder in einem Winkel endete. In der Mitte dieses Raumes, dem Eingange gegenüber, stieg eine Feuermauer bis zur Rauchöffnung oben in der Decke des Hauses empor; am Fuße dieser Mauer befand sich die Feuerstelle, wo gekocht wurde. Vor der Feuerstelle hing eine fünfarmige Lampe von der Decke nieder. Der Raum zur Seite der Feuerstelle und hinter derselben war in mehrere größere Kammern durch leichte Wände abgezeltet. Hinter dem Herde waren durch mehrere

Teppichwände die Schlafstellen, der Betwinkel, der Speiseraum und Arbeitsraum der Familie abgeteilt. — Hinter den schönen Obstgärten bei dem Hause lagen Felder, dann ein Wald und hinter diesem ein Berg.

Als die Reisenden in dem Hause zusammen ankamen, fanden sie schon alles an Ort und Stelle und ganz eingerichtet, denn die alten Leute hatten vorher hingeschickt und alles ordnen lassen. Die Knechte und Mägde hatten alles so schön und ordentlich abgepackt und an seinen Ort gebracht, wie sie es beim Aufpacken getan hatten, denn sie waren so hilfreich und taten alles so still und verständig vor sich hin, daß man ihnen nicht immer, wie heutzutage, alles einzelne befehlen mußte. — So war dann bald alles in Ruhe, und nachdem die Eltern sie in das neue Haus eingewiesen hatten, nahmen sie nebst dem Töchterchen Annas, das mit seinen Großeltern zurückzog, von Anna und Joachim mit Segen und Umarmung Abschied und begaben sich auf den Heimweg. — Ich sah diese Leute bei solchen Besuchen und ähnlichen Gelegenheiten nie schmausen, sie lagen zwar oft im Kreise und hatten ein paar Schüsselchen und kleine Krüge vor sich auf dem Teppich, aber sie redeten meist von göttlichen Dingen und heiligen Erwartungen.

Hier sah ich nun die heiligen Leute ein ganz neues Leben anfangen. Sie wollten alles Vorhergegangene Gott aufopfern und nun ganz denken, als kämen sie jetzt erst zusammen, und so strebten sie dann nun, durch ein Gott wohlgefälliges Leben jenen Segen auf sich herabzuflehen, nach welchem allein sie so heiß verlangten. — Ich sah sie beide unter ihre Herden gehen und diese in drei Teilen, wie ich oben von ihren Eltern gesagt, zwischen dem Tempel, den Armen und sich verteilen. Das beste auserlesene Teil ließen sie zum Tempel treiben, ein gutes Drittel empfingen die Armen; den schlechtesten Teil aber behielten sie für sich selbst, und so taten sie mit allem dem Ihrigen. — Ihr Haus war ziemlich geräumig, sie lebten und schliefen in abgesonderten Kämmerchen, wo ich sie sehr oft, jedes allein mit großer Innigkeit beten sah. — Ich sah sie lange

Zeit so leben, sie gaben große Almosen; und sooft ich sie auch ihre Herden und Habe teilen sah, mehrte sich doch alles schnell wieder. Sie lebten sehr mäßig in Abbruch und Enthaltung. Ich sah sie wohl auch bei dem Gebet Bußkleider anlegen, und oft sah ich Joachim fern bei seinen Herden auf der Weide zu Gott flehend.

In solchem ernsten Wandel vor Gott lebten sie 19 Jahre nach der Geburt ihres ersten Kindes in beständiger Sehnsucht nach dem Segen der Fruchtbarkeit, und ihre Betrübnis ward immer größer. — Ich sah auch böse Leute aus der Gegend zu ihnen kommen und sie schmähen: „Sie müßten schlechte Leute sein, weil sie keine Kinder bekämen, und das Töchterchen bei Annas Eltern sei ihr Kind nicht, Anna sei unfruchtbar, sie habe jenes Kind unterschoben, sonst hätte sie es bei sich usw.", über welche Reden die guten Leute immer wieder von neuem niedergedrückt wurden.

Anna hatte den festen Glauben und die innere Gewißheit, die Ankunft des Messias sei nah, und sie stehe unter seinen menschlichen Verwandten. Sie flehte und schrie nach der Erfüllung der Verheißung und strebte mit Joachim fortwährend nach höherer Reinheit. Die Schmach der Unfruchtbarkeit betrübte sie tief. Sie durfte sich kaum mehr ungekränkt in der Synagoge sehen lassen. — Joachim, wenngleich klein und mager, war dennoch rüstig, und ich sah ihn häufig mit Opfervieh nach Jerusalem ziehen. — Anna war auch nicht groß und sehr zart von Gestalt. Sie zehrte auch durch den Kummer dermaßen ab, daß ihre Wangen ganz einfielen, wenn sie gleich eine gewisse Röte behielten. — Sie fuhren fort, von Zeit zu Zeit ihre Herden mit dem Tempel und den Armen zu teilen, und der Teil, den sie für sich zurückbehielten, ward immer geringer.

Joachim am Tempel verschmäht, zieht zu seinen Herden

Nachdem sie nun so viele Jahre vergebens um den Segen Gottes in ihrer Ehe gefleht hatten, sah ich, daß Joachim wieder ein Opfer zum Tempel bringen wollte. Sie bereiteten sich beide durch Bußübungen vor. Ich sah sie in Bußkleidern gegürtet nachts betend an der harten Erde liegen; dann zog Joachim bei Tagesanbruch über Land in die Weidegegenden zu seinen Herden, und Anna blieb allein zurück. — Bald hierauf sah ich, daß Anna ihm Tauben, andere Vögel und noch mancherlei Gegenstände in Käfigen und Körben durch Knechte nachsendete, was er alles am Tempel opfern wollte.

Er nahm zwei Esel von seiner Weide und belastete sie mit diesen und anderen Körben, in welche er, ich glaube drei kleine, weiße, lustige Tiere mit langen Hälsen tat. Ich weiß nicht mehr, ob es Lämmer oder Ziegenböckchen waren. Er hatte eine Leuchte auf einem Stabe bei sich, die wie ein Licht in einem hohlen Kürbis schimmerte. — So sah ich ihn mit seinen Knechten und Lasttieren auf einem schönen, grünen Felde zwischen Bethanien und Jerusalem, auf welchem ich später Jesus oft verweilen sah, angelangt. — Sie zogen hinauf zum Tempel und stellten ihre Esel in dieselbe Tempelherberge, nahe bei dem Viehmarkte ein, in die sie später bei Marias Opferung einkehrten. Sie brachten hierauf die Opfergaben die Treppe hinauf und gingen durch Wohnräume der Tempeldiener wie damals[1]. Hier gingen Joachims Knechte, nachdem man ihnen die Opfer abgenommen hatte, zurück.

Joachim aber ging in die Halle, wo sich das Wasserbecken befand und die Opfer alle gewaschen wurden. Hierauf ging er durch einen langen Gang in eine Halle zur Linken des Raumes, in welchem der Rauchopferaltar, der Tisch der Schaubrote und

---

[1] Der Leser möge sich nicht daran stören, wenn sich die Erzählerin hier und überhaupt ferner auf Ereignisse bezieht, welche der Geschichte nach noch nicht eingetreten sein könnten. Er möge bedenken, daß die Anschauungen aus der Geschichte der heiligen Jungfrau, welche hier in historischer Folge zusammengestellt sind, der Erzählenden jährlich an den bezüglichen Kirchenfesten verliehen wurden; wenn sie nun im Juli und August 1821 um die Zeit des St.-Anna- und Joachims-Festes ihre Betrachtungen von dem Leben der Eltern der heiligen Jungfrau erzählt, so erwähnt sie, um sich verständlicher zu machen, etwas, was sie in früheren Jahren im November am Feste Mariä Opferung schon gesehen.

der siebenarmige Leuchter standen. — Hier, wo noch mehrere Opfernde versammelt waren, ward Joachim auf das äußerste geprüft. Ich sah, daß Ruben, ein Priester, seine Opfergaben verschmähte und sie nicht zu den anderen an der rechten Seite der Halle hinter Gittern sichtbar aufstellte, sondern beiseite schob. Er schmähte den armen Joachim laut vor den Anwesenden wegen seiner Unfruchtbarkeit, ließ ihn nicht herzu und wies ihn in einen beschimpfenden, vergitterten Winkel.

Ich sah hierauf, wie Joachim in höchster Betrübnis den Tempel verließ und über Bethanien in die Gegend von Machärus in ein Versammlungshaus der Essener ging, um sich Trost und Rat zu holen. — In demselben Hause und früher in jenem bei Bethlehem hat jener Prophet Manachem gelebt, der dem Herodes in seiner Jugend das Königtum und seine großen Verbrechen weissagte. — Joachim begab sich von dort zu seinen entferntesten Herden an dem Berg Hermon. Sein Weg führte ihn durch die Wüste Gaddi über den Jordan. — Der Hermon ist ein langer, schmaler Berg, den, wenn er an der Sonnenseite ganz grün und voll der reichsten Obstbäume ist, an der entgegengesetzten Seite Schnee bedeckt.

Anna empfängt die Verheißung der Fruchtbarkeit und reist zum Tempel

Joachim war durch seine Verschmähung am Tempel so traurig und beschämt, daß er Anna gar nicht sagen ließ, wo er sich aufhielt. Sie erfuhr aber von anderen Leuten, welche zugegen gewesen waren, die Kränkung, die Joachim erlitten, und ihre Betrübnis war unbeschreiblich. Ich sah sie oft weinend mit dem Angesichte auf der Erde liegen, weil sie nun gar nicht wußte, wo Joachim war, der wohl an fünf Monate bei seinen Herden am Hermon versteckt blieb.

Anna litt gegen das Ende dieser Zeit noch mehr durch die Unart einer ihrer Mägde, welche ihr ihr Leiden oft vorrückte. Einstens aber, es war am Anfang des Laubhüttenfestes, da diese Magd auswärts auf dies Fest zu gehen verlangte, was ihr Anna, durch die Verführung ihrer früheren Dienerin gewarnt, als eine wachsame Hausmutter versagte, warf ihr diese Magd ihre Unfruchtbarkeit und Verlassenheit von Joachim als eine Strafe Gottes für ihre Härte so heftig vor, daß sie dieselbe nicht mehr in ihrem Hause dulden mochte. Sie sendete sie mit Geschenken, von zwei Knechten begleitet, ihren Eltern mit der Erklärung zurück, sie möchten ihre Tochter aus ihrem Hause wieder so annehmen, wie sie dieselbe ihr übergeben hätten, denn sie vermöge sie nicht länger zu verwahren.

Als Anna ihre Magd weggesendet hatte, ging sie traurig in ihre Kammer und betete. Am Abend aber warf sie ein großes Tuch über das Haupt und hüllte sich ganz darin ein und ging mit einem verdeckten Lichte zu dem bereits früher erwähnten großen Baum ihres Hofraumes, welcher eine Laubhütte bildete, und zündete eine Lampe an, die in einer Art Kasten an diesem Baume hing, und betete aus einer Gebetsrolle. — Dieser Baum war sehr groß, es waren Sitze und Lauben darin angebracht, er senkte seine Zweige über die Mauer wieder in die Erde nieder, wo sie wieder wurzelten und aufschossen und sich abermals zur Erde wurzelnd senkten und wieder aufschossen, wodurch eine ganze Reihe von Lauben gebildet ward. — Dieser Baum hat die Art des Baumes der verbotenen Frucht im Paradies. Die Früchte hängen meistens zu fünfen um die Spitze der Zweige herum. Sie sind birnförmig, inwendig fleischig, blutfärbig geädert und haben in der Mitte einen hohlen Raum, um welchen die Kerne in dem Fleische sitzen. Die Blätter sind sehr groß, und ich meine solche, mit welchen sich Adam und Eva im Paradiese bedeckten. Die Juden gebrauchten die Blätter besonders bei dem Laubhüttenfest, um die Wände zu schmücken, weil sie sich, schuppenförmig gelegt, sehr bequem mit ihren Rändern ineinanderfügen.

Anna schrie unter diesem Baume lange Zeit zu Gott, wenn er auch ihren Leib verschlossen habe, so möge er doch ihren frommen Gefährten Joachim nicht von ihr entfernt halten. — Siehe, da erschien ihr ein Engel Gottes, er trat wie aus der

Höhe des Baumes vor sie nieder und sprach zu ihr, sie möge ihr Herz beruhigen, der Herr habe ihr Gebet erhört; sie solle am folgenden Morgen mit zwei Mägden zum Tempel reisen und Tauben zum Opfer mitnehmen. Auch Joachims Gebet sei erhört, er ziehe mit seinem Opfer auch zum Tempel, sie werde mit ihm unter der goldenen Pforte zusammentreffen. Joachims Opfer werde angenommen, sie beide würden gesegnet werden; bald solle sie den Namen ihres Kindes erkennen. Er sagte ihr auch, daß er ihrem Manne gleiche Botschaft gebracht habe, und verschwand hierauf.

Anna voll Freude dankte dem barmherzigen Gott. Sie kehrte nun in das Haus zurück und ordnete mit ihren Mägden das Nötige, um am folgenden Morgen zum Tempel zu reisen. — Ich sah hierauf, wie sie sich zu schlafen niederlegte, nachdem sie gebetet hatte. Ihr Lager bestand aus einer schmalen Decke und einem Wulst unter dem Kopfe. Morgens ward die Decke zusammengerollt. Sie legte ihre Oberkleider ab, hüllte sich vom Kopf bis zu den Füßen in ein weites Tuch ein und legte sich gerade ausgestreckt auf die rechte Seite gegen die Wand ihres Kämmerchens, längs welcher ihr Bett stand.

Nachdem Anna kurze Zeit geschlafen hatte, sah ich einen Lichtglanz von oben zu ihr niederdringen, der sich neben ihrem Lager in die Gestalt eines leuchtenden Jünglings zusammenzog. Es war der Engel des Herrn, der ihr sagte, sie werde ein heiliges Kind empfangen, und die Hand über sie ausstreckend, große leuchtende Buchstaben an die Wand schrieb. Es war der Name Maria. Der Engel verschwand nun wieder, indem er sich in Licht auflöste. Anna war währenddem wie in einer innerlichen freudigen Traumbewegung, sie richtete sich halberwacht auf ihrem Lager auf, betete mit großer Innigkeit und sank wieder ohne klares Bewußtsein in den Schlaf. — Nach Mitternacht aber erwachte sie freudig wie durch eine innere Anmutung, und nun sah sie mit Schrecken und Freude die Schrift an der Wand. Es waren wie rote, goldene, leuchtende Buchstaben, groß und nicht viele; aber sie schaute sie mit unbeschreiblicher

Freude und Zerknirschung an, bis sie bei Tagesanbruch erloschen. Sie sah es so klar, und ihre Freude wuchs dermaßen, daß sie ganz verjüngt aussah, als sie aufstand.

In dem Augenblick, als das Licht des Engels mit Gnade über Anna gekommen war, sah ich unter ihrem Herzen einen Glanz und erkannte in ihrer Person die auserwählte Mutter, das erleuchtete Gefäß der nahenden Gnade. Ich kann, was ich in ihr erkannte, nur mit dem Ausdruck bezeichnen, ich erkannte in ihr eine gesegnete Mutter, welcher eine Wiege geschmückt, ein Bettchen gedeckt, ein Tabernakel erschlossen ist, um ein Heiligtum würdig zu empfangen und zu bewahren. Ich sah, daß Anna durch Gottes Gnade dem Segen erschlossen war. — Wie wunderbar ich das erkannte, ist unaussprechlich, denn ich erkannte Anna als die Wiege alles menschlichen Heils und zugleich als einen erschlossenen kirchlichen Behälter, vor welchem der Vorhang zurückgezogen war, und ich erkannte dieses auch natürlich, und alle diese Erkenntnis war eins und zugleich natürlich und heilig. — Anna war damals, wie ich meine, 43 Jahre alt.

Anna stand nun auf, zündete die Lampe an, betete und trat die Reise nach Jerusalem mit ihren Opfergaben an. Alle ihre Hausgenossen waren am Morgen von einer wunderbaren Freudigkeit durchdrungen, wenngleich nur sie allein von der Erscheinung des Engels wußte.

Joachim vom Engel getröstet, opfert wieder am Tempel

Ich sah um dieselbe Zeit Joachim bei seinen Herden am Berge Hermon über dem Jordan in stetem Gebete zu Gott um Erhörung flehen. — Wenn er die jungen Lämmer so fröhlich blökend um ihre Mütter springen sah, wurde er gar sehr betrübt, daß er keine Kinder hatte. Doch sagte er seinen Hirten die Ursache seiner Trauer nicht. — Es war aber um die Zeit des Laubhüttenfestes, und er errichtete mit seinen Hirten schon die Laubhütten. — Da er nun betete und verzagte, wie gewöhnlich zu dem Fest nach Jerusalem opfern zu gehen, weil er seiner Verschmähung dort gedachte, sah ich den Engel ihm erscheinen, der ihm befahl, getröstet zum Tempel zu reisen, sein Opfer werde angenommen und sein Gebet erhört werden. Er werde mit seinem Weibe unter der goldenen Pforte zusammenkommen.

— Ich sah nun Joachim ganz freudig seine Herden — o wie vieles und schönes Vieh hatte er! — abermals in drei Teile teilen. Den geringsten behielt er für sich, den besseren sendete er den Essenern, und den schönsten Teil führte er mit seinen Knechten zum Tempel. Er kam am vierten Tage des Festes in Jerusalem an und kehrte wie früher am Tempel ein.

Anna kam auch am vierten Tage des Festes in Jerusalem an und wohnte bei den Verwandten des Zacharias am Fischmarkte. Sie traf erst am Ende des Festes mit Joachim zusammen.

Ich sah aber, daß, obwohl Joachims Opfer das letztemal auf ein höheres Zeichen nicht angenommen worden war, dennoch der Priester, der ihn so hart dabei anließ, statt ihn zu trösten, deswegen, ich weiß nicht mehr, in welche göttliche Strafe fiel. — Jetzt aber hatten die Priester eine höhere Mahnung, seine Opfer anzunehmen, und ich sah einige, als er seine Ankunft mit den Opfertieren gemeldet hatte, ihm vor dem Tempel entgegentreten und seine Gaben empfangen. — Das Vieh, das er zum Geschenke an den Tempel brachte, war nicht sein eigentliches Opfer. Sein Opfer zum Schlachten bestand in zwei Lämmern und drei lustigen Tierchen, ich glaube Böckchen. Auch sah ich, daß ihm viele Männer, die ihn kannten, Glück wünschten, da sein Opfer angenommen ward.

Im Tempel sah ich des Festes wegen alles geöffnet und mit Laub- und Fruchtgewinden umzogen, auch an einem Orte über acht freistehenden Säulen eine Laubhütte errichtet. — Joachim machte ganz dieselben Wege im Tempel wie das vorige Mal. Sein Opfer ward auf der gewöhnlichen Stelle geschlachtet und verbrannt. Etwas davon wurde jedoch an einer anderen Stelle verbrannt, ich meine zur Rechten jener Vorhalle, in welcher der

Joachim durch Gottes Befehl zum Rauchopferaltar geführt 43

große Lehrstuhl stand [1]. — Ich sah aber die Priester im Heiligen
ein Rauchopfer halten. Es wurden auch Lampen angezündet,
und es brannte Licht auf dem siebenarmigen Leuchter, aber
nicht auf allen sieben Armen zugleich. Ich habe oft gesehen, daß
bei verschiedenen Gelegenheiten verschiedene Arme des Leuch-
ters erleuchtet wurden.

Als das Rauchopfer emporstieg, sah ich wie einen Lichtstrahl
auf den opfernden Priester im Heiligen und zugleich auf
Joachim draußen in der Halle kommen. Es entstand ein Still-
stand in der Handlung wie durch Staunen und übernatürliche
Erkenntnis. — Ich sah nun, daß zwei Priester, wie auf göttlichen
Befehl, hinaus zu Joachim in die Halle gingen und ihn durch
den Weg der Seitenkammern in das Heilige zu dem goldenen
Rauchopferaltare führten. Nun legte der Priester etwas auf den
Rauchaltar. Ich erkannte dieses nicht als getrennte Weihrauch-
körner, ich sah es wie einen zusammenhängenden Klumpen und
weiß jetzt nicht mehr, woraus dieser bestand [2]. Diese Masse
verzehrte sich mit großem Rauch- und Wohlgeruch auf dem
goldenen Rauchaltar vor dem Vorhang des Allerheiligsten. Ich
sah aber nun den Priester das Heiligste verlassen, worin Joachim allein zurückblieb.

Während das Rauchopfer sich verzehrte, sah ich Joachim entzückt mit ausgebreiteten Armen auf den Knien liegen. — Ich
sah zu ihm, wie später zu Zacharias bei der Verheißung des
Täufers, eine leuchtende Gestalt, einen Engel, eintreten. Er
sprach zu ihm und gab ihm einen Zettel, auf welchem ich, in
leuchtenden Buchstaben geschrieben, die drei Namen erkannte,

---

[1] Diese Anführung bestätigt sich aus folgender Note: Nach der jüdischen
Überlieferung wurden selbst bei den Brandopfern mehrere Teile, namentlich der Nervus femoris, die Sehne der Hüfte, welche im Kampfe Jakobs
mit dem Engel von diesem berührt verdorrte (statim emarcuit. Gen 32,25)
nicht auf dem Altare, sondern neben demselben gegen Osten hin, auf dem
sogenannten Aschenhaufen verbrannt. (Siehe auch Gen 32,32.)
[2] Ohne Zweifel war dieses eine zusammengeschmolzene Mischung jener
Ingredienzien, welche nach der jüdischen Gesetzesüberlieferung zum täglichen Rauchopfer gehörten, als Myrrhe, Kassia, Narde, Safran, wohl-
riechender Kalmus, Zimt, Costus, Stakte, Zipporen (Seenelke), Galbanum
und Weihrauch, verbunden mit reinem Salze.

Helia, Hanna, Mirjam[1]. Und bei diesem letzten Namen sah ich das Bild einer kleinen Bundeslade oder eines Sakramentshäuschens. — Er befestigte diesen Zettel unter sein Gewand auf die Brust. — Der Engel sagte zu ihm, seine Unfruchtbarkeit sei ihm keine Schande, sondern ein Ruhm, denn was sein Weib empfangen werde, solle die unbefleckte Frucht aus Gottes Segen durch ihn, solle der Gipfel des Segens Abrahams sein.

Als Joachim dieses nicht fassen konnte, führte ihn der Engel hinter den Vorhang, welcher von dem Gitter des Allerheiligsten noch so weit entfernt war, daß man dort stehen konnte, und ich sah den Engel mit der Bundeslade nahen, und er schien mir etwas aus ihr zu entnehmen. — Ich sah nun, als halte er dem Joachim eine leuchtende Kugel oder einen Lichtkreis vor und befehle ihm, hineinzuhauchen und zu schauen[2].

Ich sah aber, als entstünden unter dem Hauche Joachims allerlei Bilder in dem Lichtkreise, und er sehe sie, und sein Hauch habe den Kreis nicht getrübt, und der Engel sage ihm, ebenso rein wie diese Kugel von seinem Hauche geblieben, werde das Kind Annas empfangen werden.

Ich sah hierauf, als hebe der Engel die Lichtkugel empor, und sie stand nun wie ein Umfang in der Luft, und ich sah wie durch eine Öffnung in ihr eine zusammenhängende Reihe von Bildern vom Falle bis zur Erlösung der Menschheit. Es ging eine ganze Welt in ihr wachsend auseinander. Ich wußte und erkannte alles, kann es aber im einzelnen nicht mehr wiederbringen. — Oben im höchsten Gipfel sah ich die heilige Dreifaltigkeit, unter ihr zu einer Seite das Paradies. Adam und Eva, den Sündenfall, die Verheißung der Erlösung, alle Vorbilder derselben, Noah, die Sintflut, die Arche, den Empfang des

---

[1] Anfangs wußte der Schreiber nicht, daß diese drei Namen nur andere Formen für Joachim, Anna und Maria seien. Als er später dieses erfuhr, wurde ihm die von der Erzählerin mitgeteilte Aussprache mit ein rührender Beweis, wie unmittelbar sie angeschaut habe.

[2] „Ich dachte noch, als er ihm den Lichtkreis so nahe vor das Gesicht hielt, an einen Gebrauch bei unseren Hochzeiten auf dem Lande, wo einen der Küster einen auf ein Brettchen gemalten Kopf küssen läßt, wobei man vierzehn Pfennige bezahlen muß." (Worte der A. K. Emmerich)

Joachim durch einen Engel zum Empfang des Segens vorbereitet

Segens durch Abraham, die Übergabe des Segens an den Erstgeborenen von Abraham an Isaak, von Isaak an Jakob, dann, wie er Jakob durch den Engel genommen wurde, mit welchem er rang, hierauf wie der Segen an Joseph in Ägypten kam und in ihm und seinem Weibe in einen höheren Grad der Würde trat, dann wie mit Reliquien Josephs und Asnaths, seines Weibes durch Moses das Heiligtum des Segens aus Ägypten entführt, das Allerheiligste der Bundeslade, der Sitz des lebendigen Gottes unter seinem Volke ward; dann den Dienst und Wandel des Volkes Gottes um das Heiligtum, die Führungen und Verbindungen zur Entwicklung des heiligen Geschlechtes, des Stammes der heiligen Jungfrau und alle ihre und des Heilands Vorbilder und Sinnbilder in der Geschichte und den Propheten. — Alles dieses sah ich in Sinnbildern ringsherum und auch von unten nach oben in dem Lichtkreis. — Ich sah große Städte, Türme, Paläste, Throne, Tore, Gärten, Blumen und alle diese Bilder wie mit Lichtbrücken untereinander wunderbar verbunden; und alle waren angefochten und bestürmt von grimmigen Tieren und anderen gewaltigen Erscheinungen. — Alle diese Bilder stellten vor, wie der Stamm der heiligen Jungfrau, aus welcher Gott Fleisch annehmen und Mensch werden wollte, gleich allen Heiligen von Gottes Gnade durch viele Anfechtungen und Kämpfe geführt worden ist. — Ich erinnere mich auch an einem gewissen Punkte dieser Bilderreihe einen Garten gesehen zu haben, der rings von einer dichten Dornenhecke umschlossen war, welche eine Menge von Schlangen und anderen ekelhaften Tieren vergebens zu durchdringen strebten. — Auch sah ich einen festen Turm von allen Seiten durch Kriegsleute bestürmt, die von ihm abstürzten. — Ich sah viele Bilder dieser Art, welche sich auf die Geschichte der heiligen Jungfrau in ihren Voreltern bezogen; und die Übergänge und Brücken, die alles verbanden, bedeuteten den Sieg über Störungen, Hindernisse und Unterbrechungen des Heils.

Es war, als sei ein reines Fleisch, ein reinstes Blut durch das Erbarmen Gottes in die Menschheit wie in einen getrübten

Strom gegeben und müsse mit großer Mühseligkeit und Arbeit sich aus seinen zerstreuten Elementen wiederfinden, während der ganze Strom es an sich zu reißen und zu trüben strebte, und endlich habe es sich durch unzählige Gnaden Gottes und treue Mitwirkungen der Menschen nach vielen Trübungen und Reinigungen in dem sich immer neu ergießenden Strome gefunden und steige nun als die heilige Jungfrau aus dem Strome hervor, aus welcher das Wort Fleisch geworden ist und unter uns gewohnt hat.

Es waren unter den Bildern, die ich in der Lichtkugel sah, viele, welche auch in der lauretanischen Litanei von der heiligen Jungfrau ausgesprochen sind und die ich immer sehe und verstehe und mit tiefer Andacht verehre, wenn ich diese Litanei bete. — Es entwickelten sich aber die Bilder in der Kugel noch weiter bis zur Erfüllung aller Barmherzigkeit Gottes gegen die in unendliche Zerspaltung und Zerstreuung gefallene Menschheit, und es schlossen sich die Bilder in der Lichtkugel an der anderen Seite dem Paradies gegenüber mit dem himmlischen Jerusalem [1] zu Füßen des Thrones Gottes. — Als ich alle diese Bilder gesehen hatte, verschwand die Lichtkugel, die eigentlich nichts war als die in einem Lichtkreis von einem Punkte aus und in ihn wieder eingehende Bilderfolge. — Ich meine, das Ganze war eine Erkenntnis, welche dem Joachim von den Engeln in einer Vision eröffnet ward und die ich nun auch sah.

---

[1] Die selige Maria Jesu, Oberin der Franziskanerinnen zu Agreda, erzählt in ihren Gesichten vom Leben der heiligen Jungfrau Maria, wie ihr das neue oder himmlische Jerusalem (Offb 21,2.9) nur als die heilige Jungfrau selbst erklärt ward. (Siehe heilige Stadt Gottes, 1. Teil, XVII. Kap. § 248 und XVIII. Kap. § 263 usw. Augsburg und Dillingen bei Bencard 1718.) — Chrysostomus in der Rede auf das Fest der Verkündigung führt Gott zu dem Engel Gabriel sprechend an: „Gehe hin zu der beseelten Stadt, von welcher der Prophet spricht: Herrliches wird von dir gesagt, o Stadt Gottes (Ps 86,3). — Georgius, Bischof von Nikomedien (7. Jahrhundert), nennt in seiner Rede auf Mariä Opferung die heilige Jungfrau die beseelte Stadt Gottes usw. — In dem kleinen Offizium der allerseligsten Jungfrau heißt die Antiphon zu Psalm 86, sicut laetantium omnium nostrum habitatio est in te sancta Dei genitrix, da doch dieser Vers an und für sich auf Jerusalem geht usw.

Immer, wenn ich eine solche Mitteilung sehe, erscheint sie in einem Lichtkreise wie in einer Kugel.

Joachim empfängt den Segen der Bundeslade

Ich sah nun, daß der Engel die Stirne Joachims mit der Spitze seines Daumens und Zeigefingers bezeichnete oder salbte, und daß er ihm einen leuchtenden Bissen zu essen und eine lichte Flüssigkeit aus einem schimmernden Becherchen zu trinken gab, das er mit zwei Fingern faßte. Es war von der Gestalt des Abendmahlkelches, jedoch ohne Fuß. — Diese Speisung erschien mir auch, als gebe er ihm eine kleine lichte Weizenähre und ein Lichtträubchen in den Mund, und ich erkannte, daß hierauf alle sündliche Lust und Unreinheit von Joachim verschwunden sei.

Ich sah hierauf, daß der Engel den Joachim des höchsten Gipfels, der heiligsten Blüte jenes Segens teilhaftig machte, den Gott dem Abraham gegeben und der endlich aus Joseph das Heiligtum der Bundeslade, der Sitz Gottes unter seinem Volke geworden war; er gab dem Joachim diesen Segen, in derselben Weise, wie mir bei anderer Gelegenheit gezeigt ward, daß Abraham durch einen Engel den Segen empfing, nur mit der Abweichung, daß der segnende Engel bei Abraham den Segen aus sich selbst, gleichsam aus seiner Brust, bei Joachim aber aus dem Allerheiligsten zu nehmen schien[1].

Es war bei der Segnung Abrahams, als setze Gott die Gnade dieses Segens ein und segne den Vater seines künftigen Volkes

---

[1] Die Erzählerin, welche in der Mitteilung ihrer vielfältigen Anschauungen aus dem Alten Testamente oft mit großem Detail von der Bundeslade gesprochen, hat nie gesagt, daß nach der Babylonischen Gefangenschaft im wiederhergestellten Tempel oder später in dem Tempel, den Herodes erneuert, die erste Bundeslade mit ihrem ganzen Inhalte wieder gewesen. Jedoch hat sie wohl erwähnt, daß im Allerheiligsten des Tempels eine erneute Lade gewesen, in welcher noch einige Reste der Heiligtümer der ersten Bundeslade bewahrt werden, von welchen sie manches in Besitz und Verehrung der Essener gekommen sah.

mit diesem Segen, auf daß die Steine zum Bau seines Tempels aus ihm hervorgehen möchten. — Als Joachim aber den Segen empfing, war es, als nehme der Engel das Heiligtum des Segens aus dem Tabernakel dieses Tempels und übergebe es einem Priester, auf daß das heilige Gefäß aus ihm gebildet werde, in welchem das Wort Fleisch werden solle. — Es ist dieses unaussprechlich, weil es das unverletzte Allerheiligste ist, das durch den Sündenfall im Menschen verletzt worden ist.

Ich habe seit meiner frühesten Jugend in meinen vielen Betrachtungen aus dem Alten Testament gar oft in die Bundeslade gesehen und habe dabei immer alles wie in einer vollkommenen Kirche, nur ernster und schauerlicher, gefühlt. Ich sah nicht nur die Gesetztafeln gleich dem geschriebenen Worte Gottes darin, sondern auch eine sakramentalische Gegenwart des lebendigen Gottes [1], und es war diese gleichsam wie die Wurzel von Wein und Weizen, von Fleisch und Blut des zukünftigen Opfers der Erlösung. Es war ein Segen, aus dessen Gnade unter gottesfürchtiger Mitwirkung nach dem Gesetz jener Stamm hervorgewachsen, dem endlich die reine Blume entsprossen ist, in welcher das Wort Fleisch, in welcher Gott Mensch geworden, der uns sein Fleisch und Blut, sich selbst mit Menschheit und Gottheit wieder im Neuen Bunde zum Sakrament eingesetzt hat, ohne dessen Genuß wir das ewige Leben nicht haben

---

[1] Man stoße sich nicht an dem Ausdruck „sakramentalische Gegenwart Gottes"; denn daß Gott auf eine geheimnisvolle, sichtbar angekündigte Weise über der Bundeslade gegenwärtig war, bezeugt die Heilige Schrift deutlich. Zwischen jenen Cherubsbildern nämlich, welche auf dem Spruchthrone oder über der Bundeslade standen, zeigte sich, ob immer oder nur zu gewissen Zeiten, ist nicht ausgesprochen, ein Glanz der göttlichen Majestät, den eine Wolke verhüllte. „Sage zu Aaron, deinem Bruder, daß er nicht zu aller Zeit ins Heiligtum eingehe, ... auf daß er nicht sterbe, denn in einer Wolke will ich erscheinen über dem Spruchthron" (Lev 16,2). Zwischen den zwei Cherubim heraus will Gott mit Moses reden (Ex 25,22). Als die Bundeslade in den neuen salomonischen Tempel getragen war, zog Gott in einer Wolke auf sie ein, daß die Priester nicht mehr innen bleiben konnten, da sprach Salomon: „Der Herr hat gesagt, daß er wohnen wolle in der Wolke" (2 Chr 6,1 und 3 Kg 8,10—13). Diese verhüllte Gegenwart Gottes auf der alten Bundeslade führt im Hebräischen den Namen Schechinah; nach den Anschauungen der Emmerich wäre aber dieser Glanz nur Ausstrahlung vom geheimnisvollen Inhalt der Lade gewesen.

werden. — Ich habe nie die sakramentalische Gegenwart Gottes in der Bundeslade vermißt, außer wenn sie in der Feinde Hand gefallen war, denn alsdann war das Heiligtum zu dem Hohenpriester oder irgendeinem Propheten gerettet. Mit den Gesetztafeln allein ohne das Heiligtum kam mir die Bundeslade dann vor wie der Tempel der Samaritaner auf dem Garizim oder wie heutzutage eine Kirche, worin statt der von der Hand Gottes geschriebenen Tafeln des Gesetzes nur die von Menschen verstandene Heilige Schrift und nicht das heilige Sakrament ist.

In der Bundeslade Moses', die in der Stiftshütte und im Tempel Salomons gestanden, sah ich dieses Heiligste des Alten Bundes unter der Form zweier sich durchdringenden, kleineren Lichtgestalten innerhalb eines leuchtenden Umfanges; jetzt aber, als der Engel den Joachim dieses Segens teilhaftig machte, sah ich diesen Segen, als gebe der Engel etwas Leuchtendes, gleich einem leuchtenden Pflanzenkeim, von der Form einer leuchtenden Bohne in das vor der Brust geöffnete Gewand Joachims. — Auch bei der Übergabe des Segens an Abraham sah ich die Gnade auf diese Weise zu ihm übergehen und bei ihm in der von Gott bestimmten Wirksamkeit verbleiben, bis er diesen Segen Isaak seinem Erstgeborenen übergab, von welchem er auf Jakob und von diesem durch den Engel auf Joseph und von Joseph und seinem Weibe in einer umfassenderen Bedeutung zur Bundeslade kam. — Ich vernahm, daß der Engel dem Joachim die Bewahrung des Geheimnisses gebot und erkannte daraus die Ursache, warum später Zacharias, der Vater des Täufers, stumm geworden, nachdem er den Segen und die Verheißung der Fruchtbarkeit Elisabeths vom Engel Gabriel am Altar des Rauchopfers empfangen hatte (Lk 1,9—22). — Mir ward eröffnet, daß Joachim in diesem Segen die höchste Frucht und die eigentliche Erfüllung des Segens Abrahams, den Segen zur unbefleckten Empfängnis der allerseligsten Jungfrau empfing, welche der Schlange das Haupt zertrat.

Der Engel führte hierauf Joachim wieder in das Heilige hervor und verschwand. Joachim aber sank in Entzückung erstarrt zur Erde. Hier fanden ihn die wiedereintretenden Priester mit von Freude glühendem Antlitz. Sie hoben ihn mit Ehrfurcht auf und brachten ihn hinaus auf einen Stuhl, auf welchem sonst Priester zu sitzen pflegten. Hier wuschen sie ihm das Angesicht, hielten ihm etwas von stärkendem Geruch unter die Nase, gaben ihm zu trinken und taten mit ihm, wie man mit Ohnmächtigen zu tun pflegt. Als Joachim sich erholt hatte, schien er leuchtend, blühend und wie verjüngt.

Joachim und Anna begegnen sich unter der goldenen Pforte

Joachim war auf eine göttliche Mahnung in das Heilige geführt worden und wurde nun auf eine ähnliche Erkenntnis in einen geheiligten Gang gebracht, der unter dem Boden des Tempels und unter der goldenen Pforte hinlief. Ich habe Mitteilungen über die Bedeutung und Entstehung dieses Ganges bei dem Baue des Tempels gehabt und auch über seine Bestimmung; ich vermag dieses aber nicht mehr deutlich vorzubringen. Ich glaube, es war ein Religionsgebrauch der Aussöhnung und der Segnung für Unfruchtbare mit dem Gebrauch dieses Ganges verbunden. Man wurde in diesen Weg unter gewissen Umständen zur Reinigung und Versöhnung, Lossprechung usw. geführt.

Joachim ward von Priestern in der Gegend des Opferschlachthofes durch eine kleine Tür in diesen Gang geführt. Die Priester gingen zurück; Joachim aber ging den sich wieder senkenden Weg weiter.

Anna war mit ihrer Magd, welche die Opfertauben in Gitterkörben trug, auch zum Tempel gekommen. Sie hatte ihr Opfer abgegeben und einem Priester eröffnet, daß ihr vom Engel befohlen sei, unter der goldenen Pforte ihrem Manne zu begegnen. Ich sah nun auch, daß sie von Priestern in Begleitung ehrwürdiger Frauen, ich meine die Prophetin Hanna war dabei, durch einen Eingang an der anderen Seite in den geheiligten Gang geführt ward, worauf ihre Begleitung sie verließ.

Ich sah die Beschaffenheit dieses Ganges sehr wunderbar. Joachim ging durch eine kleine Pforte, der Weg senkte sich hinab. Im Anfang war der Gang eng, erweiterte sich aber. Die Wände schimmerten golden und grün, und von oben schien ein rötliches Licht herein. Ich sah schöne Säulen wie gewundene Bäume und Weinstöcke darin.

Als Joachim ungefähr den dritten Teil des Ganges durchwandelt hatte, kam er an eine Stelle, in deren Mitte eine Säule, wie ein Palmenbaum mit niederhängenden Blättern und Früchten gestaltet, stand, und hier trat ihm Anna von Freude leuchtend entgegen. — Sie umarmten sich in heiliger Freude und teilten sich ihr Glück mit. Sie waren entzückt und von einer Lichtwolke umgeben. — Ich sah dieses Licht von einer großen Schar von Engeln ausgehen, welche die Erscheinung eines hohen leuchtenden Turmes tragend, über Anna und Joachim niederschwebten. — Dieser Turm war, wie ich in Bildern aus der lauretanischen Litanei den Turm Davids, den elfenbeinernen Turm usw. gestaltet sehe. — Ich sah, als verschwinde dieser Turm zwischen Anna und Joachim, und es umgab sie eine Glorie von Licht.

Ich erkannte hierauf, infolge der hier gegebenen Gnade sei die Empfängnis Mariä so rein geworden, wie alle Empfängnis ohne den Sündenfall gewesen sein würde. — Ich hatte zugleich eine unaussprechliche Anschauung. Es tat sich der Himmel über ihnen auf, ich sah die Freude der heiligen Dreifaltigkeit und der Engel und deren Teilnahme an der hier den Eltern Mariä erteilten geheimnisvollen Segnung.

Anna und Joachim wandelten nun Gott lobend bis zum Ausgange unter der goldenen Pforte; der Weg ging gegen sein Ende wieder aufsteigend. Sie kamen unter einem hohen schönen Bogen wie in einer Art Kapelle, wo viele Lichter brannten, heraus. Hier wurden sie von Priestern empfangen, die sie hinweggeleiteten.

Der Teil des Tempels, worüber der Saal des Synedriums war, lag mehr über der Mitte des unterirdischen Ganges; hier über seinem Ende befanden sich, wie ich glaube, Wohnungen von Priestern, denen die Sorge für die Kleider oblag.

Joachim und Anna kamen nun in eine Art von Bucht am äußersten Rande des Tempelberges gegen das Tal Josaphat zu. Man konnte da nicht mehr gerade ausgehen. Der Weg wendete sich zur Rechten oder Linken.

Nachdem Joachim und Anna noch ein Priesterhaus besucht hatten, sah ich sie mit ihrem Gesinde ihre Rückreise in die Heimat antreten. In Nazareth angekommen, hielt Joachim eine freudige Mahlzeit, speiste viele Arme und gab großes Almosen. Ich sah die Freude und Innigkeit und den heißen Dank der beiden Eheleute gegen Gott, als sie dessen Barmherzigkeit gegen sie betrachteten; ich sah sie oft in Tränen zusammen betend.

Ich erhielt bei dieser Gelegenheit noch die Erklärung, die heilige Jungfrau sei in vollkommener Lauterheit und heiligem Gehorsam von ihren Eltern erzeugt worden, welche sodann mit steter Enthaltung in höchster Andacht und Gottesfurcht zusammengelebt hätten. — Ich ward zugleich deutlich belehrt, wie die Reinheit, Keuschheit und Enthaltung der Eltern und ihr Kampf gegen Unlauterkeit einen unermeßlichen Einfluß auf die Heiligkeit der Kinder habe, welche sie erzeugen, und wie alle Enthaltsamkeit nach der Empfängnis viele Keime der Sünde von der Frucht abwende. — Überhaupt erkannte ich immer in Übermaß und Überfluß die Wurzel von Mißgestalt und Sünde.

Beilagen zu den Mitteilungen über die Empfängnis der heiligsten Jungfrau Maria

Hier folgen mancherlei Anschauungen der gottseligen A. K. Emmerich, welche sie bei den jährlichen Festbetrachtungen in der Oktave von Mariä Empfängnis zu verschiedenen Zeiten mitteilte. Sie führen zwar den Faden des Lebens Mariä nicht unmittelbar fort, werfen jedoch auf das Geheimnis der Auserwählung, Zubereitung und Verehrung dieses Gefäßes der Gnade ein vorzügliches Licht. Da sie mitten unter mannigfaltigen Störungen und Leiden ausgesprochen wurden, kann es nicht auffallen, daß sie in der Gestalt von Bruchstücken erscheinen.

Wiederherstellung der Menschheit den Engeln gezeigt [1]

Ich sah ein wundervolles Bild, wie Gott nach dem Falle des Menschen dem Engel zeigte, wie er das Menschengeschlecht wiederherstellen wolle. Bei dem ersten Anblick des Bildes verstand ich es nicht, bald aber ward es mir ganz deutlich.

Ich sah den Thron Gottes, die allerheiligste Dreieinigkeit und gleichsam eine Bewegung in ihrer Dreifaltigkeit. Ich sah die neun Chöre der Engel und wie Gott ihnen verkündete, auf welche Weise er das gefallene Menschengeschlecht wiederherstellen wolle. Ich sah einen unaussprechlichen Jubel darüber in den Engeln.

Es wurde mir nun in allerlei Sinnbildern die Entwicklung der Heilsabsichten Gottes für die Menschen gezeigt. Ich sah diese Bilder zwischen den neun Chören der Engel erscheinen und wie eine Art Geschichte aufeinanderfolgen. — Ich sah, wie die Engel zu diesen Bildern mitwirkten, sie hüteten und verteidigten. — Ich vermag nicht mehr, mich des Ganzen mit Sicherheit in seiner Folge zu entsinnen und muß in Gottes Namen so hinsagen, was ich noch weiß.

Ich sah vor dem Throne Gottes einen Berg wie von Edelsteinen erscheinen, er wuchs und breitete sich aus. Er war gestuft, er ward gleich einem Throne, ging dann in die Gestalt eines Turmes über und umfaßte als solcher alle geistlichen Schätze, alle Gaben der Gnade. Die neun Chöre der Engel umgaben ihn. — Ich sah an der einen Seite dieses Turmes wie auf

---

[1] Schwer krank, hatte A. K. Emmerich in den Nächten des 2. und 3. Septembers 1821 umfassende Anschauungen von dem Schutzengelfeste und dem Wesen und den Chören der Engel überhaupt. Aber ohne alle geistliche Aufforderung dazu, von mancherlei Leiden, Störungen und Arbeiten bestürmt, vermochte sie nur noch weniges bruchstücklich mitzuteilen, was nach mehrmaliger Wiederholung sich als das Folgende ergeben hat.

einem goldenen Wolkenrändchen Weinreben und Weizenähren wie die Finger gefalteter Hände sich durcheinandersenkend erscheinen. — In welchem Zeitpunkt des ganzen Bildes ich dies gesehen, weiß ich nicht mehr genau zu bestimmen.

Ich sah im Himmel eine Gestalt gleich einer Jungfrau erscheinen, welche in den Turm überging und wie mit ihm verschmolz. Der Turm war sehr breit und oben flach, er schien mir an der Rückseite offen, wo die Jungfrau in ihn überging. — Es war dieses nicht die heilige Jungfrau Maria in der Zeit, sie war es in der Ewigkeit, in Gott[1]. Ich sah ihre Erscheinung sich vor der allerheiligsten Dreifaltigkeit gestalten, wie sich ein Hauch vor dem Munde gleich einem Wölkchen bildet[2]. Ich sah auch von der heiligen Dreifaltigkeit eine Erscheinung zu dem Turme hin ausgehen. In diesem Zeitpunkte des Bildes sah ich nun zwischen den Chören der Engel einen Behälter des Allerheiligsten entstehen. Die Engel wirkten alle in diesem Gefäße mit, welches die Gestalt eines mit allerlei bedeutsamen Bildern umgebenen Turmes hatte. Es standen ihm zwei Figuren zur Seite, welche sich hinter ihm die Hände reichten. Dieses geistliche Gefäß, in stetem Wachstum begriffen, ward immer herrlicher und reicher.

Ich sah sodann etwas aus Gott und durch alle neun Chöre der Engel hindurchgehen, es erschien mir gleich einem leuchtenden heiligen Wölkchen, das immer bestimmter ward, je näher es jenem Heiligtumsbehälter kam, in welchen es endlich einging.

Auf daß ich aber erkennen möge, es sei dieses ein wesentlicher Segen Gottes, der auf die Gnade reiner und sündloser Fortstammung, sozusagen auf die Erziehung reiner Pflanzen deute, sah ich zuletzt diesen Segen in der Gestalt einer leuch-

---

[1] Siehe das Kapitel in der Sabbatvesper des Offiziums der allerseligsten Jungfrau aus Eccl. 24 ab initio et ante saecula creata sum et usque ad futura saecula non desinam.

[2] Vergleiche die durch lange kirchliche Anwendung auf Maria geheiligte Stelle: Ego ex ore Altissimi prodivi primogenita ante omnem creaturam, ego feci in coelis, ut oriretur lumen indeficiens. Thronus meus in columna nubis etc. Eccl. 24,5.

tenden Bohne in den Heiligtumsbehälter eingehen, worauf derselbe selbst in den Turm überging [1].

An einem Teile dieser Erscheinungen sah ich die Engel tätig mitwirken. Es stieg aber auch eine Reihe von Bildern aus der Tiefe herauf, gleichsam falsche Trugbilder, und ich sah die Engel gegen diese arbeiten und sie beiseite schieben. Ich habe sehr vieles dergleichen gesehen und wieder vergessen. Was ich mich noch von diesen Trugbildern entsinne, ist folgendes:

Ich sah eine Kirche von unten aufsteigen, beinahe in der Form, in welcher mir immer die heilige allgemeine Kirche erscheint, wenn ich sie nicht als ein bestimmtes Ortsgebäude, sondern als die heilige katholische Kirche überhaupt sehe, nur daß diese einen Turm über dem Eingang hat, welchen die von unten aufsteigende Kirche nicht hatte. — Diese Kirche war sehr groß, aber sie war falsch. Die Engel drängten sie beiseite, und sie kam schief zu stehen. — Ich sah weiter eine große Schale erscheinen, die an der einen Seite eine Nippe hatte. Sie wollte

---

[1] Die Erzählerin erwähnte im Verlauf ihrer mannigfaltigen, teils historischen, teils sinnbildlichen Betrachtungen aus dem Alten und Neuen Testament dieses Segens in vielfachen Beziehungen, deren wir einige in geschichtlicher Folge hier zusammenstellen. — Es war jener Segen, mit und aus welchem Eva aus der rechten Seite Adams hervorgenommen worden ist. Ein Segen, den ich durch Gottes barmherzige Vorsehung dem Adam, als er im Begriff stand, in die Sünde einzuwilligen, entziehen sah, den aber Abraham nach Einsetzung der Beschneidung mit der Verheißung Isaaks durch die Engel wieder empfing, und der hierauf von ihm in feierlicher sakramentalischer Handlung auf seinen erstgeborenen Isaak und von diesem auf Jakob übertragen wurde. Dem Jakob aber ward dieser Segen durch den mit ihm ringenden Engel entzogen und ging auf Joseph in Ägypten über. Endlich ward er durch Moses in der Nacht vor dem Zuge aus Ägypten wieder genommen, mit den Gebeinen Josephs entführt und war sodann das Heiligtum des Volkes in der Bundeslade. — Diese Aufschlüsse der Gottseligen hatten wir eben nicht ohne Zögern und Bedenken für den Druck hingeschrieben, als wir hörten, daß im Buche Sohar (welches dem Simon Bar Jochai im 2. Jahrhundert n. Chr. zugeschrieben wird, aber viel ältere Bestandteile enthält) diese und ähnliche im Verlauf vorkommende Mitteilungen über dieses Mysterium des Alten Bundes sich fast wörtlich wiederfinden. Ein des späteren Chaldäischen kundiger Leser kann sich hiervon überzeugen, wenn er zum Beispiel folgende Stellen nachsieht: Sohar Par. Told'oth. p. 340. Ibid 345 (Ausg. Sulzbach). B'reschit p. 135. T'rumah p. 251. etc.

in die falsche Kirche eingehen, aber sie ward auch beiseite geschoben.

Ich sah sodann von den Engeln einen Kelch bereiten, er hatte die Gestalt des heiligen Abendmahlkelches und ging in den Turm ein, in welchen die Jungfrau eingegangen war.

Ich sah auch einen stumpfen Turm oder Bau erscheinen. Er hatte viele Pforten. Ich sah viele Scharen hindurchziehen, unter denen ich Gestalten wie Abraham und die Kinder Israel erkannte. Ich meine, er deutet auf die Sklaverei in Ägypten.

Ich sah einen runden gestuften Turm aufsteigen, der sich auch auf Ägypten bezog. Er wurde zurückgeschoben und stand schief. Ich sah einen ägyptischen Tempel aufsteigen, der jenem glich, an dessen Decke ich die ägyptischen Götzenpriester das Bild einer geflügelten Jungfrau anheften gesehen, als der Bote des Elias ihnen das Vorbild der heiligen Jungfrau verkündet hatte, welches dieser Prophet auf dem Karmel gesehen, wovon ich

---

[1] In den Betrachtungen der A. K. Emmerich über den Lehrwandel unseres Herrn, die sie in historischer Folge während drei Jahren täglich erzählte, sah sie Jesum nach der Erweckung des Lazarus, welche am 7. Oktober des 3. Lehrjahres eintrat, um den Verfolgungen der Pharisäer auszuweichen, sich über den Jordan zurückziehen, von wo er die Apostel und Jünger in ihre Heimat entließ und selbst mit drei Jünglingen, Eliud, Silas und Erimen-Sear, Nachkommen von Begleitern der heiligen drei Könige, welche bei deren Rückzug im gelobten Lande zurückgeblieben, sich mit den Familien der Hirten bei Bethlehem ehelich verbunden hatten, zu der damaligen Niederlassung der heiligen drei Könige reiste, von wo er sich durch Ägypten nach dem gelobten Lande zurückbegab. Am 1. Januar vor seinem Tode betritt er wieder Judäa, trifft den 8. Montagabends am Brunnen Jakobs wieder mit den Aposteln zusammen, lehrt und heilt in Sichar, Ephron, bei Jericho, in Kapharnaum und Nazareth. Gegen den Februar kommt er wieder nach Bethanien und in die Gegend, lehrt und heilt in Bethabara, Ephraim und bei Jericho, von Mitte Februar bis zu seinem Leiden am 30. März ist er abwechselnd in Bethanien und Jerusalem. Von der ganzen Zeit zwischen Lazari Erweckung und Palmsonntag schweigen die Evangelisten, nur Johannes sagt (11,53—54): „Von dem Tage an beratschlagten sie, ihn zu töten, darum wandelte Jesus nun nicht mehr öffentlich unter den Juden, sondern zog in eine Gegend nahe bei der Wüste, in eine Stadt, welche Ephraim heißt, und hielt sich daselbst auf mit seinen Jüngern." Eine Anwesenheit des Herrn in Ephraim bei Jericho erzählt A. K. Emmerich am 14., 15. und 16. Januar und abermals zwischen dem 6. und 12. Februar ohne genaue Bestimmung des Tages. — Wir wenden uns aber wieder zur Veranlassung dieser Note. Vom 1. bis 15. Dezember des dritten Lehrjahres sah und erzählte sie täglich den Aufenthalt des Herrn nebst seinen drei Begleitern in einer Zeltstadt der

später erzählen werde. Dieser Tempel ward zurückgeschoben und kam schief zu stehen.

Ich sah dann zwischen den Chören der Engel zur Rechten des heiligen Turmes einen Zweig aufblühen, der ein ganzer Stammbaum von kleinen männlichen und weiblichen Figuren ward, welche sich die Hände reichten. — Dieser Stammbaum schloß mit der Erscheinung einer kleinen Krippe, worin ein Kindlein lag, in der Form, wie ich diese Krippe bei den heiligen drei Königen [1] vorgestellt gesehen habe. — Hierauf aber sah ich eine große herrliche Kirche erscheinen.

In allen diesen Bildern war ein wunderbarer Zusammenhang und Übergang. Die ganze Anschauung war unbeschreiblich reich und bedeutungsvoll. Selbst die widerwärtigen, üblen, falschen Erscheinungen von Türmen, Kelchen, Kirchen, welche hinweggeschoben wurden, mußten zur Entwicklung des Heiles dienen [2].

---

heiligen drei Könige in Arabien, wo sie sich bald nach ihrer Rückkehr von Bethlehem niedergelassen hatten. Zwei dieser Stammhäupter lebten noch. Sie beschreibt ihre Lebensweise, Religionsgebräuche und die Festlichkeiten, mit welchen sie Jesum empfingen, mit höchst merkwürdigem Detail. Unter vielem anderen erzählte sie am 4. bis 6. Dezember, wie diese Sterndiener den Herrn in ihren Tempel führten, den sie als eine viereckige, oben abgestumpfte, mit Treppen und Stufen umgebene Pyramide von Holzwerk beschrieb, auf welcher sie von außen die Gestirne beobachteten und in deren Innerem sie ihren Gottesdienst feierten. Sie zeigten ihm darin das Bild eines Jesuskindes in der Krippe, welches sie gleich nach ihrer Rückkehr von Bethlehem bereitet und hineingestellt hatten, und zwar ganz nach der Form, wie sie es vor ihrem Zuge in dem Sterne gesehen hatten. Die Seherin beschreibt es mit folgenden Worten: „Die ganze Vorstellung war von Gold und von einer sternförmigen Goldplatte umgeben. Das goldene Kindchen saß in einer Krippe, gleich jener zu Bethlehem, auf einer roten Decke, es hatte die Händchen auf der Brust gekreuzt und war von den Füßen bis an die Brust eingewickelt. Sie hatten sogar das Heu der Krippe angebracht, es war wie ein weißes Kränzchen, ich weiß nicht mehr wovon, hinter dem Kopf des Kindes zu sehen. Sie zeigten Jesu dieses Bild, sie hatten kein anderes in ihrem Tempel." — Dieses ist ihre Beschreibung des Krippenbildes, auf welches sie sich oben im Texte bezieht.

[2] Während der Erzählung dieser Bruchstücke kam sie immer wieder auf die unaussprechliche Freude der Engel zurück. Das Ganze hat in diesen Trümmern keinen eigentlichen Schluß und scheint eine Reihe von Sinnbildern für die Geschichte des Heils zu sein. Sie sagte dabei: „Ich habe die Vorbilder des Erlösungswerkes zuerst zwischen den Chören der Engel gesehen und hierauf eine Reihe von Bildern von Adam bis auf die Babylonische Gefangenschaft."

Ein Vorbild Mariä in Ägypten vor Elias

Ich sah ein Ereignis in Ägypten, das sich vorbildlich auf die heilige Jungfrau bezog, in sehr früher Zeit. Es muß sehr lange vor Elias gewesen sein, aus dessen Zeit ich auch etwas dort gesehen habe, was ich nachher erzählen will.

Ich sah in Ägypten, viel weiter vom gelobten Lande als On oder Heliopolis, einen Ort, bei welchem ein Götzenbild auf einer Insel im Flusse stand. Der Kopf dieses Götzenbildes war weder ganz ein Menschenkopf noch ganz ein Ochsenkopf und trug drei Hörner, wovon eines mitten auf der Stirne. Das Bild war hohl und hatte Öffnungen im Leibe, in welchem man die Opfer wie in einem Ofen verbrannte. Seine Füße waren wie Krallen. In der einen Hand hatte es eine Pflanze, die aus dem Wasser wie eine Lilie emporsteigt und sich nach der Sonne öffnet und schließt. In der anderen Hand trug der Götze auch eine Pflanze gleich Ähren mit ganz dicken Körnern, ich meine auch aus dem Wasser wachsend, doch weiß ich es nicht mehr ganz gewiß. — Sie hatten nach einem großen Siege diesem Götzen einen Tempel gebaut, sie wollten ihn einweihen, und alles war zum Opfer bereitet. Als sie aber nun dem Götzen auf dem Wasser nahten, sah ich ein wunderbares Ereignis.

Ich sah bei dem Götzen eine greuliche, dunkle Erscheinung und über ihr einen großen Engel, gleich jenem, der dem Evangelisten Johannes in der Offenbarung erschien, vom Himmel niedersteigen. Dieser Engel stieß mit seinem Stabe der dunklen Gestalt auf den Rücken. Dieser Teufel krümmte sich und mußte gezwungen aus dem Götzenbilde sprechen, sie sollten den Tempel nicht zu seiner, sondern zu einer Jungfrau Ehre einweihen, welche auf Erden erscheinen werde, und der sie diesen Sieg zu danken hätten. Ich weiß die Umstände nicht mehr genau.

Ich sah aber, daß diese Leute nun in dem neuen Tempel das Bild einer fliegenden Jungfrau aufrichteten. Das Bild war an der Wand angebracht. Die Jungfrau beugte sich fliegend über ein Schiffchen, worin ein Wickelkind lag. Das Schiffchen stand auf einem Säulchen, welches oben kraus wie ein Baum war. Von der einen der beiden ausgebreiteten Hände hing ihr eine Waage nieder, und ich sah zwei Gestalten neben ihr an der Wand, welche in die beiden Schalen der Waage etwas legten. — Das Schiffchen, worin das Kindchen lag, war gleich jenem, in welchem Moses auf dem Nilfluß gelegen, nur war es oben offen, das von Moses aber war oben bis auf eine kleine Öffnung zugedeckt gewesen.

Elias sieht ein Vorbild der heiligen Jungfrau

Ich sah das ganze gelobte Land ohne Regen vertrocknet und verschmachtet und wie Elias mit zwei Dienern auf dem Berge Karmel stieg, Regen von Gott zu erflehen. — Zuerst erstiegen sie einen hohen Rücken, dann rohe Felsentreppen zu einer Terrasse, dann wieder viele Felsenstufen und gelangten zu einer großen Fläche, auf welcher ein Felsenhügel lag, in dem sich eine Höhle befand. — Zu der Höhle dieses Felsenhügels stieg Elias auf Stufen hinan. Die Knechte ließ er am Rande der großen Fläche und befahl einem derselben, auf den See von Galiläa hinzuschauen, der aber sah greulich aus, denn er war ganz ausgetrocknet, voll von Löchern und Höhlen, Sumpf und verfaulten Tieren.

Elias setzte sich zusammengekauert nieder, senkte den Kopf zwischen die Knie, verhüllte sich, betete heftig zu Gott und schrie siebenmal seinem Diener zu, ob er keine Wolke aus dem See aufsteigen sehe. Ich sah aber bei seinem siebten Rufe die Wolke aufsteigen, und wie der Diener dies dem Elias verkündete, der ihn fortsendete zu dem König Ahab.

Ich sah aber in der Mitte des Sees sich einen weißen Wirbel bilden, aus welchem ein schwarzes Wölkchen wie eine Faust hervorstieg, welches sich öffnete und ausbreitete. — In diesem Wölkchen sah ich gleich anfangs eine kleine leuchtende Gestalt, gleich einer Jungfrau. Ich sah auch, daß Elias diese Gestalt in der sich ausbreitenden Wolke erblickte. Das Haupt dieser Jungfrau war mit Strahlen umgeben, sie breitete ihre Arme wie ein Kreuz aus und hatte an der einen Hand einen Siegeskranz hängen. Ihr langes Gewand war wie zugebunden unter ihren Füßen. Sie erschien in der sich erweiternden Wolke wie über das ganze gelobte Land ausgestreckt.

Ich sah, wie diese Wolke sich teilte und an bestimmten heiligen und geheiligten Gegenden, und wo fromme und nach dem Heil flehende Menschen wohnten, sich in weißen Tauwirbeln niederließ. Ich sah diese Wirbel regenbogenfarbige Ränder erhalten und sich in deren Mitte den Segen wie zu einer Perle in der Muschel vereinen. — Ich erhielt eine Erklärung, dieses sei ein Vorbild, und aus diesen gesegneten Stellen, wo sich die Wolke in weißen Wirbeln niedergelassen, sei wirklich die Mitwirkung zur Erscheinung der heiligen Jungfrau hervorgegangen [1].

Ich sah aber ein prophetisches Traumbild, worin Elias wäh-

---

[1] Die Menschheit vor Christus war gleichsam ein dürrer Boden, der nach Regen dürstete, um Früchte zu bringen. Sie rief um Stillung dieses Durstes nicht bloß durch geistige Gnaden, sondern durch die persönliche Gerechtigkeit. Christus war nicht bloß Frucht und Sprosse Gottes und der Erde (Is 4,2. Jer 23,5; 33,15. Zach 3,8; 6,12), er war auch ein Regen und ein Tau zur Hervorbringung von ihm ähnlichen Früchten. Denn David prophezeit (Ps 71 oder 72): „Er wird herabkommen wie Regen auf die Au, wie Tropfen, die das Land befeuchten. In seinen Tagen werden die Gerechten blühen, und es wird Getreide dicht stehen im Lande, auf den Gipfeln der Berge (das ist nach der Auslegung des chald. Übersetzers ‚in der Kirche'), sie werden hervorgrünen aus den Städten wie das Gras der Erde." Darum rief auch Isaias (40,8): „Tauet ihr Himmel von oben, und die Wolken sollen den Gerechten regnen." In seiner fortdauernden Gestalt ist dieser Regen die vermehrte Mitteilung des heiligen Sakramentes, dessen Vorbild das Manna war, daher bemerkt der alte hebräische Kommentar Breschithrabba zu der Stelle, wo Isaak dem Jakob Tau vom Himmel als Segen verheißt (Parascha 65 in der Ausgabe von Konstantinopel unter Soleiman), unter diesem Tau sei das Manna wie unter diesem (durch den Tau genährten) Weizen und Wein eine Nachkommenschaft von Jünglingen und Jungfrauen zu verstehen (zu Gen 27,28. Vgl. Zach 9,17). Demnach befremdet es nicht, wenn auch in späteren jüdischen Schriften der Messias als Tau erscheint. In Talmud (Taanith. dist. Maimathi maskirin) sagt R. Berachia: Die Gemeinde Israel hat Gott unbescheiden gebeten (Os 6,3): daß er zu uns komme wie ein Frühregen, wie ein Spätregen, der das Land befruchtet. Da sagte Gott zu ihr: Meine Tochter, du forderst eine Sache, welche bald erfleht wird, bald nicht erfleht wird. Ich will dir aber eine Sache sein, welche immerdar erfleht wird: „Ich will für

rend des Aufsteigens der Wolke vier Geheimnisse in bezug auf die heilige Jungfrau erkannte. Ich habe in meiner gestörten Lage leider das Genauere hiervon wie sehr vieles andere vergessen. Elias erkannte unter anderem daraus, Maria werde im siebenten Weltalter geboren werden, hierauf bezog sich, daß er seinen Knecht siebenmal zu sich gerufen. — Er sah auch, aus welchem Stamme sie kommen werde. Er sah an der einen Seite des Landes einen niederen, aber sehr breiten Stammbaum, auf der entgegengesetzten Seite aber erblickte er einen bei der Wurzel breiten, bei dem Gipfel dünn werdenden, sehr hohen Stammbaum, welcher seinen Gipfel in den ersteren hineinsenkte. — Er verstand dieses alles und erkannte auf solche Weise vier Geheimnisse von der künftigen Mutter des Heilandes.

Ich hatte hierauf noch eine Betrachtung, wie Elias die Höhle, über welcher er gebetet hatte, erweiterte, wie er eine größere Ordnung unter die Prophetenkinder brachte, von welchen immer

---

Israel ein Tau sein, und es soll wie eine Lilie blühen" (Os 14,4). Deutlicher ist die Beziehung auf den Messias da, wo der Talmud (hierosol. tract. b'rachoth. c. 5) den Psalm von dem Priestertum des Erlösers auf diese Idee hinführt. Er erklärt nämlich die Worte (Ps 110): Aus dem Schoß der Morgenröte kommt der Tau deiner Geburt (vulgat. Ps 109,3 ex utero ante luciferum genui te) durch folgende Stelle des Michäas (5,6): Wie Tau vom Herrn, wie Tröpflein auf den Gras, die auf keinen Mann harren und nicht auf Menschensöhne warten. Daß die geheimnisvolle Regenwolke des Elias, das Vorbild der hocherwählten Trägerin und Bringerin desjenigen Regens, welcher erst vom Kreuze und nun bis zum Ende vom Sakrament aus die dürre Erde erquickt, gerade vom Galiläischen Meere aufsteigt, schickt sich wohl zu dem Umstand, daß von diesem See und seinen Ufern aus der Tau der Lehre und der Heilungen Christi auf die armen Menschen so reich und wohltuend niederfiel. Ja eben damals, als er in Kapharnaum (Joh 6) lehrte, wie er der wahre himmlische Tau, das wahre Manna, das Brot des Lebens sei im heiligen Sakrament, war er unmittelbar vorher wunderbar über das Meer weggegangen wie eine Wolke und schüttete nun den Segen der größten Verheißung in die Herzen seiner Zuhörer. Es schwebt uns vor, in einer alten rabbinischen Schrift gelesen zu haben, daß der Messias aus dem Galiläischen Meer heraussteigen müsse, können aber zur Stunde die Stelle nicht bestimmt nachweisen, welches wir uns jedoch bei Wiederauffindung an geeignetem Ort vorbehalten. Gegenwärtig finden wir indessen (Midrasch Thillim f. 4. 1. Lightfoot centur. chronogr. c. 70) in einem alten jüdischen Kommentar über die Psalmen: Sieben Meere habe ich geschaffen, sagt Gott, aber aus allen diesen habe ich keines erwählt als das von Genesareth.

einige in dieser Höhle um die Ankunft der heiligen Jungfrau flehten und ihre Zukunft schon vor ihrer Geburt verehrten. — Ich sah, daß diese Andacht zu der heiligen Jungfrau hier ununterbrochen fortwährte, daß sie noch durch die Essener bestand, als Maria schon auf Erden wandelte und daß sie später, von Einsiedlern, aus denen endlich die Karmelitermönche hervorgingen, bis in unsere Zeit fortgesetzt ward.

Erläuterung des vorigen Eliasbildes

(Als die Erzählerin später ihre Anschauungen von der Zeit Johannes' des Täufers mitteilte, sah sie dasselbe Eliasbild in bezug auf den damaligen Zustand des Landes und der Menschen. Wir teilen Folgendes als das Vorhergehende erläuternd daraus mit.)

Ich sah ein großes Getümmel in Jerusalem am Tempel, ein Beratschlagen, ein Schreiben mit Rohrfedern, ein Aussenden von Boten durch das Land. Man betet und schreit zu Gott nach Regen, man läßt den Elias überall suchen. — Ich habe auch Elias in der Wüste vom Engel gespeist und getränkt gesehen, der Engel hatte ein Gefäß wie ein kleines glänzendes, weiß und rot, quergestreiftes Tönnchen. Ich sah alle seine Händel mit Achab, das Opfer auf Karmel, das Erschlagen der Götzenpriester, sein Beten um Regen, das Anziehen der Wolken.

Ich sah außer der Dürre der Erde auch eine große Dürre und Unfruchtbarkeit der Menschen in edleren Keimen. Ich sah, daß Elias durch sein Gebet den Segen rief, aus dem die Wolke ward, und daß er die Wolken lenkte und verteilend niederließ nach inneren Anschauungen, sonst wäre vielleicht ein zerstörender Erguß daraus geworden. — Er fragte seinen Diener siebenmal nach der Wolke; es deutet dieses auf sieben Weltalter oder Generationen, bis der eigentliche Segen in Israel eine feste Wurzel fassen würde, wovon diese Segenswolke nur ein Vorbild war. Er selbst sah in der aufsteigenden Wolke ein Bild der heiligen Jungfrau und erkannte mancherlei Geheimnisse, die sich auf ihre Abstammung und Ankunft bezogen [1].

Ich sah durch das Gebet des Elias zuerst den Segen als Tau herabgerufen. Die Wolke senkte sich in weißen Flächen nieder, diese bildeten Wirbel, hatten regenbogenfarbige Ränder und lösten sich endlich in Tropfen niederfallend auf. — Ich erkannte darin auch einen Bezug auf das Manna der Wüste, das lag aber morgens wie Felle bröcklig und dicht, und sie konnten es aufrollen. — Ich sah diese Tauwirbel längs dem Jordan ziehen und nicht überall, sondern nur hie und da an bedeutenden Stellen sich niederlassen. Besonders zu Ainon, gegenüber von Salem, und auf den späteren Taufstellen sah ich deutlich solche glänzende Wirbel niedersinken. Ich fragte auch, was die bunten Ränder dieser Tauwirbel bedeuteten, und erhielt eine Erklärung durch das Beispiel einer Muschel im Meer, welche auch so schimmernde Farbenränder habe und sich, der Sonne aussetzend, das Licht an sich sauge und von Farben reinige, bis in ihrer Mitte die weiße reine Perle entstehe. — Es wurde mir aber gezeigt, daß dieser Tau und der nachfolgende Regen mehr sei, als was man unter einer Erfrischung der Erde zu verstehen pflegt.

Ich hatte das deutliche Verständnis, daß ohne diesen Tau die Ankunft der heiligen Jungfrau um wohl hundert Jahre verspätet worden wäre, indem durch die Besänftigung und Segnung der Erde, die Geschlechter, von Früchten der Erde lebend, auch genährt und erquickt wurden, und das Fleisch den Segen empfangend sich auch veredelte.

Ich sah in bezug auf die Annäherung des Messias die Strahlen dieses befruchtenden Taues von Geschlecht zu Geschlecht bis in die Substanz der heiligen Jungfrau. Ich kann es nicht beschreiben. — Manchmal sah ich auf einem solchen farbigen Rand eine oder auch mehrere Perlen sich bilden und auf diesen wie

---

[1] In dem Offizium der Empfängnis Mariä und sonst in kirchlichen Büchern wird der Vers: sicut nebula texi omnem terram (Eccl 24,6) in vollster Übereinstimmung mit dieser prophetischen Anschauung von der Gottesgebärerin gebraucht.

eine Menschengestalt erscheinen, die hauchte wie Geist aus und das sproßte wieder mit anderen solchen zusammen. Das Bild der Perlenmuschel bezog sich auf Maria und Jesus.

Ich sah auch, wie damals die Erde und das Fleisch durstig und lechzend waren nach Regen, so später die Menschen und der Geist nach der Taufe des Johannes. Es hatte das ganze Bild sowohl eine Vorbedeutung auf die Ankunft der heiligen Jungfrau als auch auf den Zustand des Volkes zur Zeit des Täufers. — Ihre damalige Angst, ihr Schmachten und Suchen nach Regen und Elias und doch die Verfolgung desselben, später das ähnliche Schmachten des Volkes nach Taufe und Buße und wieder das Nichtverstehen der Synagoge und das Senden nach Johannes.

Vorbild der heiligen Jungfrau in Ägypten

In Ägypten sah ich diese Heilsbotschaft auf folgende Weise verkündet. Ich sah, daß Elias auf den Befehl Gottes aus drei Gegenden in Morgen, Mitternacht und Mittag zerstreute gute Familien berufen lassen sollte, und daß er zu dieser Sendung drei Prophetenschüler aussuchte, welche er erst fortsendete, nachdem er sie durch ein von Gott erflehtes Zeichen als die Rechten erkannt hatte, denn es war eine weite gefährliche Aufgabe, und er mußte besonnene Boten dazu auserwählen, damit sie nicht ermordet würden. — Einer zog nach Mitternacht, einer nach Morgen, der dritte nach Mittag; dieser mußte ein bedeutendes Stück Weg durch Ägypten ziehen, wo den Israeliten besonders die Gefahr drohte, erschlagen zu werden. — Dieser Bote zog den Weg, welchen die heilige Familie auf der Flucht nach Ägypten nahm. Ich meine auch, daß er nahe bei On vorüberkam, wohin das Kind Jesus geflüchtet ward. Ich sah ihn auf einer großen Ebene zu einem Götzentempel kommen, der mit einer Wiese und allerlei anderen Gebäuden umgeben war. Sie beteten hier einen lebendigen Stier an. Sie hatten ein Stierbild und mancherlei andere Götzen in ihrem Tempel. Sie hatten ein greuliches Opfer und schlachteten mißgestaltete Kinder.

Sie ergriffen den vorüberwandelnden Prophetenschüler und brachten ihn vor die Priester. Zum Glück waren sie höchst neugierig, sonst hätten sie ihn leicht ermordet. Sie fragten ihn aber nun aus, woher er sei, und was ihn hierher führe? — und er sagte ihnen alles geradeheraus, wie eine Jungfrau werde geboren werden, aus der das Heil der Welt kommen solle; und dann würden alle ihre Götzen zerbrechen [1].

Sie staunten über seine Verkündung, schienen ganz gerührt dadurch und entließen ihn ohne alle Verletzung. Ich sah sie hierauf sich beraten und das Bild einer Jungfrau verfertigen lassen, das sie in der Mitte der Tempeldecke in ausgestreckter niederschwebender Lage befestigten. Diese Figur hatte einen Kopfputz wie jene Götzenbilder, deren dort so viele, halb wie ein Weib, halb wie ein Löwe gestaltet, reihenweise liegen. — Auf der Mitte des Kopfes hatte sie wie ein kleines tiefes Fruchtgemäße stehen, die Oberarme waren bis zu den Ellbogen an den Leib angezogen, die Unterarme wie zurückziehend abwehrend ausgebreitet und hielten Weizenähren in den Händen. Sie hatte drei Brüste, eine größere höhere in der Mitte, zwei kleinere standen niedriger zu beiden Seiten derselben. Der Unterleib war lang bekleidet, die Füße waren verhältnismäßig sehr klein und spitz. Es hing von ihnen etwas wie Quasten nieder. — An den beiden Oberarmen hatte sie eine Art von Flügeln wie feine, strahlenförmige Federn, ebenso an den Unterarmen. Diese Flügel waren wie zwei Federkämme durcheinandergreifend. Ebenso liefen gekreuzte Federn längs den

---

[1] Epiphanius in seinem Werke von dem Leben der Propheten sagt von Jeremias: Dieser Prophet gab den ägyptischen Priestern ein Merkzeichen an und verkündete ihnen, alle ihre Götzenbilder würden in Trümmer zerfallen, wenn eine jungfräuliche Mutter mit ihrem göttlichen Kinde Ägypten betreten werde. Und so geschah es auch. Darum beten sie noch heute eine jungfräuliche Mutter und ein in der Krippe liegendes Kind an. Als sie der König Ptolemäus um die Ursache hiervon fragte, antworteten sie: Es ist dieses ein Geheimnis, das wir von unseren Voreltern empfingen, denen es von einem heiligen Propheten verkündet worden, und dessen Erfüllung wir erwarten. Epiphan, Band 2, Seite 240. Es kann jedoch mit dem oben erwähnten Prophetenschüler des Elias nicht wohl Jeremias gemeint sein, da dieser an drei Jahrhunderte später lebte.

beiden Lenden und über die Mitte des Leibes bis herab. Der Rock hatte keine Falten.

Sie verehrten dieses Bild und opferten ihm mit der Bitte, es möge doch ihren Gott Apis und ihre anderen Götter nicht zertrümmern. Übrigens verharrten sie in dem ganzen Greuel ihres Götzendienstes wie bisher, nur daß sie von nun an immer diese Jungfrau vorher anriefen, deren Bild sie, wie ich glaube, nach allerlei Bedeutungen in der Erzählung des Propheten und aus der Gestalt, die Elias gesehen, zusammengesetzt hatten.

Maria frommen Heiden verkündet

Ich sah auch, wie damals aus großer Barmherzigkeit Gottes frommen Heiden verkündet wurde, daß der Messias aus einer Jungfrau in Judäa werde geboren werden. Die Vorfahren der heiligen drei Könige, die sterndienenden Chaldäer, erhielten diese Erkenntnis durch die Erscheinung eines Bildes in einem Stern oder am Himmel. Sie weissagten darüber. Die Spuren dieser Vorbilder der heiligen Jungfrau habe ich an den Bildern ihrer Tempel gesehen und erzählt, da ich die Reise Jesu zu ihnen nach Lazari Erweckung im letzten Viertel seines dritten Lehrjahres mitteilte.

Die Geschichte des Tobias

Vorbild der Ankunft des Heils und also auch Joachims und Annas

Am Feste des Erzengels Michael im September 1821 erzählte A. K. Emmerich unter anderem aus einer Betrachtung über die heiligen Engel folgendes Bruchstück der Geschichte des Tobias, dessen Führung durch den Erzengel Raphael sie gesehen.

Ich sah vieles aus dem Leben des Tobias, welches ein Vorbild der Geschichte der Heilsankunft in Israel ist. Nicht so, als wenn diese Geschichte ein erdichtetes Vorbild wäre, sondern sie ist ein geschehenes, gelebtes Vorbild.

In Sara, dem Weibe des jungen Tobias, wurde mir ein Vorbild der heiligen Anna gezeigt. Wessen ich mich nun noch von dem vielen Gesehenen erinnere, will ich mitteilen, nur werde ich es nicht in der rechten Folge vorbringen können.

In dem alten Tobias war der fromme, auf den Messias hoffende Stamm der Juden vorgebildet. Die Schwalbe, der Bote des Frühlings, deutete auf die Nähe des Heiles. Die Blindheit des alten Tobias deutete darauf, daß er keine Kinder mehr erzeugen sollte und sich bloß dem Gebet und der Betrachtung ergeben; sie bedeutete das treue dunkle Sehnen und Harren nach dem Lichte des Heiles und die Unwissenheit, woher es kommen werde.

Die zänkische Frau des Tobias stellte die Quälerei und die leeren Formen der pharisäischen Handhabung des Gesetzes vor. — Das Zicklein, welches sie statt Arbeitslohn nach Hause gebracht hatte, war, wovor Tobias gewarnt, wirklich ein gestohlenes, welches ihr die Leute um ein billiges überlassen hatten. Tobias kannte diese Leute und wußte es. Sein Weib schmähte ihn darüber aus. Es hatte auch eine Bedeutung auf die Verachtung der frommen Juden und Essener durch die Pharisäer und leeren Formjuden und auf ihr Verhältnis zu denselben, welche Bedeutung ich nicht mehr erklären kann.

Der Engel Raphael sagte keine Unwahrheit mit den Worten, er sei Azarias, der Sohn des Ananias; denn diese Worte heißen ungefähr soviel als des Herren Hilfe aus der Wolke des Herrn [1].

Dieser Engel, der den jungen Tobias geleitete, stellte die Führung der Geschlechter, die Bewahrung und Lenkung des Segens bis zur Empfängnis der heiligen Jungfrau vor.

In dem Gebete des alten Tobias und der Sara, der Tochter Raguels, welches ich gleichzeitig von den Engeln zu dem Throne Gottes bringen und erhören sah, erkannte ich das Flehen des frommen Israel und der Tochter Sions um die Ankunft des Heils

---

[1] Diese Deutung, welche ältere Ausleger berühren, ohne sie ganz darzulegen, ist vollkommen richtig, wie die biblische Philologie ausweist.

und ebenso das gleichzeitige Flehen Joachims und Annas an getrennten Orten um das verheißene Kind.

Die Blindheit des alten Tobias und das Schmähen seines Weibes gegen ihn deuteten auch auf Joachims Kinderlosigkeit und auf das Verwerfen seines Opfers am Tempel.

Die sieben vom Satan ermordeten Männer der Sara, Tochter Raguels, waren durch Sinnlichkeit umgekommen, denn Sara hatte ein Gelübde getan, nur von einem frommen und keuschen Manne besessen zu werden. Sie deuteten auf solche, deren Eintritt in den Stamm Jesu nach dem Fleische das Hervortreten der heiligen Jungfrau und also die Ankunft des Heilandes gehindert haben würde, auch deutete es auf gewisse segenlose Zeiten in der Geschichte des Heils und auf die Freier, welche Anna abweisen mußte, damit sie sich mit Joachim, dem Vater Mariä, verbinde.

Das Schmähen der Magd gegen Sara (Tob 3,7) deutet auf das Schmähen der Heiden und der ungläubigen, gottlosen Juden gegen die Erwartung des Messias, wodurch gleich der Sara alle frommen Juden zu eifrigerem Gebete angetrieben wurden. — Auch ist es ein Vorbild von dem Schmähen der Magd gegen die heilige Mutter Anna, worauf diese so eifrig betete, daß sie erhört ward.

Der Fische, welcher den jungen Tobias verschlingen wollte, deutete auf die Anfechtung der Unterwelt, der Heiden, der Sünde gegen die Ankunft des Heiles und somit auch auf die lange Unfruchtbarkeit Annas.

Das Töten des Fisches, das Ausschneiden des Herzens, der Leber, der Galle desselben und deren Verbrennung und Räucherung durch den jungen Tobias und die Sara deuteten auf die Besiegung des Teufels der Fleischlichkeit, der ihre früheren Männer erwürgt hatte, und auf die guten Werke und die Enthaltung Joachims und Annas, durch welche sie den Segen heiliger Fruchtbarkeit errungen haben. — Ich sah auch einen tiefen Bezug auf das heilige Sakrament hierbei, den ich aber nicht mehr mitzuteilen weiß.

Die Galle des Fisches, wodurch der alte Tobias wieder sehend ward, deutet auf die Bitterkeit des Leidens, wodurch die erwählten Juden zur Erkenntnis und Teilnahme des Heiles gelangten, es deutet auf die Einkehr des Lichtes in die Finsternis durch das bittere Leiden Jesu von seiner Geburt an.

Ich hatte viele Erklärungen dieser Art. Ich sah vieles einzelne aus der Geschichte des Tobias. Ich meine, die Nachkommen des jungen Tobias trugen zum Stamme Joachims und Annas bei. Der alte Tobias hatte noch andere nicht gute Kinder. Sara gebar drei Töchter und vier Söhne. Das erste Kind war eine Tochter. Der alte Tobias erlebte noch Kindeskinder.

Der Stammbaum des Messias

Ich sah die Stammlinie des Messias aus David hervortretend und sich in zwei Ströme teilen. Zur Rechten lief die Linie durch Salomo und endete mit Jakob, dem Vater des heiligen Joseph. Ich sah die Figuren aller im Evangelium angegebenen Voreltern des heiligen Joseph auf den Zweigen dieses rechten Astes des Stammbaumes aus David durch Salomo.

Diese Geschlechtslinie zur Rechten hatte eine höhere Bedeutung, ich sah sie aus dem Munde der einzelnen Gestalten ausgehen, in ganz ungefärbten, lichtweißen Strömen. — Die Gestalten waren höher und geistiger als die der Linie zur Linken. Jeder hatte einen etwa armlangen Blumenstengel mit palmenartig niederhängenden Blättern in der Hand, am Gipfel des Stengels blühte die große lilienartige Blumenglocke mit fünf oben gelben Staubfäden, welche einen feinen Staub streuten. Diese Blumen waren von verschiedener Größe, Kraft und Schönheit. Die Blume, die Joseph, der Nährvater Jesu, trug, war die schönste von allen, rein und voll frischer Blätter. — Drei Glieder dieses Stammastes über seiner Mitte waren ausgestoßen, erschwarzt und verdorrt. Es waren mehrere Lücken an dieser Salomonischen Linie, wo die Früchte weiter auseinanderstanden. — Mehrmals berührten sich der rechte und linke

Stamm, und sie durchkreuzten sich gegenseitig wenige Glieder vor ihrem Ende. — Ich hatte eine Mitteilung über die höhere Bedeutung der Stammlinie aus Salomo. Sie war mehr aus dem Geist, weniger aus dem Fleische, sie hatte etwas von der Bedeutung Salomos. Ich kann es nicht ausdrücken.

Die Geschlechtslinie zur Linken ging aus David durch Nathan bis auf Heli, welches der rechte Name Joachims, des Vaters Mariä ist, denn er hat den Namen Joachim erst später erhalten, so wie Abram erst später Abraham genannt wurde. Ich habe die Ursache vergessen, werde sie aber vielleicht wieder erhalten. Jesum höre ich oft in meinen Betrachtungen einen Sohn Helis[1] nach dem Fleische nennen.

Diese ganze Linie zur Linken aus David durch Nathan sah ich niedriger auslaufen. Sie ging meistens aus dem Nabel der einzelnen Gestalten. Ich sah sie farbig, rot, gelb, weiß, aber nie blau. Sie hatte hie und da Flecken und kam dann wieder klar hervor. Die Gestalten neben ihr waren kleiner als jene der Salomonischen Linie. Sie trugen kleinere, nach der Seite hängende Zweige mit gelbgrünen gezackten Blättern, diese Zweige hatten oben eine rötliche Knospe von der Farbe der wilden Rose. Es waren diese Knospen keine Blumenknospen, sondern Fruchtknötchen und immer geschlossen. An den Zweigen senkte sich eine doppelte Reihe von Ästchen nach der einen Seite nieder, woran die gezackten Blättchen hingen.

Etwa drei oder vier Glieder vor Heli oder Joachim durch-

---

[1] So wird auch die Stelle Lk 3,23 von mehreren alten (zum Beispiel Hilarius diaconus quaest. vet. et nov. I. 56 und II. 6) und neueren Auslegern, besonders nach dem griechischen Text, gefaßt: „Er wurde für einen Sohn Josephs gehalten, stammte aber in der Tat von Eli." Daß Maria, deren Geschlechtslinie doch von Lukas aufgeführt wird, selbst nicht genannt ist, erklärt sich durch den Grundsatz der jüdischen Genealogen: „genus patris vocatur genus, genus matris non vocatur genus" (Talmud baba bathra, Seite 110). Der Vater Mariä war demnach das erste anführbare Glied in der Abstammung Christi dem Fleische nach. Christus, der auf Erden keinen Vater hatte, heißt dem Fleische nach mit größerem Recht ein Sohn des Eli, als Laban (Gen 29,5) ein Sohn Nachors und Zacharias ein Sohn Jddos (Esr 5,1) genannt wird, da beide doch Enkel der Genannten sind.

kreuzten sich die beiden Linien und endeten oben mit der heiligen Jungfrau[1]. Ich meine, daß ich bei dieser Durchkreuzung das Blut der heiligen Jungfrau bereits leuchtend in dem Strahle beginnen sah.

Die heilige Mutter Anna stammte väterlicher Seite aus Levi, mütterlicher Seite aus Benjamin. Ich sah in einer Betrachtung die Bundeslade von ihren Vorfahren so fromm und andächtig tragen, und daß sie damals Strahlen des Segens aus ihr empfingen, welche sich auf ihre Nachkommenschaft, auf Anna und Maria, bezogen. Ich sah immer viele Priester im elterlichen Hause Annas und auch bei Joachim, was auch durch die Verwandtschaft mit Zacharias und Elisabeth veranlaßt wurde.

Erscheinung der heiligen Mutter Anna

(Am 26. Juli 1819 erzählte die ehrwürdige Emmerich sehr vieles aus dem Leben der heiligen Anna. Der Schreiber wußte die Veranlassung nicht, denn der Münsterische Kalender meldet an diesem Tage das Fest des heiligen Hubertus; es entdeckte sich aber später, daß der römische Kalender am 26. Juli das Annafest feiert, wodurch ihre Anschauung veranlaßt ward. Am 16. August, dem Annafest nach dem Münsterischen Kalender, erzählte sie jährlich auch mehreres von der Mutter der heiligen Jungfrau, was alles in dem oben Mitgeteilten zusammengestellt ist. Vom 26. Juli 1819 gehört noch folgendes hierher.)

Nachdem sie am Nachmittag vieles von der heiligen Mutter

---

[1] Die selige Emmerich meint damit ohne Zweifel die Verbindung der Davidischen Linien Nathan und Salomo, von welcher unten Seite 29 die Rede war. Im dritten Geschlecht nämlich aufwärts von Joachim heiratete die Großmutter des heiligen Joseph, nachdem sie dem Salomoniden Matthan zwei Söhne, darunter den Jakob, Vater des heiligen Joseph, geboren hatte, einen zweiten Mann, Levi aus der Davidischen Familie Nathan — und gebar diesem den Matthat, den Vater des Eli oder Joachim. Auf solche Weise sind Joachim und Joseph verwandt. Auffallend ist, daß Raymundus Martini in seinem pugio fidei (S. 745 ed. Carp.) ebenfalls bemerkt, daß die Großmutter des heiligen Joseph nach dem Tod des Matthan einen zweiten Mann geheiratet habe, von welchem Joachim herstamme.

Anna erzählt hatte, betete sie und entschlummerte darüber. Nach einer Weile nieste sie dreimal und sagte schlaftrunken mit einiger Ungeduld: „Ei, warum soll ich denn aufwachen?" Hierauf erwachte sie völlig und sagte lächelnd: „Ich war in einem viel besseren Orte, es ging mir viel besser als hier. Ich hatte vielen Trost, da weckte mich auf einmal das Niesen, es sagte mir einer: ‚Du sollst erwachen', ich wollte aber nicht, es gefiel mir dort so gut, ich war ganz ungeduldig, daß ich fort sollte, da mußte ich niesen und erwachte." Am folgenden Tage erzählte sie:

„Als ich gestern abend zu Nacht gebetet hatte und kaum eingeschlafen war, trat eine Person an mein Bett, und ich erkannte in ihr eine Jungfrau, die ich schon früher oft gesehen hatte. Sie sprach ganz kurz zu mir: Du hast heute viel von mir gesprochen, nun sollst du mich auch sehen, damit du dich nicht in mir irrest. — Ich fragte sie aber: ‚Habe ich auch wohl zuviel geredet?'

Da erwiderte sie kurzweg: ‚Nein!' und verschwand. — Sie war noch im jungfräulichen Stande, war schlank und anmutig; sie hatte den Kopf mit einer weißen Kappe bedeckt, welche im Nacken, zusammengezogen mit einem Zipfel endigend, niederhing, als seien ihre Haare darin verschlossen. Ihr langes, sie ganz bedeckendes Kleid war von weißlicher Wolle, die anschließenden Ärmel erschienen nur um die Ellbogen etwas kraus gebauscht. Hierüber trug sie einen langen Mantel von bräunlicher Wolle wie von Kamelhaaren.

Kaum hatte ich mich mit Rührung über diese Erscheinung gefreut, als plötzlich in ähnlicher Kleidung eine bejahrte Frau mit etwas gebeugterem Haupte und sehr eingefallenen Wangen vor mein Lager trat, sie war wie eine schöne, hagere, etwa 50 Jahre alte Jüdin. — Ich dachte schon: „Ei, was will denn die alte Judenfrau bei mir?" Da sprach sie zu mir: „Du brauchst nicht zu erschrecken, ich will mich dir nur zeigen, wie ich gewesen bin, da ich die Mutter des Herrn geboren, damit du dich nicht irrst." Ich fragte sogleich: „Ei, wo ist denn das liebe Kindlein Mariä?" Und sie erwiderte: „Ich habe sie jetzt nicht bei mir." — Da fragte ich weiter: „Wie alt ist sie denn jetzt?" Und sie antwortete: „Vier Jahre"; und ich fragte abermals: „Habe ich dann auch recht geredet?" Und sie sprach kurz: „Ja!" Ich aber bat sie: „Oh, mache doch, daß ich nicht zuviel sage!" Sie antwortete nichts und verschwand.

Nun erwachte ich und überdachte alles, was ich von der Mutter Anna und der Kindheit der heiligen Jungfrau gesehen, und alles ward mir klar, und ich fühlte mich ganz glückselig. Am Morgen wieder entschlummert, sah ich noch ein neues, sehr schönes und zusammenhängendes Bild. Ich glaubte es nicht vergessen zu können, aber der kommende Tag fiel mit so vielen Störungen und Leiden über mich, daß ich nichts mehr davon übrig habe.

Kirchenfestbild der Empfängnis Mariä

(erzählt am 8. Dezember 1819)

Nachdem ich die ganze Nacht bis gegen Morgen in einem schrecklichen Greuelbilde von den Sünden der ganzen Welt zugebracht hatte, schlief ich wieder ein und ward nach Jerusalem entrückt, an die Stelle, wo der Tempel gestanden, und dann weiter in die Gegend von Nazareth, wo sich ehedem das Haus Joachims und Annas befand. Ich erkannte noch die Umgegend.

Hier sah ich aus der Erde eine feine Lichtsäule wie den Stengel einer Blume hervorsteigen, und diese Säule trug, wie der Kelch einer Blume oder wie die Samenkapsel des Mohns auf einem Stiele hervorwächst, die Erscheinung einer leuchtenden achteckigen Kirche [1]. — Die tragende Säule stieg bis in

---

[1] Alle kirchlichen Festbilder sah die gottselige Emmerich, wenn sie auch nicht mehr auf Erden in der streitenden Kirche gefeiert wurden, doch in

die Mitte dieser Kirche wie ein Bäumchen hervor, auf dessen regelmäßig geteilten Zweigen Gestalten aus der Familie der heiligen Jungfrau standen, welche in diesem Festbilde der Gegenstand der Verehrung waren. Sie standen wie auf den Staubfäden einer Blume. — Es war dies aber die heilige Mutter Anna zwischen dem heiligen Joachim und einem anderen Manne, vielleicht ihrem Vater. Unter der Brust der heiligen Anna sah ich einen Lichtraum, etwa von der Gestalt eines Kelches und in diesem die Gestalt eines leuchtenden Kindes sich entwickeln und größer werden. Es hatte die Händchen über der Brust gekreuzt und sein Häuptchen geneigt, und es gingen von ihm unzählig viele Strahlen nach einer Seite der Welt aus. Es fiel mir auf, daß dies nicht nach allen Richtungen geschah. Auf anderen umgebenden Zweigen saßen gegen diese Mitte gerichtet mancherlei verehrende Gestalten, und rings in der Kirche umher sah ich in Ordnungen und Chören unzählige Heilige gegen diese heilige Mutter betend gerichtet.

Diese süße Innigkeit und Einigkeit dieses Gottesdienstes ist mit nichts zu vergleichen als mit einem Feld der mannigfaltigsten Blumen, welche, von einem leisen Winde bewegt, ihre Düfte und Farben den Strahlen der Sonne opfernd entgegenschwenken, aus welcher alle Blumen diese Opfergaben, ja ihr Leben selbst empfangen haben.

---

der triumphierenden Kirche feiern. Sie sah dann die Feierlichkeit in der Erscheinung einer durchsichtigen leuchtenden Kirche, deren Form sie meistens als ein Achteck angab, von allen Heiligen, welche einen besonderen Bezug auf das Fest hatten, mit einer tiefsinnigen Kombination der Feier vollziehen. Diese Kirche sah sie meistens in der Luft schwebend. — Bemerkenswert aber erscheint, daß bei jedem Feste, welches sich auf irgendeine Blutsverwandtschaft mit Jesus Christus oder auf die Mysterien seines Lebens bezog, sie diese Kirche nicht in der Luft schwebend, sondern gleich einer Blume oder Frucht auf einem aus der Erde hervordringenden Stiel, wie auf einer Säule stehend, und also gleichsam gewachsen erscheinen sah. — Vor allem aber war es dem Schreiber überraschend, daß sie bei allen Festen stigmatisierter Heiligen, zum Beispiel des heiligen Franziskus von Assisi, der heiligen Katharina von Siena usw. die Erscheinung der Kirche auch nicht in der Luft schwebend, sondern auf dem Stiel aus der Erde gewachsen sah. — Eine Reflexion hierüber erscheint nicht unfruchtbar, sie selbst sprach sich wahrscheinlich aus Bescheidenheit nie darüber aus.

Kirchenfestbild der Empfängnis Mariä

Über diesem Sinnbilde des Festes der Unbefleckten Empfängnis erhob sich das Lichtbäumchen mit einem neuen Aufschuß zu seinem Gipfel, und ich sah in dieser zweiten Zweigkrone einen weiteren Moment des Festes gefeiert. Hier knieten Maria und Joseph und etwas tiefer unten vor ihnen die heilige Mutter Anna. Sie beteten das Jesuskind an, welches mit dem Reichsapfel oder der Weltkugel in der Hand über ihnen in dem Gipfel von unendlichem Glanze umgeben saß. — Um diese Vorstellung her beugten sich anbetend die Chöre der heiligen drei Könige, Hirten, Apostel und Jünger in der nächsten Umgebung, in weiteren Kreisen aber andere Heilige. — Weiter oben sah ich in höchstem Lichte unbestimmtere Formen und Gestalten von Kräften und Würden, und noch höher herab, gleichsam durch die Kuppel der Kirche hereinstrahlte wie eine halbe Sonne. Dieses zweite Bild schien auf die Nähe des Christfestes nach dem Feste der Empfängnis zu deuten.

Bei der ersten Erscheinung des Bildes sah ich, als stehe ich außerhalb der Kirche unter der Säule in die umherliegende Gegend, später in die Kirche selbst, wie ich sie beschrieben. — Ich sah auch das Kindlein Maria sich in den Lichtraum unter dem Herzen der heiligen Mutter Anna entwickeln und erhielt zugleich eine unaussprechliche Überzeugung von der Empfängnis ohne Erbsünde. Ich las es deutlich wie aus einem Buche und verstand es. — Mir wurde auch gesagt, hier sei einst eine Kirche zur Ehre dieser Gnade Gottes gestanden, sie sei aber als Mitveranlassung mancher unangemessener Streitigkeiten über dieses heiligste Geheimnis der Zerstörung preisgegeben worden, doch feiere die triumphierende Kirche noch immer dieses Fest an dieser Stelle.

Die heilige Jungfrau spricht von Geheimnissen ihres Lebens

(Während ihrer Betrachtungen aus dem Lehrwandel Jesu
erzählte A. K. Emmerich am 16. Dezember 1822)

Ich höre oft, wie die heilige Jungfrau den vertrauten Frauen, zum Beispiel der Johanna Chusa und der Susanna von Jerusalem, allerlei Geheimnisse von sich und unserem Herrn erzählt, die sie teils aus innerer Erkenntnis, teils aus den Mitteilungen der heiligen Mutter Anna weiß. — So habe ich sie auch heute der Susanna und Martha erzählen hören, daß sie, während sie unseren Herrn unter ihrem Herzen getragen, nicht die mindeste Beschwerde, sondern eine unendliche innere Freude und Seligkeit empfunden habe. — Sie erzählte ihnen auch, daß Joachim und Anna sich in der Halle unter der goldenen Pforte in einer goldenen Stunde begegnet seien; und hier sei jene Fülle der göttlichen Gnade zu ihnen gelangt, in deren Folge sie allein durch heiligen Gehorsam und reine Gottesliebe ohne alle Unlauterkeit ihrer Eltern das Dasein unter dem Herzen ihrer Mutter empfangen habe. Sie gab ihnen auch zu erkennen, daß ohne den Sündenfall die Empfängnis aller Menschen ebenso rein gewesen sein würde. Sie sprach auch von ihrer geliebten älteren Schwester, Maria Heli, wie ihre Eltern diese nicht als die verheißene Frucht erkannt und sich nachher so lange enthalten und gesehnt hätten. — Mich freute, hier nun von der heiligen Jungfrau selbst zu hören, was ich immer von ihrer älteren Schwester gesehen habe.

Ich sah nun den ganzen Hergang der von den Eltern Mariä empfangenen Gnade wieder, von der Erscheinung des Engels bei Anna und Joachim an bis zu ihrer Begegnung unter der goldenen Pforte, wie ich es immer erzählte. Unter der goldenen Pforte, das heißt in der unterirdischen heiligen Halle unter der goldenen Pforte, sah ich Joachim und Anna von einer Menge von Engeln mit himmlischem Lichte umgeben, sie selbst leuchteten und waren rein wie Geister in einem übernatürlichen Zustande, wie nie vor ihnen ein Menschenpaar gewesen.

Ich meine, in der goldenen Pforte selbst sind die Prüfungen und die Zeremonien der Freisprechung der des Ehebruchs beschuldigten Frauen und andere Aussöhnungen vollzogen worden [1].

Es waren fünf ähnliche unterirdische Gänge unter dem Tempel, auch einer unter dem Orte, wo die Jungfrauen wohnen. Man ward bei bestimmten Sühnungen hineingeführt [2]. Ob jemals andere vor Joachim und Anna diesen Weg betraten, weiß ich jetzt nicht, aber ich glaube, es war wohl ein sehr seltener Fall. Ob es überhaupt ein Gebrauch bei Opfern war, welche Unfruchtbare brachten, ist mir jetzt auch nicht gegenwärtig. Es ist den Priestern so befohlen worden.

Feier der Empfängnis Mariä an verschiedenen Orten
Einleitung — Persönliches

Im Jahre 1820, den 8. Dezember am Fest der unbefleckten Empfängnis Mariä, bewegte sich die Seele der Erzählerin in betrachtender Gebetstätigkeit über einen großen Teil der Erde. Aus den mitgeteilten Bruchstücken dieser Reisevision, welche an angemessenem Orte ganz mitgeteilt werden wird, führen wir hier, um einen Begriff solcher Seelenbewegungen zu geben, auszüglich Folgendes an:

Sie kam nach Rom, war bei dem heiligen Vater, besuchte in Sardinien eine ihr liebe fromme Klosterfrau, berührte Palermo, gelangte nach Palästina und hierauf nach Indien und von da auf

---

[1] A. K. Emmerich trifft in dieser Bemerkung mit den Angaben der ältesten jüdischen Literatur überein. So zum Beispiel Mischn. Tract. Tamid. c. 5. und Sotah c. 1.

[2] Es ist eine fruchtbare Betrachtung, daß gerade an derjenigen Tempelstelle, über welcher die des Ehebruches Beschuldigten durch das sogenannte bittere Eiferwasser dem Gottesurteil unterworfen, gestraft oder gerechtfertigt, und die Unreinen gereinigt wurden, die segnende Gnade zur reinen Empfängnis der Mutter Jesu Christi erteilt wurde, in dessen Verbindung mit der Kirche die Ehe ein großes Sakrament ist (Eph 5,32) und welcher sich zum Sühnopfer hingab, den Ehebruch der Menschheit gegen Gott zu sühnen und ein Bräutigam der erkauften Seelen zu werden.

einen von ihr sogenannten Prophetenberg[1]. — Weiter gelangte sie noch in Abessinien auf einem hohen Felsgebirge in eine wunderbare Judenstadt und besuchte deren Vorsteherin Judith[2], mit welcher sie von dem Messias, von dem heutigen Feste der Empfängnis seiner Mutter, von der heiligen Adventszeit und dem herannahenden Feste seiner Geburt sprach. Auf dieser ganzen Reise tat sie alles, was nach seiner Aufgabe und der sich darbietenden Gelegenheit ein gewissenhafter Missionär auf einer ähnlichen Reise tun würde: sie betete, lehrte, half, tröstete und lernte. Um aber, was sie auf dieser Reise das Fest Mariä Empfängnis betreffend vernommen, dem Leser mit ihren Worten verständlich machen zu können, bitten wir denselben, die Note auf der Seite 56 nachzulesen, in welcher der Teil des

---

[1] Prophetenberg nannte die Erzählerin eine über alle Gebirge der Erde erhöhte Örtlichkeit, zu welcher sie auf ihren ekstatischen Reisevisionen am 10. Dezember zum ersten Male und dann später noch verschiedene Male geführt ward. Sie sah dort die Bücher prophetischer Offenbarung aller Zeiten und Völker in einem Gezelte bewahrt und von einer Persönlichkeit geprüft und verwaltet, welche sie teils an Johannes den Evangelisten, teils an Elias und an letzteren besonders dadurch erinnerte, daß sie den Wagen, auf welchem dieser Prophet von der Erde entrückt ward, hier oben in der Nähe des Gezeltes ganz von lebendigem Grün überzogen wahrnahm. Diese Persönlichkeit nun sagt ihr, daß sie alle Bücher prophetischer Erkenntnis, die jemals den Menschen gegeben oder mannigfach getrübt worden oder noch zu geben sei, nach einem großen vorliegenden Buche vergleiche, vieles ausstreiche oder in dem zur Seite brennenden Feuer vertilge. Die Menschen seien noch nicht fähig, diese Gaben zu empfangen, es müsse erst ein anderer kommen usw. Alles dieses sah sie auf einer grünen, von einem klaren See umgebenen Insel, worauf mehrere, verschiedenförmige, von Gärten umgebene Türme standen. Sie hatte die Empfindung, daß diese Türme Schatzkammern und Brunnenhäuser der Weisheit verschiedener Völker seien und daß unter der Insel, welche von mehreren Quellen durchrieselt war, der Ursprung für heiliggehaltener Flüsse, unter anderem des Ganges ruhe, welche am Fuße des Gebirges zutage kämen usw. Die Richtung des Weges, auf welchem sie zu diesem Prophetenberge geführt ward, war je nach dem Ausgangspunkte ihrer Reise immer die Richtung nach dem hohen Mittelasien. Sie erwähnte Situationen, Natur, Menschen, Tier- und Pflanzenleben der durchwandelten Gegenden, ward dann, durch einen ganz einsamen öden Raum, wie durch Wolken dringend, zu der erwähnten Örtlichkeit emporgehoben, deren nähere Bestimmung nebst allem von der Erzählerin dort Erlebten mit der ganzen Reisevision an angemessener Stelle mitgeteilt werden

Lehrwandels Jesu, auf welchen sie sich hier bezieht, auszüglich angeführt ist.

„Als ich heute nacht in meinem großen Reisetraum in das gelobte Land kam, sah ich alles, was ich von der Empfängnis der heiligen Jungfrau erzählt habe. Hierauf trat ich in die täglichen Betrachtungen der Lehrjahre unseres Herrn ein und war heute der Reihe nach am 8. Dezember des dritten Lehrjahres. — Ich fand Jesum nicht im gelobten Lande, sondern ward von meinem Führer über den Jordan gegen Morgen nach Arabien gebracht, wo der Herr von drei Jünglingen begleitet, sich heute in einer Zeltstadt der heiligen drei Könige befand, in der sie sich nach ihrer Rückkehr von Bethlehem niedergelassen hatten.

---

wird. Den Rückweg ward sie niedersteigend wieder durch die Wolkenregion geführt, durchzog dann abermals, von herrlicher Vegetation, von Tieren und Vögeln belebte Gegenden und gelangte dann zum Ganges und sah an diesem Fluß indische Religionsgebräuche an. — Die geographische Lage dieser Örtlichkeit und die Erwähnung, daß sie da oben schier alles mit lebendigem Grün überzogen gesehen, erinnerten zwanzig Jahre nach der Aufschreibung dieser Mitteilungen einen Leser derselben an Überlieferungen von einer ähnlichen Örtlichkeit zum Teil mit einem ähnlichen Bewohner in den Religionssystemen mehrerer asiatischer Völker. Der Prophet Elias ist den Muselmanen unter dem Namen Chiser, das heißt der Grüne, als ein wunderbares, halbes Engelswesen bekannt, welches auf dem in vielen religiösen und poetischen Schriften gefeierten Berge Kaf im Norden wohnt und dort an der Quelle des Lebens über Geheimnisse wacht. — Die Indier versetzten ihren heiligen Berg Meru, die Chinesen ihren Kuen-lun, beide mit Vorstellungen von einem paradiesischen Zustande, ebenfalls ins hohe Mittelasien, wo die selige Emmerich den Prophetenberg findet. — Auch die alten Perser glaubten einen solchen Ort, den sie als El-bors oder Albordsch verehrten. Die Babylonier scheinen (nach Is 14,13) den gleichen Glauben gehabt zu haben. Daß sie samt den Persern und Moslimen den Berg in den Norden setzen, erklärt sich durch ihr geographisches Verhältnis zum mittleren Hochasien.

² Als der Schreiber die sehr umständliche Erzählung ihres Verkehrs mit dieser Judith und ihre Beschreibung der Örtlichkeit aufzeichnete, wußte er nur aus der Richtung ihres Weges, daß sie in Abessinien war; mehrere Jahre nach ihrem Tode fand er in den Reisen von Bruce und Salt eine jüdische Niederlassung auf dem Hochgebirge Samen in Abessinien erwähnt, deren Oberhaupt sich immer Gideon und im Falle einer weiblichen Beherrscherin immer Judith heiße, welchen letzteren Namen die Erzählerin selbst ausgesprochen.

80

Die heiligen drei Könige feiern Mariä Empfängnis

Ich sah, daß die zwei der heiligen drei Könige, welche noch lebten, von heute, dem 8. Dezember, an ein dreitägiges Fest mit ihrem Stamme feierten. Sie hatten 15 Jahre v. Chr. Geburt in dieser Nacht das von Balaam verheißene Gestirn (Num 24,17), auf welches sie und ihre Vorfahren so lange Zeit in treuer Beobachtung des Himmels geharrt hatten, zum ersten Male aufgehen gesehen und in ihm das Bild einer Jungfrau erkannt, welche in der einen Hand ein Zepter, in der anderen eine Waage hielt, auf deren einer Schale eine schöne Weizenähre, auf der anderen eine Traube im Gleichgewichte lagen. Sie feierten darum seit ihrer Rückkehr von Bethlehem jährlich von diesem Tage an durch drei Tage ein Fest usw.

Abstellung eines Menschenopfers bei den Sterndienern

Ich sah aber, daß infolge dieser Erkenntnis am Tage der Empfängnis Mariä, 15 Jahre v. Chr. Geburt, unter diesen sterndienenden Männern ein schrecklicher Religionsbrauch abgestellt ward, welcher durch mißverstandene und von bösen Einflüssen getrübte Offenbarungen seit langen Zeiten unter ihnen geübt worden war, nämlich ein grausames Kinderopfer. Sie hatten zu verschiedenen Zeiten Menschen- und auch Kinderopfer auf verschiedene Weise vollzogen.

---

[1] Merkwürdig erscheint in bezug hierauf, daß unter den Schriftstellern der ersten christlichen Jahrhunderte, welche die Beschuldigungen der Heiden gegen die Christen anführen, unter anderem Minutius Felix den Vorwurf erwähnt: Die Christen legten den in ihre Religion Einzuweihenden ein ganz mit Mehl überstreutes Kind vor, um so den Mord, den man ihn begehen lasse, zu verbergen. Der Neuling müsse nun das Kind mehrfach mit einem Messer durchstechen. Hierauf saugten sie das strömende Blut begierig auf, zerschnitten das Kind in kleine Stücke und äßen es gänzlich auf, und dieses gemeinsame Verbrechen sei ihnen das gegenseitige Unterpfand des Stillschweigens und der Bewahrung des Geheimnisses in betreff anderer schändlicher Ausschweifungen geworden, mit welchen sie ihre Versammlungen beschlössen. — Sollte die Entstehung dieser Beschuldigung vielleicht durch das erwähnte Kindesopfer jener Sterndiener, welche unter

Ich sah, daß sie im Zeitalter vor Mariä Empfängnis folgenden Gebrauch hatten. Sie nahmen ein Kind der reinsten und frömmsten Mutter ihrer Religion, welche sich sehr glücklich schätzte, ihr Kind so zu opfern. Das Kindlein ward geschunden und mit Mehl überstreut, um das Blut aufzufangen. Dieses mit Blut getränkte Mehl aßen sie als heilige Speise und wiederholten das Ausstreuen des Mehles und das Essen, bis das Kind ganz verblutet war. Zuletzt ward das Fleisch des Kindes in kleine Stücke zerschnitten, verteilt und gegessen [1].

Ich sah sie diese gräßliche Handlung mit der größten Einfalt und Andacht vollziehen, und mir ward gesagt, daß sie zu diesem schrecklichen Gebrauch durch Mißverständnis und Verzerrung vorbildlicher, prophetischer Andeutungen über das heilige Abendmahl gekommen seien.

Ich sah diesen schrecklichen Opfergebrauch in Chaldäa im Lande Mensors, eines der heiligen drei Könige, und wie er am Tage der Empfängnis Mariä in einer Vision eine göttliche Erleuchtung empfing, worauf dieser Greuel abgestellt ward. Ich sah ihn auf einem pyramidalischen hohen hölzernen Bau in der Beobachtung der Sterne begriffen, welche diese Leute nach alten Überlieferungen Jahrhunderte hindurch fortsetzten. — Ich sah den König Mensor die Sterne betrachtend in Entzückung erstarrt liegen; er wußte nichts mehr von sich. Seine Genossen kamen zu ihm und brachten ihn zu Sinnen, aber er schien sie anfangs nicht zu kennen. Er hatte das Sternbild gesehen mit

---

den ersten Bekennern des Christentums waren, entstanden sein? — Jedenfalls liegt die Vermutung nahe, daß ähnliche Vorstellungen durch Aberglauben mißverstandener Heilsverkündigungen, wie wir sie hier bei den Magiern finden, auch der tiefere Grund und die innere Veranlassung von Ermordungen christlicher Kinder durch Juden seien; und wenn das ist, so gehören diese dunklen Grausamkeiten mit zu den vielen Beweggründen, das arme Judentum eher zu bemitleiden als zu verachten. Es ist eine verzerrte Sehnsucht nach dem Heiland darin. Diese so oft wiederkehrende Erscheinung ist nach unserem Wissen nie gründlich zusammengestellt und mit voller Unbefangenheit beleuchtet worden. Man hat sie in neuester Zeit meistens wie alle historischen Rätsel eines tieferen Ursprunges sehr bequem von oben herab als Beschuldigungen des Fanatismus behandelt.

der Jungfrau, der Waage, der Ähre, der Traube und eine innere Weisung erhalten, worauf jener grausame Gottesdienst abgeschafft wurde.

Parallelbild dieses Kinderopfers

Als ich nachts im Schlafe das grausame Bild des gemordeten Kindes zu meiner Rechten gesehen hatte, wendete ich mich entsetzt auf meinem Lager um, aber nun sah ich es ebenso zu meiner Linken. Ich flehte nun herzlich zu Gott, er möge mich von dem schrecklichen Anblick befreien, da erwachte ich, hörte die Uhr schlagen, und es sprach mein himmlischer Bräutigam herumzeigend zu mir: „Da sieh noch Ärgeres, das täglich von vielen durch die ganze Welt an mir geschieht."

Und da ich weit umherblickte, trat mir wohl vieles noch greulicher als jenes Kinderopfer vor die Seele; indem ich mannigfach durch unwürdige und sündenvolle Vollbringung des heiligen Geheimnisses Jesum selbst auf dem Altare grausam geopfert sah. Ich sah, wie die heilige Hostie von unwürdigen, ausgearteten Priestern als ein lebendiges Jesuskindlein auf dem Altare lag, das sie mit der Patene zerschnitten und entsetzlich zermarterten. Ihr Opfer, obschon das Geheimnis wirksam vollbringend, erschien als ein grausames Morden [1].

Die gleiche Grausamkeit ward mir auch gezeigt in gefühlloser Behandlung der Glieder Christi, der Bekenner seines Namens, der von Gott an Kindes Statt Angenommen, denn ich sah hierauf unzählige gute unglückliche Menschen heutzutage an vielen Orten drücken, quälen und verfolgen und sah immer, daß dieses an Jesus geschah. Es ist eine schreckliche Zeit, nir-

---

[1] Wie das Opfer auf dem Kalvarienberg durch den grausamen Willen gottvergessener Priester und durch die blutdürstigen Hände ausgelassener Schergen vollbracht wurde, so ist das Opfer auf dem Altare, wenn es unwürdig gefeiert wird, zwar auch ein wahres Opfer, aber der mit Schuld unwürdige Vollbringer vertritt dabei die Stelle der Jesum verdammenden Judenpriester und der Kriegsknechte zu gleicher Zeit.

gends eine Zuflucht mehr, ein dichter Nebel von Sünde liegt über der ganzen Welt, und das Gräßlichste sehe ich die Menschen ganz lau und gleichgültig so hintun. Ich sah alles dieses in vielen Anschauungen, indem meine Seele durch viele Länder über die ganze Erde geführt ward. Endlich kam ich wieder in die Anschauung von dem Feste Mariä Empfängnis.

Zur Geschichte des Festes der Empfängnis Mariä
(Fortsetzung)

Ich weiß gar nicht zu sagen, auf welche wunderbare Weise ich heute nacht im Traume gereist bin. Ich war in den verschiedensten Gegenden der Welt und auch in den verschiedensten Zeitaltern und sah das Fest der Empfängnis Mariä sehr oft an den verschiedensten Orten der Welt feiern. Auch bei Ephesus war ich und sah in dem Hause der Muttergottes, welches noch als eine Kirche dort stand, dieses Fest feiern. Es muß in sehr früher Zeit gewesen sein, denn ich sah den von Maria selbst errichteten Kreuzweg noch im vollkommenen Stande, der zweite Kreuzweg entstand in Jerusalem, der dritte in Rom.

Die Griechen feierten dieses Fest lange vor ihrer Trennung von der Kirche. Ich entsinne mich noch einiges, doch nicht ganz bestimmt von der Veranlassung hierzu. — Ich sah nämlich einen Heiligen, ich glaube Sabas, wie er eine Erscheinung hatte, die sich auf die unbefleckte Empfängnis bezog. Er sah das Bild der heiligen Jungfrau auf der Weltkugel, das Haupt der Schlange zertretend, und erkannte, daß die heilige Jungfrau allein von der Schlange unverletzt und unbefleckt empfangen sei [1]. — Ich

---

[1] Am 5. Juli 1835 las der Schreiber, nach des Kardinal Baronius Noten zum Martyrologium Romanum, 8. Dezember, befinde sich in der Sforzianischen Bibliothek ein Codex, Nr. 65, worin eine Rede des Kaisers Leo, der 886 den Thron bestieg, über dieses Fest in Konstantinopel enthalten sei, aus welcher die Feier desselben als viel früher hervorgehe. Nach Canisius de beatissima virgine Maria lib. 1. c. 7 und nach Galatinus, de arcanis catholicae veritatis lib. 7, c. 5, ist das Fest in dem Martyrologium des Johannes Damascenus angeführt. — Sabas, der Abt, den die Erzählerin erwähnt, ist als ein Verehrer Mariä bekannt, er starb im Jahre 500.

sah auch, daß eine Kirche der Griechen oder daß ein griechischer Bischof dieses nicht annehmen wollte, es sei denn, jenes Bild komme zu ihnen über das Meer. Ich sah hierauf ihre Erscheinung zu ihrer Kirche über das Meer heranschweben und in der Kirche über dem Altare erscheinen, worauf sie das Fest zu feiern begonnen. — Sie besaßen in dieser Kirche ein Bild der heiligen Jungfrau in Lebensgröße, ganz wie sie lebte, in weißem Kleide und Schleier, von St. Lukas gemalt. Ich meine dunkel, sie hätten es von Rom erhalten, wo sie nur ein Brustbild besitzen. Sie hatten dieses Bild über dem Altar an die Stelle gesetzt, wo jenes Bild der unbefleckten Empfängnis erschienen war. Ich meine, es sei noch in Konstantinopel, oder ich habe es dort in früherer Zeit verehren sehen.

Auch in England bin ich gewesen und habe das Fest dort vor alten Zeiten einführen und feiern gesehen. Ich habe in bezug hierauf folgendes Wunder schon vorgestern am St. Nikolausfeste gesehen. Ich sah einen Abt aus England auf einem Schiffe im Sturme in großer Gefahr. Sie flehten gar dringend um den Schutz der Muttergottes, da sah ich die Erscheinung des heiligen Bischofs Nikolaus v. Myra über das Meer zu dem Schiffe schweben, der dem Abt sagte, Maria sende ihn, ihm zu verkünden, er solle am 8. Dezember das Fest der unbefleckten Empfängnis in England feiern lassen, dann werde das Schiff ankommen. Er habe auch auf die Frage des Abtes, mit welchen Gebeten es zu feiern sei, diesem geantwortet, mit denselben wie Mariä Geburt. — Es kam bei der Einführung des Festes auch der Name Anselmus[1] vor, wovon ich das Nähere vergessen habe. Ich sah auch die Einführung dieses Festes in Frankreich,

---

[1] Es ist bemerkenswert, daß sie den Namen Anselmus nicht als den Namen jenes Abtes, der die Erscheinung gehabt, selbst erwähnt, da Petr. de Natal. in Catal. Sanct. Lib. 1, cap. 42 ihn doch als diesen anführt, wie der Schreiber im Juli 1835 las. Es scheint hierdurch die Anführung des Baronius in seinen Noten zu dem Martyrologium Romanum, 4. Dezember, unterstützt, wo er diese Verkündung nicht an Anselmus, sondern früher unter ganz ähnlichen Umständen an den Benediktinerabt Elsinus oder Elpinus 1070 ergangen erklärt. Dasselbe soll J. Carthagena in seinen

und wie der heilige Bernhardus dagegen schrieb, weil die Einführung nicht von Rom aus geschah [2].

Jahreszeit des Festes Mariä Empfängnis
(Eine Note des Schreibers)

Das bisher in Beziehung auf den Segen Joachims und Annas Niedergeschriebene ist aus Anschauungen und Erinnerungen zusammengestellt, zu welchen die gottselige Emmerich jährlich während der Festzeit der unbefleckten Empfängnis Mariä (8. Dezember) veranlaßt wurde. Sie erklärte indessen im Jahre 1821 an diesem Festtage, das Zusammentreffen Joachims und Annas unter der goldenen Pforte falle nicht in den Dezember, sondern in den Herbst, auf das Ende des Laubhüttenfestes (welches vom 15. bis 23. Tisri, d. i. September oder Oktober dauerte). Sie sah daher Joachim, ehe er zum Tempel zog, mit seinen Hirten die Laubhütten bauen (S. 41) und Anna die Verheißung der Fruchtbarkeit empfangen, da sie unter einem Baume betet, der eine Laube bildet (S. 39). Da sie aber im vorhergehenden Jahre 1820 erwähnt hatte, sie erinnere sich, daß Joachim bei Gelegenheit eines Tempelweihfestes mit seinen Opfern nach Jerusalem hinaufgezogen sei, wo er der Anna habe begegnen sollen, so kann damit nicht das gewöhnliche jüdische Kirchweihfest im Winter (den 25. Kaslew), sondern es muß darunter wohl ein Gedenkfest der Tempelweihe Salomonis verstanden werden, welchem nach den täglichen Mitteilungen der gottseligen Emmerich aus dem dreijährigen Lehrwandel Jesu, der Herr in seinem zweiten Lehrjahr am Schlusse des Laubhüttenfestes in Aruma, einige Stunden von Salem, über die bevorstehende Zerstörung des Tempels lehrend beiwohnte. —

Homilien de arcanis Deiparae tom. 1. Lib. 1. Hom. 19 aus einem Briefe des heiligen Anselmus an die Bischöfe Englands anführen. Dieser heilige Bischof von Canterbury führte das Fest zuerst in England ein.

[2] Im Jahre 1245 ward es durch das Domkapitel zu Lyon eingeführt, an welches Bernhardus dagegen schrieb.

Schweigen zwar unsere gelesensten Werke über die hebräischen Altertümer von dieser Feier, so läßt sich das Dasein derselben, auch abgesehen von den Aufschlüssen der A. K. Emmerich, doch nicht wohl bezweifeln, wenn man berücksichtigt, daß Salomo die Einweihung des von ihm erbauten Tempels in Verbindung mit dem Laubhüttenfest feierte (3 Kg 8,2.66 und 2 Chr 7,10) und daß die Masora zu 3 Kg 8,2 und 54 die Erzählung von der Einweihung des Salomonischen Tempels als Festlektionen für den 2. und 8. Tag des Laubhüttenfestes anweist. Obschon indessen A. K. Emmerich das Zusammentreffen Joachims und Annas im Tempel am Schlusse des Laubhüttenfestes und also an zwei Monate früher als die kirchliche Feier von Mariä Empfängnis (8. Dezember) gesehen, so wurde sie doch immer durch das Marienfest im Dezember zu den Mitteilungen über die Empfängnis der allerseligsten Jungfrau bestimmt und erzählte, wie an diesem Tage, nicht aber z. Zt. des Laubhüttenfestes im Herbst, die Erinnerung an dieses gnadenreiche Ereignis bereits von den heiligen drei Königen sei gefeiert worden, als Christus nach der Erweckung des Lazarus sie in Arabien besuchte.

Jene Begegnung unter der goldenen Pforte und die Überstrahlung mit Licht und Segen von oben darf uns demnach als eine Art unmittelbarer, wesentlicher Erneuerung, Heiligung, Weihung, Bestärkung und Reinigung dieses glückseligen Ehebundes zu seiner von Gottes Ratschlüssen bestimmten Aufgabe erscheinen. Durch die Übergabe eines wesentlichen Segens an Joachim (S. 47) und durch die (S. 40) erzählte Begnadigung der heiligen Anna waren beide erst in den Zeitpunkt der Reife für den heiligen Zweck ihrer Ehe eingetreten. Wie nun diese Reife durch unmittelbare, wesentliche Gnade und Kräfte bringendes Einwirken Gottes gegeben war, so erscheint es angemessen, daß beide auf solche Art vom Himmel ausgerüstet, auch vom Himmel durch eine gleiche Einwirkung verbunden wurden.

Bis hierher reichen die erläuternden Beilagen der A. K. Emmerich zu ihrer Erzählung von der Empfängnis Mariä; von da wird nun die heilige Lebensgeschichte wieder fortgesetzt.

Mariä Beseelung und Geburt

Die Beseelung Mariä

Ich hatte eine Betrachtung von der Schöpfung der heiligsten Seele Mariä und deren Vereinigung mit ihrem reinsten Leibe. Ich sah in dem Lichtbilde, unter welchem mir gewöhnlich die allerheiligste Dreifaltigkeit in meinen Betrachtungen vorgestellt wird, ein Bewegung gleich einem großen leuchtenden Berg und doch auch wie die Gestalt eines Menschen, und ich sah etwas aus der Mitte dieser Menschengestalt gegen deren Mund aufsteigen und wie einen Glanz aus diesem ausgehen. — Diesen Glanz sah ich nun ausgesondert vor dem Angesichte Gottes stehen und sich drehen und bilden oder vielmehr gebildet werden, denn, indem dieser Glanz eine menschliche Gestalt annahm, sah ich, als werde er durch den Willen Gottes so unaussprechlich schön gebildet. — Ich sah auch, daß Gott die Schönheit dieser Seele den Engeln zeigte, und daß diese eine unaussprechliche Freude an ihrer Schönheit hatten. Ich vermag nicht alles, was ich sah und erkannte, mit Worten zu beschreiben [1].

Als 17 Wochen und zwei Tage nach der Empfängnis der heiligen Jungfrau verflossen waren, also in der Mitte der Schwangerschaft Annas weniger 5 Tage, sah ich diese heilige

---

[1] Damit, daß hier die neugeschaffene Seele der heiligsten Jungfrau gerade unter den nämlichen Umständen in der Zeit erscheint wie oben Seite 54 in der Ewigkeit, ist nur eine Ausführung ewig vorbestimmter Wahl, nur eine Vollendung der von Gott im Anbeginn gefaßten Idee, keineswegs aber eine eigentliche Schöpfung dieser Seele vor der Zeit ausgesprochen. — Für die Gegenwärtigkeit Mariä bei Gott auch schon vor der Welt, wenngleich nur in der Anschauung vorausbestimmender Wahl, vergleiche Bernhardin Sen. serm. 51 de virgin. artic. 2, Cap. 4. Tu ante omnem creaturam in mente Dei praedestinata fuisti, ut Deum ipsum hominem ex tua carne procreares. — Albertus M. super Missus etc. 182. Mater hominum, diqnitate, quia ipsa primogenita ante omnem creaturam. — Hugo a. S. Caro in psal. 23 v. 1. et 3. Praeparavit Deus eum orbem, id est. B. virginem quasi exemplar. — Salazarius (Soc. Jes.) in cap. 8, prov. num. 275. Demum mundum producens Deus Mariam sibi contemplandam ideo proposuit, quia ex omnibus purè creatis operibus Dei praestantissimum erat Maria.

Mutter nachts auf ihrem Lager in ihrem Hause bei Nazareth schlafend ruhen [1]. Es kam aber ein Leuchten über sie, und ein Strahl aus diesem kam auf die Mitte ihrer Seite nieder, und es ging der Glanz in Gestalt einer kleinen leuchtenden menschlichen Figur in sie über. — In demselben Augenblick sah ich die heilige Mutter Anna von Glanz umgeben, sich auf ihrem Lager aufrichten. Sie war wie entzückt und sah, als öffne sich ihr Inneres wie ein Tabernakel, in welchem sie ein leuchtendes Jungfräulein erblickte, von der alles Heil der Menschen ausgehen würde.

Ich sah, daß dieses der Moment war, in welchem sich das Kindlein Maria zum ersten Male unter ihrem Herzen bewegte. — Anna aber erhob sich von ihrem Lager, kleidete sich an und verkündete ihre Freude dem heiligen Joachim, und sie dankten beide Gott. Ich sah sie unter dem Baume im Garten beten, wo der Engel die Mutter Anna getröstet hatte.

Ich ward aber unterrichtet, daß die heilige Jungfrau 5 Tage früher als andere Kinder beseelt und 12 Tage eher geboren ward.

Mariä Geburt

Anna hatte schon einige Tage vorher zu Joachim gesagt, daß die Zeit ihrer Niederkunft herannahe. Sie sendete Boten nach Sephoris zu ihrer jüngeren Schwester Maraha, ins Tal Zabulon zu der Witwe Enue, der Schwester Elisabeths und nach Bethsaida zu ihrer Nichte Maria Salome, um diese drei Frauen zu sich zu bescheiden.

Ich sah sie auf der Reise, Enue, die Witwe, war von einem Knechte, die beiden anderen von ihren Männern begleitet, welche aber in der Nähe von Nazareth zurückkehrten.

---

[1] Die Ansicht, daß die Seele nicht unmittelbar nach der Empfängnis, sondern geraume Zeit nachher sich mit dem Leibe vereinige, hat, obwohl sie nicht die gewöhnliche ist, ihre Autoritäten. Siehe bei Greg. Nyss. edit. Morel. Tom. II. p. 25.

Ich sah, daß Joachim am Tage vor Annas Niederkunft seine vielen Knechte zu den Herden hinwegsendete und so auch von den neuen Mägden Annas nur die nötigen in dem Hause zurückbehielt. Auch er selbst ging hinaus nach seinem nächsten Hirtenfeld. — Ich sah, daß Annas erstgeborene Tochter Maria Heli das Hauswesen besorgte. Sie war damals etwa 19 Jahre alt, mit Kleophas, einem Oberhirten Joachims, verheiratet, von welchem sie ein Töchterchen Maria Kleophä hatte, welches jetzt etwa 4 Jahre alt war.

Joachim betete und suchte seine schönsten Lämmer, Böcklein und Rinder aus und sendete sie durch Hirten zum Tempel als ein Dankopfer. Er kehrte erst in der Nacht nach Haus.

Ich sah die drei verwandten Frauen am Abend im Hause Annas ankommen. Sie begaben sich zu ihr in ihren Wohnraum hinter dem Herde und umarmten sie. — Nachdem Anna ihnen die Nähe ihrer Entbindung angezeigt, stimmte sie mit ihnen stehend einen Psalm an: „Lobet Gott den Herrn, er hat sich seines Volkes erbarmt und hat Israel erlöst und hat wahr gemacht die Verheißung, die er Adam im Paradiese gegeben, der Same des Weibes soll der Schlange das Haupt zertreten usw."
— Ich kann nicht mehr alles der Reihe nach vorbringen.

Anna war wie im Gebet entzückt, sie sprach alle Vorbilder Mariä in dem Psalme aus. Sie sagte: „Der Keim, den Gott dem Abraham gegeben, ist bei mir gereift." Sie erwähnte der Verheißung des Isaak an Sara und sagte: „Die Blüte des Stabes Aarons ist in mir vollendet." — Dabei sah ich sie wie von Licht durchdrungen. Ich sah das Gemach voll von Glanz und die Leiter Jakobs über ihn erscheinen. — Die Frauen waren alle in freudigem Staunen wie entzückt, und ich glaube, daß sie die Erscheinung auch sahen.

Erst nach diesem Willkommgebete ward den angekommenen Frauen eine kleine Erquickung von Broten, Früchten und Wasser mit Balsam gereicht. Sie aßen und tranken stehend und legten sich dann bis gegen Mitternacht nieder, von der Reise zu ruhen. — Anna blieb auf, betete und weckte um Mitternacht die Frauen, mit ihr zu beten. Sie folgten ihr hinter einen Vorhang, wo ihr Betort war.

Anna öffnete die Türen eines kleinen Wandschranks, welcher ein Heiligtum in einer Büchse enthielt. Zu beiden Seiten befanden sich Lichter, ich weiß nicht ob Lampen. Man schob sie aus einem Behälter in die Höhe und steckte kleine Späne unter, damit sie nicht niedersanken. Man zündete die Lichter an. Ein gepolsterter Schemel stand zu Füßen dieser Art von Altärchen. — In der Heiligtumsbüchse befanden sich Haare der Sara, die von Anna sehr verehrt war, Gebeine von Joseph, die Moses mit aus Ägypten gebracht hatte, etwas von Tobias, ich glaube eine Kleidungsreliquie und der kleine weiße schimmernde birnenförmige Becher, aus welchem Abraham bei dem Segen des Engels getrunken, und den Joachim aus der Bundeslade mit dem Segen erhalten hatte. — Ich weiß jetzt, daß dieser Segen Wein und Brot, eine sakramentalische Nahrung und Stärkung gewesen ist.

Anna kniete vor dem Schränkchen, zu ihren beiden Seiten eine der Frauen und die dritte hinter ihr. Sie sprach wieder einen Psalm, ich meine, es ward darin des brennenden Dornbusches Mosis erwähnt. — Ich sah nun ein übernatürliches Licht die Kammer erfüllen und sich um Anna herum webend, verdichten. Die Frauen sanken wie betäubt auf ihr Antlitz. Das Licht bildete sich um Anna ganz zu jener Gestalt, welche der brennende Dornbusch Mosis auf Horeb hatte, so daß ich nichts mehr von ihr sah. Die Flamme strahlte ganz nach innen, und ich sah nun plötzlich, daß Anna das leuchtende Kind Maria in ihre Hände empfing, in ihren Mantel einschlug, an ihr Herz drückte, dann nackt auf den Schemel vor das Heiligtum legte und noch fort betete. — Dann hörte ich das Kind weinen und sah, daß Anna Tücher hervorzog, die sie unter ihrem großen Schleier hatte, der sie verhüllte. Sie wickelte das Kind bis unter die Arme grau und rot darüber ein, die Brust, die Arme und der Kopf waren nackt. Nun war die Erscheinung des brennenden Dornbusches um sie verschwunden.

Die Frauen richteten sich auf und empfingen zu ihrer großen Verwunderung das neugeborene Kindlein auf ihre Arme. Sie weinten in großer Freude. Sie stimmten alle noch einen Lobgesang an, und Anna hob ihr Kind wie aufopfernd in die Höhe.

— Ich sah dabei die Kammer wieder voll Glanz und erblickte mehrere Engel, welche Gloria und Alleluja sangen. Ich hörte alle Worte. Sie verkündeten, das Kind solle am 20. Tage Maria genannt werden.

Anna ging nun in ihren Schlafraum und legte sich auf ihr Lager. Die Frauen aber wickelten das Kind auf, badeten es und wickelten es von neuem, worauf sie es zu seiner Mutter legten, neben deren Lager vorn oder gegen die Wand oder zu Füßen, wie man es wollte, ein kleiner geflochtener Gitterkorb befestigt werden konnte, um dem Kinde nach Wunsch seine Stelle nahe bei der Mutter und doch abgesondert zu bereiten.

Nun riefen die Frauen den Vater Joachim. Er kam zu Annas Lager, kniete nieder und weinte in Strömen auf das Kind; dann hob er es auf den Armen empor und sprach einen Lobgesang, gleich Zacharias bei Johannes' Geburt. Er erwähnte in diesem Psalm des heiligen Keimes, den Gott in Abraham gelegt und der in dem durch die Beschneidung versiegelten Bunde bei dem Volke Gottes fortgelegt, jetzt aber seine höchste Blüte in diesem Kinde erreicht habe und nach dem Fleische vollendet sei. Ich hörte in dem Lobgesange auch sagen, nun sei das Wort des Propheten erfüllt: „Ein Reis wird aus der Wurzel Jesse hervorsprossen." — Auch sagte er in großer Demut und Innigkeit, daß er nun gerne sterben wollte.

Nachher erst bemerkte ich, daß Maria Heli, die ältere Tochter Annas, das Kindlein erst später zu sehen bekam. Wenngleich wohl schon einige Jahre Mutter der Maria Kleophä, war sie doch nicht bei Mariä Geburt zugegen, vielleicht weil sich dieses nach jüdischen Gesetzen nicht von der Tochter bei der Mutter geziemte.

Am Morgen sah ich die Knechte und Mägde und viele Leute der Gegend um das Haus versammelt. Sie wurden partienweise eingelassen, allen wurde das Kind von den Frauen gezeigt. Viele waren sehr gerührt, und manche besserten sich. — Die Benachbarten waren hierzu gekommen, weil sie nachts einen Glanz über dem Hause gesehen und weil Annas Niederkunft, als einer lang Unfruchtbaren, für eine große Gnade des Himmels gehalten wurde.

Freude bei Mariä Geburt im Himmel

Im Augenblicke, als das neugeborene Kind Maria auf den Armen der heiligen Mutter Anna ruhte, sah ich es zugleich im Himmel vor dem Angesichte der allerheiligsten Dreifaltigkeit dargestellt und von unbeschreiblicher Freude aller himmlischen Heerscharen begrüßt. — Da erkannte ich, daß ihr alle ihre Seligkeiten, Schmerzen und Geschicke auf eine übernatürliche Weise bekannt gemacht wurden. Maria ward von unendlichen Geheimnissen unterrichtet, und doch war und blieb sie ein Kind. Dieses ihr Wissen können wir nicht verstehen, weil unser Wissen auf dem Baume der Erkenntnis gewachsen ist. Sie wußte alles dieses, wie ein Kind die Brust seiner Mutter weiß, und daß es an ihr trinken soll. Als mir die Anschauung verschwand, wie das Kind Maria so durch die Gnade zum Himmel unterrichtet ward, hörte ich es zum ersten Male weinen.

Ich sehe oft Bilder dieser Art, aber sie sind für mich unaussprechlich und für die meisten Menschen wohl nicht ganz verständlich, weswegen ich sie nicht mitteile.

Verkündigung der Geburt Mariä in der Vorhölle

Ich sah im Augenblicke der Geburt Mariä diese den Altvätern in der Vorhölle verkünden und sah diese alle, besonders Adam und Eva von unaussprechlicher Freude durchdrungen, daß nun die im Paradiese gegebene Verheißung erfüllt sei. Ich erkannte auch, daß die Altväter im Stande ihrer Gnade vorrückten, daß ihr Aufenthalt sich aufhellte und erweiterte und sie eine größere Wirkung auf die Erde erhielten. Es war, als sei alle Arbeit und Buße und alles Ringen, Schreien und Sehnen ihres Lebens zu einer befriedigenden Frucht gereift.

Bewegung in Natur und Menschen bei Mariä Geburt
Blick auf Simeon und Hanna

Ich sah in der Zeit der Geburt Mariä eine große freudige Bewegung in der Natur, in allen Tieren und auch in den Herzen aller guten Menschen und hörte süßen Gesang. In den Sündern aber war große Angst und Zerknirschung.

Ich sah besonders in der Gegend von Nazareth und auch im übrigen gelobten Lande viele Besessene zu dieser Stunde in heftige Raserei ausbrechen. Sie wurden unter heftigem Geschrei hin und hergeschleudert, und die Teufel brüllten aus ihnen: „Wir müssen weichen, wir müssen ausfahren!"

Zu Jerusalem sah ich, wie der alte Priester Simeon, der am Tempel wohnte, zur Stunde von Mariä Geburt durch heftiges Geschrei aufgeweckt ward, welches von Wahnsinnigen und Besessenen herrührte, deren viele in einer der Straßen am Tempelberge in einem Gebäude eingesperrt waren, und über welche dem in der Nähe wohnenden Simeon ein Teil der Aufsicht oblag. — Ich sah ihn aber um Mitternacht auf dem Platze vor das Haus der Besessenen treten und einen, der zunächst wohnte, um die Ursache des heftigen Geschreis fragen, womit er alles aus dem Schlafe wecke. Dieser schrie nun noch heftiger, daß er heraus müsse. — Simeon öffnete ihm die Türe, der Besessene stürzte heraus, und der Satan schrie aus ihm: „Ich muß ausfahren, wir müssen ausfahren! Es ist eine Jungfrau geboren! Es sind so viele Engel auf Erden, die uns quälen, wir, die jetzt ausfahren müssen, dürfen nie wieder einen Menschen besitzen." Ich sah aber Simeon inbrünstig beten; der elende Mensch ward schrecklich auf dem Platze hin- und hergeworfen, und ich sah den Teufel von ihm ausfahren. — Es freute mich sehr, den alten Simeon zu sehen.

Auch die Prophetin Hanna und Noemi, eine Schwester der Mutter des Lazarus am Tempel, die später die Lehrerin Mariä ward, sah ich erwacht und durch Gesichte von der Geburt eines auserwählten Kindes unterrichtet. Beide kamen zusammen und teilten sich ihre Erfahrungen mit. Ich meine, sie kannten die heilige Mutter Anna.

Verkündigung der Geburt Mariä bei den Chaldäern

Ich sah in der Geburtsnacht Mariä in einer Stadt der Chaldäer fünf Sibyllen oder weissagende Jungfrauen, Gesichte haben, und wie sie zu den Priestern eilten und diese hierauf an vielen Orten umher verkündeten, sie hätten gesehen, eine Jungfrau sei geboren, und viele Götter seien zur Erde herabgestiegen, sie zu begrüßen, andere Geister flöhen vor ihr und trauerten.

---

[1] Sie sah am 7. Dezember des dritten Lehrjahres den Herrn in einem Tempel der Chaldäer und erzählte von diesem: „Sie hatten eine gestufte Pyramide mit Galerien auf einer Höhe in der Nähe, worauf sie die Sterne eifrig beobachteten. Sie weissagten aus dem Laufe der Tiere und deuteten Träume. Sie opferten Tiere, hatten aber Abscheu vor dem Blute, das sie immer in die Erde laufen ließen. Sie hatten ein heiliges Feuer und Wasser, einen heiligen Saft von einer Pflanze und kleine geweihte Brote in ihren Religionsgebräuchen. Ihr eirund gebauter Tempel war voll sehr zierlich gearbeiteter Metallbilder. Sie hatten viele Ahnung von einer Mutter Gottes. Der Hauptgegenstand im Tempel war eine dreieckige Spitzsäule. An der einen Seite war ein Bild mit vielen Tierfüßen und Armen, in den Händen hatte es unter anderem eine Kugel, einen Reif, ein Büschchen Kräuter, einen großen gerippten Apfel, am Stiele gefaßt, sein Angesicht war wie eine Sonne mit Strahlen, es hatte viele Brüste und bezog sich auf natürliche Erzeugung und Erhaltung, sein Name klang wie Miter oder Mitras. Auf der anderen Seite der Säule stand ein Tierbild mit einem Horn, es war ein Einhorn, und sein Name klang etwas wie Asphas oder Aspax. Es kämpfte mit seinem Horn gegen ein anderes böses Tier, das auf der dritten Seite stand. Dieses hatte einen Kopf wie eine Eule mit krummem Schnabel, vier Beine mit Krallen, zwei Flügel und einen Schweif, der wie ein Skorpionschweif endete. Ich habe seinen Namen vergessen, wie ich denn überhaupt solche fremde Namen sehr schwer behalte, leicht verwechsle und nur sagen kann, daß sie etwa so klangen. Über den beiden kämpfenden Tieren stand an der Ecke der Säule ein Bild, welches die

Ich sah auch die sternbeobachtenden Männer, welche seit Mariä Empfängnis das Bild einer Jungfrau, die Wein und Weizen auf gleicher Waage trug, in einem Sterne sahen, in der Geburtsstunde Mariä dieses Jungfrauenbild nicht mehr in dem Sterne erblickten, es war, als sei es herausgetreten. Es erschien eine Lücke in dem Stern und als gehe er nach einer gewissen Gegend hin unter. — Sie ließen nun das große Götzenbild machen und in ihrem Tempel aufstellen, das ich bei meinen Betrachtungen vom Lehrwandel Jesu dort gesehen, und in welchem ein Bezug auf die heilige Jungfrau war [1]. — Später stellten sie auch ein anderes Sinnbild der heiligen Jungfrau, den beschlossenen Garten, in ihrem Tempel auf. — Ich sah in diesem Tempel lebendige Tiere, ich weiß nicht, ob Hunde liegen und pflegen, man fütterte sie mit anderen Tieren. In dem Tempel der heiligen drei Könige hatte ich bisher immer nachts eine wunderbare Beleuchtung gesehen. In die Höhe

---

Mutter aller Götter darstellen sollte. Der Name klang wie Frau Aloa oder Aloas. Sie nannten sie auch eine Kornscheune. Es wuchs dem Bilde ein Busch dicker Weizenähren aus dem Leibe; sein Kopf war zwischen den Schultern gedrängt, vorwärts gebeugt, denn es trug ein Gefäß auf dem Nacken, worin Wein war, oder in welches erst Wein hinein sollte. Sie hatten eine Lehre wie: „Das Korn solle ein Brot, die Taube ein Wein werden, alle zu erquicken." Über dem Bilde war eine Art Krone und an der Säule zwei Buchstaben, die mir wie O und W vorkamen (vielleicht Alpha und Omega). Vor allem aber verwunderte mich in dem Tempel auf einem Altartische von Erz ein rundes, mit Gold übergittertes Gärtchen, worüber ein Jungfrauenbild. In der Mitte des Gärtchens stand ein Brunnen von mehreren versiegelten Brunnenbecken übereinander und vor diesem eine grüne Weinrebe mit einer schönen roten Traube, welche in eine dunkelfarbige Kelter hineinhing, deren Gestalt mich lebhaft an das heilige Kreuz erinnerte, aber es war eine Kelter. In einem hohlen Stamme war oben ein weiter Trichter eingesetzt, an dessen engerem Ende ein Sack hing; gegen diesen Sack drückten zwei bewegliche Arme als Hebel, die von beiden Seiten in den hohlen Stamm reichten, und preßten die darin befindlichen Trauben aus, so daß der Saft aus dem Stamme durch tiefer angebrachte Öffnungen hervorlief. Das runde Gärtchen, von 5—6 Schuh im Durchmesser, war voll feiner grüner Sträucher, Blumen, Bäumchen und Früchte, die alle wie die Rebe sehr natürlich gebildet und von tiefer Bedeutung waren (S. Hl 4,12).

schauend, sah man wie in einen Sternenhimmel von mannigfaltig zusammengestellten Gestirnen, und sie machten nach den Anschauungen, die sie in den Gestirnen erkannten, Veränderungen an diesem künstlichen Sternhimmel ihrer Tempel. Dieses war nun jetzt auch der Fall nach der Geburt Mariä, und zwar in der Weise, daß nun die bisherige Beleuchtung von außen nach innen zu stehen kam.

Ereignis in Ägypten bei Mariä Geburt

Als die heilige Jungfrau geboren ward, sah ich jenes Bild einer fliegenden Frau, die sich mit einer Waage in der Hand über ein Kind in einem Schifflein, das auf einem Bäumchen ruhte, niederbeugte aus dem Tempel auf einer Flußinsel, worin ich es lange vor Elias Zeit auf die gezwungene Aussage eines Götzen errichten gesehen, in das Meer geschleudert werden. — Das Bäumchen, worauf das Kind in dem Schiffchen ruhte, blieb stehen. Es ward später eine Kirche dort errichtet.

Jenes fliegende Frauenbild mit drei Brüsten, das ich in Ägypten an der Decke eines Tempels habe befestigen sehen, als ein Bote des Elias, dessen Weissagung von einer zu erwartenden Jungfrau verkündet hatte, sah ich im Augenblick der Geburt Mariä teilweise von der Tempeldecke niederfallen. Das Angesicht, die drei Brüste, der ganze Unterleib fielen nieder und zertrümmerten. Die Scheffelkrone des Hauptes, die Arme mit den Weizenähren, der Oberleib, die Flügel fielen nicht nieder.

Besuch bei dem neugeborenen Kinde Maria

Ich sah am 9. September, den zweiten Tag nach Mariä Geburt, noch mehrere Verwandte aus der Gegend in dem Hause. Ich hörte viele Namen und habe sie wieder vergessen. Auch mehrere Knechte Joachims von entfernteren Weidefeldern sah ich angekommen. Allen wurde das neugeborene Kind gezeigt, alle waren in großer Freude. Es war eine freudige Mahlzeit im Hause.

Ich sah am 10. und 11. September abermals viele Leute das Kind Maria besuchen. Unter anderen waren Verwandte Joachims aus dem Tale Zabulon zugegen. Das Kind ward bei solcher Gelegenheit in seinem Wiegenschiffchen in den vorderen Raum des Hauses getragen und dort auf einem erhöhten Gestelle, das einem Sägebock glich, dem Anblick der Leute ausgestellt. — Es war rot und durchsichtig weiß darüber bis unter die nackten Ärmchen eingeschlagen und hatte ein durchsichtiges Schleierchen um den Hals. Das Wiegenschiffchen war rot und weiß überdeckt.

Ich sah auch Maria Kleophä, das zwei- oder dreijährige Töchterchen der älteren Tochter Annas und des Kleophas, mit dem Kinde Maria spielen und liebkosen. Maria Kleophä war ein dickes, starkes Mädchen und hatte ein weißes Kleidchen ohne Ärmel an, an dessen rotem Saum rote Knöpfe wie Äpfelchen hingen. Um die nackten Ärmchen trug es weiße Kränzchen wie von Federn, Seide oder Wolle.

Das Kind empfängt den Namen Maria
(22.—23. September)

Ich sah heute ein großes Fest im Hause der heiligen Mutter Anna. Alles war beiseite geräumt. Vorn im Hause waren alle die aus Flechtwänden zusammengestellten Schlafräume weggeschafft und so ein großer Saal bereitet. — Rings um denselben sah ich an der Erde eine niedrige lange Tafel mit Tischgeräten zur Mahlzeit bedeckt. Ich sah mancherlei Speisegerätschaften, die ich sonst nicht beachtet hatte. Es standen ganz leichte, oben durchlöcherte Gefäße auf dem Tische, vielleicht, um Blumen hineinzustellen. Es schienen Körbe zu sein. Auf einem Nebentische sah ich viele weiße, von Bein scheinende Stäbchen, auch Löffel von der Gestalt einer tiefen Muschel, woran ein Henkel, der sich mit einem Ring endete, auch gekrümmte Röhrchen, vielleicht, um etwas Dünnes zu saugen.

In der Mitte des Saales war eine Art Altartisch rot und weiß gedeckt aufgerichtet, auf welchem ein muldenförmiges, weiß und rot geflochtenes, mit himmelblauer Decke belegtes Wiegenkörbchen stand. Bei dem Altare stand ein bedecktes Lesepult, worauf pergamentene Gebetsrollen lagen. — Vor dem Altare befanden sich fünf Priester aus Nazareth, alle, und einer ausgezeichneter in ihren Amtskleidern; Joachim stand bei ihnen. — Im Hintergrunde um den Altar standen mehrere Frauen und Männer von Annas und Joachims Verwandtschaft, alle festlich gekleidet. Ich erinnere mich der Schwester Annas, Maraha von Sephoris und der älteren Tochter Annas usw. — Die Mutter Anna selbst hatte zwar ihr Lager verlassen, aber sie befand sich in ihrer hinter der Feuerstelle gelegenen Kammer und erschien nicht bei der Zeremonie.

Enue, die Schwester Elisabeths, brachte das Kindlein Maria in Rot und durchsichtiges Weiß bis unter die Arme gewickelt heraus und legte es auf die Arme Joachims. Die Priester traten vor den Altar um die Gebetsrollen und beteten laut. Dem Vornehmsten von ihnen hielten zwei andere die Schleppe. — Hierauf legte Joachim das Kind dem Oberpriester auf die Hände, der es aufopfernd unter Gebet in die Höhe hob und dann in das Wiegenkörbchen auf den Altar legte. Er nahm hierauf eine Kneipschere, an deren Ende ein Kästchen war, in welches das Abgeschnittene wie bei einer Lichtschere hineingedrängt ward [1]. Mit diesem Instrument schnitt er dem Kinde drei Löckchen Haare an beiden Seiten und in der Mitte des Kopfes ab und verbrannte sie auf einem Kohlenbecken. — Dann nahm er eine Büchse mit Öl und salbte dem Kinde die fünf Sinne, er bestrich dem Kinde mittels des Daumens die Ohren, Augen, Nase, den Mund und die Herzgrube mit Salbe. Auch schrieb er den Namen Maria auf ein Pergament und legte ihn dem Kinde auf die Brust. — Dann empfing Joachim das Kind zurück, der es der Enue übergab, welche es wieder zu Anna brachte. — Es wurden noch Psalmen gesungen, worauf die Mahlzeit begann, die ich nicht mehr mit angesehen habe.

---

[1] Die Schere hatte kein Gewerb wie unsere gewöhnlichen Scheren, sondern sie federte nur wie unsere Feuerzangen und Schafscheren.

Veranlassung des Festes Mariä Geburt

Am Abend des 7. Septembers, dem Vorabend des Festes, war A. K. Emmerich ungewöhnlich, wie sie sagte, übernatürlich heiter, wenn sie sich gleich krank fühlte[1]. Sie war schier mutwillig und von ungemeiner Innigkeit. Sie sprach von außerordentlicher Freude in der ganzen Natur wegen der herannahenden Geburt Mariä und äußerte, es sei ihr zumute, als stehe ihr morgen eine große Freude bevor, wenn sich diese nur nicht in Leid verkehre usw. Sie erzählte:

„Es ist ein solcher Jubel in der Natur, ich höre Vögel singen, ich sehe Lämmer und Böcklein springen, und die Tauben in der Gegend, wo Annas Haus gestanden, schwärmen in großen Scharen wie freudetrunken umher. — Von dem Hause und seiner Umgebung ist nichts mehr da; es ist jetzt dort eine Wildnis. — Ich sah einige Pilger, geschürzt mit langen Stäben, mit Tüchern gleich Mützen um das Haupt geschlungen durch die Gegend ziehen, gegen den Berg Karmel hin. Es wohnen hier einige Einsiedler vom Karmel aus; die Pilger fragten diese verwundert, was nur diese Freude jetzt hier in der Natur bedeute? Und sie erhielten die Antwort, so sei es immer hier am Vorabend von Mariä Geburt. — Hier in der Gegend habe wahrscheinlich Annas Haus gestanden. — Ein Pilger, der früher hier durchgereist, habe ihnen erzählt, wie dieses zuerst vor langer Zeit von einem frommen Manne beobachtet und die Feier des Festes dadurch veranlaßt worden sei.

Ich sah nun diese Veranlassung des Festes selbst. Zweihundertundfünfzig Jahre nach dem Tode der heiligen Jungfrau

---

[1] Sie hatte durch eine Erscheinung der heiligen Jungfrau die Verheißung erhalten, daß sie am folgenden Tage, den 8. September, welches auch der Geburtstag der Anna Katharina Emmerich war, die Gnade empfangen solle, sich während einiger Wochen auf ihrem Lager aufrichten, das Bett verlassen und einigemal in der Stube wandeln zu können, was sie während einem Zeitraum von etwa zehn Jahren nicht vermocht hatte. Die Erfüllung dieser Verheißung erfolgte mit allen ihr dabei angemeldeten geistigen und leiblichen Leiden, wie es an seinem Orte mitgeteilt werden wird.

sah ich einen sehr frommen Mann durch das heilige Land ziehen, alle Orte und Spuren, welche sich auf den Wandel Jesu auf Erden bezogen, aufzusuchen und zu verehren. Ich sah, daß dieser heilige Mann einer höheren Führung genoß und öfters an einzelnen Orten mehrere Tage lang durch große innere Süßigkeit und mancherlei Offenbarungen in Gebet und Betrachtung aufgehalten ward. — So hatte er auch schon während mehrerer Jahre in der Nacht vom 7. auf den 8. September eine große Freude in der Natur gefühlt und einen lieblichen Gesang in den Lüften vernommen und ward endlich auf sein dringendes Gebet durch einen Engel im Traume unterrichtet, es sei dies die Geburtsnacht der heiligen Jungfrau Maria. — Er hatte diese Eröffnung auf seiner Reise nach dem Berge Sinai oder Horeb. Es wurde ihm zugleich verkündet, daß dort in einer Höhle des Propheten Elias eine vermauerte Kapelle zur Ehre der Mutter des Messias sei, und daß er beides den dort lebenden Einsiedlern berichten solle. — Ich sah ihn hierauf am Berge Sinai angekommen. Die Stelle, wo nun das Kloster steht, war damals schon von zerstreuten Einsiedlern bewohnt und von der Talseite ebenso steil wie jetzt, wo man mit einem Zugwerk hinaufgewunden wird. — Ich sah nun, daß auf seine Verkündung das Geburtsfest der heiligen Jungfrau hier um das Jahr 250 am 8. September von den Einsiedlern zuerst gefeiert ward und später von hier aus in die allgemeine Kirche überging.

Ich sah auch, wie die Einsiedler mit ihm die Höhle des Elias und die Kapelle zu Ehren der heiligen Jungfrau aufsuchten. Diese Orte waren jedoch schwer unter den vielen Höhlen der Essener und anderer Einsiedler herauszufinden. Ich sah viele verwilderte Gärten hie und da mit herrlichen Fruchtbäumen um diese Höhlen. — Der fromme Mann erkannte aber auf sein Gebet, daß sie einen Juden bewegen sollten, mit in diese Höhlen zu gehen, und jene, in welche er nicht einzugehen vermöge, sollten sie als die Höhle des Elias anerkennen. — Ich sah hierauf, wie sie einen alten Juden in diese Höhle sendeten, und wie dieser sich aus einer Höhle mit engem Eingange immer wieder hinausgestoßen fühlte, so sehr er sich auch einzudrängen suchte. Hieraus erkannten sie diese als die Höhle des Elias. — Sie fanden in derselben eine zweite vermauerte Höhle, deren Eingang sie wieder eröffneten; und dies war der Ort, wo Elias zu Ehren der künftigen Heilandsmutter gebetet hatte. — Die großen, schönen, geblümten Steine, mit welchen sie vermauert gewesen, wurden später zum Kirchenbau verwendet. Sie fanden in der Höhle auch viele heilige Gebeine von Propheten und Altvätern, auch manche geflochtene Wände und Gerätschaften zum früheren Gottesdienst; was nun alles der Kirche erhalten wurde.

Ich habe bei dieser Gelegenheit noch vieles vom Berge Horeb gesehen und wieder vergessen. Ich erinnere mich noch, daß der Ort, wo Moses den brennenden Dornbusch gesehen, nach dortiger Sprachweise auf deutsch der Schatten Gottes genannt wurde, und daß man ihn nur barfüßig betreten durfte. Ich sah auch dort einen Berg ganz von rotem Sand, auf welchem dennoch sehr schöne Früchte wuchsen usw.

Gebetsweise an Mariä Geburtsfest

Ich sah vieles von der heiligen Brigitta, und es wurden mir viele Erkenntnisse mitgeteilt, welche dieser Heiligen von Maria über ihre Empfängnis und Geburt eröffnet worden sind. Ich entsinne mich noch, daß die heilige Jungfrau sagte: „Wenn schwangere Frauen den Vorabend ihres Geburtsfestes mit Fasten und dem frommen Gebete von neun Ave Maria zu Ehren ihres neunmonatlichen Verweilens im Mutterleib feierten und diese Andacht öfters in ihrer Schwangerschaft und am Vorabend ihrer Niederkunft erneuerten und dabei die heiligen Sakramente andächtig empfingen, so wolle sie ihr Gebet vor Gott bringen und ihnen selbst unter schwierigen Umständen eine glückliche Niederkunft erflehen."

Mir selbst sagte heute eine Erscheinung der heiligen Jungfrau, die mir nahte, unter anderem: Wer heute nachmittag neun Ave Maria in Andacht und Liebe zu Ehren ihres neunmonatlichen Verweilens im Mutterleib und ihrer Geburt bete und diese Andacht neun Tage lang fortsetze, der gebe den Engeln täglich neun Blumen zu einem Strauß, den sie im Himmel empfange und der heiligen Dreifaltigkeit überreiche, den Betenden eine Gnade dadurch zu erflehen. — Später fühlte ich mich wie auf eine Höhe zwischen Himmel und Erde entrückt. Die Erde lag unten trüb und dunkel, im Himmel sah ich zwischen den Chören der Engel und den Ordnungen der Heiligen die heilige Jungfrau vor dem Throne Gottes. Ich sah ihr zwei Ehrenpforten, Ehrenthrone, welche endlich zu kirchlichen Palästen, ja zu ganzen Städten erwuchsen, aus den Andachten und Gebeten der Erde erbauen. Wunderbar war es, daß ich diese Gebäude ganz aus Kräutern, Blumen und Kränzen zusammengestellt sah, in deren verschiedenen Gattungen sich Art und Wert der Gebete einzelner Menschen und ganzer Gemeinden ausdrückten. Alles sah ich von Engeln oder Heiligen aus den Händen der Betenden abgeholt und hinaufgetragen usw.

Reinigungsopfer der heiligen Mutter Anna

Mehrere Wochen nach Mariä Geburt sah ich Joachim und Anna mit dem Kinde zu dem Tempel reisen, um zu opfern. Sie stellten hier ihr Kind aus Frömmigkeit und Dank gegen Gott, der die lange Unfruchtbarkeit von ihnen genommen, im Tempel dar, wie die heilige Jungfrau später das Kind Jesus nach dem Gesetz im Tempel darstellte und auslöste [1]. Am folgenden Tage nach ihrer Ankunft opferten sie und gelobten sie schon damals, ihr Kind nach einigen Jahren ganz dem Tempel zu weihen. Nun reisten sie nach Nazareth mit dem Kinde zurück.

---

[1] Nach dem Gesetze Gottes (Lev 12) war eine jüdische Frau nach der Geburt eines Mägdleins 80 Tage lang unrein, so daß sie nichts Heiliges berühren noch in dem Tempel erscheinen und während dieser Zeit ihr Haus nicht verlassen durfte, bis sie ein Opfer zu ihrer Reinigung am Tempel gebracht hatte. Bei einer bemittelten Frau bestand dieses Opfer aus einem jährigen Lamm zum Brandopfer und einer jungen Taube oder Turteltaube zum Sündopfer. Eine unbemittelte Mutter brauchte nur zwei junge Tauben oder zwei Turteltauben, die eine zum Brandopfer, die andere zum Sündopfer zu bringen.

Mariä Opferung[1]
Vorbereitung im Hause Annas

Am 28. Oktober 1821 erzählte die gottselige A. K. Emmerich wachend in sehendem Zustande:

„Das Kind Maria wird wohl bald zum Tempel nach Jerusalem gebracht werden. — Ich sah schon vor einigen Tagen einmal, wie Anna in einer Kammer ihres Hauses bei Nazareth das dreijährige Kind Maria vor sich stehen hatte und es im Gebet unterrichtend vorbereitete, weil die Priester bald kommen sollten, um das Kind zu der Aufnahme in den Tempel zu prüfen. — Heute aber ist das Vorbereitungsfest im Hause Annas. Es sind Gäste da, Verwandte, Männer, Frauen, auch Kinder. Es sind auch drei Priester zugegen, einer von Sephoris, ein Brudersohn von Annas Vater, einer von Nazareth und der dritte aus einem Orte, der ungefähr vier Stunden von Nazareth auf einem Berge liegt. Der Name des Ortes beginnt mit der Silbe Ma ... — Diese Priester sind gekommen, teils um das Kind Maria zu prüfen, ob es fähig sei, sich zum Tempel zu verloben, und teils, um an dessen Kleidern einzelnes anzugeben, was nach einem bestimmten kirchlichen Zuschnitt sein muß. — Es waren drei Anzüge, jeder aus einem Leibrock, Bruststücke und Mantel von verschiedenen Farben bestehend. Dazu gehörten auch zwei offene Kränze von Seide und Wolle und eine oben mit Bogen geschlossene Krone. — Der eine Priester schnitt selbst einige Teile dieser Kleidung zu und ordnete alles an, wie es sein mußte.

---

[1] Die Opferung Mariä im Tempel und ihr Aufenthalt daselbst sind mehrfach durch kirchliche Autorität verbürgt. Am 21. November wird in der Messe und im Breviergebet das Gedächtnis der Darbringung Mariä allgemein begangen. Schon aus der apostolischen Zeit haben wir an dem Bischof Evodius einen Bürgen dieser Tradition bei Nicephor. H. Eccl. L. II. c. 3. — Gregor von Nyssa, Epiphanius, Georg von Nikomedien, Gregor von Thessalonika, Johannes Damascenus und andere heilige Väter bezeugen dasselbe. Die griechische Kirche feiert dieses Fest seit wenigstens elf Jahrhunderten. — Sogar im Alkoran, Sura Imram v. 31 ff. wird der Aufenthalt Mariä im Tempel ausführlich geschildert.

Einige Tage später, am 2. November, fuhr die Erzählerin fort:

Heute sah ich ein großes Fest im Hause der Eltern Maria. Ich weiß jedoch nicht, ob es bestimmt an diesem Tage geschehen ist, oder ob mir das Bild nur nochmals wiederholt ward, denn ich sah in den drei letzten Tagen schon dergleichen, es entfiel mir aber wieder unter mancherlei Leiden und Störungen. — Die drei Priester waren noch anwesend und außerdem mehrere Verwandte und deren Töchterchen, zum Beispiel Maria Heli und deren siebenjähriges Töchterchen Maria Kleophä, welches viel derber und stärker ist als das Kind Maria. — Maria ist sehr zart und hat rötlich-blonde, schlichte, am Ende gelockte Haare. Sie kann schon lesen, und alles staunt über die Weisheit in ihren Antworten. Maraha, Annas Schwester aus Sephoris, ist auch mit einem Töchterchen da und außerdem andere Verwandte mit kleinen Mädchen.

Die teils von den Priestern zugeschnittenen Kleider Mariä waren von Frauen fertig genäht. Sie wurden dem Kinde bei diesem Feste zu verschiedenen Zeiten angelegt und dabei mancherlei Fragen an dasselbe gerichtet. Die ganze Handlung war feierlich und ernst, und wenn sie gleich von den alten Priestern mit kindlichem Lächeln vollzogen wurde, so wurde dieses doch immer durch die Bewunderung der weisen Antworten Mariä und von den Freudentränen ihrer Eltern unterbrochen.

Die Handlung geschah in einem viereckigen Gemache neben dem Speiseraum. Das Licht fiel durch eine offene Luke der Decke herein, welche mit einem Flor überzogen war. Eine rote

---

[1] Es war eines Mannes, ich glaube des Moses Bild. Er hatte einen weiten Betmantel um, wie er ihn trug, wenn er auf den Berg ging, von Gott etwas zu begehren. In dem Bilde hatte er die Gesetztafeln nicht in der Hand, sondern an der Seite oder dem Arm hängen. Moses war sehr groß und breitschulterig. Er hatte rote Haare. Sein Kopf war sehr hoch und spitz wie ein Zuckerhut, seine Nase groß und gebogen. Auf seiner breiten Stirne hatte er oben zwei Hervorragungen gleich Hörnern, sie waren gegeneinander gekehrt. Sie waren nicht fest wie Hörner von Tieren, sie waren weich in der Haut, wie gerippt oder gestreift, wie zwei bräun-

Decke war über den Boden gebreitet, und auf dieser stand ein
rot und weiß darüber bedeckter Altartisch, über welchem ein
gesticktes oder genähtes Bild[1] gleich einem Vorhang eine Art
Schränkchen verbarg, in dem Schrift- und Gebetsrollen lagen.
Vor diesem Altare, auf welchem, außer den drei Festanzügen
Mariä, noch mancherlei andere Stoffe, welche die Verwandten
zur Ausstattung des Kindes geopfert hatten, lagen, stand auf
Stufen erhöht eine Art von Thröndien. — Joachim und Anna
und die anderen Verwandten waren hier versammelt. Die
Frauen standen zurück und die kleinen Mägdlein zur Seite
Mariä. — Die Priester traten mit entblößten Füßen herein. Es
waren fünf Priester anwesend, aber nur drei waren in ihrer
Amtskleidung mit der Zeremonie beschäftigt. Einer der Priester
nahm die Kleidungsstücke von dem Altare, erklärte ihre Bedeutung und überreichte sie der Schwester Annas von Sephoris,
welche das Kind damit bekleidete. — Sie legte ihr zuerst ein ge-
stricktes gelbliches Kleidchen an und darüber ein buntes auf der
Brust mit Schnüren verziertes Skapulier oder Bruststück. Es
wurde über den Hals geworfen und um den Leib zusammengezogen. Hierüber kam ein bräunlicher Mantel mit Armlöchern,
welche mit niederhängenden Lappen oben bedeckt waren. Der
Mantel war oben ausgeschnitten, unter der Brust aber bis herab
geschlossen. Maria trug braune Sandalen mit grünen dicken
Sohlen. Ihre rötlich-gelben, am Ende gelockten Haare waren
glatt gekämmt. Es ward ihr ein Kranz von weißer Wolle oder
Seide, der durch gestreifte fingerbreite, einwärts gebogene
Federn unterbrochen war, aufgesetzt. Ich kenne dort im Lande
den Vogel, von dem diese Federn sind. Es wurde hierauf dem

---

liche, runzlige Hügel ragten sie oben an der Stirne nur wenig hervor. Er
hatte sie schon als Kind als kleine Warzen. Es gab ihm dieses ein sehr
wunderbares Ansehen. Ich konnte es nie recht leiden, weil es mich un-
willkürlich an Satansbilder erinnerte. Ich habe mehrmals solche Er-
höhungen an den Stirnen alter Propheten und mancher alten Einsiedler
gesehen. Bei einzelnen auch nur eine Erhöhung mitten auf der Stirn. —
Bei Erzählung der Flucht von Ägypten erwähnte sie eines ähnlichen Bild-
vorhanges, meinte aber, es stelle Melchisedek vor.

Kinde ein großes aschgraues, viereckiges Tuch gleich einer Hülle über den Kopf gehängt, welches unter den Armen zusammengezogen werden konnte, so daß diese wie in zwei Schlingen darin ruhten. Es schien ein Buß-, Bet- oder Reisemantel.

Als Maria so gekleidet stand, richteten die Priester allerlei Fragen an sie, die sich auf die Lebensweise der Tempeljungfrauen bezogen. Sie sagten unter anderem: „Deine Eltern haben, als sie dich zum Tempel verlobten, das Gelübde getan, du sollst keinen Wein, keinen Essig, keine Weinbeeren, keine Feigen genießen; was willst du noch selber zu diesem Gelübde hinzufügen? Darauf magst du dich während der Mahlzeit besinnen." — Die Juden aber und besonders die jüdischen Mägdlein tranken sehr gerne Essig[1], und auch Maria liebte ihn. — Nach mehreren ähnlichen Fragen ward Maria das erste Kleid ausgezogen und ihr das zweite angelegt. Zuerst ein himmelblauer Leibrock, ein reicheres Bruststück, ein weißlich-blauer Mantel, ein weißer wie Seide schimmernder Schleier mit Falten im Nacken wie ein Nonnenweihel, der durch ein Kränzchen von bunten, seidenen Blumenknospen mit grünen Blättchen auf ihrem Kopfe befestigt war. Hierauf setzten ihr die Priester einen weißen Gesichtsschleier auf, der wie eine Kappe oben zusammengezogen war. Er war von drei Spangen durchzogen, die man auf den Kopf zurückschlagen und so den Schleier ein Drittel, zur Hälfte oder ganz von dem Gesichte entfernen konnte. — Sie ward in dem Gebrauch dieses Schleiers unterrichtet, wie er bei dem Essen zu lüften und wie er niederzulassen sei, wenn sie gefragt werde und antwortete usw. Auch über allerlei andere Sittengesetze bei der Mahlzeit, zu welcher sich jetzt die ganze Versammlung in den angrenzenden Raum begab, ward sie unterrichtet. — Mariä Stelle bei der Mahlzeit war zwischen zwei Priestern, ein dritter saß ihr gegenüber. Die Frauen und Mägdlein befanden sich an einem Ende des Tisches von den Männern abgesondert. Während der Mahlzeit ward

---

[1] Num 6, 3 steht, die Gottverlobten mußten sich des Essigs enthalten.

das Kind noch mehrfach durch Fragen und Antworten im Gebrauche des Schleiers geprüft. — Sie sprachen auch zu ihr: „Nun darfst du noch von allen Speisen genießen" und reichten ihr Verschiedenes dar, um sie im Abbruch zu versuchen. Maria aber nahm nur weniges von wenigen Speisen und setzte sie durch die kindliche Weisheit ihrer Antworten in großes Erstaunen. Ich sah während der Mahlzeit und der ganzen Prüfung Engel an ihrer Seite, welche sie in allem unterstützten und anleiteten.

Nach der Mahlzeit begaben sich abermals alle in den Raum vor den Altar, wo man das Kind nochmals entkleidete und ihm hierauf den festlichen Anzug anlegte. Es war dieser ein violblauer, gelbgeblümter Leibrock, darüber ein buntgesticktes Brustkleid oder Mieder, welches spitz endete und an beiden Seiten mit dem Rückteile zusammengeheftet, den Leibrock kraus faßte. Hierüber kam ein violblauer Mantel, weiter und festlicher als die früheren, er endete hinten rund und war überhaupt etwas geschweift. Der Mantel hatte vorn herab an jeder Seite drei in Silber gestickte Steifen und zwischen denselben wie ausgestreute goldene Rosenknospen, über der Brust war er durch ein Querband verbunden, welches durch einen an dem Bruststücke hervorstehenden Knopf lief, damit es nicht aufdrückte. Bis unter dem Brustkleide war der Mantel offen und bildete zwei Räume an den Seiten, worin die Arme ruhten. Unter dem Oberleib war der Mantel durch Knöpfe oder Haken verbunden und zeigte durch die verbundenen Ränder von da hinab fünf Streifen der Stickerei. Auch der Saum war gestickt. Die Rückseite des Mantels fiel in reichlichen Falten nieder, welche man an beiden Seiten neben den Armen sah. — Hierauf ward ihr ein großer, schillernder Schleier übergelegt, der von der einen Seite weiß, von der anderen violblau ins Auge fiel. — Die Krone, welche ihr diesmal aufgesetzt ward, bestand aus einem dünnen breiten Reif, dessen oberer Rand, weiter als der untere, gezackt und mit Knöpfen versehen war. Diese Krone war oben durch fünf sich in einem Knopf vereinigende Spangen geschlossen.

Diese Spangen waren mit Seide übersponnen, der Reif der Krone aber, der inwendig golden glänzte, war mit Seidenröschen und fünf Perlen oder Edelsteinen verziert. — In dieser festlichen Kleidung, deren Bedeutung ihr auch der Priester einzeln erklärt hatte, ward Maria auf die gestufte Erhöhung gebracht und vor den Altar gestellt. Die Mägdlein standen an ihrer Seite. — Sie erklärte nun, zu welchen Entsagungen sie sich am Tempel verbindlich mache. Sie wollte weder Fleisch noch Fische essen, auch keine Milch trinken, sondern ein Getränk, aus Wasser und dem Mark eines Schilfes bestehend, welches arme Leute im gelobten Lande trinken, so wie hierzulande Reis- oder Gerstenwasser; dann und wann wollte sie auch ein wenig Terebinthensaft ins Wasser tun. Es ist dieses wie ein weißes Öl, das sich lang zieht, es ist ganz erquickend, aber nicht so fein wie Balsam. Sie entsagte allem Gewürz und wollte keine Früchte essen, außer einer Art gelber Beeren, die in Träubchen wachsen. Ich kenne sie wohl, sie werden dort von Kindern und geringen Leuten gegessen. Sie wollte auf der bloßen Erde schlafen und dreimal in der Nacht zum Gebete aufstehen. Die anderen Jungfrauen standen nur einmal in der Nacht auf.

Die Eltern Mariä waren durch ihre Worte tief gerührt. Joachim schloß das Kind weinend in seine Arme und sprach: „O mein liebes Kind! Das ist zu hart, wenn du so strenge leben willst, wird dein alter Vater dich nicht wiedersehen." — Es war dieses alles gar beweglich anzuhören. Die Priester aber sagten ihr, gleich den anderen nur einmal in der Nacht zum Gebete aufzustehen und machten ihr noch andere mildernde Bedingungen, zum Beispiel sie sollte an hohen Festtagen Fische essen. — Es war in Jerusalem ein großer Fischmarkt in einer niedrig gelegenen Gegend der Stadt. Er empfing auch Wasser von dem Teiche Bethesda. Als er einmal austrocknete, wollte Herodes der Große einen Brunnen und eine Wasserleitung bauen und zu den Unkosten heilige Kleider und Gefäße vom Tempel verkaufen. Darüber brach schier ein Aufruhr aus. Es kamen die Essener von allen Seiten des Landes nach Jerusalem

Einkleidung und Einsegnung im Hause Annas

und widersetzten sich; denn die Essener hatten Aufsicht bei den Priesterkleidern, das fiel mir jetzt plötzlich wieder ein. — Weiter sprachen die Priester zu dem Kinde Maria: „Viele der anderen Jungfrauen, welche ohne Ausstattung und Beköstigung an dem Tempel aufgenommen werden, sind durch die Einwilligung ihrer Eltern verbindlich, sobald es ihre Kräfte erlauben, die mit Blut besprengten Priesterkleider und andere rauhe, wollene Tücher zu waschen. Es ist dies eine schwere Arbeit und kostet oft blutige Hände, du hast dieses nicht nötig, weil deine Eltern dich am Tempel erhalten." — Maria erklärte hierauf ohne Zögern, auch diese Arbeit wolle sie gern unternehmen, wenn sie für würdig dazu gehalten werde. Unter solchen Prüfungen und Antworten ward das Einkleidungsfest vollbracht.

Ich sah Maria während dieser heiligen Handlung oft so groß unter den Priestern erscheinen, daß sie über sie emporragte, wodurch mir ein Bild ihrer Weisheit und Gnade gegeben ward. Die Priester waren voll von freudigem Staunen.

Am Schlusse der Handlung sah ich Maria durch den ersten Priester segnen. Sie stand auf einem erhöhten Thröndien zwischen zwei Priestern, der segnende stand ihr gegenüber, andere hinter diesem. Die Priester beteten sich antwortend aus Rollen, und der erste segnete sie mit über sie ausgestreckten Händen. — Es ward mir bei dieser Gelegenheit ein wundervoller Blick in das Innere des heiligen Kindes Maria gewährt. Ich sah sie von dem Segen des Priesters wie ganz durchleuchtet, und unter ihrem Herzen in einer unaussprechlichen Glorie hatte ich denselben Anblick, den ich bei Betrachtung des Heiligsten in der Bundeslade habe. In einem leuchtenden Umfang von der Form des Kelches Melchisedeks sah ich unaussprechliche Lichtgestalten des Segens. Es war gleich Weizen und Wein, gleich Fleisch und Blut, die eins zu werden streben. — Ich sah zugleich, wie sich über dieser Erscheinung ihr Herz gleich der Türe eines Tempels öffnete, und wie das Geheimnis, um welches sich eine Art Thronhimmel von vielerlei bedeutungsvollen Edelsteinen gebildet hatte, in ihr geöffnetes Herz einzog, und es war, als sehe ich die Bundeslade in das Allerheiligste des Tempels eingehen. — Als dieses geschehen, umschloß ihr Herz gleichsam das höchste Gut, das damals auf Erden war. Ich sah es nun nicht mehr, ich sah nur das heilige Kind von einem Glanze glühender Innigkeit durchgossen. Ich sah sie wie verklärt und über dem Boden emporschwebend. — Ich erkannte während dieser Erscheinung, daß auch einer der Priester[1] eine innere Überzeugung durch göttliche Mahnung erhalten habe, daß Maria das auserwählte Gefäß des Geheimnisses des Heils sei, denn ich sah ihn einen Strahl aus dem Segen empfangen, den ich figürlich in sie eingehen gesehen.

Die Priester führten nun das gesegnete Kind in seinem höchsten Festschmuck den gerührten Eltern zu. Anna hob Maria an ihre Brust empor und küßte sie mit feierlicher Innigkeit. Joachim reichte ihr tiefbewegt mit Ernst und Ehrfurcht die Hand. Die ältere Schwester Mariä umarmte das gesegnete geschmückte Kind viel lebhafter als Anna, welche in allem ihrem Tun besonnen und gemäßigt war. — Maria Kleophä, das Nichtchen des heiligen Kindes, tat wie alle Kinder mit freudiger Umhalsung. Nachdem alle Anwesenden das Kind so begrüßt hatten, wurde es seiner Feierkleider entkleidet und erschien wieder in seiner gewöhnlichen Kleidung.

Gegen Abend kehrten mehrere der Anwesenden, worunter auch Priester, in ihre Heimat zurück. Ich sah sie noch stehend einen Imbiß nehmen, es standen Brötchen und Früchte auf einem niederen Tische in Schüsselchen und Schalen. Sie tranken alle aus einem Becher. Die Frauen aßen abgesondert.

Abreise des Kindes Maria zum Tempel

Ich trat in das Haus der Eltern Mariä zur Nachtzeit ein. Ich sah noch mehrere der anwesenden Verwandten schlafen. Die Familie selbst war mit Anstalten zur Abreise beschäftigt. Die

---

[1] Sie glaubte bei der Erzählung im Jahre 1820, es sei Zacharias gewesen.

hängende Lampe mit mehreren Armen brannte vor der Feuerstelle. Nach und nach sah ich alle Bewohner des Hauses in Bewegung.

Joachim hatte schon gestern morgen Knechte mit Opfertieren nach dem Tempel vorausgesendet; fünf von jeder Gattung, die schönsten, die er hatte. Es war eine ganz schöne Herde. Jetzt sah ich ihn beschäftigt, das Reisegeräte auf das Lasttier zu packen, welches vor dem Hause stand. Es wurden die Kleidungsstücke Mariä in einzelne Päcke wohlgeordnet auf das Tier befestigt und auch Geschenke für die Priester. Das Lasttier erhielt eine tüchtige Ladung. Die Mitte seines Rückens bedeckte ein breiter Pack, der einen bequemen Sitz bildete. Alles war schon von Anna und den anderen Frauen in leicht anzubringende Bündel geordnet. Ich sah aber auch Körbe von mancherlei Art an beiden Seiten des Esels hängen. In einem dieser Körbe, der wie die Suppennäpfe reicher Leute bauchig geformt war und einen runden, in der Mitte geteilt aufzuschlagenden Deckel hatte, befanden sich Vögel von der Größe der Feldhühner. Andere Körbe wie Butten, worin man Trauben trägt, enthielten allerlei Früchte. Als der Esel ganz beladen war, ward über alles eine große Decke gebreitet, an welcher dicke Quasten hingen.

— Im Hause sah ich alles wie bei einer Abreise in Bewegung. Ich sah eine junge Frau, die ältere Schwester Mariä, mit einer Lampe geschäftig hin und her gehen. Ich sah deren Tochter Maria Kleophä sich meist an ihrer Seite haltend. Ich bemerkte noch eine Frauensperson, welche ich für die Magd hielt. Ich sah auch noch jetzt zwei der Priester anwesend. Der eine war ein sehr alter Mann, er hatte eine Kappe auf, welche eine Spitze auf der Stirne bildete und mit Lappen über die Ohren herabhing. Sein Oberkleid war kürzer als das Unterkleid, es hingen Riemen wie eine Stola daran nieder. Es war derselbe, welcher sich gestern hauptsächlich mit der Prüfung Mariä beschäftigt und sie gesegnet hatte. Auch jetzt noch sah ich mancherlei Belehrendes zu dem Kinde sprechen. Maria, etwas über drei Jahre alt, fein und zart, war doch schon so ausgebildet wie ein Kind von fünf Jahren bei uns. Sie hatte rötlich-blonde, schlichte, jedoch am Ende gelockte, längere Haare als das siebenjährige Kind Maria Kleophä, dessen blonde Haare kurz und kraus waren. Die Kinder wie die Erwachsenen hatten meist alle lange Kleider von bräunlicher ungefärbter Wolle an.

Unter allen Anwesenden fielen mir besonders zwei Knaben auf, die gar nicht zu der Familie zu gehören schienen und auch mit niemanden in derselben Verkehr hatten. Es war, als ob niemand sie auch nur sähe. Sie waren aber gar lieblich und anmutig mit ihren blonden krausen Haaren und haben mit mir gesprochen. — Sie hatten schon Bücher, ich glaube zum Lernen. Die kleine Maria hatte kein Buch, obgleich sie schon lesen konnte. Es waren dieses aber keine solchen Bücher wie bei uns, sondern lange, etwa eine halbe Elle breite Bahnen über einen Stock gerollt, der an beiden Seiten mit einem Knopfe hervorragte. — Der größere der beiden Knaben hatte seine Rolle geöffnet, nahte sich mir und las und erklärte mir etwas aus der Rolle. Es waren mir ganz fremde einzelne goldene Buchstaben, verkehrt geschrieben, und jeder Buchstabe schien ein ganzes Wort zu bedeuten. Die Sprache lautete mir ganz fremd, aber ich verstand sie doch. Leider habe ich jetzt vergessen, was er mir erklärte, es war etwas von Moses; vielleicht wird es mir wieder einfallen. Der kleinere Knabe trug seine Rolle wie ein Spielzeug in den Händen, er hüpfte kindisch hin und wieder und schwenkte seine Rolle spielend in der Luft. Ich kann gar nicht aussprechen, wie lieb mir diese Kinder waren; sie waren anders als alle Anwesenden, und diese schienen sie gar nicht zu bemerken.

Auf diese Weise sprach die Erzählende mit kindlicher Vorliebe längere Zeit von diesen Knaben, ohne genauer bestimmen zu können, wer sie eigentlich gewesen seien. Nach Tisch aber, als sie einige Minuten geschlafen hatte, sagte sie sich besinnend: „Diese Knaben sah ich in geistlicher Bedeutung, sie waren nicht natürlich damals zugegen gewesen. Sie waren nur die Sinnbilder von Propheten. Der größere trug seine Rolle ganz ernsthaft. Er zeigte mir in ihr die Stelle im 3. Kapitel des 2. Buches Moses, wo dieser im brennenden Dornbusch den Herrn sieht, der ihm sagt, seine Schuhe auszuziehen. Er gab mir hiervon die Erklärung, wie der Dornbusch brenne, ohne zu verbrennen, so entbrenne nun auch das Feuer des heiligen Geistes in dem Kinde Maria, und sie trage diese heilige Flamme ganz kindlich bewußtlos in sich. Es deutete auch auf die herannahende Vereinigung der Gottheit mit der Menschheit. Das Feuer bedeutete Gott, der Dornbusch die Menschen. Auch das Ausziehen der Schuhe legte der Knabe mir aus, ich entsinne mich aber der Erklärung nicht mehr genau; ich glaube, es deutete darauf, daß jetzt die Hülle abgelegt werde und das Wesen hervortrete, daß das Gesetz erfüllt, daß hier mehr sei als Moses und die Propheten.

Der andere Knabe trug seine Rolle an einem feinen Stabe wie ein Fähnlein im Winde spielend; dieses bedeutete, daß Maria nun freudig ihren Weg, ihren Wandel, ihre Laufbahn antrete, die Mutter des Erlösers zu werden. — Dieser Knabe war ganz kindisch und spielte mit seiner Rolle. Das bedeutete die kindliche Unschuld Mariä, auf welcher so große Verheißung ruhte, und die in dieser heiligen Bestimmung doch wie ein Kind spielte. — Eigentlich erklärten mir diese Knaben sieben Stellen aus diesen Rollen, aber in der Störung, in der ich lebe, ist mir alles entfallen, außer dem Gesagten. — O mein Gott, rief hier die Erzählende aus, wie schön und tief, wie einfältig und klar sehe ich alles und kann es nicht ordentlich erzählen und muß so vieles vergessen über elenden, abscheulichen Dingen dieses armen Lebens [1].

---

[1] Man mag wohl vor der Gewalt erschrecken, mit welcher das gefallene Leben den Menschen in Besitz nimmt, wenn man betrachtet, was diese begnadigte Seele, welche das Irdische nicht liebte, dennoch über ihm vergessen mußte. — Sie sah jährlich um diese Zeit dieses Bild der Abreise Mariä zum Tempel, und immer war die Erscheinung der beiden Propheten als Knaben in die Handlung auf irgendeine Weise eingeflochten. Sie sieht sie aber als Knaben und nicht in ihrem wirklichen Alter erscheinen, weil sie der Handlung nicht persönlich beiwohnten, sondern ihr nur als Be-

Ein Jahr früher, in der Mitte des 20. Novembers 1820, erwähnte die Erzählerin in der Mitteilung ihrer Betrachtungen von Mariä Opferung auch der Erscheinung dieser Prophetenknaben unter folgenden Beziehungen:

„Am 16. November abends war in der Nähe der schlafenden A. K. Emmerich ein Bußgürtel gebracht worden, den ein nach Abtötung strebender, aber näherer geistlicher Führung ganz ermangelnder Mensch sich selbst aus einem schweren ledernen, mit Nägeln durchspickten Riemen verfertiget, jedoch wegen seiner Übertriebenheit kaum eine Stunde zu tragen vermocht hatte. — Schon in der Entfernung von etwa zwei Schuhen zog die schlafende Emmerich ihre Hände von diesem Gürtel schnell mit den Worten zurück: ‚O das ist ganz unverständig und unmöglich, auch ich selbst habe in früheren Jahren lange Zeit nach einer innerlichen Anmahnung einen solchen Bußgürtel zur Abtötung und Selbstbesiegung getragen, aber er bestand aus ganz kurzen, dichtstehenden Stacheln von Messingdraht. Dieser Gürtel hier ist ja schier tödlich, der Mensch hat ihn sich selbst mit großer Mühe gemacht, konnte ihn aber nur einmal während einiger Minuten tragen. Ohne die Erlaubnis eines verständigen Seelenführers soll man so etwas nie tun. Das wußte er freilich nicht, denn er hatte gar keinen Seelenführer in seiner Lage. Solche Übertreibung ist mehr schädlich als nützlich!' "

Am folgenden Morgen, als sie die Betrachtungen der Nacht in Form eines Reisetraumes erzählte, der sich dem eingetretenen Bilde der Reise Mariä zum Tempel nahte, sagte sie nach manchem anderen: „Ich kam hierauf nach Jerusalem, ich weiß nicht mehr genau, in welcher Zeit, es war aber ein Bild aus der Zeit der alten jüdischen Könige. Ich habe es vergessen. — Hierauf

---

deutungen zugeordnet sind. Wenn wir nun bedenken, daß auch Maler in ihren historischen Bildern solche Personen, die nur zur Beleuchtung irgendeiner Wahrheit dienen sollen, nicht in ihrer wirklichen Gestalt, sondern als Knaben, Genien, Engel abzubilden pflegen, so sehen wir, daß diese Darstellungsweise nicht ihre dichterische Erfindung ist, sondern daß sie in der Natur aller Erscheinungen liegt; denn auch die Betrachtende hat diese Erscheinungen nicht erfunden, sondern sie sind ihr so gezeigt worden.

mußte ich gen Nazareth zum Hause der heiligen Mutter Anna wandern. Vor Jerusalem gesellten sich zwei Knaben zu mir, sie zogen desselben Weges; der eine trug eine Schriftrolle ganz ernst in seiner Hand; der Jüngere aber hatte seine Rolle an ein Stäbchen gebunden und spielte mit ihr wie mit einem Fähnchen fröhlich im Winde. Sie sprachen freudig mit mir von der Erfüllung der Zeit in ihren Prophezeiungen, denn sie waren Prophetenfiguren. Ich hatte den übertriebenen Bußgürtel jenes Menschen bei mir, der mir gestern gebracht worden war, und zeigte ihn, ich weiß nicht aus welcher Anregung, dem einen dieser Prophetenknaben, welcher Elias war. Dieser aber sagte mir: „Dieses ist ein Marterband, das zu tragen nicht erlaubt ist. Ich habe auf dem Berge Karmel auch einen Gürtel verfertigt und getragen und allen Kindern meines Ordens, den Karmeliten, zurückgelassen. Diesen Gürtel soll jener Mensch tragen, er wird ihm weit dienlicher sein.

Hierauf zeigte er mir einen handbreiten Gürtel, in welchen allerlei Buchstaben und Linien gezeichnet waren, die auf verschiedene Überwindungen und Kämpfe deuteten, und er zeigte auf verschiedene Punkte mit den Worten: „Dieses könnte jener Mensch auf acht Tage, dieses auf einen Tag tragen usw." — Oh, ich wollte, der gute Mensch wüßte das!

Als wir dem Hause der heiligen Mutter Anna nahten und ich hineintreten wollte, vermochte ich es nicht, und mein Führer, mein Schutzengel, sagte zu mir: „Du mußt vorher vieles ablegen, du mußt neun Jahre alt sein." Ich wußte nicht, wie ich das anstellen sollte, er aber half mir, und ich weiß nicht mehr wie; drei Jahre aus meinem Leben mußten jedoch ganz weg, jene drei Jahre, da ich so eitel auf meine Kleidung war und immer gern ein so feines Wicht (eine so zierliche Dirne) sein wollte. — Ich war also auf einmal neun Jahre als und konnte nun mit den Prophetenknaben in das Haus eingehen. Da trat mir das dreijährige Kind Maria entgegen und maß sich mit mir und war so groß wie ich, wenn sie an mich trat; oh, sie war so freundlich, so lieb und doch so ernst.

Gleich darauf stand ich in dem Hause bei den Prophetenknaben. Man schien uns gar nicht zu bemerken, wir störten auch niemand. Sie, die doch schon vor vielen hundert Jahren alte Männer waren, wunderten sich gar nicht, als junge Knaben da anwesend zu sein, und ich, die doch schon eine Klosterjungfrau von etlichen und vierzig Jahren war, wunderte mich auch gar nicht, nun ein armes Bauernkind von neun Jahren zu sein. Man wundert sich über nichts, wenn man bei diesen heiligen Leuten ist, als über die Blindheit und Sünde der Menschen usw.

Hierauf erzählte sie die Vorbereitung zu Mariä Tempelreise wie alle Jahre um diese Zeit. — Daß sie mit dem Gefühl, ein neunjähriges Kind zu sein, in das Bild eintreten mußte, mag darauf beruhen, daß sie ebenso wenig wie die Propheten wirklich dabei zugegen war und deshalb in das kindliche Alter versetzt wurde; jene bedeuteten die Erfüllung der Prophezeiung, sie die Betrachtung dieser Erfüllung. — Sie fühlte besonders, die drei Jahre ablegen zu müssen, in welchen sie etwas eitel auf ihre Kleider war. — Dieses scheint veranlaßt, weil Maria in dieser Handlung mit mancherlei Festkleidern bekleidet wird, und die Beschauende diese mit gleicher Demut nur nach ihrer geistlichen Bedeutung anschauen sollte. — Daß sich das Kind Maria mit ihr mißt, mag bezeichnen: nur in diesem deinen kindlichen unschuldigen Alter kannst du diese heilige Handlung einfältig und würdig betrachten; oder auch: sieh, ich bin drei Jahre alt und du neun, und dennoch bin ich ebenso groß wie du, denn ich stehe in meinem Inneren weit über meinen Jahren usw.

Antritt der Reise

Ich sah sie mit Tagesanbruch die Reise nach Jerusalem antreten. Das Kind Maria war so begierig nach dem Tempel, sie eilte aus dem Hause zu den Lasttieren hin. Die Prophetenknaben und ich standen an der Türe und sahen ihr nach. Die

Knaben zeigten mir noch Stellen in ihren Rollen; eine enthielt, wie herrlich der Tempel sei, wie aber diese noch Herrlicheres umschließe usw.

Es waren zwei Lasttiere bei dem Zug. Den einen Esel, der sehr bepackt war, führte ein Knecht dem Zuge immer eine Strecke voraus. Auf dem anderen auch bepackten Esel, der vor dem Hause stand, war ein Sitz bereitet, und Maria ward darauf gesetzt. Sie hatte das erste gelbliche Röckchen an und war in das große Schleier- oder Wettertuch gehüllt, welches um den Leib zusammengezogen war, so daß die Arme darin ruhten. Joachim führte den Esel und trug einen hohen Stab mit einem großen runden Knopf oben wie einen Pilgerstab. Anna ging mit der kleinen Maria Kleophä etwas voraus. Eine Magd ging für die ganze Reise mit. Außerdem gaben ein Stück Wegs einige Frauen und Kinder das Geleit. Es waren Verwandte, welche sich trennten, wo der Weg nach ihrer Heimat ablief. Auch einer der Priester begleitete den Zug eine Strecke.

Sie hatten zwar eine Leuchte bei sich, aber ich sah deren Licht für mich ganz vor jenem Lichte verschwinden, womit ich immer in nächtlichen Reisebildern der heiligen Familie und auch anderer Heiligen den Weg um sie her beleuchtet sehe, ohne doch zu bemerken, daß sie diese Beleuchtung auch sehen. Anfangs war mir, als ginge ich mit dem Prophetenknaben hinter dem Kinde Maria her und später, da sie zu Fuß ging, ihr zur Seite. Die Knaben hörte ich aber manchmal den 44. Psalm Eructavit cor meum verbum und den 49. Deus, deorum dominus, locutus est singen, und ich erfuhr von ihnen, diese Psalmen würden bei der Aufnahme des Kindes im Tempel von zwei Chören gesungen werden. Das werde ich nun hören, wenn sie hinkommen.

Ich sah den Weg anfangs einen Hügel hinabziehen und später wieder steigen. Als es schon Morgen und heller Tag war, sah ich den Zug bei einem Springquell rasten, aus welchem ein Bach entstand; es war eine Wiese dort. Die Reisenden ruhten an einer Balsamstaudenhecke. Es waren solchen Balsamstauden immer Steinschalen untergestellt, in denen sich der tröpfelnde Balsam sammelte, mit welchem sich die Vorübergehenden erquickten, und den sie in ihre Krüglein füllten. Es waren auch Hecken mit einzelnen Beeren dort, welche sie pflückten und aßen. Auch kleine Brote aßen sie. Hier waren die Prophetenknaben schon verschwunden. Einer von ihnen war Elias, der andere schien mir Moses. Das Kind Maria sah sie wohl, sagte aber nichts davon. Es sah sie auf die Weise, wie man als Kind oft heilige Kinder und in erwachsenem Alter heilige Jungfrauen oder Jünglinge bei sich erscheinen sieht, ohne es anderen zu sagen, weil man in solchem Zustande ganz still und innerlich ist.

Später sah ich sie in einem einzeln liegenden Hause einkehren, wo sie gut empfangen wurden und Speise zu sich nahmen. Es schienen mir Verwandte hier zu wohnen. Von hier ward die kleine Maria Kleophä zurückgesendet. — Ich warf den Tag über noch mehrere Blicke auf diese Reise, die ziemlich beschwerlich war. Sie müssen über Berg und Tal. Oft liegen kalter Nebel und Tau in den Tälern, doch sah ich auch in einzelnen Lagen Sonnenstellen, wo es jetzt Blüten treibt.

Ehe sie an das Nachtlager kamen, überschritten sie ein Flüßchen. Sie übernachteten in einer Herberge am Fuße eines Berges, auf welchem eine Stadt lag. — Leider kann ich den Namen dieses Ortes nicht mehr bestimmt angeben. Ich sah denselben auch in Beziehung auf andere Reisen der heiligen Familie, und ich kann mich dadurch sehr leicht in dem Namen verirren[1]. Ich kann nur soviel, aber nicht ganz gewiß sagen: „Sie reisten in der Richtung des Weges, welchen Jesus im September seines

---

[1] Aus der Lage des Ortes und der Erwähnung dieser teils heidnischen Bewohner wie auch, daß Jesus in seinem 30. Jahre in dieser Richtung zur Taufe gereist sei, dürfen wir vermuten, der Ort sei Endor gewesen, denn in ihren täglichen Betrachtungen des Lehrwandels Jesu sah sie ihn in der Mitte des Septembers des ersten Lehrjahres auf seinem Wege zur Taufe, unterhalb Endor in einem kleinen Orte den Sabbat feiern und in dem hochliegenden, etwas wüsten Endor Kananiten, die seit der Niederlage Siseras, von dessen Scharen ihre Voreltern gewesen, sich hier niedergelassen, belehren.

30. Jahres von Nazareth nach Bethanien und dann zur Taufe des Johannes gegangen; denselben Weg zog auch die heilige Familie auf der Flucht von Nazareth nach Ägypten. Die erste Herberge auf dieser Flucht war in Nazara, einem kleinen Ort, der zwischen Massaloth und einer hochgelegenen Stadt, und zwar nahe bei dieser liegt. Ich sehe immer so viele Orte, deren Namen ich höre, umherliegen, daß ich diese Namen sehr leicht verwechseln kann. Die hohe Stadt liegt in mehreren Abteilungen, wenn diese übrigens alle zu ihr gehören, einen Berg hinan. Sie haben Wassermangel darin, es muß mit Stricken hinaufgezogen werden. Es sind alte verfallene Türme dort. Auf der Spitze des Berges ist ein Turm wie eine Warte, und es ist ein Bauwerk mit großen Balken und Stricken dort, um etwas aus der tieferliegenden Stadt heraufzuziehen. Es sieht mit den vielen Stricken fast wie Schiffsmaste aus. Es ist wohl eine Stunde vom Fuße des Berges hinauf. Sie kehrten aber unten in einer Herberge ein. Man kann von diesem Berge sehr weit sehen. Es wohnten in einem Teile der Stadt heidnische Leute, welche zu den Juden in einem Sklavenverhältnis standen und allerlei Frondienste leisten mußten; so haben sie zum Beispiel am Tempel und anderen Bauwerken arbeiten müssen usw.

Am 4. November 1821 sagte sie: Heute abend sah ich Joachim und Anna mit dem Kinde Maria, einer Magd und einem Knechte, der oft mit dem stark bepackten Esel vorauszog, in einer Herberge 12 Stunden von Jerusalem ankommen. Sie trafen hier mit ihrer vorausgesendeten Opferherde zusammen, welche aber sogleich wieder weiterzog. Joachim mußte hier sehr gut bekannt sein; er war ganz wie in seinem Eigentum. Sein Opfervieh kehrte immer hier ein. Er ist auch hier gewesen, als er von seinem verborgenen Leben bei den Hirten nach Nazareth zurückkehrte. Ich sah hier das Kind Maria bei seiner Mutter schlafen. — Ich habe in diesen Tagen so vieles mit den armen Seelen zu schaffen gehabt, daß ich einiges von der Reise zum Tempel darüber vergessen zu haben glaube.

Am 5. November 1821 erzählte sie:

Ich sah heute abend das Kind Maria mit seinen Eltern in einer Stadt ankommen, welche zwischen Mitternacht und Abend kaum sechs Stunden von Jerusalem liegt. Sie heißt Bethoron und liegt am Fuße eines Berges. Sie sind auf der Reise hierher über ein Flüßchen gekommen, das sich abendwärts in der Gegend (von Joppe), wo Petrus nach der Sendung des heiligen Geistes lehrte, ins Meer ergießt. Es sind bei Bethoron große Schlachten geliefert worden, ich habe sie gesehen und wieder vergessen (Josua 10,11. 1 Makk 7,39—49). — Sie hatten von hier noch etwa zwei Stunden auf die Stelle einer Landstraße, wo man Jerusalem sehen konnte. Ich hörte auch den Namen dieser Landstraße oder Stelle, kann ihn aber nicht mehr mit Bestimmtheit vorbringen [1]. Bethoron ist ein großer Ort, eine Levitenstadt. Es wachsen sehr schöne, große Trauben und viel anderes Obst hier. — Die heilige Familie kehrte in einem wohlgeordneten Haus bei Freunden ein. Der Mann war ein Schullehrer. Es war eine Levitenschule, und es waren noch mehrere Kinder im Hause. Was mich aber recht wunderte, war, mehrere der verwandten Frauen Annas mit ihren Töchtern auch hier zu sehen, von welchen ich geglaubt hatte, sie seien auf der Reise von ihnen nach ihrer Heimat gezogen. Sie sind aber auf kürzerem Wege, wie ich nun sah, hierher vorausgereist, wahrscheinlich, um die Ankommenden anzukündigen. Es waren die verwandten Frauen aus Nazareth, Sephoris, Zabulon und dort umher, die teils schon bei der Prüfung in Annas Haus gewesen, mit ihren Mägdlein hier zugegen; zum Beispiel Marias ältere Schwester und ihr Töchterlein Maria Kleophä und Annas Schwester aus Sephoris mit ihren Töchtern.

---

[1] Sie erinnerte sich in dem Namen eines Klanges wie Marion (vielleicht Marom, das ist die Höhe). Bekanntlich lief eine Straße von Jerusalem bei Bethoron vorüber nach Nikopolis und Lydda. Die Erzählerin beschrieb noch allerlei Einzelheiten von Tälern und Bergen der Reise bis hierher. Da sie dieses aber mehr sieht als genau ausspricht und der Standpunkt der Schauenden nicht bestimmt werden kann, bleibt es unmöglich, es zu wiederholen.

Man hatte hier eine rechte Festfreude mit dem Kinde Maria, man führte sie in Begleitung der anderen Kinder in einen großen Saal, setzte sie auf einen erhöhten überdeckten Sitz, es war ihr wie ein Thrönchen bereitet. Da fragten sie der Schullehrer und andere Anwesende wieder allerlei und setzten ihr Kränzchen auf. Alle staunten über die Weisheit ihrer Antworten. Ich hörte auch von der Klugheit einer anderen Jungfrau sprechen, welche vor kurzem aus der Tempelschule wieder heimkehrend hier durchgereist sei. — Sie hieß Susanna[1] und ist später mit den heiligen Frauen Jesu gefolgt. Maria kam an ihre Stelle, denn es war eine bestimmte Anzahl von Stellen für Mägdlein am Tempel. Susanna war 15 Jahre alt, da sie den Tempel verließ und also etwa 11 Jahre älter als Maria. Die Mutter Anna ist auch am Tempel erzogen worden, aber erst im fünften Jahre hingekommen.

Das liebe Kind Maria war ungemein freudig, dem Tempel so nahe zu sein, ich sah, daß Joachim, sie unter Tränen an sein Herz drückend, sprach: „O mein Kind, ich sehe Dich wohl nicht wieder!" Es war aber eine Mahlzeit bereitet, und ich sah, während alle zu Tische lagen, Maria gar lieblich heiter umhergehen, und wie sie sich manchmal an die Seite der Mutter Anna anschmiegte oder hinter ihr stehend die Ärmchen um ihren Hals schloß.

Am 6. November:

Heute sehr früh sah ich den Zug von Bethoron nach Jerusalem abgehen. Alle Anwesenden, Verwandten und Kinder und die Herbergsleute zogen mit. Sie hatten Geschenke an Kleidungsstücken und Früchten für das Kind bei sich. Es scheint mir in Jerusalem ein rechtes Fest zu werden. Ich erfuhr bestimmt, Maria sei drei Jahre und drei Monate alt. Sie war aber wie hierzulande ein fünf- bis sechsjähriges Mägdlein. Sie sind auf ihrem ganzen Zuge weder durch Ussen Scheera noch Gophna,

---

[1] Von der Herkunft Susannas und ihrer Verwandtschaft mit der heiligen Familie erwähnte die Erzählerin mehreres am 28. September oder 27. Elul des ersten Lehrjahres unseres Herrn.

wo sie doch bekannt waren, gekommen, aber wohl an deren Gegend vorüber.

Ankunft in Jerusalem. Die Stadt, der Tempel

Am 6. November 1821 abends sagte die Erzählende: „Ich habe heute am Mittag die Ankunft des Kindes Maria mit dem begleitenden Zug in Jerusalem gesehen."

Jerusalem ist eine seltsame Stadt. Man muß sich dieselbe gar nicht mit so vielen Leuten auf der Straße denken, wie zum Beispiel Paris. In Jerusalem sind viele steile Täler, die hinter Stadtmauern herumführen, wo keine Türe, keine Fenster hinausgehen, und hinter welchen die hochliegenden Häuser nach der anderen Seite gekehrt sind; denn es sind mehrere Stadtteile nach und nach aneinandergebaut und immer wieder ein anderer Bergrücken dazugezogen worden, die Stadtmauern aber sind dazwischen stehengeblieben. Oft sind diese Täler durch hohe feste Steinbrücken überbaut. — Die Häuser haben meistens ihre bewohnten Zimmer nach innen um die Höfe gebaut. Gegen die Straße sieht man nur die Türe oder wohl auch eine Terrasse oben auf der Mauer. Außer diesem sind die Häuser sehr geschlossen. Wenn die Einwohner nichts auf den Märkten zu tun haben oder ihre Wege zum Tempel ziehen, sind sie meistens im Innern der Höfe und der Häuser.

Im ganzen ist es ziemlich still auf den Straßen von Jerusalem, außer in der Gegend der Märkte und Paläste, wo mehr Gehen und Ziehen von Soldaten und Reisenden ist; da ist auch mehr Leben und Verkehr aus den Wohnungen nach den Straßen zu. — Rom liegt eigentlich viel angenehmer, es ist nicht so steil und eng und viel belebter auf den Straßen.

In Zeiten, wo alles im Tempel versammelt ist, ist die Stadt in vielen Gegenden recht tot. Wegen der Zurückgezogenheit der Menschen in den Häusern und wegen der vielen einsamen Talwege konnte auch Jesus mit den Jüngern oft so ungestört in der Stadt umhergehen. Wasser ist auch nicht im Überfluß in

Ankunft in Jerusalem — Die Stadt, der Tempel

der Stadt. Oft sieht man ganze Gebäude von Bogen, worüber es hin und wieder geleitet, und Türme, worin es in die Höhe getrieben oder gepumpt wird. Am Tempel, wo vieles Wasser zum Waschen und Reinigen der Gefäße gebraucht wird, ist man sehr sparsam darin. Es wird mit großen Pumpwerken in die Höhe hinaufgehoben. — Es gibt sehr viele Handelsleute in der Stadt. Sie haben meistens auf mit Hallen umbauten Märkten und öffentlichen Plätzen in leichten Hütten ihren Standort beisammen. So stehen zum Beispiel nicht weit vom Schaftore viele Leute, die mit allerlei Geschmeide, Gold und blinkenden Steinen handeln. Sie haben leichte runde Hütten, die ganz braun sind, als wären sie mit Pech oder Harz bestrichen. Sie sind leicht und doch ganz fest. Darin haben sie ihre Wirtschaft, und von einer solchen Hütte zur anderen sind Zelte gespannt, unter welchen sie ihre Ware auslegen. — Der Berg, auf welchem der Tempel liegt, ist an der Seite, wo er sanfter abhängig ist, durch mehrere Straßen von Wohnungen hinter dicken Mauern umgeben, sie liegen auf Terrassen übereinander. Hier wohnten teils Priester, teils auch geringere Tempeldiener, die niedrige Dienste tun, zum Beispiel die Graben reinigen, in welcher aller Unrat von dem geschlachteten Vieh vom Tempel hinabkommt.

An einer Seite (sie meint gegen Norden) ist der Tempelberg sehr steil abfallend und dieser Graben ganz schwarz. Oben um den Tempelberg ist auch noch ein grüner Rand, wo die Priester allerlei Gärtchen haben. Es wurde selbst zu Christi Zeiten noch immer an einzelnen Stellen des Tempels gebaut. Das ließ nie ab. — In dem Tempelberge war vieles Erz, das sie bei dem Bau herausholten und oben verwendeten. Es sind viele Schmelzereien und Gewölbe unter dem Tempel. Ich habe nie eine rechte Stelle zum Beten für mich im Tempel gefunden. Es ist alles so außerordentlich dick, fest und hoch. Die vielen Höfe sind doch wieder eng und finster, mit vielen Gerüsten und Gestühlen verbaut, und wenn das viele Volk darin ist, macht sich alles ganz schauerlich, ja selbst eng zwischen den dicken hohen Mauern und Säulen. Auch ist mir das immerwährende Schlachten und das viele Blut ganz unheimlich, wenngleich die Ordnung und Reinlichkeit in allen diesen Vorrichtungen gar nicht zu beschreiben ist. — Ich meine, seit lange alle Gebäude, Wege und Stege nicht so deutlich gesehen zu haben wie heute. Es ist aber soviel, ich werde es doch nicht recht vorbringen können.

Die Reisenden mit dem Kinde nahten der Stadt von der Nordseite, aber sie zogen da nicht hinein, sondern wo man schon an die Gärten und Paläste der Stadt kommt, zogen sie um die Stadt herum bis zur Morgenseite durch einen Teil des Tales Josaphat und indem sie den Ölberg und den Weg nach Bethanien zur Linken ließen, zogen sie durch das Schaftor, welches zu dem Viehmarkte führt, in die Stadt. Bei dem Tor ist ein Teich, in welchem die zum Opfer bestimmten Schafe zum erstenmal aus dem Groben gewaschen werden. Dieses aber ist nicht der Teich Bethesda.

Der Zug wendete sich nach einiger Zeit in der Stadt wieder rechts durch Mauern wie in einen anderen Stadtteil. Auch kamen sie durch ein langes Tal in der Stadt, an dessen einer Seite die hochliegenden Mauern eines höheren Stadtteils waren. Sie zogen mehr nach der Abendseite der Stadt zu, in die Gegend des Fischmarktes, wo sich das väterliche Haus des Zacharias von Hebron befand. Es war ein sehr alter Mann darin, ich glaube ein Bruder seines Vaters. Zacharias kehrte immer hier ein, wenn er den Tempeldienst hatte. Er war auch jetzt in der Stadt, seine Dienstzeit war eben vollendet, und er blieb nur noch einige Tage in Jerusalem, der Einführung Mariä in den Tempel beizuwohnen. Er war jetzt bei der Ankunft des Zuges nicht zugegen. — Es befanden sich hier im Hause noch mehrere Verwandte aus der Gegend von Bethlehem und Hebron nebst ihren Kindern, zum Beispiel zwei Schwestertöchter der Elisabeth, welche nicht selbst zugegen war. — Diese alle zogen mit vielen jungen Mädchen, die kleine Kränze und Zweige trugen, dem Zuge der Ankommenden beinahe eine Viertelstunde weit schon in dem Talweg entgegen. Sie empfingen die Ankommenden mit festlicher Freude und führten den Zug nach dem Familienhause des Zacharias, wo eine rechte Festfreude war. Man gab ihnen einen kleinen Imbiß und rüstete dann alles zu, den ganzen Zug nach einer Festherberge in der Nähe des Tempels zu führen. — Das Opfervieh des Joachim war schon früher von der Gegend des Viehmarktes aus nach Ställen in der Nähe dieses Festhauses gebracht worden. — Zacharias kam auch, den Zug aus seinem väterlichen Haus in die Festherberge abzuholen.

Es wurden dem Kinde Maria die zweiten Festkleider und das himmelblaue Mäntelchen angelegt. Alle ordneten sich in eine Prozession. Zacharias ging mit Joachim und Anna voraus. Dann folgte Maria, umgeben von vier weißgekleideten Mädchen, den Zug beschlossen die übrigen Kinder und Verwandten. Sie zogen durch mehrere Straßen am Palaste des Herodes und dem Hause, worin später Pilatus wohnte, vorüber. Sie zogen gegen die Ecke des Tempelberges zwischen Morgen und Mitternacht und hatten die Burg Antonia im Rücken, ein hohes und großes Gebäude an der Nordwestseite des Tempels gelegen. Sie mußten an einer hohen Mauer auf vielen Stufen hinansteigen. Das Kind Maria stieg mit freudiger Eilfertigkeit allein hinauf, man wollte sie führen, aber sie gab es nicht zu, und alle waren über sie erstaunt.

Das Haus, in welches sie zogen, war eine Festherberge, nicht weit vom Viehmarkt. Es lagen vier solche Herbergen um den Tempel herum. Zacharias hatte diese für sie gemietet. Es war ein großes Gebäude, vier Gänge um einen großen Hof, in den Gängen waren Schlafstellen und auch lange niedrige Tische. Es war auch ein geräumiger Saal da und ein Kochherd darin. Der Hof, worin Joachims Opfervieh war, lag ganz in der Nähe. — An zwei Seiten dieses Gebäudes wohnten Tempeldiener, welche ein Amt bei dem Opfervieh hatten. — Als sie hereinzogen, wurden ihnen als Ankömmlinge die Füße gewaschen, den Männern durch Männer, den Frauen durch Frauen. Sie gingen dann in einen Saal, in dessen Mitte eine große, mehrarmige Lampe von der Decke über einem großen erzenen, mit Henkeln versehenen Becken voll Wasser niederhing. An diesem Becken wuschen sie sich Angesicht und Hände. Nachdem das Lasttier Joachims abgepackt war, brachte es der Knecht in den Stall. Joachim, der sich zum Opfer gemeldet hatte, folgte den Tempeldienern in den nahegelegenen Hof, wo sie sein Opfervieh beschauten.

Joachim und Anna begaben sich dann noch mit dem Kinde Maria in eine höhergelegene Priesterwohnung. Auch hier eilte das Kind, wie von innerem Geiste getrieben und gehoben die Stufen mit wunderbarer Kraft, hinauf. Die zwei Priester hier im Hause, ein sehr alter und ein jüngerer Mann, bewillkommneten sie freundlich, sie hatten beide der Prüfung Mariä in Nazareth beigewohnt und sie erwartet. — Nachdem sie von der Reise und der bevorstehenden Opferhandlung gesprochen, ließen sie eine der Tempelfrauen, eine bejahrte Witwe, welche die Aufsicht über das Kind haben sollte, heranrufen. Sie wohnte nebst anderen ähnlichen Frauen in der Nähe des Tempels, wo sie allerlei weibliche Arbeiten verrichteten und Mägdlein erzogen. Ihre Wohnung war etwas entfernter vom Tempel als die unmittelbar an denselben angebauten Räume, in welchen auch Betzellen der Frauen und der im Tempel geweihten Mägdlein angebracht waren, aus denen man ungesehen in das Heilige hinabschauen konnte. Die ankommende Matrone war so ganz in ihr Gewand verhüllt, daß man nur wenig von ihrem Angesichte sah. Die Priester und Eltern stellten ihr das Kind Maria als ihren künftigen Pflegling vor. Sie war feierlich freundlich und das Kind auf eine ernste Weise demütig und ehrerbietig. Sie unterrichteten sie von dem Wesen des Kindes und besprachen manches, dessen feierliche Übergabe Betreffende, mit ihr. Die Matrone begleitete sie zu der Festherberge hinab und empfing einen Pack zu der Ausstattung des Kindes gehörigen Gerätes, mit welchem sie zurückkehrte, um alles in der Wohnung des Kindes vorzubereiten.

Die Leute, welche den Zug aus dem Familienhause des Zacharias begleitet hatten, kehrten dahin zurück. Nur die Verwandten, welche mit der heiligen Familie gekommen waren, blieben in der von Zacharias gemieteten Herberge. Die Frauen richteten sich nun ein und bereiteten dann alles zu einer Festmahlzeit auf den folgenden Tag vor.

Am 7. November erzählte Anna Katharina Emmerich: Der ganze heutige Tag ging mir unter Betrachtungen der Vorbereitungen zu Joachims Opfer und zu Mariä Aufnahme im Tempel vorüber.

Joachim und einige andere Männer trieben das Opfervieh schon früh zum Tempel, vor welchem es von Priestern nochmals besichtigt und einiges zurückgewiesen ward, was man dann gleich zum Viehmarkt in die Stadt trieb. — Das angenommene Vieh ward in den Schlachthof geführt, und ich sah da vielerlei geschehen, was ich nicht mehr der Ordnung nach weiß. Ich erinnere mich, Joachim legte jedem Opfertier vor dem Schlachten die Hand auf den Kopf. Er mußte das Blut mit einem Gefäße und auch einzelne Teile des Tieres empfangen. Es waren da allerhand Säulen, Tische und Gefäße, wo alles zerlegt, geteilt und geordnet ward. Der Schaum des Blutes ward weggetan, das Fett, auch Milz und Leber wurden abgesondert. Es wurde auch alles gesalzen. Die Eingeweide der Lämmer wurden gereinigt, mit etwas gefüllt und wieder in das Lamm gelegt, so daß es wie ein ganzes Lamm war. Die Füße der Tiere waren alle kreuzweise gebunden. Es wurde manches von dem Fleische den Tempeljungfrauen nach einem anderen Hofe gebracht, welche etwas damit zu tun hatten. Vielleicht mußten sie es für sich oder die Priester zur Speise bereiten. Alles dieses geschah mit unbegreiflicher Ordnung. Die Priester und Leviten gingen und kamen immer zwei und zwei, und bei der mannigfaltigen, sehr beschwerlichen Arbeit ging alles wie am Schnürchen. Die zum Opfer zubereiteten Stücke lagen gesalzen bis zum anderen Tage, wo sie erst wirklich geopfert wurden.

In der Herberge war heute ein Fest und eine Mahlzeit; es waren, die Kinder mitgezählt, wohl an hundert Menschen dabei. Es waren wohl 24 Mägdlein von verschiedenem Alter anwesend; unter anderen sah ich Seraphia, die nach Jesu Tod Veronika genannt ward, schon ziemlich erwachsen. Sie mochte wohl 10—12 Jahre alt sein. Sie bereiteten Kränze und Blumengewinde für Maria und ihre Begleiterinnen und schmückten auch sieben Kerzen oder Fackeln. Diese waren wie zepterförmige Leuchter ohne Fußgestell, und es brannte oben eine Flamme, ob von Öl oder Wachs oder was sonst, weiß ich nicht mehr. — Es gingen während dem Feste mehrere Priester und Leviten in der Herberge ein und aus. Sie nahmen auch teil an der Mahlzeit. Als sie sich über die Größe von Joachims Opfer verwunderten, sagte ihnen dieser, eingedenk seiner am Tempel erlittenen Schmach, da sein Opfer nicht angenommen worden sei, und um der Barmherzigkeit Gottes willen, der sein Flehen erhört habe, wolle er sich jetzt nach seinen Kräften dankbar erzeigen. — Ich sah heute das Kind Maria mit den anderen Mägdlein in der Gegend des Hauses spazierengehen. Vieles andere habe ich vergessen.

Einzug Mariä in den Tempel und Opferung

Am 8. November erzählte sie:

Joachim ging mit Zacharias und den anderen Männern heute schon früher zu dem Tempel. Dann ward auch das Kind Maria von der Mutter Anna in einem festlichen Zuge dahin geführt. — Anna und deren älteste Tochter Maria Heli mit ihrem Töchterlein Maria Kleophä schritten voraus, dann folgte das heilige Kind Maria in seinem himmelblauen Kleide und Mantel, mit Kränzen um die Arme und den Hals geschmückt; sie trug die mit Blumen umwundene Kerze oder Fackel in der Hand. Zu jeder Seite gingen ihr drei Mägdlein mit ähnlich geschmückten Fackeln, deren weiße Kleider mit Gold gestickt waren. Auch sie trugen lichtblaue Mäntelchen, waren ganz mit Blumenkränzen umwunden und hatten Kränzchen um Arme und Hals. Dann folgten die anderen Jungfrauen und Mägdlein, alle festlich, doch verschieden gekleidet, alle trugen Mäntelchen. Den Zug beschlossen die anderen Frauen.

Sie konnten aus der Festherberge nicht gerade zum Tempel, sondern mußten auf einem Umwege durch mehrere Straßen ziehen. Alles freute sich an dem schönen Zuge, dem an mehreren Häusern Ehre erwiesen wurde. Das Kind Maria hatte etwas unbeschreiblich Heiliges und Rührendes in seiner Erscheinung.

Ich sah, da der Zug angekommen, viele Tempeldiener beschäftigt, ein ungemein großes, schweres, wie Gold schimmerndes Tor, auf dem allerlei Köpfe, Weintrauben und Ährenbüsche abgebildet waren, mit großer Anstrengung aufzutun. Es war die goldene Pforte. Der Zug ging durch diese Pforte. Es waren 15 Stufen bis zu ihr zu steigen, ich weiß nicht mehr, ob mit Unterbrechungen. Man wollte Maria an der Hand führen, aber sie nahm es nicht an. Sie eilte in freudiger Begeisterung, ohne zu straucheln, die Stufen hinan. Alle waren gerührt darüber.

Unter der Pforte empfingen sie Zacharias, Joachim und einige Priester und führten sie rechts unter der Pforte, die ein langer Bogen war, in einige Hallen oder hohe Säle, in deren einem eine Mahlzeit zubereitet wurde. — Der Zug sonderte sich hier ab. Mehrere der Frauen und Kinder gingen an den Betort der Frauen im Tempel, Joachim und Zacharias aber zum Opfer. Die Priester legten in einer der Hallen nochmals dem Kinde Maria prüfende Fragen vor, und da sie erstaunt über die Weisheit des Kindes geschieden waren, bekleidete Anna das heilige Kind mit dem dritten feierlichsten violblauen Festkleide und dem dazugehörigen Mantel, Schleier und Krönchen, welche ich bei der Zeremonie in Annas Haus schon beschrieben habe [1].

Unterdessen war Joachim mit den Priestern zum Opfer gegangen. Er empfing Feuer von einem bestimmten Ort und stand zwischen zwei Priestern in der Nähe des Altars. — Ich bin jetzt

---

[1] Merkwürdig ist, daß die Stiftshütte dreierlei festliche Bekleidungen hatte, wovon die schönste und innerste blau und rot war. Dazu kam noch ein gröberer Überzug. So trug auch die allerseligste Jungfrau, in welcher das Bundeszelt seine Erfüllung erhielt, außer den Feiergewändern ein Alltagskleid. Man vergleiche über die dreifache Bekleidung der Stiftshütte samt der geringeren Decke Exodus 26,1—14.

zu krank und gestört, um den ganzen Hergang des Opfers geordnet zu erzählen. Was mir noch gegenwärtig, ist folgendes:

Man konnte nur von drei Seiten an den Altar. Die zubereiteten Opferstücke wurden nicht auf eine Stelle gelegt, sondern rings auf verschiedene Stellen. Man konnte an den drei Seiten Platten herausziehen, um das darauf zu legen, was in die Mitte sollte geschoben werden; denn es war zu weit, um mit den Armen dorthin zu reichen. An den vier Ecken des Altars standen hohle, metallene Säulchen, und auf denselben ruhten eine Art Rauchfänge, weite Trichter von dünnem Kupfer, die sich oben in hornförmig geschwungenen Röhren nach außen endeten, so daß der Rauch sich durch dieselben an diesen Stellen über den Häuptern der opfernden Priester hinwegzog.

Als das Opfer Joachims schon brannte, ging Anna mit dem geschmückten Kinde Maria und seinen Begleiterinnen in den Frauenvorhof, wo der Standort der Weiber in dem Tempel ist. Dieser Ort war von dem Hofe des Opferaltares durch eine Mauer getrennt, die oben in einem Gitter endete; in der Mitte dieser Scheidewand war jedoch ein Tor. — Der Standort der Frauen steigt von der Scheidewand nach rückwärts schräg auf, so daß sie zwar nicht alle, aber doch die Zurückstehenden zum Opferaltar einigermaßen hinsehen konnten. Wenn aber das Tor in der Scheidewand geöffnet war, dann konnte ein Teil der Frauen durch dieses zum Altare sehen. Maria und die anderen Mägdlein standen vor Anna und die anderen verwandten Frauen unfern dieses Tores. An einem abgesonderten Orte stand eine Schar weißgekleideter Tempelknaben, welche auf Flöten und Harfen spielten.

Nach dem Opfer ward unter diesem Tore, welches aus dem Frauenvorhof zu dem Opferhof hinsah, ein tragbarer, bedeckter Altar oder Opfertisch[1] aufgerichtet und zu ihm aufsteigend

---

[1] Dieser Opfertisch wurde unter diesem Tore aufgerichtet, weil die Frauen nicht weitergehen durften. Unter dem Bogen dieses Tores war Joachim bei der Zusammenkunft mit Anna in den unterirdischen Gang hinabgegangen, Anna aber auf der entgegengesetzten Seite.

einige Stufen. — Zacharias und Joachim traten aus dem Opferhof mit einem Priester zu diesem Altar, vor welchem ein Priester und zwei Leviten mit Rollen und Schreibgeräten standen, zu welchen Anna das geschmückte Kind Maria führte. Etwas zurück standen die Mägdlein, welche Maria begleitet hatten. — Maria kniete auf den Stufen; Joachim und Anna legten ihr die Hände auf den Kopf. Der Priester schnitt ihr einige Haare ab, welche auf einem Feuerbecken verbrannt wurden. Die Eltern sprachen auch einige Worte, durch welche sie ihr Kind opferten, und dieses wurde durch die beiden Leviten aufgeschrieben. Während diesem sangen die Mägdlein den 44. Psalm: Eructavit cor meum verbum bonum und die Priester den 49. Psalm: Deus, deorum Dominus, loctus est, wozu die Knaben musizierten.

Ich sah nun aber Maria von zwei Priestern an der Hand viele Stufen hinauf auf eine erhöhte Stelle der Scheidewand führen, welche den Vorhof des Heiligen von dem anderen Raume trennte. In der Mitte dieser Scheidewand stellten sie das Kind in eine Art Nische, so daß sie in den Tempel hinabsah, in welchem viele Männer geordnet standen, die mir auch zum Tempel verlobt schienen. Zwei Priester standen ihr zur Seite und die Stufen herab noch mehrere, welche beteten und laut aus Rollen lasen. — Jenseits der Scheidewand stand so hoch, daß man ihn halb sehen konnte, ein alter Hoherpriester bei einem Rauchopferaltar. Ich sah ihn ein Rauchopfer bringen und die Rauchwolke sich um das Kind Maria verbreiten.

Während dieser Handlung sah ich ein Bedeutungsbild um die heilige Jungfrau erscheinen, welches endlich den ganzen Tempel erfüllte und verdunkelte. — Ich sah unter dem Herzen Mariä eine Glorie und erkannte, daß diese die Verheißung und den allerheiligsten Segen Gottes umfasse. Ich sah diese Glorie wie von der Arche Noe umgeben erscheinen, so daß der Kopf der heiligen Jungfrau oben über der Arche hervorragte. Hierauf sah ich die Gestalt der Arche um diese Glorie in die Gestalt der Bundeslade übergehen und diese sodann wieder von der Erscheinung des Tempels umgeben. Dann sah ich diese Formen verschwinden und aus der Glorie wie den Kelch des Abendmahls vor der Brust Mariä hervortreten und über diesem vor ihrem Munde ein mit einem Kreuze bezeichnetes Brot erscheinen. — Zu ihren beiden Seiten rankten vielfache Strahlen hervor, an deren Ende viele Geheimnisse und Sinnbilder der heiligen Jungfrau wie zum Beispiel alle die Namen der lauretanischen Litanei bildlich erschienen. Von ihrer rechten und linken Schulter legten sich kreuzend zwei verschiedene Zweige, von Ölbäumen und Zypressen oder Zedern und Zypressen über einen feinen Palmbaum, den ich mit einem kleinen Blätterbusche gerade hinter ihr erscheinen sah. — In den Zwischenräumen dieser grünen Zweigstellung sah ich alle Leidenswerkzeuge Jesu erscheinen. — Der heilige Geist, in einer mit Scheinen geflügelten, mehr menschen- und taubenartigen Gestalt schwebte über dem Bilde, und darüber sah ich den Himmel offen und die Mitte des himmlischen Jerusalems, die Gottesstadt schwebte über ihr, mit allen Pälasten, Gärten und Räumen der zukünftigen Heiligen, und alle waren mit Engeln erfüllt wie auch die ganze Glorie, die nun die heilige Jungfrau umgab, mit Engelsangesichtern erfüllt war [1].

Wer kann das aussprechen? Alles war so unzählig mannigfaltig, auseinander hervorwachsend und sich verwandelnd, daß ich unzählig vieles vergessen habe. Die ganze Bedeutung der heiligen Jungfrau im Alten und Neuen Bunde und bis in alle Ewigkeit war darin ausgesprochen. — Ich kann diese Erscheinung nur mit jener vergleichen, die ich im Kleinen unlängst vom heiligen Rosenkranz in seiner ganzen Herrlichkeit hatte, von welchem viele klug scheinende Leute noch viel unverständiger sprechen, als ihn die geringeren armen Leute in ihrer Einfalt beten, denn diese schmücken ihn doch noch mit dem Glanze

---

[1] Die Kirche betet in den priesterlichen Tageszeiten der Muttergottes öfters: Omnium nostrum habitatio est in te sancta Dei genitrix, was schön mit der Vorstellung zusammenhängt, daß Maria als Arche Noes erscheint, in welcher die aus der Sintflut Geretteten wohnten.

des Gehorsams und der demütigen Andacht, die auf die Kirche vertraut, welche ihn empfiehlt.

Als ich dies alles sah, schien alle Pracht und Zierde des Tempels und die schöne geschmückte Wand hinter der heiligen Jungfrau ganz trüb und rußig, ja der Tempel selbst schien gar nicht mehr da, Maria und ihre Glorie erfüllte alles. Während sich die ganze Bedeutung der heiligen Jungfrau in diesen Erscheinungen vor meinen Augen entwickelte, sah ich sie nicht mehr als das Kind Maria, sondern als die heilige Jungfrau, groß und schwebend, und sah doch die Priester und den Opferrauch und alles durch das Bild durch, und es war, als ob der Priester hinter ihr weissage und dem Volke verkünde, es solle Gott danken und beten, es werde etwas Großes aus diesem Kinde werden. Alle Anwesenden im Tempel aber, obschon sie das Bild nicht sahen, das ich sah, waren sehr still und feierlich gerührt. — Es verschwand aber das Bild ebenso nach und nach wieder, wie ich es hervortreten gesehen. Zuletzt sah ich nur noch die Glorie unter dem Herzen Mariä und den Segen der Verheißung in ihr leuchten, sodann verschwand auch diese Erscheinung, und ich sah das dem Tempel geopferte heilige Kind in seinem Schmucke wieder allein zwischen den Priestern.

Die Priester nahmen dem Kinde nun die Kränzchen von den Armen und die Fackel aus der Hand und reichten diese ihren Begleiterinnen. Sie legten ihr eine braune Schleierkappe über das Haupt und führten sie die Stufen hinab durch eine Türe in eine andere Halle, wo etwa sechs andere, jedoch erwachsenere Tempeljungfrauen Blumen vor ihr streuend entgegentraten. Hinter diesen standen ihre Lehrerinnen Noemi, die Schwester von Lazari Mutter und die Prophetin Hanna nebst einer dritten Frau; diesen übergaben die Priester das Kind Maria und gingen zurück. — Die Eltern und nahen Verwandten waren auch hinzugetreten, der Gesang war vollendet, und Maria nahm Abschied von den Ihrigen. — Joachim war besonders tief gerührt, er hob Maria empor, drückte sie an sein Herz und sprach unter Tränen zu ihr: „Gedenke meiner Seele vor Gott!" Worauf nun

Maria mit den Lehrerinnen und mehreren Mägdlein in die Wohnung der Frauen an der Mitternachtsseite des eigentlichen Tempels ging. Sie hatten ihren Aufenthalt in Gemächern, welche in den dicken Mauerwerken des Tempels angebracht waren. Sie konnten durch Gänge und Wendeltreppen hinauf in kleine Betzellen neben dem Heiligen und Allerheiligsten gelangen.

Die Eltern und Verwandten Mariä begaben sich in die Halle an der goldenen Pforte zurück, wo sie zuerst verweilt waren, und nahmen dort mit den Priestern ein Mahl ein. Die Frauen aßen in einer Halle getrennt. — Sehr vieles, was ich gesehen und gehört, habe ich vergessen, unter anderem die nähere Ursache, warum das Fest so reich und feierlich gewesen; doch weiß ich noch, daß es infolge einer Offenbarung des göttlichen Willens geschah. Die Eltern Mariä waren eigentlich wohlhabend, sie lebten nur arm der Abtötung und des Almosens halber. Ich weiß nicht mehr, wie lange Anna nur kalte Speise zu sich nahm. Aber ihr Gesinde hielten sie reichlich und statteten es aus. — Ich habe auch noch viele Betende im Tempel gesehen, auch waren viele Leute dem Zuge bis zum Tore des Tempels gefolgt. — Es mußten wohl einige der Anwesenden eine Ahnung von der Bestimmung der heiligen Jungfrau haben, denn ich entsinne mich einiger Äußerungen, welche Anna in freudiger Begeisterung gegen einzelne Frauen tat, und welche ungefähr soviel aussprachen, als: „Nun zieht die Lade des Bundes, das Gefäß der Verheißung, in den Tempel ein."

Die Eltern und übrigen Verwandten Mariä zogen noch heute bis gegen Bethoron zurück.

Ich sah nun auch bei den Tempeljungfrauen ein Fest. Maria mußte die Lehrerinnen und einzelne Mägdlein der Reihe nach fragen, ob sie sie unter sich dulden wollten. Es war dieses so der Gebrauch. Dann hatten sie eine Mahlzeit und nach dieser einen Tanz unter sich. Sie standen paarweise einander gegenüber und tanzten in Kreuzlinien und allerlei Figuren durcheinander. Sie hüpften dabei nicht, es war wie ein Menuett. Manchmal fand eine schaukelnde, schlängelnde Bewegung des Leibes dabei statt, auf die Art wie die Bewegungen der Juden bei dem Gebete. Einige der Mädchen machten Musik dazu mit Flöten, Triangeln und Schellen. — Ein Instrument lautete dabei besonders angenehm und seltsam. Es war ein Kästchen, auf beiden Seiten schräg abfallend, und hier mit Saiten bespannt, worauf man klimperte. In der Mitte des Kastens waren Blasbälge, die auf und nieder gedrückt mehrere krumme und gerade Pfeifen zwischen den Harfenklängen ertönen machten. Die Spielenden hatten das Instrument auf den Knien.

Am Abend sah ich die Lehrerin Noemi die heilige Jungfrau in ihr Kämmerchen führen, aus welchem man in den Tempel sehen konnte. Es war nicht ganz viereckig, und die Wände waren mit dreieckigen Figuren verschiedenfarbig ausgelegt. Es stand ein Schemel und ein Tischchen darin, und in den Winkeln befanden sich Gestelle mit Fächern, etwas darauf zu legen. Vor diesem Kämmerchen befanden sich eine Schlafstelle und ein Kleiderraum wie auch die Kammer der Noemi. Maria sprach mit dieser noch von dem öfteren Aufstehen in der Nacht, welches ihr aber Noemi für jetzt noch nicht gestattete.

Die Tempelfrauen trugen lange, weite, weiße Kleider mit Gürteln und sehr weiten Ärmeln, welche sie bei der Arbeit aufschürzten. — Sie waren verschleiert.

Ich erinnere mich, nie gesehen zu haben, daß Herodes den Tempel ganz neu erbaute. Ich sah nur unter seiner Regierung allerlei daran verändern. Jetzt, 11 Jahre vor Christi Geburt, als Maria in den Tempel kam, ward nichts am eigentlichen Tempel gebaut, aber wie immer an den äußeren Umgebungen; das ließ nie ganz ab.

Am 21. November sagte die Erzählende:

Ich hatte heute einen Blick in den Wohnraum Mariä am Tempel. In der Nordseite der Tempelmauer gegen das Heilige hin befanden sich in der Höhe mehrere Kammern, welche mit den Wohnungen der Frauen zusammenhingen. — Die Kammer Mariä war eine der äußersten gegen das Allerheiligste zu. Man trat aus dem Gang durch einen Vorhang in eine Art Vorgemach, welches durch einen Verschlag in halbrunder oder winkeliger Form von dem eigentlichen Raum abgetrennt war. In dem Winkel rechts und links waren Gefache, um Kleider und Gerätschaften zu bewahren. — Der Türe in diesem Verschlage gegenüber führten Stufen zu einer in der Höhe angebrachten mit Flor und einem Teppich verhängten Öffnung, welche in den Tempel niedersah. Links an der Wand der Kammer war ein Teppich in einem Wulst zusammengerollt, der ausgebreitet das Lager bildete, auf welchem Maria schlafend ruhte.

In einer Nische der Wand war eine Armlampe angebracht, bei welcher ich heute das Kind auf einem Schemel stehend in einer Pergamentrolle, woran rote Stabknäufe, beten sah. Es war dieses gar rührend anzusehen. Das Kind hatte dabei ein weiß- und blaustreifiges, mit gelben Blumen durchwirktes Kleidchen an. Ein rundes, niederes Tischchen stand in der Kammer. Ich sah Hanna hereintreten, sie stellte eine Schale mit Früchten, so groß wie Bohnen, und einen kleinen Krug auf den Tisch.

Maria war über ihr Alter geschickt, ich sah sie schon an kleinen weißen Tüchern für den Tempeldienst arbeiten.

Die obigen Betrachtungen teilte Anna Katharina Emmerich gewöhnlich um die Zeit des Festes Mariä Opferung mit. Außerdem aber erzählte sie von dem Aufenthalt Mariä am Tempel während elf Jahren dann und wann noch Folgendes:

Aus dem Leben der heiligen Jungfrau am Tempel

Ich sah die heilige Jungfrau am Tempel, teils in der Wohnung der Frauen mit den anderen Mägdlein, teils einsam in ihrem Kämmerchen in Lehre, Gebet und Arbeit heranwachsen. Sie webte, wirkte, strickte schmale Zeugbahnen auf langen Stäben für den Tempeldienst. Sie wusch die Tücher und reinigte die Gefäße. — Ich sah sie oft in Gebet und Betrachtung. — Ich sah nie, daß sie sich körperlich kasteite oder abtötete, sie bedurfte das nicht. — Sie aß wie alle heiligsten Menschen nur, um zu leben, und keine anderen Speisen als jene, zu dessen sie sich verlobt hatte.

Außer den vorgeschriebenen Tempelgebeten war Mariä Andacht eine ununterbrochene Sehnsucht nach der Erlösung, ein stetes inneres Gebet. — Sie tat das alles still und geheim. Wenn alles schlief, stand sie vom Lager auf und flehte zu Gott. — Ich sah sie oft in Tränen zerfließen und in ihrem Gebete von Glanz umgeben. — Ihr Gewand, da sie mehr erwachsen, sah ich immer von bläulich schimmernder Farbe. Sie war im Gebete verschleiert. Auch war sie verschleiert, wenn sie mit Priestern redete und hinab in eine Kammer am Tempel ging, um Arbeit zu empfangen oder abzuliefern. — Solche Räume waren an drei Seiten des Tempels. Sie kamen mir immer wie Sakristeien vor. Es wurden darin allerlei Geräte bewahrt, welche die Tempeldienerinnen erhalten, herstellen und vermehren mußten.

Ich sah die heilige Jungfrau am Tempel in einer steten Gebetshinreißung leben. Sie schien mit ihrer Seele nicht auf der Erde zu sein und ward oft himmlischer Tröstungen teilhaftig. — Sie hatte eine unendliche Sehnsucht nach der Erfüllung der Verheißung und wagte in ihrer Demut kaum den Wunsch, die niedrigste Magd der Mutter des Erlösers werden zu können.

Die Lehrerin und Pflegerin Mariä am Tempel hieß Noemi, sie war eine Schwester der Mutter des Lazarus und 50 Jahre alt. Sie und die anderen Tempeldienerinnen gehörten zu den Essenern. Maria lernte Stricken bei ihr und ging ihr zur Hand, wenn sie Geräte und Gefäße vom Opferblut reinigte oder gewisse Teile des Opferfleisches als Speise für die Tempeldienerinnen und Priester zerteilte und zubereitete; denn diese wurden teils dadurch ernährt. Später nahm Maria noch tätigeren Anteil an diesen Geschäften. Wenn Zacharias den Dienst am Tempel hatte, besuchte er sie, auch Simeon kannte sie.

Die Bedeutung der heiligen Jungfrau kann den Pristern nicht ganz unbekannt gewesen sein. Ihr ganzes Wesen, ihre Gnade, ihre Weisheit war von Kind auf am Tempel so merkwürdig, daß sie dieselbe auch mit ihrer größten Demut nicht ganz verhüllen konnte. Ich sah auch alte heilige Priester große Rollen in bezug auf sie vollschreiben, und diese Schriften sind mir, ich weiß nicht mehr zu welcher Zeit, noch unter alten Schriften liegend gezeigt worden.

Wir brechen hier die zerstreuten Mitteilungen von dem Verweilen der heiligen Jungfrau am Tempel ab und lassen einiges folgen, was von der Jugend des heiligen Joseph erzählt ward.

Aus der Jugend des heiligen Joseph
(Erzählt am 18. März 1820 und 18. März 1821)

Von vielem, was ich heute aus dem Jugendleben des heiligen Joseph gesehen, erinnere ich mich noch des Folgenden:

Joseph, dessen Vater Jakob hieß, war der dritte von sechs Brüdern. Seine Eltern wohnten in einem großen Gebäude vor Bethlehem, dem ehemaligen Stammhause Davids, dessen Vater Isai oder Jesse es besessen hatte. Es war jedoch bis auf die Zeit Josephs nicht mehr vieles, außer den Hauptmauern von dem alten Gebäude übrig. Es hat eine recht luftige, wasserreiche Lage. — Ich weiß dort schier besser Bescheid als in unserem Dörfchen Flamske.

Vor dem Hause lag, wie vor den Häusern im alten Rom, ein Vorhof, der von bedeckten Säulengängen wie von einer Art Laube umgeben war. Ich sah in diesen Säulengängen Figuren wie Köpfe alter Männer. — An einer Seite des Hofes befand sich ein Quellbrunnen unter einem steinernen Brunnenhaus. Das Wasser sprang aus Tierköpfen. — Am Wohnhause selbst sah man im unteren Stockwerke keine Fenster, hoch oben aber runde Öffnungen. Eine Türe sah ich am Haus. — Rings oben um das Haus lief eine breite Galerie, an deren vier Ecken sich kleine Türme, gleich dicken, kurzen Säulen befanden, die sich in großen Kugeln oder Kuppeln endigten, auf welchen Fähnchen angebracht waren. Aus den Öffnungen dieser Kuppeln, in welche Treppen durch die Türmchen führten, konnte man alles weit umher beobachten, ohne selbst gesehen zu werden. Auf Davids Palast in Jerusalem waren auch solche Türmchen, und aus der Kuppel eines derselben beobachtete er das Bad der Bethsabee.

Diese Galerie oben am Hause lief um ein niederes Stockwerk, auf dessen plattem Dache noch ein Aufsatz mit einem solchen Türmchen war. — Hier oben wohnten Joseph und seine Brüder, und in dem obersten Aufsatz ihr Lehrer, ein alter Jude. Sie schliefen alle rund um eine Stube herum, in der Mitte des Stockwerks, um welches die Galerie lief. Ihre Schlafstellen, aus Teppichen bestehend, die bei Tag an der Wand aufgerollt wurden, waren durch Matten getrennt, die man auch wegnehmen konnte. — Ich habe sie da oben in ihren Räumen spielen sehen. Sie hatten Spielzeug in Tiergestalten wie kleine Möpschen (so pflegt sie alle Tierfiguren und Fratzen zu nennen, die sie nicht kennt). — Ich sah auch, wie ihr Lehrer ihnen allerlei seltsamen Unterricht gab, den ich nicht recht verstand. Ich sah, wie er Stäbe am Boden in mancherlei Figuren umherlegte und die Knaben in diese Figuren treten ließ; dann sah ich die Knaben wieder in andere Figuren treten und die Stäbe auseinanderschieben, anders legen und einteilen und dabei mancherlei ausmessen. Ich sah auch die Eltern; sie bekümmerten sich nicht viel um die Kinder und waren wenig in Berührung mit ihnen. Sie schienen mir weder gut noch bös.

Joseph, den ich in dieser Betrachtung etwa acht Jahre alt sah, war in seinem Wesen von seinen Brüdern sehr verschieden. Er hatte viel Talent und lernte sehr gut, aber er war einfältig, still, fromm und ohne Ehrgeiz. Seine Brüder spielten ihm allerlei Possen und stießen ihn hin und her. Die Knaben hatten abgeteilte kleine Gärten, und an deren Eingängen standen an Pfeilern, jedoch etwas verdeckt (vielleicht in Nischen?), Figuren gleich Wickelpuppen, wie ich sie oft und auch auf dem Vorhange sah, der den Gebetsort der Mutter Anna und auch der heiligen Jungfrau bezeichnete, nur daß bei Maria diese Figur etwas im Arm hielt, das an einen Kelch erinnerte, aus dem sich etwas herausschlängelte. Die Figuren hier im Hause waren nur gleich Wickelpuppen mit runden umstrahlten Angesichtern. — Ich habe besonders in noch früheren Zeiten viele Figuren dieser Gestalt in Jerusalem bemerkt. Auch in Verzierungen im Tempel kamen sie vor. In Ägypten sah ich sie auch, sie hatten dort manchmal kleine Mützen auf dem Kopf. Unter den Figuren, welche Rachel ihrem Vater Laban entführte, waren auch einige solche, jedoch kleinere, aber auch mehrere von anderer Gestalt. Ich habe auch solche Figuren bei den Juden in kleinen Kasten oder Körben liegen sehen. — Ich meine, sie bedeuteten vielleicht das Kind Moses, wie es auf dem Nil schwamm, und das Eingewickelte sollte vielleicht das feste Gebundensein durch das Gesetz vorstellen. Ich dachte manchmal, sie hätten wohl dieses Bildchen so, wie wir das Christkindchen haben.

In den Gärten der Knaben sah ich Kräuter, Büsche und Bäumchen. Ich sah, wie die Brüder im Gärtchen Josephs oft heimlich etwas zertraten und ausrissen. Sie taten ihm viel Kummer an. Ich sah ihn oft unter den Säulengängen des Vorhofs gegen die Wand gekehrt, kniend mit ausgebreiteten Armen beten, und wie seine Brüder heranschlichen und ihn in den Rücken stießen. — Ich sah einmal, da er so kniete, daß einer von ihnen ihn mit dem Fuße auf den Rücken trat und, da er es nicht zu bemerken schien, diese Mißhandlung so heftig wiederholte, daß der arme Joseph an den harten Steinboden hinfiel. Woraus ich erkannte, daß er nicht in wachem Zustande, sondern im Gebete entzückt gewesen ist. Als er zu sich kam, zürnte er nicht, rächte sich nicht, sondern er suchte sich einen verborgenen Winkel auf, wo er sein Gebet fortsetzte.

Ich sah an den äußeren Mauern des Hauses kleine Wohnungen angebracht, in welchen ein paar Frauenspersonen von mittlerem Alter wohnten. Sie gingen verhüllt einher, so wie ich öfter dort im Lande Frauen an Schulen wohnen sehe. — Sie schienen zum Gesinde des Hauses zu gehören, denn ich sah sie darin in allerlei Geschäften ein- und ausgehen. Sie trugen Wasser zu, wuschen und fegten, schlossen die Fensteröffnungen mit vorgesetzten Gittern, rollten die Betten an den Wänden zusammen und stellten geflochtene Schirme davor. — Ich sah Josephs Brüder manchmal mit diesen Mägden reden oder ihnen in ihren Arbeiten helfen, auch wohl mit ihnen scherzen.

Joseph tat das nicht; er hielt sich ernst und einsam. Es schien mir, als seien auch Töchter im Hause. — Die Einrichtung der unteren Wohnräume war ziemlich wie in Annas Haus, jedoch alles geräumiger.

Die Eltern waren auch nicht recht mit Joseph zufrieden, sie wollten, er möge bei seinen Talenten auf irgendein weltliches Amt hinarbeiten, aber er hatte gar keine Neigung dazu. Er war ihnen zu einfach und schlicht; beten und still eine Handarbeit treiben, war sein einziger Trieb. — Um sich den steten Neckereien seiner Brüder zu entziehen, sah ich ihn oft, da er etwa schon 12 Jahre alt sein mochte, an der anderen Seite von Bethlehem, nicht weit von der nachmaligen Krippenhöhle, bei einigen frommen Frauenspersonen verweilen, die zu einer kleinen Genossenschaft von Essenerinnen gehörten, welche an einer ausgebrochenen Stelle des Hügels, worauf Bethlehem liegt, in einer Reihe von Felsenkammern wohnten, kleine Gärten bei ihrer Wohnung bauten und Kinder anderer Essener unterrichteten. Ich sah oft, wenn sie bei einer Lampe in ihrer Felsenkammer aus einer Rolle, die an der Wand hing, beteten, daß der kleine Joseph sich zu ihnen vor den Neckereien seiner Brüder flüchtete und mit ihnen betete. Auch sah ich ihn sich in den Höhlen aufhalten, deren eine nachher die Geburtsstelle unseres Herrn ward. Er betete dort ganz einsam oder machte allerlei kleine Holzarbeiten, denn es hatte in der Nähe der Essenerinnen ein alter Zimmermann seine Werkstätte; Joseph hielt sich viel bei ihm auf, ging ihm in seiner Arbeit zur Hand und lernte so nach und nach sein Handwerk, wobei ihm die Meßkunst, welche er bei seinem Lehrer zu Haus getrieben, sehr zustatten kam.

Die Feindseligkeit seiner Brüder machte es ihm endlich unmöglich, länger im elterlichen Hause zu bleiben; ich sah, daß ihm ein Freund aus Bethlehem, das von seinem Vaterhaus durch einen kleinen Bach getrennt war, andere Kleider gab, in welchen verkleidet er sich nachts von Haus entfernte, um seinen Lebensunterhalt an einem anderen Orte durch sein Zimmerhandwerk zu verdienen. Er mochte damals 18—20 Jahre alt sein.

Ich sah ihn zuerst bei einem Zimmermann in Libonah arbeiten [1], wo er eigentlich sein Handwerk zuerst recht lernte. Sein Meister wohnte an alten Mauern, die von der Stadt aus längs einem schmalen Bergrand hinführten, gleich einer Straße zu einer verfallenen Burg hinauf. Es wohnten dort mehrere ärmere Leute in der Mauer. — Hier sah ich Joseph zwischen hohen Mauern, in welchen oben Lichtöffnungen waren, an langen Stangen arbeiten. Es waren Rahmen, in die man Flechtwände einsetzte. Sein Meister war ein armer Mann und machte meist nur solche grobe Flechtwände und ähnliche ganz geringe Arbeit.

Joseph war sehr fromm, gut und einfältig, es liebte ihn jedermann. Ich sah ihn gar demütig seinem Meister alle Dienste tun, ich sah ihn Späne auflesen, Holz sammeln und auf dem Rücken herbeischleppen. Später ist er einmal mit der heiligen Jungfrau hier vorübergereist, und wie ich meine, hat er mit ihr seine ehemalige Arbeitsstätte besucht.

Seine Eltern hatten anfangs geglaubt, er sei von Räubern entführt worden. Ich sah aber, daß er hier endlich durch seine Brüder ausgekundschaftet und sehr ausgescholten ward, denn sie schämten sich seiner geringen Lebensweise, die er aber in seiner Demut darum doch nicht aufgab; nur verließ er diesen Ort und arbeitete nachher in Thanath [2] (Thaanach) bei Megiddo an einem Flüßchen (Kison), das ins Meer fließt. Der Ort liegt nicht weit von Apheke, der Vaterstadt des Apostels Thomas.

---

[1] Aus mehreren Mitteilungen der A. K. Emmerich über den Lehrwandel Jesu geht hervor, daß die Stadt, in welcher der heilige Joseph zuerst arbeitete, nicht jenes Libnah war, das im Stamme Juda etliche Stunden westlich von Bethlehem liegt, sondern Libonah auf der südlichen Seite des Berges Garizim. Es wird im Buch der Richter K. 21 V. 19 angeführt, welcher Stelle zufolge es nördlich von Silo zu suchen ist.

[2] Da Thanath oder Thaanath (Jos 16,6) nach Eusebius zehn Meilen östlich von Nablus gegen den Jordan hin liegt, der hier gemeinte Ort aber nach der Versicherung der Seherin nordwestlich von Nablus liegen muß, so hat sie ohne Zweifel statt Thanath vielmehr Thaanach sagen wollen oder auch

Hier lebte er bei einem wohlhabenden Meister, sie zimmerten und machten schon bessere Arbeit.

Ich sah ihn noch später in Tiberias für einen Meister arbeiten. Er wohnte allein in einem Hause am Wasser. Er mochte schon 33 Jahre alt sein. Seine Eltern in Bethlehem waren schon längere Zeit gestorben. Zwei Brüder wohnten noch in Bethlehem, die anderen waren zerstreut. Das elterliche Haus war in anderen Händen, und die ganze Familie war schnell herabgekommen.

Joseph war sehr fromm und betete eifrig um die Ankunft des Messias. Er war soeben damit beschäftigt, sich einen noch einsameren Raum zum Gebet an seiner Wohnung zu errichten, als ihm ein Engel erschien und zu ihm sagte, er solle dieses nicht tun, denn wie der Patriarch Joseph einstens um diese Zeit der Verwalter des Getreides in Ägypten durch Gottes Willen geworden sei, so solle auch ihm jetzt das Kornhaus des Heiles anvertraut werden.

Joseph in seiner Demut verstand dies nicht und begab sich in fortgesetztes Gebet, bis er den Ruf erhielt, sich nach Jerusalem zum Tempel zu begeben, wo er durch göttliche Entscheidung der Gemahl der heiligen Jungfrau ward.

Ich habe ihn nie früher verheiratet gesehen, er war sehr zurückgezogen und mied das weibliche Geschlecht.

Von einem älteren Bruder Josephs

Wir werden später in den Betrachtungen der A. K. Emmerich noch mancherlei anderen Notizen aus der Familiengeschichte

---

vielleicht wirklich gesagt und ward nur von dem Schreiber, der damals ohne alle geographische Kenntnis von Palästina und ohne die Hilfsmittel dazu war, mißverstanden, was um so leichter geschah, da sie in Krankheit oder ekstatischem Zustande oft in münsterländischem Plattdeutsch die Namen einigermaßen unklar aussprach oder verwechselte. Es ist aber um so gewisser, daß sie hier Thaanach sagen wollte, als sie in der täglichen Mitteilung des Lehrwandels Jesu im Jahre 1823 das dritte Lehrjahr betrachtend erzählt, daß Jesus am 25. und 26. Siva in Thaanach, einer Levitenstadt bei Megiddo, gelehrt und die ehemalige Zimmermannsstelle seines Nährvaters Joseph dort besucht habe.

Josephs und namentlich seiner Brüder begegnen, welche aber in dem großen Umfange der Mitteilungen zu zerstreut und verflochten sind, als daß sie der Schreiber hier alle ohne Störung mit Sicherheit zusammenstellen könnte. Weil sich aber die Veranlassung ungesucht darbietet, so erwähnen wir eines älteren Bruders Josephs, welcher in Galiläa wohnte.

Als wir die oben Seite 29 angeführte Verwandtschaft Josephs mit Joachim in unseren Tagebüchern nachsuchten, wo diese Verwandtschaft am 24. August 1821 erzählt ist, indem wir an demselben Tage als dem Feste des heiligen Bartholomäus eine umständlichere Betrachtung aus dem Leben dieses Apostels mitgeteilt, welche sie, durch eine Reliquie desselben in höherem Grade angeregt, gehabt hatte. — In dieser Betrachtung ist gesagt, daß der Vater des Bartholomäus von Gessur längere Zeit das Bad bei Bethulien gebraucht und sich nachher ganz in der Gegend niedergelassen habe, und zwar besonders aus Freundschaft zu einem älteren Bruder des heiligen Joseph. Sie erzählte:

Er zog in der Nähe von Dabbeseth in ein Tal, wo Zadok, ein frommer, älterer Bruder Josephs wohnte, welchen der fromme Vater des Bartholomäus während seinem Badeaufenthalte sehr lieb gewonnen hatte. Zadok hatte zwei Söhne und zwei Töchter, diese Kinder hatten Umgang mit der heiligen Familie; als der zwölfjährige Jesus am Tempel zurückbleibend seinen Eltern verlorenging, suchten sie ihn auch bei dieser Familie. Ich sah die Söhne auch im Jünglingsalter Jesu unter seinen Gespielen.

Johannes wird dem Zacharias verheißen

Ich sah Zacharias mit Elisabeth sprechen, wie er schwermütig sei, es nahe die Zeit, daß er den Dienst im Tempel zu Jerusalem habe, er gehe immer mit Betrübnis hin, weil er dort wegen seiner Unfruchtbarkeit verächtlich angesehen werde. Zacharias aber hatte zweimal im Jahre seinen Dienst am Tempel.

Sie wohnten nicht in Hebron selbst, sondern etwa eine Stunde

Johannes wird dem Zacharias verheißen

davon in Jutta. Es lag zwischen Jutta und Hebron mancherlei Mauerwerk, als hätten vielleicht einst die beiden Orte zusammengehangen. Nach den anderen Seiten von Hebron lagen auch manche zerstreute Gebäude und Häusergruppen wie Überreste eines größeren Umfangs von Hebron, denn es war einst wohl ebenso groß wie Jerusalem. — In Hebron wohnten geringere, in Jutta vornehmere Priester. Zacharias war wie ein Vorsteher über dieselben. Er und Elisabeth wurden wegen ihrer Tugend und reinen Abstammung aus Aaron dort sehr geehrt.

Ich sah hierauf, wie Zacharias mit mehreren anderen Priestern der Gegend auf einem kleinen Gute, das er in der Nähe von Jutta besaß, zusammenkam. Es war ein Garten mit allerlei Lauben und einem Häuschen dort. Zacharias betete hier mit den Versammelten und belehrte sie. Es war eine Art Vorbereitung auf den bevorstehenden Tempeldienst. Auch hörte ich ihn von seiner Schwermut sprechen und wie er ahnte, es stehe ihm irgend etwas bevor.

Ich sah ihn sodann mit diesen Leuten nach Jerusalem gehen, und wie er dort noch vier Tage harren mußte, bis ihn die Reihe des Opfers traf. Er betete bis dahin vorn im Tempel. — Als ihn nun die Reihe traf, das Rauchopfer anzuzünden, sah ich ihn in das Heilige gehen, worin vor dem Eingang in das Allerheiligste der goldene Rauchaltar stand. Die Decke ward über demselben eröffnet, daß man den freien Himmel sehen konnte. Den opfernden Priester konnte man draußen nicht sehen, man konnte aber den Rauch aufsteigen sehen. Als Zacharias hineingegangen, sprach ein anderer Priester etwas mit ihm und ging dann hinweg[1].

Als Zacharias nun allein war, sah ich ihn durch einen Vorhang in einen Ort gehen, wo es dunkel war. Er holte dort etwas heraus, was er auf den Altar brachte, und zündete einen Rauch an. — Nun sah ich rechts vom Altar einen Glanz auf ihn niederkommen und eine leuchtende Gestalt in demselben zu ihm

---

[1] Wahrscheinlich hatte dieser ihm, wie üblich war, gesagt: Zünde das Rauchopfer an. (Siehe Mischnah, tract. Tamid 6. § 3. ed. Surenh. p. 305.)

nahen und sah, wie er erschreckt und gleichsam in Entzückung erstarrt gegen die rechte Seite des Altars hinsank. Der Engel aber richtete ihn wieder auf, redete lange mit ihm, und Zacharias antwortete ihm auch. — Ich sah über Zacharias den Himmel offen und zwei Engel wie auf einer Leiter zu ihm auf- und niedersteigen. Sein Gürtel war gelöst und sein Gewand offen, und ich sah, als nehme einer der Engel etwas von ihm und der andere gebe ihm wie einen kleinen leuchtenden Körper in seine Seite. — Es war dieses Ereignis wie bei Joachim, da dieser den Segen des Engels zur Empfängnis der heiligen Jungfrau erhielt.

Die Priester pflegten, wenn sie das Rauchopfer angezündet, sogleich wieder aus dem Heiligen herauszugehen. Als nun Zacharias so lange nicht zurückkehrte, ward das draußen betende Volk ganz unruhig. Er aber war stumm geworden, und ich sah, daß er auf ein Täfelchen schrieb, ehe er hinausging.

Als er nun aus dem Tempel in den Vorhof trat, drängten sich viele mit der Frage zu ihm, warum er so lange verweilt habe? Er konnte aber nicht sprechen und winkte mit der Hand, auf den Mund und das Täfelchen zeigend, das er hierauf sogleich nach Jutta an Elisabeth sendete, sie von der barmherzigen Verheißung Gottes und seiner Stummheit zu unterrichten, bis er selbst nach kurzer Zeit hinreiste; aber auch Elisabeth hatte eine Offenbarung gehabt, deren ich mich jedoch nicht mehr erinnere.

Hier ward nur mitgeteilt, was die Schwester Emmerich in ihrer Krankheit flüchtig erzählte. Damit sich aber der Leser das Gespräch des Engels mit Zacharias und die Worte Elisabeths vergegenwärtige, fügen wir dieses Geheimnis nach den Worten des Evangeliums Lk 1,5—25 bei.

In den Tagen Herodes', des Königs von Judäa, war ein Priester, mit Namen Zacharias, von der Priesterklasse des Abias, sein Weib war eine von den Töchtern Aarons und hieß Elisabeth. Beide waren gerecht vor Gott und wandelten in allen Geboten und Satzungen des Herrn tadellos. Und sie hatten kein Kind; denn Elisabeth war unfruchtbar, und beide waren in ihren Tagen schon vorgerückt. Es begab sich aber, als er nach der Ordnung seiner Priesterklasse vor Gott das Priesteramt verrichtete, traf ihn nach der Gewohnheit des Priestertums das Los zu räuchern, und er ging in den Tempel des Herrn hinein. Die ganze Menge war draußen und betete zur Zeit des Räucherns. Da erschien ihm ein Engel des Herrn, der zur Rechten des Rauchaltars stand; und Zacharias erschrak, als er ihn sah, und Furcht überfiel ihn. Der Engel aber sprach zu ihm: „Fürchte dich nicht, Zacharias! Denn dein Gebet ist erhört worden, und Elisabeth, dein Weib, wird dir einen Sohn gebären, den sollst du Johannes nennen. Du wirst Freude und Wonne haben, und viele werden sich über seine Geburt freuen, denn er wird groß sein vor dem Herrn. Wein und starkes Getränke wird er nicht trinken und in seiner Mutter Leibe noch mit dem heiligen Geiste erfüllt werden. Er wird viele von den Kindern Israels zum Herrn, ihrem Gott, bekehren. Und er wird vor ihm hergehen im Geist und in der Kraft des Elias, um die Gesinnungen der Väter auf die Kinder der Ungläubigen zur Weisheit der Gerechten zu bringen. Und sieh! Du wirst stumm sein und nicht reden können bis auf den Tag, da dies geschehen wird; darum, weil du meinen Worten nicht geglaubt hast, die zu ihrer Zeit in Erfüllung gehen werden."

Das Volk aber wartete auf Zacharias, und es wunderte sich, daß er so lange im Tempel verweilte. Als er nun herauskam, konnte er nicht zu ihnen reden. Und sie merkten, daß er ein Gesicht im Tempel gehabt hatte, und er winkte ihnen und blieb stumm. Als nun die Tage seines Dienstes vollbracht waren, ging er in sein Haus. Nach diesen Tagen aber empfing sein Weib Elisabeth, und sie verbarg sich fünf Monate, indem sie sprach: So hat mir der Herr getan zur Zeit, da er mich angesehen, um meine Schmach vor den Menschen von mir zu nehmen.

Vermählung der heiligen Jungfrau mit Joseph

Es lebte die heilige Jungfrau mit mehreren anderen Jungfrauen am Tempel unter der Aufsicht von frommen Matronen.

Diese Jungfrauen beschäftigten sich mit Stickereien und allerlei anderen Zierwerken an Teppichen und Priesterkleidern, auch mit Reinigung solcher Kleider und der Tempelgeräte. Sie hatten kleine Zellen, aus welchen sie in den Tempel sehen konnten, wo sie beteten und betrachteten. Wann diese Jungfrauen herangewachsen waren, wurden sie vermählt. — Ihre Eltern hatten sie durch die Übergabe an den Tempel ganz Gott aufgeopfert, und es herrschte dabei unter den frommen innigeren Israeliten seit langen Zeiten eine verschwiegene Ahnung, als würde eine solche Ehe einst zu der Ankunft des verheißenen Messias beitragen [1].

Als nun die heilige Jungfrau 14 Jahre alt war und nebst sieben anderen Mägdlein zur Ehe entlassen werden sollte, sah ich, daß die Mutter Anna zu ihr an den Tempel zu Besuch gekommen war. Joachim lebte nicht mehr, und Anna war auf Befehl Gottes an einen anderen Mann verheiratet. Als man der Jungfrau aber verkündigte, daß sie nun den Tempel verlassen und sich verehelichen sollte, sah ich die heilige Jungfrau sehr in ihrem Herzen bewegt den Priestern erklären, sie verlange, nie den Tempel zu verlassen, sie habe sich Gott allein

---

[1] So wenig im ganzen die spätere jüdische Literatur Frauen oder Jungfrauen beim Tempeldienst beschäftigt wissen will, finden wir doch teils in der Autorität der Kirche, welche ein Fest der Darbringung Mariä (den 21. November) feiert, teils in der Bibel und in alten Nachrichten Grund genug, uns versichert zu halten, daß dies wirklich der Fall war. Schon unter Moses (Ex 38,8) und dann in der letzten Zeit der Richter (1 Sam 2,22) finden wir Frauen oder Jungfrauen beim Gottesdienst beschäftigt. Bei der Einführung der Bundeslade auf Sion Ps. 68 zeichnen sich im Zuge die paukenschlagenden Jungfrauen aus. Daß nun Jungfrauen am Tempel geopfert und erzogen wurden, sagt schon der Apostelschüler Evodius, Nachfolger des heiligen Petrus zu Antiochia (in seinem freilich erst bei Nicephor. II c. 3 vorkommenden Brief), welcher zunächst von der allerseligsten Jungfrau spricht; auch Gregor von Nyssa; Johannes Damascenus und andere. Der Rabbi Asarja berichtet in seinem Werke: Imre Binah K. 60., daß am Tempel enthaltsame Dienerinnen Gottes ein jungfräuliches Leben in einer Kommunität geführt haben. Es läßt sich also auch eine jüdische Autorität für die Existenz dieser Tempeljungfrauen anführen.

verlobt und verlange, sich nicht zu verehelichen. Es ward ihr aber dann gesagt, daß sie sich vermählen müsse [1].

Hierauf sah ich die heilige Jungfrau in ihrer Betzelle heftig zu Gott flehen. Auch erinnere ich mich, gesehen zu haben, daß Maria im Gebet ganz von Durst verschmachtet mit ihrem Krüglein hinab zu einem Brunnen oder Wasserbehälter ging, um Wasser zu schöpfen, und daß sie dort ohne sichtbare Erscheinung eine Stimme hörte, worauf sie eine Offenbarung hatte, welche ihr Trost und Stärke verlieh, in ihre Verehelichung einzuwilligen. Es war dieses die Verkündigung nicht, denn diese sah ich später in Nazareth geschehen. Ich muß aber doch einmal geglaubt haben, auch hier die Erscheinung eines Engels gesehen zu haben, denn in meiner Jugend verwechselte ich manchmal dieses Bild mit der Verkündigung und glaubte dann diese im Tempel geschehen [2].

Ich sah auch, daß ein sehr alter Priester, der nicht mehr gehen konnte, es war wohl der Hohepriester, von anderen auf einem Stuhle vor das Allerheiligste getragen wurde, und daß er, während man ein Rauchopfer anzündete, in einer Pergamentrolle betend las, die vor ihm auf einem Gestelle lag. Ich sah aber, daß er, im Geiste entzückt, eine Erscheinung hatte und daß ihm

---

[1] Im Alten Testamente galt der jungfräuliche Stand wenigstens im allgemeinen nicht für verdienstlich. Wir finden unter den unzähligen Arten von Gelübden, welche nach der Mischnah bei den alten Juden üblich waren, keine Spur von dem Gelübde der Keuschheit. Solange noch die Ankunft des Erlösers erwartet wurde, war ein kinderreicher Ehestand der Stand der höchsten Glückseligkeit und Gottgefälligkeit auf Erden. Psalm 126: „Die Geliebten Gottes erben Kinder von dem Herrn, ihr Lohn ist Leibesfrucht." Und früh schon hat Gott verheißen: „Gesegnet wirst du sein unter allen Völkern. Kein Unfruchtbares beiderlei Geschlechtes wird bei dir sein" (Dt 7,14). Daraus läßt sich erklären, warum die Priester dem Wunsche Mariä nicht entsprachen, ungeachtet es nicht an jungfräulich Lebenden, besonders bei den Essenern fehlte.

[2] Merkwürdig ist, daß in dem von der Kirche für unecht erklärten apokryphischen Protevangelium Jacobi unter anderem zu lesen ist, Maria sei im Geleit von mehreren Jungfrauen nach Nazareth gereist. Ihnen seien vom Tempel aus verschiedene Fäden zum Spinnen mitgegeben worden und Maria durchs Los der Scharlach und Purpur zugefallen, und als sie den

seine Hand mit dem Zeigefinger auf die Stelle des Propheten Isaias in der Rolle gelegt ward: „Und es wird ein Zweig aus der Wurzel Jesse aufgehen, und eine Blüte wird aus seiner Wurzel aufsteigen" (Isaias 11,1). — Als der alte Priester wieder zu sich kam, las er diese Stelle und erkannte etwas daraus.

Ich sah hierauf, daß man Boten im Lande umhersendete und alle unverheirateten Männer aus dem Stamme Davids zum Tempel berief. — Als sich viele derselben in feierlichen Kleidern im Tempel versammelt hatten, ward ihnen die heilige Jungfrau vorgestellt, und ich sah einen sehr frommen Jüngling aus der Gegend von Bethlehem unter ihnen; auch er hatte immer mit großer Innigkeit um die Erfüllung der Verheißung gebetet, und ich erkannte in seinem Herzen ein heißes Verlangen, der Gemahl Mariä zu werden. — Diese aber zog sich wieder in ihre Zelle zurück, vergoß heilige Tränen und vermochte nicht zu denken, daß sie nicht eine Jungfrau bleiben sollte.

Nun sah ich, daß der Hohepriester allen den anwesenden Männern nach der inneren Unterweisung, die er erhalten, einzelne Zweige überreichte und ihnen befahl, jeder solle seinen Zweig mit seinem Namen bezeichnen und während dem Gebete und dem Opfer in den Händen halten. — Als sie dieses getan, wurden die Zweige von ihnen gesammelt und auf einen Altar vor das Allerheiligste gelegt und ihnen verkündet, daß jener aus

---

Krug genommen, ging sie hinaus Wasser zu schöpfen, und sieh, eine Stimme sagte ihr: Gegrüßet seist du Maria usw., und Maria schaute zur Rechten und Linken, um zu wissen, woher ihr diese Stimme gekommen, und erschreckt ging sie ins Haus, stellte den Krug nieder, nahm den Purpur und setzte sich auf ihren Sitz, um zu arbeiten, und sieh, der Engel des Herrn stand vor ihrem Angesicht und sprach: „Fürchte dich nicht, Maria" usw. — Hier ist also auch eine Stimme beim Wasserholen erwähnt, aber alles geht in Nazareth vor und ist mit der Verkündigung verbunden. — Ähnlich ist dieses Ereignis erzählt in der von Thilo aus einer lateinischen Handschrift der Pariser Bibliothek abgedruckten apokryphen Geschichte von Joachim und Anna und von der Geburt der seligen Gottesgebärerin und ewigen Jungfrau Maria und von der Kindheit des Erlösers. Nur ist hier zwischen der Stimme am Brunnen und der Erscheinung des Engels im Gruße ein Zeitraum von drei Tagen angegeben.

ihnen, dessen Zweige erblühen würde, von dem Herrn bestimmt sei, mit der Jungfrau Maria von Nazareth vermählt zu werden.

Während die Zweige vor dem Allerheiligsten lagen, ward das Opfer und Gebet fortgesetzt, und ich sah, wie jener Jüngling, dessen Namen mir wohl wieder einfallen wird [1], unterdessen in einer Halle des Tempels mit ausgebreiteten Armen heftig zu Gott schrie, und daß er in heiße Tränen ausbrach, als ihnen allen nach der bestimmten Zeit ihre Zweige zurückgegeben wurden mit der Ankündigung, daß keiner derselben erblüht und also keiner von ihnen der von Gott bestimmte Bräutigam dieser Jungfrau sei. — Die Männer wurden nun nach ihrer Heimat entlassen, jener Jüngling aber begab sich auf den Berg Karmel zu den dort seit den Zeiten des Elias einsiedlerisch lebenden Prophetenkindern, wo er von nun an in stetem Gebete um die Erfüllung der Verheißung lebte.

Ich sah hierauf, daß die Priester am Tempel von neuem in den Geschlechtsregistern nachsuchten, ob nicht noch irgendein Nachkomme Davids da sei, den man übersehen habe [2]. Da sie nun sechs Brüder von Bethlehem angezeigt fanden, von welchen einer unbekannt und verschollen sei, forschten sie dem Aufenthalt Josephs nach und entdeckten ihn nicht sehr weit von Samaria in einem Orte, das an einem kleinen Flüßchen lag, wo er an dem Wasser allein wohnte und für einen anderen Meister arbeitete.

---

[1] Die Tradition nennt ihn Agabus und in Raphaels Darstellung der Vermählung Mariä gewöhnlich Sposalizie genannt, ist er unter der Figur eines Jünglings gemeint, der seinen Stab über dem Knie zerbricht.

[2] Nach der gewöhnlichen Vorstellung war die Aufbewahrung der Geschlechtsregister Privatsache der einzelnen Familien. Daß sich aber die israelitische Priesterobrigkeit um die Erhaltung und Fortsetzung dieser Urkunden angenommen habe, geht schon aus dem Umstande hervor, daß sehr einflußreiche Anordnungen und Einrichtungen des heiligen Staates auf die Stamm- und Familieneinteilung gegründet waren. Wir haben aber auch alte Nachrichten, daß wenigstens seit dem Babylonischen Exil am Tempel genaue Stammtafeln gehalten wurden. (S. Light-foot horae hebr. tom. I. p. 178. ed. Carpzov. und Otho lex. rabbinico-philol. 1625. p. 240.)

Auf den Befehl des Hohenpriesters kam nun Joseph in seinen besten Kleidern nach Jerusalem zum Tempel. Auch er mußte hier unter Gebet und Opfer einen Zweig in seiner Hand halten, und als er diesen auf den Altar vor das Allerheiligste hinlegen wollte, blühte oben eine weiße Blüte gleich einer Lilie aus ihm hervor, und ich sah eine Lichterscheinung wie den heiligen Geist über ihn kommen. — Nun ward Joseph als der von Gott bestimmte Bräutigam der heiligen Jungfrau erkannt und ihr in Gegenwart ihrer Mutter von den Priestern vorgestellt. Maria, ergeben in den Willen Gottes, nahm ihn als ihren Bräutigam demütig an, denn sie wußte, daß Gott, der ihr Gelübde, ihm mit Leib und Seele allein zu gehören, angenommen, alles möglich sei.

Von der Hochzeit und der hochzeitlichen Kleidung Mariä und Josephs

(Einleitung)

Die ehrwürdige A. K. Emmerich sah in ihren fortlaufenden Gesichten des täglichen Lehrwandels unseres Herrn Montag am 24. September 1821 Jesum, vier Tage vor seiner Taufe, in der Synagoge in Gophna lehren und dort in der Familie eines mit Joachim verwandten Synagogenvorstehers verweilen. Sie hörte bei dieser Gelegenheit, wie sich zwei Witwen, die Töchter dieses Mannes, miteinander der Hochzeit von Jesu Eltern erinnerten, welcher sie in ihrer Jugend nebst anderen Verwandten beigewohnt hatten, und teilte folgendes darüber mit:

Als die beiden Witwen der Hochzeit Mariä und Josephs in ihrem Gespräch gedachten, sah ich ein Bild dieser Hochzeit, besonders aber der schönen hochzeitlichen Kleidung der heiligen Jungfrau, von welcher die guten Frauen zu sprechen gar nicht fertig werden konnten. Ich will davon sagen, was mir noch gegenwärtig ist.

Die Hochzeit Mariä und Josephs, welche sieben bis acht Tage währte, ward zu Jerusalem am Berge Sion in einem Hause gehalten, das oft zu solchen Festen vermietet wurde. Es waren außer den Lehrerinnen und Mitschülerinnen Mariä von der

Tempelschule viele Verwandte Annas und Joachims zugegen, unter anderen eine Familie aus Gophna mit zwei Töchtern. — Die Hochzeit war sehr feierlich und reichlich. Es wurden viele Lämmer geschlachtet und geopfert. Besonders aber war die hochzeitliche Kleidung der heiligen Jungfrau so ausgezeichnet schön und festlich, daß die anwesenden Frauen auch noch in ihrem Alter gern davon sprachen. Ein solches Gespräch wurde mir in der Betrachtung vorgestellt, und ich vernahm daraus Folgendes:

Ich habe Mariä in ihrem Brautkleide recht deutlich gesehen. Sie hatte ein wollfarbenes Unterkleid ohne Ärmel an; die Arme waren mit den Armbinden des weißwollenen Hemdes umwickelt, denn die Hemden hatten statt geschlossener Ärmel damals solche Binden. Nun legte sie über die Brust bis zum Hals einen mit weißem Geschmeide, Perlen u. dgl. gestickten Kragen, geformt wie der unterste Kragen, den ich neulich für den Essener Argos ausgeschnitten habe (siehe oben S. 19). Hierauf legte sie einen ganz weiten, vorn offenen Leibrock an. Er war von oben bis unten weit wie ein Mantel und hatte weite Ärmel. Dieses Kleid war blau gegründet und durchaus mit großen roten, weißen und gelben Rosen und grünen Blättern dazwischen, wie die Meßgewande alter reicher Zeit, durchstickt oder durchwirkt. Der untere Saum endete mit Fransen und Quasten, und der obere Rand schloß an die weiße Halsbedeckung an. — Über dieses weiße Kleid, nachdem man es der Länge nach in senkrechte Falten geordnet hatte, legte man ihr eine Art Skapulier um, in der Weise, wie es manche Ordensleute, z. B. die Karmeliter, tragen. Dieses Kleidungsstück von weißer goldgeblümter Seide in der Breite einer halben Elle war vor der Brust mit Perlen und glänzenden Steinen besetzt und hing als eine einzelne Bahn bis zum Saume des Kleides nieder, dessen vordere Öffnung es bedeckte. Unten endete es mit Fransen und Knöpfen. — Über den Rücken hing eine ähnliche Bahn nieder und ebenso kürzere und schmälere über die Schultern und Arme. Diese vier Bahnen bildeten um die Halsöffnung ausgebreitet ein Kreuz. — Dies Skapulier war an beiden Seiten des Oberleibes unter den Armen von dem Bruststück zu dem Rückenstück mit goldenen Schnüren oder Kettchen zusammengezogen, wodurch der weite obere Teil des Leibrocks zusammengefaßt und das Bruststück vor dem Oberleibe anliegend wurde, so daß der geblümte Stoff des Kleides an beiden Seiten zwischen den Schnüren etwas herausbauschte. — Die weiten Ärmel, von den Schulterteilen des Skapuliers überfallen, waren in der Mitte des Ober- und Unterarms mit Armspangen leicht angeschlossen. — Diese Armringe, welche etwa zwei Finger breit und mit Buchstaben bezeichnet waren, hatten quergedrehte Ränder und bildeten, die weiten Ärmel zusammenfassend, Bauschen um die Schultern, Ellbogen und Hände, an welchen der Ärmel sich mit einer weißen Krause, ich glaube von Seide oder Wolle, endigte. — Über alles dieses trug sie einen langen himmelblauen Mantel, der wie ein großes Tuch gestaltet war. Außer diesem trugen die jüdischen Frauen bei gewissen kirchlichen oder häuslichen Gelegenheiten auch eine Art von Trauermänteln mit Ärmeln, die in einer herkömmlichen Form genäht waren. Der Mantel oder die Hülle Mariä war über der Brust unter dem Halse mit einem Geschmeide befestigt, über welchem eine weiße Krause wie von Federn oder Seidenflocken ihren Hals umgab. Der Mantel fiel über beide Schultern zurück, legte sich aber an den beiden Seiten wieder vor und fiel dann in eine spitze Schleppe zurück. Er war am Rande mit goldenen Blumen gestickt.

Die Haare waren unbeschreiblich künstlich verziert. Sie waren auf der Mitte des Hauptes gescheitelt und ungeflochten in viele einzelne feine Strahlen geteilt, die, durch weiße Seide und Perlen kreuzweis untereinander verbunden, ein großes Netz bildeten, welches über die Schultern zurückfallend den Rücken bis über die Mitte des Mantels mit einem spitzzulaufenden Gewebe bedeckte. Das Ende der Haare war nach innen gerollt, und es umgab den ganzen Rand dieses Haarnetzes eine Verzierung von Fransen und Perlen, welche das Haarnetz durch ihr Gewicht niederziehend in bequemer Ordnung erhielten.

Auf dem Kopf trug sie unmittelbar auf den Haaren einen Kranz von weißer roher Seide oder Wolle, der sich oben durch drei Bänder von demselben Stoff in einem Busche schloß, und auf diesem Kranze ruhte eine etwa handbreite, mit Geschmeide geschmückte Krone, welche durch drei Spangen sich über dem Scheitel in einem Knopfe verband. Die Krone war vor der Stirne mit drei Perlen übereinander und an jeder Seite mit einer Perle verziert.

In der linken Hand trug sie ein Kränzchen von weißen und roten Seidenrosen, in der rechten Hand trug sie gleich einem Zepter einen schönen übergoldeten Leuchter ohne Fuß. Der in der Mitte anschwellende Stamm war über und unter der fassenden Hand mit Knöpfen versehen und endete sich oben in ein kleines Tellerchen, aus welchem eine weiße Flamme brannte.

Die Schuhe hatten etwa zwei Finger dicke Sohlen und waren hinten und vorn durch einen Absatz erhöht. Diese Sohlen waren ganz von grünem Stoffe, als stehe der Fuß auf Rasen, und zwei weiße und goldene Riemen hielten sie über dem Spann des nackten Fußes fest, dessen Zehen, wie bei allen besser bekleideten Frauen, von einer kleinen Klappe bedeckt waren, die mit der Sohle zusammenhing.

Die Jungfrauen am Tempel flochten das künstliche Haargeflecht Mariä; ich habe es gesehen, es waren mehrere damit beschäftigt, und es ging geschwinder, als man denken sollte. — Anna hatte die schönen Kleider gebracht, und Maria war so demütig und wollte sie nicht gern anlegen. — Nach der Trauung wurde ihr das Haargeflecht um den Kopf aufgeschlagen, die Krone abgenommen, ein milchweißer Schleier bis auf die Mitte des Armes übergehängt und die Krone über dem Schleier aufgesetzt.

Die heilige Jungfrau hatte sehr reichliche, rötlich gelbe Haare und schwarze, hohe, feine Augenbrauen, eine sehr hohe Stirn, große niedergeschlagene Augen mit langen schwarzen Wimpern, eine feine, gerade längliche Nase, einen sehr edlen, lieblichen Mund, ein spitzes Kinn, eine mäßige Größe und schritt sehr zart, züchtig und ernst in ihrem reichen Putze einher. — Sie legte bei ihrer Hochzeit hernach ein anderes gestreiftes, weniger prächtiges Kleid an, von welchem ich ein Stückchen unter meinen Reliquien besitze. Sie trug dies gestreifte Kleid auch zu Kana und bei anderen heiligen Gelegenheiten. Das Hochzeitskleid trug sie noch einigemal im Tempel. — Sehr reiche Leute wechselten bei der Hochzeit drei- bis viermal mit Kleidern. In diesen Prachtkleidern hatte Maria eine ähnliche Form wie geschmückte Frauen viel späterer Zeit, zum Beispiel die Kaiserin Helena, ja selbst Kunegundis, so sehr auch die gewöhnliche verhüllende Kleidung der jüdischen Frauen, die mehr nach Art der Römerinnen war, davon abwich. — Auf Sion in der Gegend des Coenaculums wohnten sehr viele Weber, die allerlei schöne Stoffe bereiteten, was ich bei Gelegenheit dieser Kleider beobachtete.

Joseph hatte einen langen, weiten, müllerblauen Rock an, von der Brust bis zum Saume nieder mit Schnüren und Krapfen oder Knöpfen geschlossen. Die weiten Ärmel waren an den Seiten auch mit Schnüren geheftet, sie waren weit aufgeschlagen und inwendig wie mit Taschen versehen. Um den Hals hatte er wie einen braunen Kragen oder vielmehr eine breite Stola gelegt, und auf der Brust hingen ihm zwei weiße Bahnen nieder, so wie unsere Priester die Bäffchen tragen, nur daß sie viel länger waren.

Ich habe den Hergang der Vermählung Josephs und Mariä und das hochzeitliche Mahl und alle Festlichkeit gesehen, ich sah aber zugleich soviel anderes und bin so krank und mannigfach gestört, daß ich, aus Furcht, die Erzählung zu verwirren, mich nicht getraue, mehr davon mitzuteilen.

Vom Trauring Mariä

Am 29. Juli 1821 hatte die ehrwürdige A. K. Emmerich eine Betrachtung von einzelnen Grabtüchern unseres Herrn Jesus und von Abbildungen des Herrn, die durch Wunder sich auf

Tücher abgedrückt hatten. Da nun ihre Betrachtung durch mancherlei Orte geführt ward, an welchen diese Heiligtümer teils festlich bewahrt, teils auch von den Menschen vergessen und nur von den Engeln und frommen Seelen verehrt ruhen, glaubte sie an einem dieser Orte auch den Trauring der heiligen Jungfrau bewahrt zu sehen und sagte von ihm folgendes:

Ich sah den Trauring der heiligen Jungfrau, er ist weder von Silber noch Gold, noch anderem Metall, er ist von düsterer Farbe und schillert; er ist kein schmaler dünner Reif, sondern ziemlich dick und wohl einen Finger breit. Ich sah ihn glatt und doch, als sei er wie gepflastert mit kleinen regelmäßigen Dreiecken bezeichnet, worin Buchstaben standen. An der einen Seite, die man nach innen der Hand schob, hat er eine platte Fläche. Es ist der Ring mit etwas bezeichnet. — Ich sah ihn hinter vielen Schlössern verwahrt in einer schönen Kirche. Fromme Leute, die sich verheiraten wollen, lassen ihre Trauringe daran anrühren.

Am 3. August 1821 sagte sie: Ich habe in den letzten Tagen vieles von der Geschichte des Trauringes Mariä gesehen, aber durch Störungen und Schmerzen vermag ich es nicht mehr zusammenhängend zu erzählen. Heute sah ich ein Fest in einer Kirche in Italien, wo sich der Trauring befindet. Er schien mir wie in einer Monstranz, die über dem Tabernakel stand, aufgehängt. Es war da ein großer, prächtig geschmückter Altar, man sah tief zwischen vielem Silber hinein. Ich sah viele Ringe an der Monstranz anrühren.

Ich sah während dem Feste zu beiden Seiten des Ringes Maria und Joseph in ihren hochzeitlichen Kleidern erscheinen, als stecke Joseph der heiligen Jungfrau den Ring an den Finger. Ich sah den Ring hierbei leuchtend und als bewege er sich [1].

---

[1] Als der Schreiber dies am 4. August 1821 aus dem Munde der Erzählerin aufschrieb, konnte er sich keine Veranlassung denken, warum sie gerade am 3. August dieses Bild gesehen habe. Wie sehr war er daher überrascht, mehrere Jahre nach dem Tode der Erzählerin in einer lateinischen Schrift von dem Trauring der heiligen Jungfrau, der in Perugia bewahrt

Ich sah links und rechts von diesem Altar zwei andere Altäre, die wahrscheinlich nicht in derselben Kirche waren, sondern mir nur in Betrachtung so zusammen gezeigt wurden. — In dem Altar zur Rechten befand sich ein Ecce-Homo-Bild unseres Herrn, das ein frommer römischer Ratsherr, ein Freund des heiligen Petrus, auf wunderbare Weise empfangen hatte, in dem Altare zur Linken eines von den Grabtüchern unseres Herrn.

Als die Hochzeitsfeier beendet war, zog Anna mit ihren Angehörigen nach Nazareth zurück, und auch Maria zog in Begleitung mehrerer, mit ihr vom Tempel zugleich entlassenen Gespielinnen dahin.

Sie zogen in einem festlichen Zuge aus der Stadt hinaus. Ich weiß nicht, wie weit die Mägdlein ihr das Geleit gaben. Sie hielten wieder ihr erstes Nachtlager in der Levitenschule zu Bethoron. Maria machte die Rückreise zu Fuß.

Joseph war nach der Hochzeit gen Betlehem gegangen, um dort noch einige Familienangelegenheiten zu ordnen. Er ist erst später nach Nazareth gekommen.

Von Mariä Heimkehr bis zur Verkündigung

Wenngleich die ehrwürdige Emmerich diese Anschauungen aus der Geschichte der heiligen Familie immer an den Tagen ihrer kirchlichen Feier empfing, so sah sie doch die wirklichen Jahrestage einzelner dieser Begebenheiten hie und da von den kirchlichen Festtagen abweichend, zum Beispiel sah sie den eigentlichen historischen Tag der Geburt Christi um einen ganzen Monat früher, auf den 25. November, welcher im Geburts-

---

wird, zu lesen, daß dieser am 3. August (III nonas Augusti) dem Volke gezeigt wurde, wovon wir wahrscheinlich beide nichts wußten. — Er fand es Seite 59 der Schrift: De annulo pronubo Deiparae Virginis, qui Perusiae religiosissime asservatur, J. B. Lauri Perusini Commentarius. 12. 1626. Coloniae Agrippinae apud J. Kinckium.

jahr Christi nach ihren Betrachtungen mit dem 10. Kislew zusammentraf, so daß sie Joseph 15 Tage nachher das Fest der Tempelweihe oder der Lichter, welches den 25. Kislew begann, durch Anzünden von Lichtern in der Krippenhöhle mehrere Tage hindurch mitfeiern sah. — Hieraus folgt nun, daß sie das Fest der Verkündigung auch einen Monat früher, nämlich am 25. Februar, sah. Es war im Jahr 1821, als die Schwester Emmerich dieses zuerst mitteilte. Sie war in diesen Tagen sehr krank und daher ihre Mitteilung im Anfang etwas fragmentarisch.

Sie hatte früher erzählt, daß Joseph nach der Vermählung nicht gleich mit nach Nazareth, sondern nach Bethlehem gereist sei, einige Familiensachen zu ordnen. — Anna und ihr zweiter Mann und die heilige Jungfrau mit einigen ihrer Gespielinnen reisten nach Galiläa auf das Gut Annas zurück, welches etwa eine Stunde von Nazareth entfernt war. — Anna richtete für die heilige Familie das kleine Haus in Nazareth ein, das ihr auch gehörte, während in der Abwesenheit Josephs die heilige Jungfrau noch bei ihr wohnte.

Ehe die Schwester Emmerich ihre Betrachtung von der Verkündigung mitteilte, erzählte sie zwei Bruchstücke früherer Anschauungen, deren Bedeutung wir nur mutmaßlich angeben können. — Sie erzählte, noch sehr schwach von einer schweren Krankheit, einige Zeit nach der Vermählung der heiligen Jungfrau mit Joseph:

Ich hatte einen Blick auf ein Fest in dem Hause Annas. Ich bemerkte ihren zweiten Mann, etwa sechs Gäste außer den gewöhnlichen Hausgenossen und einige Kinder nebst Joseph und Maria um einen Tisch versammelt, auf welchem Becher standen.

Die heilige Jungfrau hatte einen bunten Mantel an, rot, blau und weiß durchblümt wie alte Meßgewande. Sie trug einen durchsichtigen und darüber einen schwarzen Schleier. Es schien dieses Fest noch zu der Hochzeitsfeier zu gehören.

Weiter erzählte sie nichts hiervon, und man kann vermuten, es sei diese Mahlzeit gewesen, als nach Josephs Ankunft die heilige Jungfrau nun ihre Mutter verließ und mit ihm das Haus in Nazareth bezog. Am folgenden Tage erzählte sie:

Ich suchte heute nacht in meiner Betrachtung die heilige Jungfrau, mein Führer brachte mich in das Haus der Mutter Anna, das ich in allen seinen Teilen wieder kannte. Ich fand Joseph und Maria nicht mehr darin. Ich sah, wie Anna sich rüstete, nach dem nahen Nazareth zu gehen, wo nun die heilige Familie wohnte. Sie hatte ein Bündel unter dem Arm, um es Maria zu bringen. Sie ging über eine Ebene und durch ein Gebüsch nach Nazareth, welches vor einer Höhe liegt. Ich ging auch dahin. — Das Haus Josephs lag nicht weit vom Tore, es war nicht so groß wie Annas Haus. Ein viereckiger Brunnen, zu dem man einige Stufen niedersteigen mußte, lag in seiner Nähe, und ein kleiner viereckiger Hofraum lag vor dem Haus. — Ich sah Anna die heilige Jungfrau besuchen, der sie das Mitgebrachte übergab. Ich sah auch, wie Maria sehr weinte und ihre Mutter, die wieder nach Haus kehrte, ein Stück Wegs begleitete. Ich bemerkte den heiligen Joseph vorn im Hause in einem abgesonderten Raum.

Diese bruchstückliche Mitteilung können wir folgenderweise mutmaßlich ergänzen: die Mutter Anna besuchte die heilige Jungfrau zum ersten Male in Nazareth und überbrachte ihr noch ein Geschenk. Maria, die nun allein und von ihrer geliebten Mutter getrennt lebte, vergoß Tränen der Rührung, als sie wieder wegging und geleitete sie. Joseph war noch anwesend.

Mariä Verkündigung

Am 25. März 1821 sprach die Schwester Emmerich: Ich habe in der verflossenen Nacht die Verkündigung als Kirchenfest gesehen und empfing abermals die bestimmte Erklärung, daß die heilige Jungfrau nach der Jahreszeit bereits seit vier Wochen gesegnet sei. Mir war dieses aber ausdrücklich gesagt, weil ich bereits am 25. Februar die Verkündigung gesehen habe, das

Bild aber verwauf und darum nicht erzählte. Ich sah hierauf das ganze Ereignis nach seinen äußeren Umständen heute wieder.

Ich sah die heilige Jungfrau bald nach ihrer Vermählung in Josephs Haus zu Nazareth, wohin mich mein Führer geleitete. Joseph war mit zwei Eseln über Land gezogen, ich meine, etwas Erbgut oder seine Handwerksgeräte zu holen. Er schien mir noch auf dem Heimweg. Annas zweiter Mann und andere Männer waren am Morgen im Hause gewesen, aber wieder fortgegangen.

Außer der heiligen Jungfrau und zwei Jungfrauen ihres Alters, ich glaube von ihren Tempelgespielen, sah ich die Mutter Anna und jene ihr verwandte Witwe im Haus, die ihr als Magd diente und später mit ihr nach Christi Geburt gen Bethlehem reiste. — Alles war neu in dem Hause durch Anna eingerichtet.

Ich sah die vier Frauen im Hause beschäftigt hin und wieder gehen und dann im Hofe zusammen lustwandeln. Gegen Abend sah ich sie in das Haus zurückkehren und um ein rundes Tischchen stehend beten und dann Kräuter essen, welche aufgetragen waren. — Sie trennten sich hierauf. Anna ging wie eine geschäftige Hausmutter noch lange im Hause hin und her. Die beiden Jungfrauen gingen nach ihrem abgesonderten Raum, und auch Maria ging in ihre Schlafkammer.

Die Kammer der heiligen Jungfrau lag im hinteren Teile des Hauses in der Nähe der Feuerstelle, welche sich hier nicht wie in Annas Haus in der Mitte, sondern mehr an einer Seite des Hauses befand. Der Eingang war zur Seite des Küchenraums. Man stieg drei Stufen, welche mehr schräg als senkrecht abfielen, zu ihr hinauf, denn der Boden dieses Teils des Hauses lag auf erhöhtem Felsengrund. — Der Türe gegenüber war die Kammer rund, und in diesem runden Teile, welcher durch einen mehr als menschenhohen Schirm von Flechtwerk abgeschieden war, befand sich das aufgerollte Lager der heiligen Jungfrau. Die Wände des Gemachs waren alle bis zu einer gewissen Höhe mit geflochtenem Stabwerk bekleidet, welches etwas derber war als die beweglichen leichten Schirmwände. Es war durch Benutzung verschiedenfarbigen Holzes ein klein gewürfeltes Muster darauf ausgedrückt. Die Decke des Gemaches war durch einige zusammenlaufende Balken gebildet, deren Zwischenräume mit Sternfiguren verziertes Flechtwerk ausfüllte.

Ich ward von dem leuchtenden Jüngling, der mich immer begleitet, in diese Kammer gebracht und sah, was ich so gut erzählen will, als eine arme elende Person, wie ich, es vermag.

Die heilige Jungfrau hereintretend, legte hinter dem Schirm ihres Lagers ein langes, wollweißes Betkleid mit einem breiten Gürtel an und bedeckte ihr Haupt mit einem weißgelben Schleier. Indessen trat die Magd mit einem Lämpchen herein, zündete eine mehrarmige Lampe an, die von der Decke der Kammer niederhing und entfernte sich wieder. — Die heilige Jungfrau nahm nun ein kleines niederes Tischchen von der Wand, wo es zusammengeklappt lehnte und stellte es mitten in der Stube auf. An der Wand lehnend, bestand es nur aus einer beweglichen Platte, welche vor zwei Füßen senkrecht niederhing. Maria hob die Platte in die horizontale Lage und schob die Hälfte des einen Tischfußes, welcher gespalten war, hervor, so daß nun das Tischchen auf drei Füßen ruhte. Die Seite des Tischblattes, welche dieser dritte Fuß unterstützte, war rund. — Das Tischchen war mit einer blauen und roten Decke überzogen, die an der nicht runden Seite des Tischblattes geschürzt und mit Fransen besetzt niederhing. In die Mitte der Decke war eine Figur gestickt oder gesteppt, ich weiß nicht mehr, ob es ein Buchstabe oder ein Zierat sein sollte. An der runden Seite lag eine weiße Decke aufgerollt. Eine Schriftrolle lag auf dem Tischchen.

Nachdem die heilige Jungfrau dieses Tischchen zwischen ihrer Schlafstelle und der Türe in der Mitte der Stube etwas zur Linken, wo ein Teppich den Fußboden bedeckte, aufgerichtet und einen kleinen runden Wulst, um darauf zu knien, davor gelegt hatte, ließ sie sich, mit ihren beiden Händen auf das

Tischchen gestützt, vor demselben auf die Knie nieder. Die Türe der Kammer war vor ihr zur Rechten, sie kehrte ihrer Schlafstelle den Rücken.

Maria ließ den Schleier über ihr Angesicht nieder und kreuzte die Hände, nicht aber die Finger vor ihrer Brust. So sah ich sie lange heftig mit gen Himmel gerichtetem Antlitz beten. Sie flehte um die Erlösung, um den verheißenen König, und daß ihr Gebet doch auch einigen Anteil an seiner Sendung haben möge. Sie kniete lange so im Gebete entzückt, dann senkte sie das Haupt auf ihre Brust.

Jetzt aber ergoß sich zu ihrer Rechten in schräger Linie von der Decke ihrer Kammer eine solche Masse von Licht nieder, daß ich mich davon gegen die Wand der Türe zurückgedrängt fühlte, und ich sah in diesem Lichte einen weißen leuchtenden Jüngling mit gelben fließenden Haaren vor sie niederschweben. Es war der Engel Gabriel. Er sprach zu ihr, indem er seine Arme an beiden Seiten des Oberleibes leise von sich bewegte. Ich sah die Worte wie leuchtende Buchstaben aus seinem Munde gehen, ich las sie und hörte sie. Maria wendete das verschleierte Haupt etwas nach der rechten Seite hin, jedoch schüchtern sah sie nicht auf. — Der Engel aber fuhr fort zu sprechen, und Maria wendete ihr Gesicht wie auf seinen Befehl etwas zu ihm, hob den Schleier wenig auf und antwortete. Der Engel sprach abermals, und Maria hob den Schleier auf, blickte den Engel an und erwiderte die heiligen Worte: „Sieh, die Magd des Herrn, mir geschehe nach deinem Worte."

Die heilige Jungfrau war in tiefer Entzückung. Licht füllte die Kammer, ich sah den Schein der brennenden Lampe nicht mehr, ich sah die Decke der Kammer nicht mehr. Der Himmel schien offen, eine Lichtbahn ließ mich über den Engel hinaufschauen, ich sah im Ausgang dieses Lichtstromes eine Figur der heiligen Dreifaltigkeit wie ein dreieckiges, sich durchstrahlendes Licht, und ich erkannte in ihm, was man nur anbeten und nie aussprechen kann, Gott den Allmächtigen, den Vater und den Sohn und den hl. Geist und doch nur Gott den Allmächtigen.

Da aber die heilige Jungfrau gesprochen: „Mir geschehe nach deinem Worte", sah ich jene geflügelte Erscheinung des heiligen Geistes, aber nicht ganz so, wie sie gewöhnlich in Gestalt einer Taube abgebildet wird. Das Haupt war wie ein Menschenantlitz, und es breitete sich Licht gleich Flügeln zur Seite der Gestalt, aus deren Brust und Händen ich drei Lichtergüsse nieder zu der rechten Seite der heiligen Jungfrau strömen und sich mitten in ihr vereinigen sah.

Die heilige Jungfrau ward mit dem Eindringen dieses Lichtes zu ihrer Rechten, von dieser Seite aus ganz durchleuchtet und wie durchsichtig, und es war, als zöge sich die Undurchsichtigkeit wie Nacht von diesem Lichte zurück. Sie war in diesem Augenblicke so von Licht durchgossen, daß nichts Finsteres, nichts Verhüllendes mehr in ihr erschien, sie war leuchtend und durchleuchtet in ihrer ganzen Gestalt.

Ich sah aber nach dieser Durchleuchtung den Engel verschwinden, die Lichtbahn, aus der er hervorgetreten, zog sich zurück; es war, als werde der Lichtstrom von dem Himmel wieder eingeatmet, und ich sah, als fielen aus dieser sich zurückziehenden Lichtbahn viele geschlossene weiße Rosen, jede mit einem grünen Blättchen auf die heilige Jungfrau nieder.

Während ich alles dieses in der Kammer Mariä sah, hatte ich eine eigentümliche persönliche Empfindung. Ich war in einer steten Angst, als würde mir nachgestellt, und sah nun auch eine scheußliche Schlange durch das Haus und die Stufen herauf bis zur Türe, bei der ich stand, herankriechen. Bis das Licht die heilige Jungfrau durchdrang, war das Scheusal bis zur dritten Stufe herangedrungen. Die Schlange, ungefähr von der Länge eines Knaben, war gegen den Kopf breit und platt und hatte an der Brust zwei kurze häutige Pfoten mit Krallen, gleich Fledermausflügeln, auf welchen sie fortrutschte. Sie war mit allerlei widerlichen Farben gefleckt und erinnerte an die Schlange des Paradieses, jedoch mit grausenhafter Entstellung. — Als der Engel aus der Kammer der heiligen Jungfrau verschwand, trat er diesem Scheusal vor der Türe auf den Kopf, und es schrie so greulich, daß es mich schauderte. Ich sah aber drei Geister erscheinen, welche dieses Ungeheuer mit Stößen und Fußtritten hinaus vor die Türe des Hauses trieben.

Nach dem Verschwinden des Engels sah ich die heilige Jungfrau in tiefer Entzückung ganz in sich selbst versunken, und ich sah, daß sie die Menschwerdung des verheißenen Erlösers in sich als eine kleine menschliche Lichtgestalt mit allen Gliedern bis in die Fingerchen ausgebildet erkannte und anbetete. — Oh, hier in Nazareth ist es anders als zu Jerusalem, dort müssen die Frauen im Vorhofe bleiben und dürfen nicht in den Tempel, ins Heilige dürfen nur die Priester, hier aber in Nazareth, hier in dieser Kirche ist eine Jungfrau der Tempel selbst, und das Allerheiligste ist in ihr, und der Hohepriester ist in ihr, und sie allein ist bei ihm. Oh, wie ist das lieb und wunderbar und doch so ganz einfach und natürlich! Die Worte Davids im 45. Psalm waren erfüllt: Der Allerhöchste hat seine Hütte geheiliget, Gott ist in ihrem Innern, sie wird nicht erschüttert werden [1].

Es war um Mitternacht, als ich dieses Geheimnis sah. Nach einiger Zeit trat Anna mit den anderen Frauen zu Maria herein. Es hatte sie eine wunderbare Bewegung in der Natur aus dem Schlafe erweckt. Eine Lichtwolke war über dem Hause erschienen. Als sie die heilige Jungfrau in tiefer Gebetsentzückung unter der Lampe knien sahen, entfernten sie sich wieder ehrerbietig.

Nach einiger Zeit sah ich, daß die heilige Jungfrau sich von den Knien erhob und zu ihrem Betaltärchen an die Wand trat. Sie ließ das an der Wand aufgerollte Bild nieder, worauf dieselbe Vorstellung einer eingehüllten Menschengestalt abgebildet war, welche ich schon in Annas Haus bei der Vorbereitung ihrer Reise nach dem Tempel gesehen [2]. Sie zündete die an der Wand befestigte Lampe an und betete stehend vor derselben.

---

[1] Sanctificavit tabernaculum suum altissimus, Deus in medio ejus, non commovebitur.
[2] Siehe oben Seite 105.

Schriftrollen lagen vor ihr auf einem höherem Pult. Ich sah sie hierauf gegen Morgen zu Bett gehen.

Nun brachte mein Führer mich hinweg, als ich aber in das Vorhöfchen des Hauses trat, kam ich in großen Schrecken. Jene scheußliche Schlange lauerte dort versteckt, sie drang auf mich zu und wollte sich in die Falten meines Gewandes verbergen. Ich war in entsetzlicher Angst. Mein Führer aber riß mich eilig von dannen, und jene drei Geister erschienen wieder und schlugen auf das Ungeheuer, dessen gräßliches Geschrei ich noch immer mit Schauder zu hören glaube.

Ich hatte, das Geheimnis der Menschwerdung betrachtend, noch mancherlei Unterweisungen in dieser Nacht. Anna hatte die Gnade eines innerlichen Mitwissens. Die heilige Jungfrau wußte, daß sie den Messias, den Sohn des Höchsten, empfangen habe. Alles ihr Inneres war ihrem Geistesauge erschlossen. Aber sie wußte damals noch nicht, daß der Thron Davids, seines Vaters, den ihm Gott der Herr geben werde, ein übernatürlicher sei; sie wußte damals noch nicht, daß das Haus Jakobs, über welches er nach den Worten Gabriels herrschen werde in alle Ewigkeit, die Kirche, die Versammlung der wiedergeborenen Menschheit sei. Sie glaubte, der Erlöser werde ein heiliger König sein, der ihr Volk reinigen und siegreich machen werde gegen die Hölle. Sie wußte damals noch nicht, daß dieser König, um die Menschen zu erlösen, eines bitteren Todes sterben werde usw.

Ich ward unterrichtet, warum der Erlöser neun Monate im Mutterleibe verweilen und als Kind geboren werden wollte, warum er nicht wie Adam vollendet auftreten, nicht so schön wie der neugeschaffene Adam hatte erscheinen wollen. Aber ich vermag dieses nicht mehr klar mitzuteilen. Doch soviel ist mir noch bewußt geblieben, daß er die Empfängnis und die Geburt der Menschen, welche durch den Sündenfall so sehr erniedrigt worden waren, wieder heiligen wollte. Maria aber ward seine Mutter, und er ist nicht früher gekommen, weil sie allein, und nie ein Geschöpf vor ihr noch nach ihr, das reine Gefäß der

Gnade war, das Gott den Menschen verheißen hatte, um Mensch in ihm zu werden, auf daß er die Menschheit durch sein genugtuendes Leiden von ihrer Schuld erlöse. Die heilige Jungfrau war die einzige rein erblühte Blume des menschlichen Geschlechtes, aufgegangen in der Fülle der Zeit. Alle Kinder Gottes unter den Menschen von Anbeginn, welche nach Heiligung gerungen, haben zu ihrer Ankunft beigetragen. Sie war das einzige reine Gold der ganzen Erde. — Sie allein war das reine unbefleckte Fleisch und Blut der ganzen Menschheit, bereitet und geläutert und gesammelt und geweiht durch alle Geschlechter ihrer Vorfahren, geleitet, gehütet und gestärkt durch das Gesetz, bis sie hervortrat als die Fülle der Gnade. — Sie war vorgesehen in Ewigkeit und ist als die Mutter des Ewigen durch die Zeit gewandelt.

(An den Festtagen der Mutter Jesu läßt die Kirche durch den Mund der göttlichen Weisheit in den Sprüchen Salomos die heilige Jungfrau von sich sagen:)

Der Herr hat mich gehabt im Anfang seiner Wege, ehe, als er etwas gemacht hat, von Anbeginn. Ich bin eingesetzt von Ewigkeit, von alters her, ehe die Erde geworden. Die Tiefen waren noch nicht, und ich war schon empfangen, die Wasserquellen brachen noch nicht hervor, die Berge waren noch nicht eingesenkt in ihrer schweren Last, und vor den Hügeln ward ich geboren. Noch hatte er die Erde nicht gemacht, nicht die Flüsse, nicht die Angeln des Erdkreises. Als er die Himmel bereitete, war ich dabei, als er nach genauem Gesetze einen Kreis zog um die Tiefen, als er den Luftraum oben festigte und die Wasserbrunnen abwog, als er rings um das Meer seine Grenze setzte und den Wassern ein Gesetz gab, ihre Grenzen nicht zu überschreiten; da er die Gründe der Erde legte; da war ich bei ihm und machte alles und erlustigte mich Tag für Tag und spielte vor ihm alle Zeit und spielte auf dem Erdkreis, und meine Lust ist, bei den Menschenkindern zu sein.

Nun also, ihr Kinder, höret mich: Glückselig sind, die meine Wege bewahren! Höre die Lehre, und werdet weise, und verwerfet sie nicht! Glückselig der Mensch, der mich hört, und der an meinen Türen wachet, Tag für Tag, und meiner wartet an der Schwelle meiner Türe. Wer mich findet, findet das Leben und schöpft das Heil von dem Herrn.

Die heilige Jungfrau war bei der Menschwerdung Christi etwas über 14 Jahre alt. — Christus ist 33 Jahre und dreimal sechs Wochen alt geworden. Ich sage dreimal sechs, weil mir diese Zahl in diesem Augenblicke dreimal wiederholt gezeigt wird.

Mariä Heimsuchung

(Die Kirche spricht im heiligen Meßopfer dieses Festes mit den Worten des Hohenliedes 2,8—14)

„Die Stimme meines Geliebten! Siehe, er kommt springend über die Berge und hüpfend über die Hügel. Mein Geliebter ist gleich einem Reh und jungen Hirschlein! Sieh, er steht hinter unserer Wand, sieht durchs Fenster und schaut durchs Gitter. Sieh, mein Geliebter spricht zu mir: Steh auf! eile, meine Freundin, meine Taube, meine Schöne, und komm! Denn schon ist der Winter vorüber, der Regen hat aufgehört und ist vergangen! Die Blumen sind erschienen in unserem Lande! Die Zeit des Schneidens ist gekommen! Die Stimme der Turteltaube hat man gehört in unserem Lande! Der Feigenbaum brachte seine Knoten hervor! Die blühenden Weinberge geben ihren Geruch. Steh auf, meine Freundin, meine Schöne, und komm. Meine Taube in den Löchern der Felsen, in der Mauerhöhlung, zeige mir dein Angesicht, laß deine Stimme in meine Ohren klingen, denn deine Stimme ist süß und dein Angesicht schön."

Maria und Joseph auf der Reise zu Elisabeth

Einige Tage nach der Verkündigung des Engels an Maria kehrte der heilige Joseph nach Nazareth zurück und ordnete noch mehreres zu seinem Gewerbe in dem Haus, denn er war früher noch nicht in Nazareth ansässig gewesen und kaum ein paar Tage hier verweilt. Joseph wußte nichts von der Menschwerdung Gottes in Maria; sie war die Mutter des Herrn, aber auch die Magd des Herrn und bewahrte demütig sein Geheimnis. — Die heilige Jungfrau empfand, als sie fühlte, daß das Wort in ihr Fleisch geworden, ein großes Verlangen, sogleich ihre Base Elisabeth in Jutta bei Hebron zu besuchen, von welcher ihr der Engel gesagt, daß sie seit sechs Monaten gesegnet sei. Da sich nun die Zeit nahte, daß Joseph auf das Osterfest nach Jerusalem ziehen wollte, wünschte sie ihn zu begleiten, um Elisabeth in ihrer Schwangerschaft beizustehen. Joseph trat also die Reise nach Jutta mit der heiligen Jungfrau an.

Die Schwester Emmerich erzählte folgende einzelne Szenen aus der Reise Josephs und Mariä zu Elisabeth; doch müssen wegen ihrer Krankheit und mannigfacher Störung sehr viele Lücken in ihrer Mitteilung vorausgesetzt werden. Sie erzählte die Abreise nicht, sondern an sich folgenden Tagen einzelne Reisebilder, die wir hier mitteilen.

Die Reise ging mittagwärts, sie hatten einen Esel bei sich, auf welchem Maria dann und wann ritt. Es war einiges Geräte auf ihn gepackt, unter anderem ein gestreifter, wie mir schien, gestrickter Sack Josephs, in welchem sich ein langes, bräunliches Gewand Mariä, woran eine Art Kapuze, befand. Man band dieses Gewand vorn mit Bändern zu. Maria legte es an, wenn sie zum Tempel oder zur Synagoge ging. Auf der Reise trug sie ein braunes, wollenes Hemd, darüber ein graues Kleid mit einem Gürtel und eine gelbliche Kopfhülle.

Sie machten den weiten Weg ziemlich schnell. — Ich sah sie, nachdem sie die Ebene Esdrelon südwärts durchzogen hatten, auf einer Höhe in der Stadt Dothan bei einem Freunde von Josephs Vater eingekehrt. Es war ein wohlhabender Mann und stammte von Bethlehem. Sein Vater wurde von Josephs Vater Bruder genannt, ohne daß er sein Bruder gewesen wäre; aber er war aus Davids Stamm durch einen Mann, der auch, glaube ich, König war und Ela oder Eldoa oder Eldad hieß, ich weiß es nicht mehr bestimmt[1]. — Der Ort hatte vielen Handel.

Einmal sah ich sie in einem Schoppen übernachten; dann sah ich sie, von dem Wohnort des Zacharias noch 12 Stunden entfernt, abends in einem Walde, in einer von Holz geflochtenen Hütte, welche von lebendigem Grün mit schönen weißen Blüten überwachsen und für Reisende bestimmt war, eingekehrt. Es gibt dort im Lande vielfältig solche offene Lauben oder auch feste Gebäude an den Landstraßen, wo Reisende übernachten oder sich kühlen und die mitgebrachten Lebensmittel für sich bereiten können. Bei mancher solcher Herberge hat eine nahe wohnende Familie die Aufsicht und reicht gegen eine kleine Vergütung mancherlei Bedürfnisse.

Hier scheint eine Lücke in der Erzählung zu sein. Wahrscheinlich war die heilige Jungfrau mit Joseph auf dem Osterfeste zu Jerusalem und zog von da aus erst zu Elisabeth, da Josephs Reise zum Fest oben erwähnt ist, weiter unten aber, Zacharias sei am Tage vor der Heimsuchung Mariä vom Paschafest nach Haus gekommen.

Von Jerusalem aus gingen sie nicht gerade nach Jutta, sondern machten einen Umweg gegen Morgen, um einsamer zu

---

[1] Die Schwester Emmerich sah Jesum am 2. November = 12. Marcheswan seines 31. Lebensjahres zu Dothan in demselben Hause Issachar, den fünfzigjährigen Ehemann der Tochter dieser Familie, die Salome hieß, von der Wassersucht heilen. Bei dieser Gelegenheit sprach Issachar von jener Einkehr Josephs und Mariä. — Der von der Erzählerin unbestimmt Eldoa oder Eldad genannte Nachkomme Davids, durch welchen der Vater jener Salome mit Joseph verwandt sein sollte, könnte vielleicht Elioda oder Eliada, ein Sohn Davids, gewesen sein, der 2 Kg 5,16 und 1 Chr 3,8 erwähnt wird. So natürlich auch die Verwechslung von mancherlei Namenklängen bei der Erzählerin erscheinen dürfte, ist diese Verwechslung doch nicht immer als notwendig anzunehmen. Die hebräischen Eigennamen haben durchaus eine bestimmte Bedeutung. Da aber eine und dieselbe Bedeutung in der Sprache mehrere Ausdrücke hat, so führen dieselben Personen oft verschiedene Namen. So finden wir einen Sohn Davids bald Elischua „Gott hilf", bald Elischama „Gott hört" genannt. So kann Eldea oder Eldaa ebensogut heißen „Gott kommt" als Eliada. — Die unbestimmt gelassene Erwähnung, dieser Nachkomme Davids sei auch König gewesen, darf nicht befremden, indem gar nicht zu bezweifeln ist, daß Söhne oder Nachkommen Davids in den Vasallenstaaten die Regierung geführt haben.

reisen. — Sie umgingen ein Städtchen zwei Stunden von Emaus und reisten nun auf Wegen, welche Jesus in seinen Lehrjahren oft gewandelt. — Sie hatten dann noch zwei Berge zu überschreiten. Zwischen diesen zwei Bergen sah ich sie einmal ausruhend sitzen, Brot essen und sich Tropfen Balsam, welche sie auf der Reise gesammelt hatten, in ihr Trinkwasser mischen. — Es war sehr bergig hier. Sie kamen bei Felsen vorüber, die oben breiter als unten waren, auch sah man da große Höhlen und allerlei seltsame Steine darin. In den Tälern war es sehr fruchtbar.

Hierauf führte sie ihr Weg noch durch Wald, Heide, Wiesen und Felder. Gegen das Ende des Weges bemerkte ich besonders eine Pflanze mit feinen grünen Blättchen und mit Blumentrauben von neun blaßroten, verschlossenen Glöckchen oder Fäßchen. Es befand sich etwas in denselben, ich hatte etwas damit zu tun, was ich vergessen habe [1].

---

[1] Vielleicht hatte die Blume mit ihren neun Glöckchen für die Seherin eine mystische Beziehung auf das neunmonatliche Verweilen des Herrn im Mutterleibe, oder die Schwester Emmerich sah in ihr das Sinnbild irgendeiner auf das Fest der Heimsuchung bezüglichen Andacht oder Gebetshandlung. — Übrigens teilte ein schriftkundiger Freund dem Schreiber folgende Bemerkung mit: „Die hier angedeutete Blume ist wahrscheinlich das Cyprusträublein (Lawsonia spinosa inermis. Linn.), von welchem im Hohenlied 1,14 die Rede ist: „Des Kopherstrauches Blütentraube ist mir mein Geliebter, wie er in den Weinbergen Engedis wächst." Mariti in seiner Reise durch Syrien und Palästina erwähnt diese Staude und ihre Blüte in der Gegend, wo hier die allerseligste Jungfrau durchreist. Die Blätter sind nach ihm kleiner und feiner als Myrtenblätter, die Blüten rosenrot, die Gestalt des Blumenbüschels traubenförmig, was der oberflächlichen Angabe der Seherin allerdings entspricht; wenn sie aussagt, sie habe etwas mit dem Inhalt der Blumenglöckchen zu tun gehabt, was sie vergessen, so ist dies vielleicht eine Betrachtung über das Hohelied 1,14 gewesen; jetzt, da ihr Geliebter noch unter dem Herzen seiner jungfräulichen Mutter war, feierte sie vielleicht, die Fruchtkapseln jener Staude betrachtend, den Grad der Entwicklung des fleischgewordenen Wortes, welche Betrachtung um so fruchtbarer sein konnte, da die süß duftende Cyprusblütentraube im Hebräischen die Kophertraube, das ist Versöhnungstraube, heißt und daher einige in den Worten, „mein Geliebter ist mir eine Cyprustraube", den Sinn lesen, „mein Geliebter hat für mich das Traubenblut der Versöhnung gegeben." Wie die Morgenländer einen großen Wert auf diese süß duftenden Blütensträuße

Ankunft Marias und Josephs bei Elisabeth und Zacharias
Vorbemerkung

Die folgenden Anschauungen teilte Schwester Emmerich teils zur Zeit des Festes Mariä Heimsuchung im Juli 1820 mit, teils traten sie vor ihre Seele, da sie in ihrer Betrachtung die Gespräche Eliuds, eines alten Esseners von Nazareth, vernahm, welcher mit Jesu, da er ihn im September des ersten Lehrjahres auf der Reise zur Taufe des Johannes begleitete, vieles von der Geschichte seiner Eltern und seiner frühesten Jugend sprach, denn er war mit der heiligen Familie vertraut.

Das Haus des Zacharias lag auf einem einzelnen Hügel. Andere Häuser lagen in Gruppen umher. Nicht fern von hier kam ein ziemlich starker Bach vom Berge herab.

Es schien mir die Zeit, da Zacharias vom Osterfest aus Jerusalem nach Haus kehrte. Ich sah Elisabeth von großer Sehnsucht getrieben, eine bedeutende Strecke aus ihrem Hause auf dem Wege gen Jerusalem hinwandeln, und wie der heimkehrende Zacharias ganz erschreckt war, sie in ihren Umständen so weit vom Hause entfernt auf dem Wege zu finden. Sie sagte ihm, daß sie in ihrem Herzen so bewegt sei und immer denken müsse, ihre Base Maria von Nazareth komme zu ihr. Zacharias suchte ihr diese Meinung zu benehmen und gab ihr durch Zeichen und Schreiben auf ein Täfelchen zu verstehen, wie es unwahrscheinlich sei, daß die Neuvermählte jetzt eine so weite

---

legen und sie für ein höchst angenehmes Geschenk halten, feierte wohl die Seherin bei dem Vorübergehen der allerseligsten Jungfrau an diesen Blütentrauben das Heranreifen des Traubenblutes der Versöhnung in der gebenedeiten Frucht ihres Leibes. Sie erwägte etwa im Hohenlied 1,14 den Sinn, die wahre Kophertraube reift uns unter dem Herzen Mariä, wie in dem Vers 1,13 „mein Geliebter ist mir ein Myrrhenbüschlein, das zwischen meinen Brüsten weilet" sie betrachtet haben mag, wie Maria später Jesum als Kind am Busen hegte und dann den Heiland nach der Abnahme vom Kreuz, da er mit Myrrhen balsamiert wurde, und doch selbst die eigentliche Myrrhe gegen die Verwesung war, auf ihren Schoß empfing.

Reise unternehmen sollte. Sie kehrten hierauf zusammen nach Haus zurück.

Elisabeth aber vermochte ihre Erwartung nicht aufzugeben, denn sie hatte im Traume erkannt, eine ihres Stammes sei die Mutter des verheißenen Messias geworden. Sie hatte dabei an Maria gedacht, sich sehr nach ihr gesehnt und sie im Geiste in der Ferne auf dem Wege zu ihr gesehen. — Sie hatte in ihrem Hause rechts vom Eingang ein Stübchen mit Sitzen darin bereitet. Hier saß sie am folgenden Tage lange harrend und sah nach der Ankommenden hinaus. Dann stand sie auf und ging ihr eine Strecke weit entgegen.

Elisabeth war eine große, bejahrte Frau mit kleinem feinem Angesichte, ihr Kopf war eingehüllt. Sie kannte die heilige Jungfrau nur dem Rufe nach. — Maria, sie in der Ferne erblickend, erkannte sie gleich und eilte vor Joseph, der sich bescheiden zurückhielt, ihr entgegen. Maria war schon zwischen den benachbarten Häusern, deren Bewohner, gerührt von ihrer wunderbaren Schönheit und erschüttert von einer übernatürlichen Würde in ihrem ganzen Wesen, sich schüchtern zurückzogen, als sie mit Elisabeth zusammentraf. Sie grüßten sich freundlich mit Darreichung der Hand, und in dem sah ich ein Leuchten in der heiligen Jungfrau und wie einen Lichtstrahl von ihr zu Elisabeth übergehen, worauf diese wunderbar gerührt ward. Sie verweilten aber nicht vor den Menschen, sondern gingen, sich im Arm führend, gegen das Haus durch den davorliegenden Hof, und an der Haustüre hieß Elisabeth nochmals Maria willkommen, und sie traten ein.

Joseph, der den Esel führend in den Hof gekommen, übergab das Lasttier einem Knecht und ging zur Seite des Hauses in eine offene Halle zu Zacharias. Er begrüßte den alten, ehrwürdigen Priester sehr demütig, dieser umarmte ihn herzlich und sprach mit ihm, auf sein Täfelchen schreibend, denn er war, seit der Engel ihm im Tempel erschienen, stumm.

Maria und Elisabeth durch die Türe des Hauses getreten, befanden sich in einer Halle, welche mir auch die Küche zu sein schien. Hier faßten sie sich bei beiden Armen, Maria grüßte Elisabeth sehr freundlich, und sie lehnten ihre Wangen aneinander. Da sah ich abermals ein Leuchten aus Maria in Elisabeth hinüberstrahlen, wodurch diese ganz durchleuchtet, in ihrem Herzen von heiliger Freude bewegt und ganz innig ward. Sie trat nun mit erhobener Hand zurück, und voll Demut, Freude und Begeisterung rief sie aus:

„Gebenedeit bist du unter den Weibern und gebenedeit ist die Frucht deines Leibes! Woher kommt mir das? Daß die Mutter meines Herrn zu mir kommt, sieh, als die Stimme deines Grußes in meine Ohren kam, hüpfte das Kind vor Freude unter meinem Herzen auf, o selig bist du! Du hast geglaubt, und es wird erfüllet werden, was dir vom Herzen gesagt worden ist."

Unter den letzten Worten führte sie Maria in das zubereitete Kämmerchen, damit sie sich niedersetzen und von der Reise ruhen möge. Es waren nur ein paar Schritte dahin. Maria aber ließ den Arm der Elisabeth, den sie gefaßt hatte, kreuzte die Hände vor der Brust und sprach den Lobgesang:

„Meine Seele verherrlicht den Herrn, und mein Geist frohlocket in Gott, meinem Heiland, weil er herabgeschaut hat auf die Niedrigkeit seiner Magd, denn sieh, von nun an werden alle Geschlechter mich seligpreisen, weil Der Großes an mir getan hat, der mächtig und dessen Name heilig ist, und dessen Barmherzigkeit von Geschlecht zu Geschlecht bei denen ist, die ihn fürchten. Er hat Macht in seinen Arm gelegt, und die Stolzen in ihres Herzens Sinn hat er zerstreuet, er hat die Mächtigen von ihrem Sitze abgesetzt und die Niedrigen erhöhet, die Hungernden hat er mit Gütern erfüllet, und die Reichen hat er leer entlassen. Er hat Israel, seinen Diener, aufgenommen, eingedenk seiner Barmherzigkeit, wie er gesprochen hat zu unseren Vätern, zu Abraham und seinem Samen in alle Ewigkeit [1]!"

---

[1] Als der alte Essener Eliud bei der in der Vorbemerkung erwähnten Gelegenheit sich mit Jesus über dieses Ereignis unterhielt, hörte ich ihn diesen ganzen Lobgesang Mariä auf eine wunderschöne Weise auslegen. Ich fühle mich aber unfähig, diese Auslegung zu wiederholen.

Magnifikat — Geselligkeit — Gemeinsames Gebet 175

Ich sah, daß Elisabeth das ganze Magnifikat in gleicher Begeisterung mitbetete, dann aber setzten sie sich auf ganz niedrige Sitze, und es stand auf einem Tischchen, das auch nicht hoch war, ein kleiner Becher vor ihnen. — Oh, ich war so selig, ich habe alles mitgebetet und mich dann auch in die Nähe gesetzt, oh, ich war so selig! — Die Schwester Emmerich erzählte an diesem Morgen, als sei es am Tage vorher geschehen. Am Nachmittag sprach sie im Schlaf: Joseph und Zacharias sind jetzt auch beieinander und unterhalten sich über die Nähe des Messias nach der Erfüllung der Prophezeiungen. — Zacharias ist ein schöner, großer Greis, priesterlich gekleidet, er antwortet immer mit Zeichen oder auf eine Tafel schreibend. Sie sitzen an der Seite des Hauses in einer offenen Halle, die in den Garten sieht. — Maria und Elisabeth sitzen im Garten auf einem Teppich unter einem großen breiten Raum, hinter welchem ein Brunnen ist, aus dem Wasser springt, wenn man an einem Zapfen zieht. Ich sehe Gras und Blumen umher und Bäume mit kleinen gelben Pflaumen. Sie essen miteinander kleine Früchte und Brötchen aus der Reisetasche Josephs; o welche rührende Einfalt und Mäßigkeit! — Es sind zwei Mägde und zwei Knechte im Hause, ich sehe sie hin und wieder gehen. Sie bereiten einen Tisch mit Speise unter einem Baum. Zacharias und Joseph kommen und essen einiges. Joseph wollte gleich wieder nach Nazareth zurück; er wird aber wohl acht Tage bleiben. Er weiß nichts von dem gesegneten Zustand der heiligen Jungfrau. Maria und Elisabeth schwiegen davon; sie hatten beide in ihrem Innern einen tiefen geheimen Bezug aufeinander.

Mehrmals im Tage, besonders vor Tisch, wenn sie alle zusammen waren, beteten die heiligen Frauen eine Art Litanei[1], auch Joseph betete mit, und ich sah dann mitten zwischen ihnen

---
[1] Dieser Name einer bekannten christlichen Gebetsform darf uns bei einer Nachricht aus dem Alten Testament nicht stören; der Form nach waren die Litaneien längst vor Christi Geburt da. So ist der Psalm 135 (136) eine vollkommene Litanei, zum Teil auch Psalm 117 (118) und andere.

ein Kreuz erscheinen, und es war doch damals noch kein Kreuz, ja es war, als besuchten sich zwei Kreuze [1].

Am 3. Juli erzählte sie: Sie aßen gestern abend alle zusammen. Sie saßen bis gegen Mitternacht bei der Lampe unter dem Baume des Gartens. Hierauf sah ich noch Joseph und Zacharias allein in einem Gebetsort. Maria und Elisabeth sah ich in ihrem Kämmerchen. Sie standen ganz innig wie entzückt sich einander gegenüber und beteten das Magnifikat miteinander.

Außer der früher beschriebenen Kleidung hatte die heilige Jungfrau auch noch einen schwarzen, durchsichtigen Schleier, den sie niedersenkte, wenn sie mit Männern sprach.

Heute hat Zacharias den heiligen Joseph in einen anderen, vom Hause abgelegenen Garten geführt. — Zacharias ist in allem ordentlich und pünktlich. — Dieser Garten ist mit schönen Bäumen und mancherlei Früchten sehr reich bestellt und wohl gehalten. Durch die Mitte führt ein schattiger Laubengang. Am Ende des Gartens findet sich ein verborgenes Lusthäuschen, dessen Türe an der Seite ist. Oben an diesem Häuschen sind Fensteröffnungen mit Schiebern geschlossen. Es steht ein geflochtenes Ruhelager mit Moos oder anderen feinen Kräutern gepolstert darin; auch sah ich zwei kindergroße weiße Figuren dort. Ich wußte nicht recht, wie sie dahin kamen oder was sie bedeuteten, aber sie schienen mir Zacharias und Elisabeth sehr ähnlich, nur in weit jüngerem Alter.

Ich sah heute nachmittag Maria und Elisabeth zusammen im

---

[1] Wir können nicht mit Bestimmtheit erklären, was die Seherin mit den Worten „es war, als besuchten sich zwei Kreuze" sagen wollte. Nach der frommen Gewohnheit in ihrem altkatholischen Vaterland, daß verschiedene Gemeinden, welche zu gemeinsamer Andacht in Prozessionen zusammenziehen, ihre Gnadenbilder des heiligen Kreuzes oder der heiligen Jungfrau mit sich zu tragen pflegen, was mit dem Ausdruck, die Kreuze, die Muttergottesbilder besuchen sich, bezeichnet wird, wollte sie vielleicht bei der Erscheinung eines Kreuzes zwischen der betenden heiligen Jungfrau und Elisabeth sagen, es war, als besuchten sich der noch unter dem Herzen seiner Mutter ruhende künftig gekreuzigte Jesus und sein jetzt noch unter dem Herzen der Zukunft ruhendes Kreuz unserer Erlösung.

Hause beschäftigt. Die heilige Jungfrau nahm teil an allen häuslichen Geschäften. Sie bereitete allerlei Geräte für das erwartete Kind. Ich sah sie beide zusammen arbeiten, sie strickten an einer großen Decke, einem Lagerteppich für Elisabeth als Wöchnerin. Die jüdischen Wöchnerinnen bedienten sich solcher Teppiche, in deren Mitte eine Hülle so befestigt war, daß sich die Wöchnerin mit ihrem Kinde ganz darin einwickeln konnte. Sie steckte dann gleichsam wie in einem großen Schuh oder Schiffchen und war selbst wie ein Wickelkind eingepuppt. — Von Polstern unterstützt, konnte sie darin nach Wunsch aufrecht sitzen oder liegen. — Auf den Rand des Teppichs waren Blumen und Sprüche genäht. — Maria und Elisabeth bereiteten auch allerhand Geräte, um die Armen bei der Geburt des Kindes zu beschenken. — Die Mutter Anna sehe ich während der Abwesenheit der heiligen Familie oft ihre Magd in das Haus nach Nazareth senden, um auf alles zu schauen. Ich habe sie auch schon einmal selbst dort gesehen.

Am 4. Juli erzählte sie:

Zacharias ist mit Joseph ins Feld spazierengegangen. Sein Haus liegt allein auf einem Hügel, es ist das beste Haus hier in der Gegend; andere liegen zerstreut umher. Maria ist etwas müde, sie ist allein mit Elisabeth zu Hause.

Am 5. Juli sprach sie:

Ich sah Zacharias und Joseph die heutige Nacht in dem vom Hause entfernt liegenden Garten zubringen. Teils schliefen sie in dem Gartenhäuschen, teils beteten sie im Garten unter freiem Himmel. Sie kehrten mit Tagesanbruch nach Hause zurück. Elisabeth und die heilige Jungfrau sah ich zu Hause. Sie beteten jeden Morgen und Abend den Lobgesang „Magnifikat" zusammen, welchen Maria auf den Gruß Elisabeths vom heiligen Geist empfangen hatte.

Mit dem Gruße des Engels ward die heilige Jungfrau zur Kirche geweiht. Mit den Worten: Sieh, ich bin die Magd des Herrn, mir geschehe nach seinem Worte, zog das Wort, zog Gott, von der Kirche, von seiner Magd, begrüßt, in sie ein. Nun war Gott in seinem Tempel, nun war Maria der Tempel und die Bundeslade des Neuen Testamentes. Der Gruß Elisabeths, die Bewegung Johannis unter dem Herzen seiner Mutter, war der erste Gottesdienst der Gemeinde vor diesem Heiligtume. Als aber die heilige Jungfrau das Magnifikat sprach, feierte die Kirche des Neuen Bundes, der neuen Ehe, zuerst die Erfüllung der göttlichen Verheißungen des Alten Bundes, der alten Ehe, Dank sagend mit einem Te Deum laudamus. Ach, wer kann es ganz aussprechen, wie rührend die Andacht der Kirche zu ihrem Heiland schon vor seiner Geburt anzuschauen war.

Ich hatte heute nacht, während ich die heiligen Frauen beten sah, viele Anschauungen und Erklärungen vor dem Magnifikat und dem Herannahen des heiligen Sakramentes in dem jetzigen Zustande der heiligen Jungfrau. Mein jetziges, sehr krankes Befinden und viele Störungen sind schuld, daß ich schier alles Gesehene wieder vergaß. Von der Stelle des Magnifikat an: „Du hast Stärke in deinen Arm gelegt", erschienen mir allerlei Vorbilder bezüglich auf das heilige Sakrament des Altars im Alten Testament. Darunter war ein Bild von Abraham, wie er Isaak opfert, und von Isaias, wie er einem bösen Könige etwas verkündet, was dieser verspottet. Ich vergaß es. Ich sah sehr vieles von Abraham bis auf Isaias und von diesem bis auf die heilige Jungfrau Maria und sah in allem immer die Annäherung des heiligen Sakramentes zu der Kirche Jesu Christi, der selbst noch unter dem Herzen seiner Mutter ruhte [1].

Nachdem die gottselige Emmerich dieses gesagt, betete sie die Litanei vom heiligen Geist und den Hymnus Veni Sancte Spiritus und entschlief lächelnd. Nach einer Weile sprach sie mit großer Innigkeit: „Ich soll heute gar nichts mehr tun und niemand zu mir lassen, dann soll ich alles das Vergessene wieder sehen. — Wenn ich einmal ganz Ruhe haben werde, soll ich auch das Heiligtum der Bundeslade, das heilige Sakrament des

---

[1] Die von ihr vergessene Sendung des Isaias ist ohne Zweifel seine Prophezeiung an den König Achaz (Is 7,3—25). Seht, eine Jungfrau wird empfangen usw.

Alten Bundes erkennen und erzählen können. Ich habe jene Zeit der Ruhe gesehen, es ist eine schöne Zeit. Ich sah den Schreiber bei mir, ich soll dann vieles erfahren. — Unter diesen Worten glühte und blühte ihr Angesicht im Schlafe wie ein Kindesangesicht, sie zog ihre mit den Wundmalen bezeichneten Hände unter der Decke hervor und sprach: Es ist gar warm da bei Maria im gelobten Lande. Sie gehen jetzt alle in den Hausgarten, zuerst Zacharias und Joseph und dann Elisabeth und Maria. Es ist eine Decke wie ein Zelt unter dem Baume ausgespannt. Es stehen ganz niedere Sitze mit Lehnen an der einen Seite da.

Persönliches der Erzählenden

Hierauf fuhr sie fort:

Ich soll ruhen und alles Vergessene wiedersehen, das süße Gebet zum heiligen Geist hat mir geholfen; oh, es ist so lind und süß! Abends 5 Uhr klagte sie sich an: Aus Nachgiebigkeit habe ich das Gebot, niemand zu mir zu lassen, nicht gehalten. Eine Bekannte hat lange von gehässigen Ereignissen vor mir gesprochen, ich habe mich daran geärgert und bin hierauf entschlafen. Der liebe Gott hat besser Wort gehalten als ich, er hat mir alles Vergessene wieder gezeigt; es ist mir jedoch zur Strafe meistens nochmals entfallen. Sie sagte hierauf folgendes, was mir, wenngleich einiges sich darin wiederholt, dennoch mitteilen, weil wir, was sie sagen wollte, nichts weiter aussprechen können, als sie es selbst vermochte. — Sie aber sagte: Ich sah wie gewöhnlich die zwei heiligen gesegneten Frauen einander gegenüberstehend das Magnifikat beten. In der Mitte des Gebetes ward mir Abraham gezeigt, welcher den Isaak opferte. Hierauf folgte eine Reihe auf die Annäherung des heiligen Sakraments bezüglicher Vorbilder. Ich glaubte, die heiligsten Geheimnisse des Alten Bundes noch nie so klar erkannt zu haben.

Am folgenden Tage sprach sie: „Wie mir versprochen war, hatte ich alles Vergessene wieder erkannt. Ich war voll Freude, nun so vieles Wunderbare von den Patriarchen und der Bundeslade erzählen zu können, aber es muß in meiner Freude darüber vielleicht ein Mangel an Demut gewesen sein, denn Gott fügte es, daß ich das Erkannte nicht mehr klar ordnen und mitteilen kann, denn es war unbeschreiblich vieles."

Die Veranlassung zu der neu eingetretenen Störung war ein besonderer Zwischenfall, infolgedessen das ihren Zustand immer begleitende Passionsmitleiden eintrat, wodurch sie zu geordneter Mitteilung noch unfähiger ward. Da sie jedoch seit ihren Anschauungen von dem wiederholten Gebete des Magnifikates durch die heiligen Frauen vielfache Erkenntnisse über den geheimnisvollen Segen des Alten Testamentes und die Bundeslade bruchstücklich und ungeordnet hin und wieder mitgeteilt hat, so versuchte man das Ergebnis dieser Äußerungen, soviel möglich, nach der Zeit zusammenzustellen und wird es, um das Leben Mariä nicht zu sehr zu unterbrechen, als Anhang beifügen oder für anderen angemessenen Ort aufbewahren.

Donnerstag, den 5. Juli, Sabbat, den 6.

Ich sah gestern am Vorabend, Freitag, den 6. Juli, Elisabeth und die heilige Jungfrau nach dem entfernten Garten des Zacharias gehen. Sie trugen Früchte und kleine Brote in Körbchen mit sich und wollten die Nacht dort zubringen. Als Joseph und Zacharias später auch hinkamen, sah ich die heilige Jungfrau ihnen entgegenschreiten, Zacharias hatte sein Schreibtäfelchen bei sich, aber es war zum Schreiben zu dunkel geworden, und ich sah, daß Maria innerlich vom heiligen Geiste bewegt zu ihm sagte, er solle heute nacht sprechen und daß Zacharias sein Schreibtäfelchen weglegte und diese Nacht hindurch mit Joseph sprechen und beten konnte. Ich sah dies so, und als ich darüber sehr verwundert mit dem Kopf schüttelte und es nicht annehmen wollte, sagte mein Schutzengel· oder geistlicher Führer, der immer bei mir ist, zu mir, indem er nach einer anderen Seite hindeutete: „Du glaubst dieses nicht, so sieh denn hierher, was dieses ist!" — Ich sah aber, wo er hindeutete, ein ganz anderes Bild aus viel späterer Zeit.

Ich sah den heiligen Einsiedler Goar [1] in einer Gegend, wo Korn geschnitten ward. Es sprachen Boten eines ihm feindlich gesinnten Bischofs mit ihm, die es auch nicht redlich mit ihm meinten. Als er nun mit ihnen zu jenem Bischof gereist war, sah ich, daß er sich nach einem Haken umschaute, seinen Mantel aufzuhängen, und daß, da er das Sonnenlicht durch eine Öffnung der Wand dringen sah, er an diesen Strahl in seinem einfältigen Glauben seinen Mantel aufhängte, und daß der Mantel fest in der Luft hängen blieb. Ich staunte über dieses Wunder des einfältigen Glaubens und war nun gar nicht mehr durch das Sprechen des Zacharias verwundert, dem dieses von der heiligen Jungfrau geschehen, in welcher Gott selbst wohnte. Mein Führer aber sprach mit mir über das, was man Wunder heißt, ich erinnere mich daraus noch deutlich: Ein lebendiges kindliches Vertrauen auf Gott in Einfalt mache alles wesenhaft, mache alles zu Substanz (Hebr 11,1). Diese beiden Ausdrücke gaben mir einen großen, inneren Aufschluß über alle Wunder, ich vermag es aber nicht vollkommen wieder auszusprechen [2].

---

[1] Sein Fest war am selben Tag, da die Schwester Emmerich dieses mitteilte, am 6. Juli, was der Schreiber nicht wußte. Als er es aber später durch einen zufälligen Blick in den Kalender vernahm, empfing er dadurch eine neue Bestätigung jener organischen Beziehung aller ihrer Anschauungen auf die betrachtende Feier der Kirche, welche ihn schon so oft auf die rührendste Weise überrascht und belehrt hatte. — St. Goar, ein frommer Priester aus Aquitanien (Gascogne, Guienne), ließ sich im sechsten Jahrhundert an dem Einfluß des Mochenbaches in den Rhein (bei dem jetzigen Städtchen St. Goar) in dem Bistum Trier einsiedlerisch lebend nieder und brachte viele Heiden, welche reisend Hospitalität genossen, durch seine Belehrung zum christlichen Glauben. Als er fälschlich der Schwelgerei beschuldigt vor den Bischof Rustikus nach Trier berufen ward, trat dort das Wunder ein, welches der seligen Emmerich zur Bestätigung der Macht des einfältigen Glaubens vorgestellt ward. Rustikus beschuldigte ihn der Zauberei, ward aber durch ein anderes Wunder, das er zum Beweise seiner Unschuld von ihm verlangte, so tief beschämt, daß er zu den Füßen des Heiligen, seine Schuld bekennend, Abbitte tat. St. Goar, zu seiner Einsiedelei zurückgekehrt und von Sigobert, König in Austrasien, wiederholt vergebens aufgefordert, das Bistum Trier anzunehmen, bat Gott um seine Auflösung und ward gegen Ende des sechsten Jahrhunderts erhört.

[2] Siehe Anmerkung Nr. 1.

Ich sah nun die vier heiligen Leute die Nacht in dem Garten zubringen. Sie saßen und aßen oder gingen zwei und zwei sprechend und betend hin und wieder und waren auch abwechselnd in dem kleinen Häuschen, zu ruhen. Ich vernahm auch, daß nach dem Sabbat Joseph, von Zacharias ein Stück Wegs begleitet, nach Nazareth zurückreisen werde. Es war Mondschein und ein klarer Sternenhimmel. Es war unbeschreiblich schön und still bei den heiligen Leuten.

Ich sah abermals unter dem Gebete der beiden heiligen Frauen einen Teil des Geheimnisses, des Magnifikats, soll auch alles in der Oktav des Festes vor Sonnabend auf Sonntag nochmals wiedersehen, wo ich denn wohl einiges werde mitteilen können; jetzt ist mir nur folgendes zu sagen vergönnt: Das Magnifikat ist ein Danklied für die Erfüllung des segnenden Sakraments des Alten Bundes [1].

Ich sah während dem Gebete Mariä in fortlaufender Reihe alle ihre Voreltern. Es sind im Verlaufe der Zeiten dreimal vierzehn aufeinanderfolgende Ehen, in welchen der Vater stets der Sohn der vorhergehenden Ehe ist, und aus jeder dieser Ehen sah ich einen Lichtstrahl ausgehen auf Mariä, wie sie jetzt betend stand. Indem aber die ganze Vorstellung wie ein Stammbaum von Lichtzweigen, die sich immer mehr veredelten, vor meinen Augen aufwuchs, sah ich endlich an einer bestimmteren Stelle dieses Lichtstammbaums das unbefleckte und heilige Fleisch und Blut Mariä, aus welchem Gott Mensch werden sollte, leuchtender deutlich beginnen und betete ihm mit sehnsüchtiger Hoffnung freudig entgegen, gleich einem Kinde, das den Weihnachtsbaum vor sich aufwachsen sieht. Das Ganze war ein Bild der Herannäherung Jesu Christi nach dem Fleische und seines heiligsten Sakramentes. — Ach, es war, als sähe ich das Getreide reifen zu dem Brote des Lebens, nach dem ich hungere. — Es ist unaussprechlich, ich kann keine Worte finden, um zu sagen, wie das Fleisch geworden ist, in welchem das

---

[1] Siehe Anmerkung Nr. 2.

Wort Fleisch geworden ist. — Wie kann dieses ein armer Mensch aussprechen, der selbst noch in jenem Fleische ist, von welchem der Sohn Gottes und Maria gesagt haben, das Fleisch sei nichts wert, der Geist mache lebendig; derselbe, der gesprochen hat, nur jene, welche sein Fleisch und Blut genössen, würden das ewige Leben haben und von ihm am Jüngsten Tage aufgeweckt werden. Nur sein Fleisch und sein Blut seien die rechte Speise, nur jene, welche diese Speise genössen, blieben in ihm und er in ihnen.

Es ist unaussprechlich, wie ich von Anbeginn die Annäherung der Menschwerdung Gottes und mit ihr die Annäherung des heiligen Sakraments des Altars von Geschlecht zu Geschlecht sah und dann eine Reihe der Patriarchen, Darsteller des lebendigen Gottes unter den Menschen als Opfer und Speise bis zu seiner Wiederkunft am Jüngsten Tage, in der Einsetzung des Priestertums, welches der Gott und Mensch, der neue sühnende Adam, seinen Aposteln und diese durch Handauflegung der nächsten Priesterfolge, zur gleichen ununterbrochenen Fortpflanzung von Priestergeschlecht zu Priestergeschlecht übergeben haben. — Bei allen diesem habe ich wohl erkannt, wie das Absingen der Geschlechtsregister unseres Herrn vor dem heiligen Sakrament am Fronleichnamsfeste ein tiefes, großes Geheimnis in sich enthält. Ich habe auch dabei erkannt, daß, wie unter den Voreltern Christi nach dem Fleische manche nicht Heilige, ja auch Sünder waren, ohne darum aufzuhören, Sprossen der Leiter Jakobs zu sein, auf welchen Gott zu der Menschheit herabstieg, ebenso auch in unwürdigen Bischöfen jene Kraft bleibt, das heilige Sakrament zu konsekrieren und die priesterliche Weihe, nebst allen sie begleitenden Kräften, zu erteilen. — Wenn man das sieht, dann versteht man wohl deutlich, warum das Alte Testament sonst in alten, deutschen, geistlichen Büchern der Alte Bund oder die alte Ehe, das Neue Testament aber der Neue Bund, die neue Ehe genannt wurden. Die höchste Blüte der alten Ehe war die Jungfrau aller Jungfrauen, die Braut des heiligen Geistes, die keuscheste Mutter des Erlösers, das geistliche, ehrwürdige, ausgezeichnete Gefäß der Andacht [1], in welchem das Wort Fleisch geworden. Mit diesem Geheimnis fängt die neue Ehe, der Neue Bund an. Er ist jungfräulich im Priestertum und in allen, welche dem Lamme folgen, und die Ehe ist in ihm ein großes Sakrament, nämlich in Christo und seiner Braut, der Kirche (Eph 5,32).

Um aber so deutlich, als ich vermag, mitzuteilen, wie mir die Herannahung der Menschwerdung Gottes und mit ihr das Herannahen des heiligen Altarssakramentes erklärt wurde, kann ich nicht anders als nochmals wiederholen, in welcher Weise mir alles in einer weiten, bildlichen Vorstellung vor Augen gestellt worden ist, ohne daß es mir doch bei meinem jetzigen Befinden und den vielen äußerlichen Störungen möglich wäre, das Geschehene bis in das einzelne verständlich zusammenzubringen. Ich kann nur im allgemeinen sagen: Zuerst sah ich den Segen der Verheißung, den Gott den ersten Menschen im Paradiese gab und aus diesem Segen einen Strahl bis auf die heilige Jungfrau hin, wie sie jetzt das Magnifikat betend der heiligen Elisabeth gegenüberstand. Dann sah ich Abraham, der diesen Segen von Gott empfangen hatte und aus ihm einen Strahl zu der heiligen Jungfrau hin, dann die übrigen patriarchalischen Besitzer und Träger des Heiligtums und aus jedem den Lichtstrahl auf Maria und sofort den Übergang dieses Segens bis auf Joachim, der aus dem Innersten des Tempels mit dem höchsten Segen begnadigt der Vater der ohne Erbsünde empfangenen allerheiligsten Jungfrau Maria zu werden vermochte; in dieser aber ist, empfangen von dem heiligen Geist, das Wort Fleisch geworden und hat in ihr, als in der Bundeslade des Neuen Testamentes, neun Monate verhüllt unter uns gewohnt, bis wir in der Fülle der Zeit seine Herrlichkeit, geboren aus Maria der Jungfrau, gesehen haben, eine Herrelichkeit wie des Eingeborenen vom Vater, voll Gnade und Wahrheit.

---

[1] Diese Benennungen sind teils aus der lauretanischen Litanei, in welcher die heilige Jungfrau auch unter dem Namen Bundeslade verehrt wird.

Am 7. Juli erzählte sie:

Ich sah heute nacht die heilige Jungfrau in Elisabeths Haus in ihrem Kämmerchen auf der Seite ausgestreckt, den Kopf auf dem Arm ruhend schlafen. Sie war in einer Bahn weißliches Zeug über den Kopf bis zu den Füßen hinab eingewickelt. Ich sah unter ihrem Herzen eine Lichtglorie von birnförmiger Gestalt hervorstrahlen, welche ein unbeschreiblich helles Lichtflämmchen umgab. Aus Elisabeth sah ich eine weniger helle Glorie, jedoch von größerem und runderem Umfange hervorschimmern; das Licht in derselben war weniger hell.

Samstag, den 8. Juli, erzählte sie:

Als gestern am Freitagabend der Sabbat begann, sah ich in einem Raum von Zacharias' Haus, den ich noch nicht kannte, die Lampe anstecken und den Sabbat feiern: Zacharias, Joseph und etwa noch sechs Männer, wahrscheinlich aus der Gegend, beteten unter der Lampe, um einen Kasten stehend, auf dem Schriftrollen lagen. Sie hatten Tücher über den Kopf hängen, machten aber bei dem Gebet nicht so viele verdrehte Leibesbewegungen wie die jetzigen Juden, wenn sie gleich manchmal das Haupt senkten und die Arme emporhoben. Maria, Elisabeth und noch ein paar andere Frauen standen getrennt in einem vergitterten Verschlag, aus dem sie in den Betort schauten. Sie waren alle mit Betmänteln über dem Kopf verhüllt.

Nach dem Sabbatmahl sah ich die heilige Jungfrau in ihrem Kämmerchen mit Elisabeth, das Magnifikat betend, stehen. Die Hände vor der Brust gekreuzt und ihre schwarzen Schleier über das Angesicht herabgesenkt, standen sie wie im Chor betend einander gegenüber an den Wänden. — Ich betete das Magnifikat mit ihnen und hatte abermals bei dem zweiten Teile desselben, der sich auf die Verheißungen Gottes bezieht, mancherlei Blicke in die Nähe und Ferne auf einzelne Voreltern Mariä, von welchen Lichtfäden auf sie, die betend vor mir stand, ausgingen. — Diese Strahlen sah ich immer bei männlichen Vorfahren aus dem Munde, bei weiblichen aber unter dem Herzen ausgehen und auf die Glorie in Maria endigen.

Abraham muß, als sein Segen auf die Zukunft der heiligen Jungfrau wirkte, nahe der Gegend gelebt haben, wo sie jetzt das Magnifikat betete, denn ich sah den Lichtstrahl von ihm ganz aus der Nähe auf sie hinströmen, während ich die Strahlen von Personen, welche ihr der Zeit nach viel näher standen, aus viel größerer Entfernung kommen sah.

Nachdem sie das Magnifikat, welches ich sie seit der Heimsuchung immer morgens und abends beten sehe, vollendet hatten, zog sich Elisabeth zurück, und ich sah, wie die heilige Jungfrau sich zur Ruhe begab. — Sie legte Gürtel und Oberkleid ab und hatte nun allein noch das lange bräunliche Hemd an. Sie nahm eine Rolle Zeug, die, zu Häupten des niedrigen Lagers liegend, ich sonst für ein Kopfpolster gehalten, jetzt aber sah ich, daß es eine zusammengerollte Bahn fast ellenbreiten Wollenzeugs war, dessen eines Ende sie in der Achselgrube fest unter den Arm schloß, und welches sie nun vom Kopf bis zu den Füßen nieder und wieder herauf um sich schlang, so daß sie, ganz eingehüllt, nur kleine Schritte machen konnte. — Die halben Arme blieben frei, und die Verschleierung öffnete sich vor dem Angesicht gegen die Brust. Sie hüllte sich dicht vor ihrem Lager so ein, welches zu Häupten eine kleine Erhöhung hatte, und legte sich dann gerade auf die Seite ausgestreckt, die Hand unter die Wange legend, nieder. — Ich sah die Männer nicht so eingewickelt schlafen.

Sonntag, den 9. Juli, erzählte sie:

Gestern, Samstag, den ganzen Sabbat, sah ich Zacharias im nämlichen Kleid, das er mit Sabbats Anfang anlegte. Er hatte ein langes, weißes Gewand mit nicht allzuweiten Ärmeln an. Er war mit einem breiten Gürtel mehrmals umwunden, welcher mit Buchstaben beschrieben war, und an welchem Riemen niederhingen. An diesem Gewande war hinten eine Kappe befestigt, welche in Falten vom Kopfe auf den Rücken niederhing wie ein hinten gefältelter Schleier. — Wenn er über Tag am Sonnabend etwas tat oder wohin ging, so schlug er dies Gewand über die eine Schulter mitsamt dem Gürtel empor und steckte dieses Geschürzte an der anderen Seite unter dem Arm in den Gürtel. Er hatte nun die beiden Beine getrennt, weit, wie eine Art Hose umwickelt, und diese Umwindung ward von den Riemen gefaßt, mit welchen die Sohlen an die nackten Füße befestigt waren. — Er zeigte heute auch Joseph seinen Priestermantel, welcher sehr schön war. — Es war ein weiter, schwerer Mantel, weiß und Purpur durcheinanderblitzend, und war auf der Brust mit drei Geschmeideschlössern geschlossen. Er hatte keine Ärmel.

Am Sonntagabend, als der Sabbat aus war, sah ich sie zuerst wieder essen. Sie aßen zusammen im Garten bei dem Hause unter dem Baum. Sie aßen grüne Blätter, die sie eintauchten, und saugten eingetunkte grüne Bäuschchen aus, auch waren Schüsselchen mit kleinen Früchten und andere Schüsseln auf dem Tisch, woraus sie etwas mit durchsichtigen braunen Spateln aßen, ich glaube, es war Honig gewesen, den sie mit hornenen Spateln aßen, auch kleine Brote sah ich auftragen, welche sie aßen.

Hierauf bei Mondschein in einer stillen Nacht voll Sternen trat Joseph, von Zacharias begleitet, seine Rückreise an. Sie beteten vorher alle getrennt. Joseph hatte wieder sein Bündelchen bei sich, worin Brötchen und ein kleines Krüglein, und seinen Stab, der oben krumm war. Zacharias hatte einen langen Stab oben mit einem Knopf. Sie hatten beide Reisemäntel über den Kopf geschleiert. — Ehe sie gingen, umarmten sie Maria und Elisabeth wechselseitig, indem sie dieselben ans Herz drückten, küssen sah ich damals nicht. Sie schieden ganz heiter und ruhig, und die beiden Frauen begleiteten sie noch ein Stückchen, dann wandelten sie allein durch die unbeschreiblich liebliche Nacht

Maria und Elisabeth gingen nun ins Haus zurück, in die Kammer Mariens. Es brannte in dieser eine Lampe auf einem Arm aus der Wand wie immer, wenn sie betete und schlafen ging. Die beiden Frauen standen sich wieder verschleiert gegenüber und beteten das Magnifikat.

Bei dieser Gelegenheit ward mir die verheißene Anschauung wiederholt, welche ich neulich vergaß. Ich habe aber heute nacht so vieles gesehen, daß ich auch jetzt nur weniges davon werde sagen können usw. Ich habe nur die Überlieferung des Segens bis auf den ägyptischen Joseph gesehen [1].

Dienstag, den 11. Juli, sprach sie:

Ich hatte diese Nacht eine Anschauung von Maria und Elisabeth, wovon ich nur noch weiß, daß sie die ganze Nacht beteten. Ich weiß die Ursache nicht mehr. — Am Tage sah ich Maria allerlei Arbeit tun, zum Beispiel Decken flechten. — Joseph und Zacharias sah ich noch unterwegs, sie brachten in einem Schoppen die Nacht zu. Sie hatten große Umwege gemacht, und wie ich glaube, allerlei Leute besucht. Ich glaube, sie brauchten drei Tage zu ihrer Reise. Ich habe das meiste außer diesem vergessen.

Donnerstag, den 13. Juli, erzählte sie:

Joseph sah ich gestern, Mittwoch, den 12., wieder in Nazareth in seinem Haus. Josephs scheint nicht nach Jerusalem, sondern grad nach Haus gegangen zu sein. Annas Magd besorgt ihm alles und ging ab und zu von Anna. Außerdem war Joseph allein.

Zacharias sah ich auch wieder zu Hause angekommen. — Ich sah Maria und Elisabeth wie immer das Magnifikat beten und allerlei arbeiten. — Gegen Abend wandelten sie im Garten, wo ein Brunnen war, was dort nicht häufig ist, weswegen sie auch immer ein Krüglein mit Saft bei sich hatten. Sie gingen auch meist gegen Abend, wenn es kühl ward, in der Umgegend spazieren, denn Zacharias' Haus lag einzeln und von Fluren umgeben. — Gewöhnlich legten sie sich um neun Uhr zu Bett, standen aber immer wieder vor Sonnenaufgang auf.

Das ist alles, was die gottselige Emmerich von ihren Betrachtungen des Besuchs der heiligen Jungfrau bei Elisabeth mit-

---

[1] Die Fragmente, die sie von allem diesem erzählte, werden später zusammengestellt mitgeteilt werden.

teilte. Es ist dabei zu bemerken, daß sie dieses Ereignis bei Gelegenheit des Festtags Mariä Heimsuchung am Anfang des Juli erzählte, daß der Besuch Mariä selbst aber wahrscheinlich im März geschehen ist, weil sie die Botschaft der Menschwerdung Christi bereits am 25. Februar an die heilige Jungfrau ergehen, bald darauf aber sie die Reise zu Elisabeth antreten sieht, und zwar, da Joseph zum Osterfeste zieht, das am 14. Nisan eintrat, welcher Monat unserem März entspricht.

Geburt des Johannes — Maria kehrt nach Nazareth Joseph von einem Engel beruhigt

Am 9. Juni 1821 entdeckte die gottselige Emmerich eine Reliquie des Jüngers Christi Parmenas [1] in ihrer Nähe und teilte unter anderen sich auf diesen Heiligen beziehenden Anschauungen folgendes hierher Gehörige mit:

Ich habe nach der Heimkehr von Jutah nach Nazareth die heilige Jungfrau einige Tage im Hause der Eltern des nachmaligen Jüngers Parmenas daselbst gesehen, der aber damals noch nicht geboren war. Ich meine, ich sah dieses um die nämliche Jahreszeit, als es geschah. Ich hatte die Empfindung hiervon während der Betrachtung.

Es wäre also die Geburt Johannes' des Täufers am Ende des Mais oder Anfang des Juni geschehen. Maria blieb drei Monate lang bis nach der Geburt des Johannes bei Elisabeth, wohnte aber dem Beschneidungsfeste nicht bei.

Die selige Emmerich erzählte durch Störung nichts Weiteres von Johannes' Geburt noch Beschneidung, und wir setzen zur Ergänzung die Worte des Evangeliums hierher:

„Bei Elisabeth kam die Zeit, da sie gebären sollte, und sie gebar einen Sohn. Da ihre Nachbarn und Verwandten hörten, daß der Herr große Barmherzigkeit an ihr bewiesen habe, so freuten sie sich mit ihr. Und am achten Tage kamen sie, das

---

[1] Siehe Anmerkung Nr. 4.

Kind zu beschneiden. Und sie nannten es nach dem Namen seines Vaters Zacharias. Aber seine Mutter nahm das Wort und sprach: Nein, sondern Johannes soll er heißen. Sie erwiderten ihr: Niemand ist in deiner Verwandtschaft, der diesen Namen trägt. Da winkten sie seinem Vater, wie er ihn wollte nennen lassen. Dieser verlangte ein Täfelchen, schrieb und sprach: Johannes ist sein Name. Darüber verwunderten sich alle; denn augenblicklich ward sein Mund geöffnet und seine Zunge gelöst. Er redete und lobte Gott. Und Furcht überfiel alle, die umher wohnten, und auf dem ganzen Gebirge von Judäa wurden alle diese Dinge ausgebreitet. Alle, die davon hörten, nahmen es zu Herzen und sagten: Was wird wohl aus diesem Kinde werden? Denn die Hand des Herrn war mit ihm. Und Zacharias, sein Vater, war voll des heiligen Geistes und sprach: Gepriesen sei der Herr, der Gott Israels, denn er hat sein Volk heimgesucht und ihm Erlösung verschafft. Ein Horn des Heils hat er aufgerichtet in dem Hause Davids, seines Knechtes, wie er es durch den Mund seiner heiligen Propheten von alters her verheißen hat, uns zu erlösen von unsern Feinden, und aus der Hand aller, die uns hassen; Barmherzigkeit an unsern Vätern zu beweisen und seines heiligen Bundes eingedenk zu sein, des Eides, den er unserm Vater Abraham geschworen hat, uns zu verleihen, daß wir aus der Hand unserer Feinde erlöset, furchtlos ihm dienen in Heiligkeit und Gerechtigkeit vor seinem Angesichte unser Leben lang. Und du Kind wirst ein Prophet des Höchsten heißen; denn du wirst hergehen vor dem Angesichte des Herrn, ihm seine Wege zu bereiten, um Erkenntnis des Heils seinem Volke mitzuteilen, zur Vergebung seiner Sünden durch die innigen Erbarmungen unseres Gottes, durch welche uns der Aufgang aus der Höhe besucht hat, um denen zu leuchten, die in Finsternis und Todesschatten sitzen, damit unsere Füße auf den Weg des Friedens geleitet werden. Das Kind wuchs, ward stark am Geiste und blieb in der Wüste bis zum Tage, da er vor Israel auftrat."

Joseph von einem Engel beruhigt

Die heilige Jungfrau reiste nach der Geburt des Johannes und noch vor dessen Beschneidung nach Nazareth zurück. Joseph kam ihr die Hälfte des Weges entgegen.

Die gottselige Emmerich war so krank und gestört, daß sie nicht erzählte, wer die heilige Jungfrau bis dahin zurückbegleitete, auch bestimmte sie den Ort nicht, wo sie mit Joseph zusammentraf; vielleicht geschah es in jenem Dothan, wo sie auf der Reise zu Elisabeth bei dem Freunde von Josephs Vater eingekehrt waren. Wahrscheinlich ward sie von Verwandten des Zacharias bis dahin begleitet oder von Freunden aus Nazareth, die gerade auf dieser Reise begriffen waren, welch letztere Vermutung sich aus dem folgenden einigermaßen rechtfertigen dürfte.

Als Joseph mit der heiligen Jungfrau die Hälfte des Weges von Jutah nach Nazareth zurückreiste, bemerkte er an ihrer Gestalt, daß sie gesegneten Leibes war und befand sich dadurch von Sorgen und Zweifeln angefochten, denn er kannte die Verkündigung des Engels bei der heiligen Jungfrau nicht. Joseph war gleich nach seiner Vermählung nach Bethlehem gegangen, einige Erbsachen zu ordnen, Maria war indessen mit ihren Eltern und einigen Gespielinnen nach Nazareth gezogen. Der englische Gruß geschah, ehe Joseph nach Nazareth zurückkehrte. Maria aber hatte in schüchterner Demut das Geheimnis Gottes für sich bewahrt.

Joseph nun durch seine Wahrnehmung beunruhigt, äußerte sich nicht, sondern kämpfte schweigend mit seinen Zweifeln. Die heilige Jungfrau, welche dieses vorausbesorgt hatte, ward dadurch ernst und nachdenklich, und dieses vermehrte noch die Unruhe des heiligen Joseph.

Als sie in Nazareth angekommen waren, sah ich die heilige Jungfrau nicht gleich mit in das Haus Josephs ziehen, sondern sie verweilte ein paar Tage bei einer verwandten Familie. Es waren dieses die Eltern des später als Jesus geborenen Jüngers Permenas, der einer von den sieben Diakonen in der ersten Gemeinde der Christen zu Jerusalem geworden ist.

Diese Leute waren mit der heiligen Familie verwandt, die Mutter war eine Schwester des dritten Mannes der Maria Kleophä, des Vaters Simeons, Bischofs von Jerusalem. Sie hatten ein Haus und einen Gewürzgarten in Nazareth. Auch von Elisabeths Seite her waren sie mit der heiligen Familie verwandt.

Bei diesen Leuten sah ich die heilige Jungfrau einige Tage verweilen, ehe sie in das Haus Josephs kehrte. Die Beunruhigung Josephs aber stieg dermaßen, daß, als Maria nun zu ihm in das Haus zurückkehren wollte, er den Entschluß faßte, sie zu verlassen und heimlich zu entfliehen. Als er mit diesen Gedanken umging, erschien ihm ein Engel im Traum und tröstete ihn.

Advent

(Christi Geburt im November. Die Volkszählung und Steuer
des Kaisers Augustus im Oktober verkündet)
(Vorbereitungen der heiligen Jungfrau zu Christi Geburt)

Die wirkliche Jahreszeit von Christi Geburt, wie ich sie immer sehe, ist vier Wochen früher, als die Kirche sie feiert; sie muß auf St.-Katharinä-Fest treffen. Ich sehe Mariä Verkündigung immer am Ende des Februars.

Schon am Ende des Oktobers sah ich im gelobten Lande eine Volkszählung und Steuerzahlung, welche der Kaiser befohlen hatte, bekanntmachen. Seitdem sah ich viele Leute im Lande hin und wieder reisen.

Annas Haus bei Nazareth
Vorbereitungen zu Christi Geburt

Sonntag, den 11. November 1821.

Schon seit einer Reihe von Tagen sehe ich die heilige Jungfrau bei ihrer Mutter Anna, deren Haus etwa eine Stunde weit von Nazareth im Tale Zabulon liegt. In ihrer Wohnung zu Nazareth ist nur ihre Magd zurückgeblieben, welche für den

Advent — Christi Geburt   193

heiligen Joseph sorgt, wenn Maria bei Anna ist. Sie hatten überhaupt, solange Anna lebte, keine entschieden getrennte Haushaltung, sondern empfingen immer ihre Lebensmittel von dieser.

Ich habe jetzt schon seit ein paar Wochen die heilige Jungfrau mit Vorbereitungen zu der Geburt Christi beschäftigt. Sie näht und stickt an Teppichen, Binden und Tüchern. Es ist alles überflüssig bereitet.

Der Vater Joachim lebt nicht mehr da, ich sehe einen anderen Mann im Hause. Anna hat wieder geheiratet. Ihr Mann hatte ein Amt am Tempel in bezug auf Opfervieh. Ich sah, daß Anna ihm Speise hinaus zu den Herden sendete, kleine Brote und Fische in einem ledernen Sacke, der in mehrere Fächer geteilt war. — Es ist ein ziemlich erwachsenes Mägdlein von etwa sieben Jahren im Hause, welches der heiligen Jungfrau zur Hand geht und von ihr belehrt wird. Ich meine, es ist vielleicht ein Töchterchen der Maria Kleophä. Es hieß auch Maria. — Joseph ist nicht in Nazareth, er muß aber bald kommen, er ist auf dem Rückwege von Jerusalem, wohin er Opfervieh gebracht hat.

Ich sah die heilige Jungfrau in dem Haus. Sie war hohen Leibes und saß mit mehreren anderen Frauen in einer Stube arbeitend. Sie bereiteten mancherlei Geräte und Decken zur Niederkunft Mariä. — Anna war eine ganz wohlhabende Herden- und Weidebesitzerin. Sie stattete die heilige Jungfrau mit allem, was die Gewohnheit ihres Standes erforderte, reichlich aus. Da sie glaubte, Maria würde bei ihr ihre Niederkunft halten, und alle Verwandten würden sie dort heimsuchen, so bereitete sie alles zur Geburt des Kindes der Verheißung auf das köstlichste; dazu gehörten auch besonders schöne Decken und Teppiche.

Ich habe eine solche Decke auch bei der Geburt Johannes' im Hause der Elisabeth gesehen. Sie war mit allerlei Sinnbildern und Sprüchen durchnäht, und in ihrer Mitte war eine Art von Hülle befestigt, in welche die Wöchnerin sich einhüllen konnte, so daß sie, wenn die einzelnen Teile dieser Hülle gehörig mit Schlingen und Knöpfen um sie befestigt waren, wie in einem Schiffchen oder wie ein Wickelkind in seine Hülle eingepaßt, bequem zwischen Polstern aufrecht sitzen konnte, wenn sie von Freundinnen besucht ward, die auf dem Rande des Teppichs um sie hersaßen.

Solche Geräte wurden, außer mancherlei Binden und Windeln für das Kind selbst, auch hier in Annas Haus bereitet. Ich sah selbst Gold- und Silberfäden hie und da eingenäht. — Nicht alle die Decken und Geräte waren für den eigenen Gebrauch, vieles war zu Geschenken für die Armen bestimmt, welche bei so freudigen Ereignissen immer bedacht wurden.

Ich sah aber die heilige Jungfrau und andere Frauen an der Erde um einen großen Kasten herum sitzen und vermittelst zweier Stäbchen, worauf bunte Fäden gewickelt waren, an einer solchen großen Decke stricken oder wirken, welche zwischen ihnen in dem Kasten ruhte. — Die Mutter Anna war sehr geschäftig; sie ging hin und wieder, Wolle zu holen und auszuteilen und den Mägden ihre Arbeiten zu bestimmen.

Joseph ermahnt, mit Maria nach Bethlehem zu reisen

Montag, den 12. November.
Joseph wird heute wieder in Nazareth ankommen. Er war in Jerusalem, wohin er Opfervieh getrieben. Er hat es in jener kleinen Herberge, eine Viertelstunde vor Jerusalem gen Bethlehem zu, eingestellt. Ein paar alte, fromme, kinderlose Eheleute hielten da Haus. Es war so eine Einkehr für stille, vertraute Leute. — Joseph ist von da nach Bethlehem gegangen, hat aber seine Verwandte dort nicht besucht. Er wollte sich nur dort wegen einer Volkszählung und Steuer erkundigen, derenthalben jedermann in seinen Geburtsort reisen mußte. Er ließ sich aber noch nicht aufschreiben, denn er war Sinnes, nach den Tagen der Reinigung Mariä mit ihr von Nazareth zum Tempel nach Jerusalem zu reisen und von da nach Bethlehem zu ziehen,

um sich dort häuslich niederzulassen. Ich weiß jetzt nicht bestimmt, welcher Vorteile wegen, aber er war nicht gern in Nazareth. Er sah sich deshalb die Gelegenheit in Bethlehem an und erkundigte sich um Steine und Zimmerholz, denn er hatte im Sinn, sich dort eine Wohnung zu bauen. Als er sich erkundigt hatte, kehrte er in die Herberge vor Jerusalem zurück, brachte sein Opfer am Tempel und eilte in seine Heimat.

Als er heute um die Mitternachtsstunde über das Feld Chimki, sechs Stunden von Nazareth, wanderte, erschien ihm ein Engel und ermahnte ihn, sogleich mit Maria nach Bethlehem zu ziehen, denn dort solle sie ihr Kind gebären. — Er bestimmte ihm auch alles, was sie zum Gebrauch mit sich nehmen sollte, und zwar nur weniges und geringes Geräte und namentlich keine gestickten Decken. — Auch solle er außer dem Esel, worauf Maria sitze, eine einjährige Eselin mitnehmen, welche noch nicht geworfen habe. Diese solle er frei mitlaufen lassen und immer den Wegen folgen, welche sie einschlagen werde.

Heute abend ging Anna mit der heiligen Jungfrau nach Nazareth, sie wußten wohl, daß Joseph ankommen werde. Sie scheinen jedoch nicht zu wissen, daß Maria nach Bethlehem von Annas Gut aus reisen werde; sie glaubten wohl, Maria werde ihr Kindlein in ihrem Hause zu Nazareth zur Welt bringen, denn ich sah, daß man ihnen mehreres der bereiteten Geräte, in Taschen verpackt, dahin trug. Ich sah unter anderem mehrere Hüllen von blauem Zeug darunter, woran sich Kapuzen befanden. Ich glaube, sie waren bestimmt, das Kindlein darin einzuschlagen. — Joseph kam abends auch in Nazareth an.

Nazareth. Joseph verkündet Maria das Gebot des Engels. Abreise der heiligen Familie gen Bethlehem

Dienstag, den 13. November.

Heute sah ich die heilige Jungfrau und die Mutter Anna im Hause zu Nazareth, wo Joseph ihnen eröffnete, was ihm in der vorigen Nacht verkündet worden war. — Sie kehrten hierauf nach Annas Wohnhaus zurück, und ich sah, daß sie sich zu schneller Abreise rüsteten. — Anna war bekümmert darüber. — Die heilige Jungfrau hatte wohl gewußt, daß sie ihr Kind in Bethlehem gebären solle, sie hatte aber aus Demut geschwiegen.

Sie wußte es aus den Schriften der Propheten über die Geburt des Messias, die sie alle in ihrem Schränkchen zu Nazareth aufbewahrte. Sie hatte sie von ihren Lehrerinnen am Tempel empfangen und sich von diesen heiligen Frauen darin unterrichten lassen. Sie las sehr oft darin und flehte um die Erfüllung derselben. Immer rief ihr sehnsüchtiges Gebet nach der Ankunft des Messias, immer pries sie diejenige zum voraus selig, welche das heilige Kind gebären sollte und wünschte nur, ihr als die ärmste Magd dienen zu dürfen, nie gedachte sie in ihrer Demut, daß sie es selbst sein könne. — Da sie nun aus jenen Prophetenstellen wußte, daß der Heiland in Bethlehem geboren werden sollte, fügte sie sich um so freudiger dem göttlichen Willen und trat die Reise an, welche für sie in dieser Jahreszeit beschwerlich war, denn es war bereits in den Tälern zwischen den Gebirgen oft empfindlich kühl.

Ich sah heute abend Joseph und die heilige Jungfrau, begleitet von Anna, Maria Kleophä und einigen Knechten, vom Hause Annas abreisen. Maria saß auf dem bequemen Quersattel eines Esels, der auch noch ihr Gepäck trug. Joseph führte den Esel. Es wurde ein zweiter Esel mitgeführt, auf welchem Anna zurückkehren wollte. Ihr Mann war bei der Abreise auf dem Feld.

---

[1] Sie sagt, dieses Gefild Ginim ist mehrere Stunden groß und hat eine birnenförmige Gestalt. Ein anderes Feld Gimmi liegt näher bei Nazareth bei einem hochgelegenen Hirtenorte Gimmi oder Gimchi, wo Jesus vom 7. bis 9. September vor seiner Taufe bei Hirten gelehrt hat, die Aussätzige bei sich versteckt hatten. Er hat auch dort seine wassersüchtige Wirtin geheilt und ist von den Pharisäern verhöhnt worden. Von diesem Orte noch mehr nach der anderen Seite entfernt, liegt südwestlich von Nazareth, jenseits des Kison-Flüßchens, ein Aufenthalt der Aussätzigen, zerstreute Hütten um einen Teich, der durch einen Ausfluß des Kisons gebildet wird. Hier heilte Jesus am 30. September vor der Taufe. Das Feld

Feld Ginim
Auf Annas Weide wird den Reisenden die junge Eselin gegeben. Anna und Maria Kleophä kehren zurück. Die heilige Familie kehrt auf einem Gute des Lazarus bei der Stadt Ginim ein. Der Verwalter ist ihnen vertraut

Mittwoch, den 14. November.

Heute morgen sah ich die heiligen Reisenden auf dem Gefilde, Ginim [1] genannt, sechs Stunden von Nazareth angelangt, wo der Engel dem heiligen Joseph vorgestern erschienen war. Anna hatte hier ein Weidefeld, und die Knechte mußten hier die einjährige Eselin holen, welche Joseph mitnehmen sollte. Sie lief bald vor, bald neben dem Zuge. — Anna und Maria Kleophä nahmen hier einen rührenden Abschied von den heiligen Reisenden und kehrten mit den Knechten wieder nach Haus.

Die heilige Familie sah ich weiter ziehen, und zwar gegen das Gebirge Gilboa aufsteigend. Sie zogen durch keine Stadt und folgten der jungen Eselin, welche immer einsame Seitenpfade einschlug. — So sah ich sie in einem hochgelegenen Gute des Lazarus, nicht weit von der Stadt Ginim [2], gen Samaria zu einkehren. Der Verwalter nahm sie freundlich auf. Er kannte sie von anderen Reisen her. Ihre Familie war mit Lazarus vertraut. — Es sind schöne Obstgärten und Alleen hier. Es liegt so hoch, daß man vom Dache eine sehr weite Aussicht hat. Lazarus hat es von seinem Vater geerbt; unser Herr Jesus ist

---

Ginim, wodurch die heilige Familie heute gezogen, ist von obigem Feld Gimmi durch ein Flüßchen oder Flußbett getrennt. Die Namen sind so ähnlich, ich kann sie leicht verwechselt haben.

[2] Von diesem Ort scheint heutzutage noch eine Spur im Gimäa, welches diese Lage hat und bei den Reisenden Ginin, Ginim, Gilin, Genin, Jenin, Schenan, Chilin oder auch Dschenin genannt wird. Es liegt am Fuße des Gebirges Gilboa, vier deutsche Meilen nordöstlich von Samaria, nach anderen eine halbe Tagesreise von Sichem, nach Brochart sieben deutsche Meilen vom Jordan.

in seinem Lehrwandel öfters dort verweilt und hat in der Gegend gelehrt. — Der Verwalter und seine Frau unterhielten sich ganz freundlich mit der heiligen Jungfrau und wunderten sich, wie sie in ihrer Lage die weite Reise habe unternehmen mögen, da sie doch zu Hause bei der Mutter Anna alles so bequem hätte haben können.

Nachtreise. Rast an der Terebinthe Abrahams. Maria friert. Falsche Hoffnungen Josephs. Wie die Eselin den Weg zeigt

Donnerstagnacht auf Freitag, den 15.—16. November.
Ich sah die heilige Famile einige Stunden weiter, als der vorige Ort, in der Nacht durch ein sehr kaltes Tal gegen einen Berg zu ziehen. Es war, als habe es gereift. Die heilige Jungfrau hatte empfindlich kalt und sprach zu Joseph: „Wir müssen ruhen, ich kann nicht weiter ziehen." — Kaum hatte sie dieses gesagt, so stand auch die mitlaufende Eselin unter einem nahestehenden großen und alten Terebinthenbaume still, in dessen Nähe sich ein Brunnen befand. — Unter diesem Baume hielten sie an; Joseph breitete von Decken einen Sitz für die heilige Jungfrau, der er von dem Lasttiere herabhalf, und die sich an dem Baume niedersetzte, an dessen untere Zweige Joseph ein Licht in einer Leuchte hängte, welche er bei sich führte. Ich sah dieses oft von nächtlichen Reisenden dort im Lande so machen.

Die heilige Jungfrau flehte innig zu Gott, er möge sie doch nicht durch die Kälte Schaden leiden lassen. Da durchdrang sie auf einmal eine so große Wärme, daß sie dem heiligen Joseph ihre Hände darreichte, die seinigen daran zu erwärmen. Sie erquickten sich hier etwas mit kleinen Brötchen und Früchten, die sie bei sich hatten, und tranken von dem Wasser des nahen Brunnens mit Balsam gemischt, den Joseph in einem Krüglein mit sich führte. — Joseph sprach gar tröstlich mit der heiligen Jungfrau, er ist so gut, es tut ihm so leid, daß die Reise so beschwerlich ist. — Als sie über Kälte klagte, sagte er ihr von der guten Unterkunft, die er in Bethlehem für sie zu finden hoffe. Er wisse ein Haus bei sehr guten Leuten, wo sie um geringe Vergütung bequemen Raum finden würden. Es sei besser, etwas zu zahlen, als umsonst zu wohnen. Er lobte ihr Bethlehem überhaupt und tröstete sie auf alle Weise. — Mich beunruhigte das, weil ich wohl wußte, es würde ganz anders kommen. So war denn auch bei diesem heiligen Manne menschliche Hoffnung.

Sie sind auf ihrer Reise bis jetzt über zwei kleine Flüßchen gekommen, das eine überschritten sie auf einem hohen Steg, und die beiden Esel wateten hindurch. Die junge, frei mitlaufende Eselin lief ganz seltsam um die Reisenden her. Auf geschlossenen Wegen, etwa zwischen Bergen, wo man nicht irren konnte, lief die Eselin bald hinter ihnen her, bald weit voraus. Wo sich aber der Weg teilte, erschien sie immer wieder und schlug den rechten Weg ein, und wo sie rasten sollten, stand sie stille, so wie hier an der Terebinthe. — Ich weiß jetzt nicht, ob sie die Nacht unter dem Baume zugebracht oder noch eine andere Herberge erreicht haben.

Diese Terebinthe war ein sehr alter heiliger Baum des Haines Moreh bei Sichem; Abraham, in das Land Kanaan ziehend, hatte hier eine Erscheinung des Herrn, der ihm dieses Land für seine Nachkommen verhieß. Da baute er hier unter der Terebinthe einen Altar. — Ehe Jakob nach Bethel zog, dem Herrn zu opfern, begrub er unter dieser Terebinthe alle fremden Götzenbilder Labans und die Geschmeide, welche seine Familie bei sich führte. — Josua errichtete unter dieser Terebinthe die Stiftshütte, worin die Bundeslade, und ließ das darum versammelte Volk den Götzen entsagen. — Hier ward Abimelich, der Sohn Gideons, von den Sichemiten als König begrüßt.

*Zwei Stunden südlich von der Terebinthe. In einem Bauernhofe
abgewiesen, kehren sie in einem offenen Schoppen ein.
Örtlichkeit. Die Frau des Bauern bringt Speise. Nach einer
Stunde bergan kommen sie zum Sabbat in eine große Herberge.
Örtlichkeit. Sie wohnen in einem Schoppen, wo Joseph den
Sabbat hält*

Freitag, den 16. November.

Heute sah ich die heilige Familie an einem großen Bauernhofe ankommen, etwa zwei Stunden südlicher als der vorige Baum. — Die Hausfrau war abwesend, und der Mann wies den heiligen Joseph ab, er könne wohl noch weiter kommen. Als sie nun noch eine Strecke fortgezogen waren, fanden sie die Eselin in einem leeren Hirtenschoppen gelaufen, wo sie nun auch einkehrten. — Einige Hirten, welche dort mit Ausräumen beschäftigt waren, erwiesen sich sehr freundlich gegen sie und gaben ihnen Stroh, kleine Schilf- und Reiserbündel, um Feuer zu machen. Diese Hirten gingen auch nach dem Hause, wo sie abgewiesen worden waren, und da sie der heimkehrenden Frau des Hauses erzählten, was für ein liebreicher, frommer Mann Joseph, und wie schön und wunderbar heilig sein Weib sei, verwies sie es ihrem Manne, daß er so gute Leute abgewiesen habe. — Ich sah auch, daß die Frau sich gleich dem Aufenthaltsorte der heiligen Familie nahte, aber blöde hineinzutreten wieder heimkehrte, um etwas Speise zu holen.

Der Ort, wo sie jetzt waren, lag an der Nordseite eines Berges, ungefähr zwischen Samaria und Thebez. Beinahe gegen Morgen von hier, jenseits des Jordans, liegt Succoth und etwas mittäglicher auch jenseits Ainon, diesseits aber Salim. Es mag hier wohl 12 Stunden von Nazareth sein.

Nach einer Weile kam die Frau nebst zwei Kindern zu der heiligen Familie mit einigen Nahrungsmitteln. Sie entschuldigte sich freundlich und war gerührt, und nachdem sie sich erquickt und geruht hatten, kam auch der Mann und bat Joseph um Vergebung, daß er ihn abgewiesen. — Er riet ihm auch, noch eine

Stunde weiter bergan zu ziehen, wo er noch vor Eintritt des Sabbats in eine gute Herberge kommen und dort den Sabbat bleiben könne. Nun reisten sie ab.

Nachdem sie nun noch etwa eine Stunde Weges ansteigend zurückgelegt hatten, kamen sie zu einer ziemlich ansehnlichen Herberge, die aus mehreren Gebäuden, von Lustgärten und Bäumen umgeben, bestand. Es waren auch Balsamstauden an Spalieren daselbst. Doch lag die Herberge noch an der Nordseite.

Die heilige Jungfrau war abgestiegen, Joseph führte den Esel; sie nahten sich dem Hause, Joseph bat den heraustretenden Wirt um Herberge, dieser aber entschuldigte sich, weil sein Haus voll von Menschen sei. — Die Frau des Wirtes trat auch herzu, und als nun die heilige Jungfrau dieser nahte und so demütig und innig um Herberge bat, ward die Frau von tiefer Rührung ergriffen, und auch der Wirt konnte nicht widerstehen. Er machte ihnen in einem naheliegenden Schoppen einen bequemen Raum und stellte ihr Lasttier in einen Stall. — Die Eselin war hier nicht zugegen, sie lief in der Gegend frei umher; wo sie keinen Weg zu zeigen hatte, war sie immer abwesend.

Joseph bereitete hier seine Sabbatlampe und hielt unter derselben betend mit der heiligen Jungfrau den Sabbat gar rührend und fromm, sie aßen auch noch einige Bissen und ruhten dann auf ausgebreiteten Matten.

Vorige Herberge. Sabbatfeier. Die heilige Jungfrau lehrt die Kinder des Wirtes. Joseph geht mit ihm spazieren

Sabbat, den 17. November.

Heute den ganzen Tag sah ich die heilige Familie hier verweilen. Sie beteten zusammen.

Ich sah die Frau des Hauses mit ihren drei Kindern bei der heiligen Jungfrau, und auch die Frau des vorigen Wirtes kam mit ihren zwei Kindern hierher und besuchte sie. Sie saßen recht traulich zusammen und waren von der Zucht und Weisheit Mariä sehr gerührt und hörten ihr mit großer Rührung zu, als sie sich viel mit den Kindern unterhielt und sie lehrte.

Die Kinder hatten kleine Pergamentrollen, daraus ließ Maria sie lesen und sprach so lieblich mit ihnen darüber, daß die Kinder ihre Augen gar nicht von ihr wenden konnten. Das war so süß zu sehen und noch süßer zu hören.

Den heiligen Joseph aber sah ich mit dem Wirte nach Mittag in der Gegend umherwandeln und die Gärten und Felder besehen und erbaulich reden. Wie ich das immer von frommen Leuten des Landes am Sabbat sehe. Sie blieben auch die folgende Nacht hier.

Weiterreise südöstlich. Anblick des Tempels auf Garizim. Abends. Einkehr in einem großen Hirtenhaus eine Stunde südöstlich von Sichem. Örtlichkeit. Was künftig durch Jesum hier geschah

Sonntag, den 18. November.
Die guten Herbergsleute hier haben die heilige Jungfrau ungemein liebgewonnen und haben ein zärtliches Mitleid mit ihr in ihrer Lage gehabt. Sie baten sie freundlich, hier zu bleiben und ihre Niederkunft hier zu erwarten. Sie zeigten ihr auch eine bequeme Stube, welche sie ihr einräumen wollten. Die Frau bot ihr von ganzem Herzen alle Pflege und Liebe an.

Sie traten aber früh ihre Reise wieder an und zogen an der Südostseite des Gebirges in einem Bergtale hinab. Sie entfernten sich nunmehr von Samaria, auf welches ihre frühere Reise hinzulenken schien. — Wie sie hinabzogen, konnten sie den Tempel auf dem Berge Garizim sehen. Man sieht ihn weit aus der Ferne. Es sind viele Figuren von Löwen oder anderen Tieren auf dem Dach, welche in der Sonne weiß blinken.

Ich sah sie nun heute etwa sechs Stunden weit reisen und gegen Abend, ungefähr eine Stunde weit zwischen Mittag und

Morgen von Sichem, in dem Felde in einem ansehnlichen Hirtenhause einkehren, wo sie gut aufgenommen wurden.

Der Mann des Hauses war ein Aufseher über Baumgärten und Felder, die zu einer naheliegenden Stadt gehörten. Das Haus lag noch nicht ganz in der Ebene, sondern an einem Abhang. — Hier war alles in besserem, fruchtbarerem Stande als in der früheren Reisegegend, denn hier war die Sonnenseite, was in dem gelobten Lande in dieser Jahreszeit einen bedeutenden Unterschied macht. — Es lagen viele ähnliche Hirtenwohnungen von hier bis Bethlehem in den verschlungenen Tälern zerstreut.

Diese Leute hier gehörten zu jenen Hirten, mit deren Töchtern sich mehrere vom Zuge der heiligen drei Könige zurückgebliebenen Knechte verheirateten, und aus solcher Verbindung war ein Knabe, welchen unser Herr in seinem zweiten Lehrjahre, am 31. Juli = 7 Ab, nach dem Gespräche mit der Samariterin hier in dem Hause, auf Fürbitte der heiligen Jungfrau, geheilt hat. — Jesus nahm ihn nebst zwei anderen Jünglingen zum Begleiter auf seiner Reise nach Arabien, nach Lazari Erweckung, und er ward später ein Jünger. — Jesus hat sich oft hier aufgehalten und gelehrt. Es waren Kinder hier im Hause. Joseph segnete sie vor seiner Abreise.

Fortsetzung der Reise. Über die Art zu reisen. Sechs Stunden südlicher von einem Bauern grob abgewiesen, ruhen sie in einem offenen Schoppen. Über den Weg bis hierher

Montag, den 19. November.
Heute sah ich sie mehr auf ebenem Wege ziehen. Die heilige Jungfrau geht manchmal zu Fuß. Öfter rasten sie an bequemen Stellen und erquicken sich. Sie haben kleine Brote bei sich und ein kühlendes und zugleich stärkendes Getränk, in kleinen, ganz zierlichen Krügen, die zwei Ohren haben und wie Erz bräunlich glänzen. Es ist Balsam, sie mischen ihn ins Wasser. Sie sammeln auch öfters Beeren und Früchte, welche an man-

chen sonnigen Stellen noch an den Bäumen und Sträuchern hängen.

Der Sitz Mariä auf dem Esel hat rechts und links eine Schwelle, auf welcher die Füße unterschlagen ruhen, so daß sie nicht herabhängen, wie man bei uns zulande reitet. Die Bewegung ist höchst ruhig und ehrbar. Sie sitzt abwechselnd zur linken und rechten Seite des Lasttieres.

Das erste, was Joseph bei jeder Ruhestelle und jeder Einkehr tut, ist der heiligen Jungfrau eine bequeme Sitz- und Ruhestelle zu bereiten. Er wäscht sich oft die Füße, auch Maria wäscht sich oft die Füße. Sie waschen sich überhaupt öfter.

Es war bereits dunkel, als sie an einem einzeln liegenden Hause ankamen. Joseph pochte und bat um Herberge. Der Mann des Hauses aber wollte nicht öffnen, und als Joseph die Lage Mariä vorstellte, welche nicht weiter ziehen könne, und daß er ja auch die Herberge nicht umsonst verlange, erwiderte der harte Mann unwillig, hier sei keine Herberge, er wolle ungestört sein und das Gepoche nicht leiden, er möge seiner Wege ziehen. Der unerbittliche Mann öffnete nicht einmal die Türe, sondern schrie durch die verschlossene Türe seine harten Reden durch.

So zogen sie nun eine kleine Strecke Wegs weiter und kehrten in einem Schoppen ein, bei welchem sie die Eselin stehen fanden. — Joseph machte Licht und bereitete ein Lager für die heilige Jungfrau, wozu sie mithalf. Er führte auch den Esel herein, für welchen er Streu und Futter fand. Sie beteten, erquickten sich und schliefen einige Stunden.

Von der letzten Herberge bis hierher mögen ungefähr sechs Stunden Wegs sein. Sie sind jetzt wohl 26 Stunden von Nazareth und zehn von Jerusalem entfernt. Sie sind bisher auf keiner großen Landstraße gereist, haben aber mehrere Handelsstraßen durchschnitten, welche. vom Jordan her nach Samaria und in die Heerstraßen laufen, die aus Syrien nach Ägypten führen. Die Seitenwege, auf welchen sie zogen, sind sehr schmal und besonders im Gebirge oft so eng, daß schon ein Mensch geschickt sein muß, ohne Straucheln darauf fortzukommen. Die Esel gehen aber mit großer Sicherheit darauf. — Die Herberge hier lag eben.

Grenze von Samarien und Judäa. Feigenbaum nordöstlich von Bethanien, der keine Frucht hat. Herberge, wo der Mann ihrer spottet, die Frau sie aufnimmt. Herberge bei reichen Bauern, lauer Empfang. Wie Jesus nach seiner Taufe diese Häuser besucht. Richtung des Weges, warum so viele einkehren

Dienstag, den 20. November.

Sie verließen diesen Aufenthalt noch vor Tagesanbruch. Der Weg ging jetzt wieder etwas aufsteigend. Ich meine, sie berührten den Weg, der von Gabara nach Jerusalem führt, und es war hier die Grenze zwischen Samaria und Judäa. — Sie wurden an einem anderen Haus nochmals grob abgewiesen.

Es geschah, als sie mehrere Stunden nordöstlich von Bethanien waren, daß Maria sehr nach Erquickung und Ruhe verlangte, da lenkte Joseph wohl eine halbe Stunde vom Wege ab, wo er einen schönen Feigenbaum wußte, der sonst immer voll von Früchten war. Der Baum war von Ruhebänken umgeben. Joseph kannte ihn von einer früheren Reise. Als sie aber hinkamen, hatte der Baum gar keine Frucht, worüber sie sehr betrübt waren. — Mit diesem Baume ist, wie ich mich dunkel erinnere, später etwas durch Jesus geschehen. Er trug keine Frucht mehr, war aber grün; ich meine, der Herr verfluchte ihn auf einer Reise, da er von Jerusalem geflohen, und er verdorrte [1].

Darauf nahten sie einem Hause, wo der Mann anfangs sehr rauh gegen Joseph war, der demütig Herberge von ihm begehrte. Er leuchtete der heiligen Jungfrau ins Angesicht und

---

[1] Die Erzählerin war am 19.—21. so sehr krank, daß sie dies am 22. nachträglich erzählte Ereignis nicht genau nach seiner Örtlichkeit mitteilen konnte, aber sie stellte es ungefähr in diese Gegend des Weges. Es ist übrigens der verfluchte Feigenbaum des Evangeliums nicht.

spottete Josephs, daß er eine so junge Frau mit sich umher führe, er möge wohl eifersüchtig sein. Es nahte aber die Hausfrau und hatte Mitleid mit der heiligen Jungfrau und wies ihnen mit vieler Freundlichkeit einen Raum in einem Seitengebäude an und brachte ihnen auch kleine Brote zur Erquickung. Auch der Mann bereute seine Unart und ward sehr freundlich gegen die heiligen Reisenden.

Sie zogen hierauf noch in ein drittes Haus, es war von jungen Leuten bewohnt, und einen Greis sah ich an einem Stabe darin umhergehen. Hier wurden sie leidlich, doch eben auch nicht besonders freundlich aufgenommen. Man bekümmerte sich nicht viel um sie. Diese Leute waren keine recht einfältigen Hirten, sondern wie hierzulande die reichen Bauern etwas mit der Welt, dem Handel und dergleichen verwickelt.

Eines dieser Häuser hat Jesus nach seiner Taufe am 20. Oktober = 1 Tisri besucht und die Ruhestelle seiner Eltern zu einem Betort ausgeschmückt gefunden. Ich weiß nicht ganz gewiß, ob es nicht jenes war, wo der Mann anfangs Joseph verspottete. Ich erinnere mich dunkel, als hätten die Leute dies gleich nach den Wundern bei seiner Geburt so eingerichtet.

Joseph machte jetzt gegen Ende des Weges viele Einkehren, denn die Reise ward der heiligen Jungfrau immer beschwerlicher. Sie folgten dem Weg, den die Eselin einschlug, und machten wohl einen Umweg von anderthalb Tagen ostwärts von Jerusalem. — Josephs Vater hatte hier umher Weidefelder gehabt, und er kannte die Gegend sehr gut. Wären sie die Wüste hinter Bethanien durchschneidend gerade mittäglich gezogen, so hätten sie Bethlehem wohl in sechs Stunden erreicht, aber dieser Weg war bergig und in dieser Zeit sehr unbequem; so zogen sie dann der Eselin durch die Täler nach und näherten sich mehr dem Jordan.

Einkehr im großen Hirtenhaus zwischen Jericho und Bethlehem. Der Herr des Hauses empfängt sie freundlich, die Hausfrau ist verkehrt und kommt nicht zum Vorschein. Jesus heilt sie dreißig Jahre nachher

Mittwoch, den 21. November.
Heute sah ich die heiligen Reisenden bei vollem Tage in einem großen Hirtenhause einkehren, welches etwa drei Stunden von dem Taufplatz Johannes' am Jordan und etwa sieben von Bethlehem entfernt sein mag. — Es ist dasselbe Haus, in welchem nach 30 Jahren Jesus am 11. Oktober vor dem Morgen, da er zum ersten Male nach seiner Taufe bei dem Täufer vorüberging, übernachtet hat. — Neben dem Hause befand sich eine abgesonderte Scheune, in welcher die Acker- und Hirtengerätschaften bewahrt wurden. — Es befand sich ein Brunnen im Hofe, von Bädern umgeben, welche ihr Wasser durch Röhren des Brunnens empfingen. — Der Hausherr mußte viel Feld haben, es war eine große Wirtschaft hier. Ich sah viele Knechte kommen und gehen, welche hier aßen.

Der Mann des Hauses empfing die Reisenden sehr freundlich und war sehr dienstwillig. Sie wurden in einen bequemen Raum geführt, und ihr Esel wurde gut besorgt. Ein Knecht mußte Joseph an dem Brunnen die Füße waschen und ihm andere Kleider anlegen, bis er ihm die seinigen von Staub gereinigt und glatt gestrichen hatte. Der heiligen Jungfrau erwies eine Magd dieselben Dienste. Sie aßen und schliefen hier.

Die Hausfrau war von etwas verkehrter Gemütsart. Sie wohnte abgesondert und hielt sich zurück. Sie hatte die Reisenden verstohlen angesehen, und da sie selbst jung und eitel war, hatte sie sich an der Schönheit der heiligen Jungfrau geärgert; dazu kam noch, daß sie fürchtete, Maria möge sie ansprechen, hier bleiben und ihre Niederkunft halten zu dürfen, und so hielt sie sich unfreundlich zurück und beförderte am folgenden Tage ihre Abreise. — Es ist dieselbe Frau, die Jesus 30 Jahre nachher am 11. Oktober nach seiner Taufe hier im Hause blind und zusammengekrümmt fand, und nachdem er sie über ihre Ungastlichkeit und Eitelkeit ermahnt hatte, geheilt hat. — Es waren auch Kinder in dem Hause. Die heilige Familie übernachtete hier.

Letzte Herberge östlich von Bethlehem, einem Orte, worin Joseph Verwandte hat. In der Herberge ist ein Leichenfest. Sie sind gut bewirtet

Donnerstag, den 22. November.
Heute gegen Mittag sah ich die heilige Familie von dem gestrigen Herbergshause wieder abreisen. Einige Bewohner des Hauses begleiteten sie noch ein Stück Wegs.
Sie kamen nach einer kurzen Reise von etwa zwei Stunden abendwärts in einen Ort, der in zwei langen Reihen von Häusern mit Gärten und Vorhöfen nicht ganz dicht an beiden Seiten einer großen Landstraße lag. — Joseph hatte hier Verwandte wohnen. Es waren solche wie Söhne aus Wiederverheiratung eines Stiefvaters oder einer Stiefmutter. Ich sah das Haus wohl liegen, es war ganz ansehnlich.
Sie zogen jedoch durch den ganzen Ort durch und dann wohl eine halbe Stunde rechts, nach der Richtung von Jerusalem, in ein großes Herbergshaus, in dessen Hof sich ein großer Springbrunnen mit vielen Röhren befand. — Es waren viele Menschen hier versammelt, man feierte ein Leichenfest.
Das Innere des Hauses, in dessen Mitte sich die Feuerstelle mit einem Rauchfang befand, war durch Hinweglassung der beweglichen niederen Holzwände, welche sonst mehrere abgeschlossene Kammern bildeten, in einen großen Raum verwandelt. — Hinter dem Herde hingen schwarze Decken nieder, und vor demselben stand etwas schwarz Verhülltes, gleich einem Sarge. — Es waren viele Männer betend darum her versammelt. Sie trugen lange schwarze Kleider und kürzere weiße darüber, und einige hatten an einem Arm schwarze gefranste Manipel niederhängen. — In einem anderen Raume saßen die

Frauen ganz eingehüllt am Boden in niederen Kasten und trauerten.

Die Herbergsleute selbst, welche mit der Trauer beschäftigt waren, empfingen sie nur aus der Ferne. Die Diener des Hauses aber empfingen sie sehr freundlich und erwiesen ihnen alle Pflege. Es ward ihnen auch ein abgesonderter Aufenthaltsraum durch Niederlassen von Matten zubereitet, welche in die Höhe gerollt waren, so daß sie sich wie in einem Gezelte befanden. — Es waren in diesem Hause viele Betten an den Wänden aufgerollt und konnten durch Niederlassen von Matten viele abgesonderte Zellen bereitet werden.

Ich sah später die Hausleute die heilige Familie besuchen und sich freundlich mit ihr unterhalten. Sie hatten die weißen Überwürfe nicht mehr über die schwarzen Kleider an. — Nachdem Joseph und Maria sich erquickt und wenig Speise zu sich genommen, beteten sie zusammen und begaben sich zur Ruhe.

Letzte Wegstrecke gegen Bethlehem. Guter Wille der
Herbergsleute. Falsche Hoffnung Josephs von Bethlehem

Freitag, den 23. November.

Heute gegen Mittag reisten Joseph und Maria von hier nach Bethlehem, wohin etwa noch drei Stunden Wegs waren, ab. — Die Hausfrau forderte sie auf, doch hier zu bleiben. Maria scheine ja stündlich ihre Niederkunft zu erwarten. Maria antwortete aber mit niedergelassenem Schleier, sie habe noch 36 Stunden Zeit. Ich weiß nicht bestimmt, ob sie nicht 38 sagte. — Die Frau wollte sie zwar gern behalten, aber doch nicht im Haus selbst, sondern in einem anderen Gebäude.

Ich sah bei der Abreise, wie Joseph noch mit dem Wirte von seinen Eseln sprach. Er lobte diese Tiere sehr und sagte, er habe die Eselin noch mitgenommen, um sie im Fall der Not zu verpfänden.

Als die Wirtsleute noch von der Schwierigkeit sprachen, Herberge in Bethlehem zu finden, sagte Joseph, er habe Freunde dort und werde gewiß gut aufgenommen werden. — Es tut mir immer so leid, daß er so sicher von guter Aufnahme spricht. Auch mit Maria sprach er wieder unterwegs davon. Da sieht man, daß auch so heilige Leute sich irren können.

Bethlehem. Ankunft der heiligen Familie. Die römische Schätzung in Josephs Vaterhaus. Joseph wird geschätzt. Über diese Steuer, die in drei Fristen bezahlt wird

Freitag, den 23. November.
Der Weg von der letzten Herberge bis nach Bethlehem mochte etwa drei Stunden betragen. Sie zogen um die Nordseite von Bethlehem herum und nahten der Stadt von der Abendseite. Sie machten seitab des Wegs unter einem Baume halt. Maria stieg von dem Esel und ordnete ihre Kleidung.

Dann ging Joseph nach einem großen Gebäude mit ihr, welches, von anderen kleinen Gebäuden und Höfen umgeben, einige Minuten vor Bethlehem lag. Es standen auch Bäume davor, und es lagerte vielerlei Volk unter Zelten umher. — Es war dieses das alte Stammhaus Davids und das ehemalige väterliche Haus Josephs. Es wohnten auch noch Verwandte oder Bekannte Josephs darin, aber sie taten fremd gegen ihn und wollten ihn nicht recht kennen. Jetzt war hier das Einnahmehaus der römischen Schätzung.

Joseph zog gleich mit der heiligen Jungfrau, den Esel am Zaum führend, zu dem Hause, denn jeder Ankommende mußte sich hier melden, wo er einen Zettel empfing, ohne welchen er nicht in Bethlehem eingelassen wurde.

Nach verschiedenen Pausen sagte jetzt die Erzählende anschauend folgendes: Die junge freilaufende Eselin geht hier nicht mit ihnen, sie läuft mittäglich um die Stadt herum, es ist dort etwas eben, ein Talweg. — Joseph ist in das Haus gegangen. — Maria ist in einem kleinen Hause am Hof bei Frauen; sie sind ihr ganz freundlich und geben ihr Speise ... Diese Frauen kochen für die Soldaten ... Es sind römische Soldaten, sie haben solche Riemen um die Lenden hängen... Es ist hier recht liebliches Wetter und gar nicht kalt. Die Sonne scheint auf den Berg zwischen Jerusalem und Bethanien, man sieht es recht schön von hier... Joseph ist in einer großen Stube, sie ist nicht ebener Erde. Sie fragen ihn, wer er sei und sehen auf langen Rollen nach, deren eine große Menge an den Wänden hängt. Sie rollen sie ab und lesen ihm sein Geschlecht vor, auch die Stammlinie Mariä, er schien nicht zu wissen, daß sie von Joachim her auch so gerade von David abstammt; denn er selbst war aus einem früheren Sproß Davids... Der Mann fragte ihn: „Wo hast du dein Weib?..."

Sieben Jahre sind es nun, daß die Leute hier im Lande wegen allerlei Verwirrungen nicht ordentlich geschätzt worden sind. Ich sehe die Zahl V. und II., das macht ja sieben. (Sie bildet diese Zahl mit den Fingern ab.) Diese Steuer ist schon ein paar Monate im Gang. Es wurde zwar in den sieben Jahren hie und da etwas bezahlt, aber nicht ordentlich. Die Leute müssen noch zweimal zahlen. Sie bleiben teils drei Monate hier liegen.

Joseph kam etwas spät zur Steuer. Er wurde aber ganz freundlich behandelt. Er hatte heute noch nicht gezahlt, aber seine Vermögensumstände wurden ihm abgefragt, und er erklärte, daß er keine liegenden Gründe habe und von seinem Handwerk und der Unterstützung seiner Schwiegermutter lebe.

Es sind eine große Menge von Schreibern und vornehmen Beamten im Hause in mehreren Sälen. Oben sind Römer und auch viele Soldaten. Es sind Pharisäer und Sadduzäer, Priester, Älteste und allerlei Art solcher Beamten und Schreiber da, von jüdischer und römischer Seite. — In Jerusalem ist keine solche Kommission, aber an mehreren anderen Orten des Landes, zum Beispiel in Magdalum am galiläischen See, wohin Leute aus Galiläa bezahlen müssen und auch Leute von Sidon, ich meine teils wegen Handelsgeschäften. Nur jene Leute, welche nicht ansässig sind und nicht nach ihren liegenden Gründen geschätzt werden können, müssen nach ihrem Geburtsort ziehen.

Es wird die Steuer von nun an in drei Monaten in drei Teilen entrichtet. Jede dieser drei Zahlungen betrifft einen anderen Zweck. — An der ersten Zahlung hat der Kaiser Augustus, Herodes und noch ein König teil, der in der Nähe von Ägypten wohnt. Er hat etwas im Kriege getan und hat ein Recht oben im Lande an eine Gegend, weswegen sie ihm etwas abgeben müssen. — Die zweite Zahlung hat auf Tempelbau Bezug, es ist so, als würde eine vorgeschossene Schuld damit getilgt. — Die dritte Zahlung soll für die Witwen und Armen sein, die lange nichts erhalten haben, aber es kommt von allen diesem, wie auch heutzutage, wenig an den rechten Mann. Es sind lauter rechte Ursachen und bleibt doch in den Händen der Großen hängen. Es ist ein entsetzliches Geschreibe und Getue, ganz wie ein ... sches Wesen.

Joseph wurde nun oben entlassen, und als er hinabkam, ward die heilige Jungfrau auch in einem Gang vor die Schreiber gerufen, sie lasen ihr aber nichts vor. Sie sagten auch Joseph, es sei nicht nötig gewesen, daß er sein Weib mit sich geführt habe und schienen ihn wegen ihrer Jugend zu necken. Joseph schämte sich vor Maria, er fürchtete, sie möge denken, man achte ihn in seinem Geburtsorte nicht.

Herberge in Bethlehem. Bethlehem. Joseph sucht vergeblich Herberge. Maria sitzt harrend unter einem Baum. Sie ziehen nach der Krippenhöhle vor Bethlehem

Sie zogen nun nach Bethlehem hinein, das weit auseinanderliegend gebaut war. Der Eingang war zwischen zerbrochenem Mauerwerk wie auch ein zerstörtes Tor. — Maria hielt bei dem Esel gleich am Anfang der Straße still, und Joseph suchte schon in den ersten Häusern vergeblich ein Unterkommen, denn es waren sehr viele Fremdlinge in Bethlehem, und alles lief hin und her. Joseph kehrte zurück und sagte Maria, wie hier keine Herberge zu finden sei, sie wollten weiter in die Stadt ziehen. Er führte den Esel am Zaume vorwärts, und die heilige Jungfrau ging neben ihm her. — Wenn sie an den Eingang einer

Christi Geburt — Die Volkszählung

anderen Straße kamen, hielt Maria wieder bei dem Lasttier still, und Joseph forschte abermals vergeblich von Haus zu Haus nach einem Unterkommen und kehrte abermals betrübt zurück. Dieses wiederholte sich mehrmals, und die heilige Jungfrau mußte oft lange harren. — Überall war es voll Menschen, überall wurde er abgewiesen, und er sagte nun zu Maria, sie wollten nach einer anderen Seite von Bethlehem ziehen, da würden sie gewiß Herberge finden. So zogen sie dann ein Stück Wegs in der Richtung, in welcher sie gekommen waren, zurück und dann mittagwärts.

Sie zogen ganz schüchtern durch die Straße, welche mehr einem Landweg glich, denn die Häuser lagen an Hügeln hinangebaut. Auch hier war sein Suchen vergebens.

Auf der anderen Seite von Bethlehem, wo die Häuser schon zerstreuter lagen, kamen sie an einen tieferliegenden freien Platz, er war wie ein Feld. Es war hier etwas einsamer. Es stand hier eine Art Schoppen und nicht weit davon ein großer ausgebreiteter Baum, welcher gleich einer breiten Linde Schatten darbot. Der Stamm war glatt, und die Äste breiteten sich wie ein Dach umher.

Zu diesem Baume führte Joseph die heilige Jungfrau und bereitete ihr unten an dem Stamme einen bequemen Sitz von den Reisebündeln, damit sie da ruhen könne, während er noch in den Häusern umher Herberge suchte. — Der Esel stand mit dem Kopfe gegen den Baum gekehrt.

Maria lehnte sich anfangs aufrechtstehend an den Baum. Ihr wollweißes weites Kleid war gürtellos und hing faltig um sie her. Ihr Haupt war weiß verschleiert. Viele Menschen gingen vorüber, schauten nach ihr hin und wußten nicht, daß ihnen der Erlöser so nahe war. Sie war so geduldig, so erwartungsvoll und demütig. Ach, sie mußte gar lange warten und setzte sich mit unterschlagenen Füßen auf die Decke nieder. So sitzend, hatte sie die Hände unter der Brust gekreuzt, und ihr Haupt war gesenkt.

Joseph kehrte betrübt zu ihr, er hatte keine Herberge gefunden. Seine Freunde, von welchen er zu der heiligen Jungfrau gesprochen, wollten ihn kaum kennen. Er weinte, und Maria tröstete ihn. Er suchte nochmals von Haus zu Haus; da er aber überall die nahe Entbindung seiner Frau als einen Hauptbeweggrund seiner Bitte anführte, wiesen sie ihn noch entschiedener ab.

Die Gegend war zwar einsam, aber zuletzt standen dort Vorübergehende still und schauten neugierig aus der Entfernung nach ihr hin, wie man das wohl zu tun pflegt, wenn man jemand lange in der Dämmerung stehen sieht. Ich meine, es redeten sie sogar einige an und fragten, wer sie sei.

Endlich kehrte Joseph wieder, er war so betrübt, daß er sich zögernd nahte. Er sagte, es sei vergebens, aber er wisse vor der Stadt noch einen Aufenthaltsort, welcher den Hirten gehöre, und wo sie öfters einzustellen pflegten, wenn sie mit Vieh zur Stadt kämen. Dort würden sie in jedem Falle ein Obdach finden. Er kenne den Ort von seiner Jugend her, wenn seine Brüder ihn gequält hätten, habe er sich öfters dorthin zum Gebete zurückgezogen und vor ihnen versteckt. Wenn auch die Hirten dorthin kommen würden, so werde er sich leicht mit ihnen abfinden. Jedoch hielten sie sich in dieser Jahreszeit nicht viel dort auf. Wenn sie erst in Ruhe sei, wolle er sich nochmals weiter umsehen.

Sie zogen nun nach der östlichen Seite vor Bethlehem hinaus auf einem einsamen Fußpfade, der sich links wendete. Es war so ein Weg, als wenn man längs den verfallenen Mauern, Gräben und Wällen einer kleinen Stadt hinzieht. Der Weg stieg anfangs etwas an, sie kamen auch über einen Hügel hinab, und an der Morgenseite von Bethlehem, etwa einige Minuten vor dem Orte an einen Hügel oder alten Wall, vor welchem auf einem angenehmen Platz verschiedene Bäume standen. Es war Nadelholz (Terebinthen oder Zedern), andere Bäume hatten keine Blätter wie Buchsbaum bei uns. Die Gegend war derart wie an dem äußersten Ende verfallener Wälle einer kleinen Stadt.

Wir wollen nun so viel wie möglich die Umgebung des Hügels und die innere Beschaffenheit der Krippenhöhle nach den wiederholten Angaben der Erzählerin beschreiben, um die Erzählung späterhin nicht immer unterbrechen zu müssen.

Beschreibung der Krippenhöhle und ihrer Umgebung

Neben verschiedenen anderen Höhlen oder Kellergewölben befand sich in dem südlichen Ende dieses Hügels, um welches der Weg in das Tal der Hirten sich wendete, das Gewölbe, wo Joseph Herberge für die heilige Jungfrau suchte. Von der Abendseite führte die Tür durch einen schmaleren Gang in einen sich halb rund, halb dreieckig erweiternden Raum, welcher morgenwärts in dem Hügel lag. Die Höhle war natürlicher Fels, und nur an der Mittagsseite, wo der Weg zu dem Tale der Hirten herum zog, war einiges mit rohem Mauerwerke ergänzt.

An dieser Mittagsseite befand sich noch ein Eingang in die Höhle. Er war aber gewöhnlich zugesetzt und wurde erst von Joseph wieder zu seinem Gebrauche geöffnet. Aus dieser Türe heraustretend und sich links wendend, fand man den breiteren Eingang in ein tieferliegendes enges, unbequemes Gewölbe, welches sich unter die Krippenhöhle hinzog. Von dem gewöhnlichen Eingang der Krippenhöhle aus, der gegen Abend sah, konnte man nur einzelne Dächer und Türme Bethlehems erblicken. Wenn man sich, aus dieser Türe tretend, rechts wendete, gelangte man an den Eingang einer tieferliegenden dunkleren Höhle, in welcher die heilige Jungfrau auch einmal verborgen war.

Es war vor dem östlichen Eingang ein leichtes, auf Pfählen gestütztes Binsendach angebaut, welches sich auch an der Mittagsseite der Höhle über den dortigen Eingang hinzog, so daß man vor der Höhle im Schatten verweilen konnte. An der mittäglichen Seite hatte die Höhle oben etwa drei ummauerte und vergitterte Licht- und Luftlöcher, und eine ähnliche Öffnung war in der Decke des Felsens, die, mit Rasen bedeckt, das Ende der Anhöhe bildete, auf welcher Bethlehem liegt.

Das Innere der Höhle hatte nach den wiederholten Beschreibungen der Erzählerin ungefähr folgende Beschaffenheit. Von der Abendseite trat man durch die Türe von leichtem Flechtwerk in einen Gang von mäßiger Breite, der in einem halb eckigen, halb runden, unregelmäßigen Gewölbe endigte, welches sich besonders nach der Mittagsseite hin erweiterte, so daß der Grundriß der ganzen Höhle einem auf seinem Halse ruhenden Kopfe verglichen werden kann.

Wenn man aus dem Halse der Höhle, der nicht so hoch war, in die höhere, von Natur höhlenartig zugewölbte Grotte trat, kam man auf dem sich abstufenden (senkenden) Boden tiefer zu stehen; jedoch war der Boden der ganzen Grotte rings längs den Wänden erhöht und so gleichsam mit einer niederen Steinbank von verschiedener Breite umgeben. Die Wände der Höhle waren, wo sie die Natur gebildet, wenngleich nicht ganz glatt, doch angenehm und reinlich und hatten etwas Anmutiges für mich. Sie gefielen mir besser als die Ergänzung von rohem und plumpem Mauerwerk, wie dieses zum Beispiel am oberen Teil der südlichen Wand des Einganges der Fall war, weil dort etwa drei Licht- und Luftlöcher hereingebrochen waren. Oben in der Mitte der Grotte war auch eine Öffnung, und wenn ich mich recht erinnere, habe ich außerdem drei schräg einfallende Löcher über der halben Höhe des Gewölbes von dessen Mittags- bis Morgenseite verteilt angebracht gesehen.

In der Nordseite des Ganges öffnete sich der Eingang in eine kleinere Seitenhöhle. An diesem Eingang vorübergehend traf man auf die Stelle, wo Joseph sein Feuer anmachte, weiter dann wendete sich diese Wand nordöstlich in die höhere und weitere Grotte, und hier auf der breiteren, den Boden der Grotte umgebenden Steinbank war der Ort, wo nachher das Lasttier Josephs stand. Hinter demselben nördlich in den Felsen einspringend, befand sich noch ein Kellerwinkel ungefähr groß genug, den Esel aufzunehmen. Es befand sich Futter in demselben.

Es lenkte sich nun die Wand der Grotte nach Südost und kreiste dann den Raum erweiternd nach Süd und kehrte endlich nördlich in den Eingang der Höhle zurück.

In dem östlichen Punkte dieser Grotte, dem Eingang in die Höhle gerade gegenüber, befand sich die heilige Jungfrau, als das Licht der Welt aus ihr hervorging. — In der mittäglichen Erweiterung der Grotte stand an deren Abendseite die Krippe, in welche das Jesuskind gebettet wurde. — Die Krippe bestand aus einem an der Erde liegenden, muldenförmig ausgehöhlten Steintrog, der zum Tränken der Tiere diente, und über demselben stand ein länglich viereckiger, unten schmälerer, oben breiterer Behälter, aus Gittern von Holzstäben bestehend, so auf vier Stollen erhöht, daß die Tiere bequem das in ihm ruhende Gras oder Heu fressen und den Kopf senkend das unter ihnen im Steintrog befindliche Wasser trinken konnten.

Der Krippe gegenüber an der Morgenseite dieses Teiles der Grotte saß die heilige Jungfrau mit dem Jesuskinde, als die heiligen drei Könige ihre Gaben opferten. — Wendet man sich von der Krippenstelle aus der Grotte westlich wieder in den sogenannten Hals der Höhle, so kommt man an der mittäglichen Wand zuerst an dem oben erwähnten, später von Joseph wiedereröffneten mittäglichen Eingang vorüber und trifft dann auf die Kammer des heiligen Joseph, welche er sich später an der Südseite durch leichte Flechtwände in diesen Gang abgeschlagen hat. Es war an dieser Seite eine Vertiefung in der Wand, in welche er allerlei Geräte beiseite stellte.

Längs der Südseite der Krippenhöhle hin lief der Weg zum Tale der Hirten. Es standen dort hie und da auf Hügeln kleine Häuser, auch im Felde zerstreut Schoppen mit Binsendächern auf vier, sechs oder acht Pfählen, mit Flechtwänden umstellt. — Gegen Morgen der Höhle senkte sich der Hügel in ein Sacktal ab, das nördlich geschlossen und etwa eine halbe Viertelstunde breit war.

Hier waren am Abhang Büsche, Bäume und Gärten, und wenn man das reiche hohe Gras der Wiese, in der ein Quell floß, und die reihenweise gepflanzten Bäume durchschritt und zu der östlichen Höhe dieses Tales hinging, gelangte man auf diesem gar anmutigen Weg in südöstlicher Richtung von der Krippenhöhle in einen vorspringenden Hügel der Anhöhe zu der Grabhöhle der Maraha, der Amme Abrahams, auch die Milch- oder Säughöhle genannt, in welcher die heilige Jungfrau bei verschiedenen Gelegenheiten mit dem Jesuskinde verweilte. Über dieser Höhle stand ein großer Baum, in dem Sitze angebracht waren, und man konnte von dort die Lage von Bethlehem besser betrachten als von der Krippe aus.

Ich habe manches vernommen, was im Alten Testament Vorbedeutendes in der Krippenhöhle geschehen, wovon mir noch gegenwärtig ist: Seth, das Kind der Verheißung, ward hier nach siebenjähriger Buße von Eva empfangen und geboren.

Hier sagte ihr ein Engel, diesen Samen habe ihr Gott für den Abel gegeben. Auch war Seth hier und in der Grabhöhle Marahas verborgen und gesäugt, denn seine Brüder stellten ihm nach wie Jakobs Söhne dem Joseph. — Da ich oft in den Höhlen, worin in früheren Zeiten Menschen wohnten, gesehen habe, daß sie in die Steine Vertiefungen machten, worin sie und ihre Kinder auf Tierfellen oder Gras bequem schlafen konnten, so kann vielleicht die Aushöhlung in der Steinbank unter der Krippe eine solche Lagerstelle Seths oder späterer Bewohner gewesen sein. — Doch weiß ich es im Augenblick nicht gewiß.

Auch erinnere ich mich aus meinen Betrachtungen der Lehrjahre Jesu, daß der Herr am 6. Oktober nach seiner Taufe, da er in der von den Hirten bereits in einen Gebetsort veränderten Krippenhöhle den Sabbat hielt, den Hirten sagte, sein himmlischer Vater habe diesen Ort bereits, als Maria empfangen worden, vorausbestimmt.

Die Grabhöhle Marahas, der Amme Abrahams, auch die Höhle der Säugenden genannt

Abraham hatte eine Amme, Maraha, die er sehr verehrte; sie erreichte ein hohes Alter, und er führte sie immer auf seinen Zügen auf einem Kamele mit sich. In Sukkoth [1] hat sie längere Zeit bei ihm gelebt. Nachher auch in ihren letzten Tagen hier im Tal der Hirten, wo er seine Zelte in der Gegend dieser Höhle hatte. Da sie mehr als hundertjährig ihrem Tode nahte, verlangte sie von Abraham in dieser Höhle begraben zu werden, von der sie Prophetisches aussprach, und der sie den Namen Milchhöhle oder Höhle der Säugenden gab.

Es geschah hier etwas Wunderbares, das ich vergessen habe, und die Quelle entsprang dort. Die Höhle war damals ein schmaler hoher Gang von weißer, nicht harter Masse. An der einen Seite verengte sich ein Lager dieser Masse, welches nicht bis zur Decke reichte. Wenn man auf dieses Lager kletterte, konnte man in die Eingänge anderer höherliegenden Höhlen gelangen. Auch liefen mehrere tiefe Hohlgänge unterhalb der Höhle in die Anhöhe.

Die Höhle wurde später dadurch erweitert, daß Abraham aus der zur Seite liegenden Masse das Grab Marahas ausarbeitete. Unten lag ein dicker Steinblock, und darauf ruhte wie ein schwerer Steintrog auf kurzen dicken Füßen, der oben wie mit Zacken endete. Man konnte zwischen dem oberen Kasten und dem unteren Block hineinsehen, und ich wunderte mich jetzt, zu Jesu Zeit nichts darin zu sehen.

Diese Höhle mit dem Grabe der Amme hat eine vorbildliche Beziehung auf die in der Verfolgung säugende Mutter des Heilandes; denn in der Jugendgeschichte Abrahams kommt auch eine vorbildliche Verfolgung vor, und die Amme hat ihm das Leben in einer Höhle gerettet. — Was ich mich davon noch im

---

[1] Merkwürdig wird diese Äußerung dadurch, daß Plinius Lib. V. cap. 18 sagt, Schytopolis (wie Sukkoth auch wohl genannt wird) habe früher Nysa geheißen, weil Bacchus seine Amme Nysa dort begraben.

allgemeinen erinnere, ist folgendes: „Dem König in Abrahams Vaterlande träumte oder ward prophezeit von einem Kinde, das geboren und ihm gefährlich werden sollte. Der König traf Maßregeln dagegen. Die Schwangerschaft der Mutter Abrahams blieb verborgen; sie gebar ihn heimlich in einer Höhle. Maraha, die Amme, säugte ihn heimlich. Sie lebte als eine arme Sklavin arbeitend in einer Wildnis bei einer Höhle, in welcher sie das Kind Abraham säugte. Die Eltern nahmen ihn nachher zu sich, und er galt wegen seiner ungemeinen Größe für ein vor jener Prophezeiung geborenes Kind. Er kam aber nachher als Knabe wegen einiger wunderbaren Äußerungen doch in Gefahr, und die Amme flüchtete ihn wieder in ein Versteck. Ich sah, wie sie ihn, unter ihrem weiten Mantel um den Leib gebunden, heimlich fortbrachte. Es wurden damals viele Kinder seiner Größe ermordet.

Diese Höhle war schon seit Abrahams Zeiten ein Ort der Andacht, besonders der Mütter und Säugenden und dieses in prophetischer Weise; denn man verehrte in Abrahams Amme vorbildlich ebenso die heilige Jungfrau, wie Elias dieselbe in der regenbringenden Wolke gesehen und ihr einen Ort des Gebetes auf dem Karmel errichtet hat. — Maraha hat durch ihre Milch zur Ankunft des Messias beigetragen, indem sie den Stammvater der heiligen Jungfrau säugte. Sieh, ich kann es nicht recht aussprechen, aber es war wie ein tiefer Brunnen durch alles Leben hindurch, und es wurde immer hineingeschöpft, bis das klare Wasser Mariä emporstieg. — (So drückte sich die Erzählerin in ekstatischem Schlafe hierüber aus.)

Der Baum, der über dieser Höhle stand, war ein gleich einer großen Linde breiter Schattenbaum, oben spitz und unten breit. Es war aber eine Terebinthe. Er trug weiße Körner, die ölig waren, man konnte sie essen. — Abraham ist unter diesem Baum schon mit Melchisedek zusammen gewesen. Ich weiß nicht mehr bei welcher Gelegenheit. — Joseph hat die Höhle noch mehr erweitert und die tieferen Fortgänge in ihr geschlossen.

Der Baum steht auf dem Hügel, unten führt eine schrägliegende Türe in einen Gang oder eine Art Vorhalle bis zu einer gerade stehenden Türe, die in das Grab selbst führt, dessen innerer Raum jetzt mehr rund als viereckig war. In dem Vorraum hielten sich die Hirten oft auf.

Dieser große alte Baum breitete weiten Schatten. Er war den Hirten und Leuten umher und auch frommen Reisenden heilig. Man pflegte dort zu ruhen und zu beten. Ich weiß die Geschichte des Baumes jetzt nicht, er hat Bezug auf Abraham, vielleicht hat er ihn gepflanzt. Es befand sich eine Feuerstelle dabei, die man verdecken konnte, auch war ein Brunnen vor dem Baum, aus welchem die Hirten zu gewissen Zeiten Wasser, als besonders heilsam, holten. Zu beiden Seiten des Baumes befanden sich offene Hütten, um darin zu schlafen. Alles dieses war mit einer Einzäunung umgeben.

Da die Erzählende dieses mitteilte, war sie in großen Schmerzen, und als der Schreiber zu ihr sagte: Dieses war also eine Terebinthe? erwiderte sie in plötzlicher Geistesabwesenheit: Tenebrae, nicht Terebinthe, unter dem Schatten deiner Flügel, das ist ein Flügel — Tenebrae —, unter deinem Schatten will ich frohlocken. Der Schreiber verstand die Beziehung dieser Worte nicht, vielleicht bezog sie die Stelle eines Psalms auf den Baum, sie schien sich mit diesen Worten zu trösten. Sie sprach sie mit großer Innigkeit.

St. Helena hat eine Kirche hier erbaut, es ist auch Messe hier gelesen worden, ich meine als in einer dem heiligen Nikolaus geweihten Kapelle.

Die heilige Familie zieht in die Krippenhöhle. Joseph räumt auf, zündet die Lampe an, sorgt für Wasser und Feuer, bereitet Speise. Er rüstet eine Schlafstelle für Maria und eine Kammer für sich. Er geht zur Stadt, kehrt spät zurück

Freitag, den 23. November.

Die Sonne stand schon tief, als sie vor dem Eingang der Höhle anlangten. Die junge mitlaufende Eselin, welche gleich schon bei Josephs Vaterhaus außerhalb der Stadt herum hierher gelaufen war, kam ihnen gleich bei ihrer Ankunft hier entgegen und sprang und spielte freudig um sie her; da sprach die heilige Jungfrau zu Joseph: „Sieh, es ist gewiß der Wille Gottes, daß wir hier einkehren."

Joseph aber war sehr betrübt und stille beschämt, weil er so oft von der guten Aufnahme in Bethlehem gesprochen hatte. Er stellte das Lasttier unter das Obdach vor dem Eingang der Höhle und bereitete der heiligen Jungfrau einen Ruhesitz daselbst, worauf sie sich niederließ, während er Licht machte, die leichte Flechttüre der Höhle öffnete und in dieselbe hineinging. — Der Eingang zur Höhle war eng, denn es standen viele Bündel Stroh, gleich Binsen an den Wänden, worüber braune Matten hingen. Auch hinten in dem eigentlichen Gewölbe waren mancherlei hindernde Gegenstände. Joseph räumte soviel als nötig heraus, um der heiligen Jungfrau eine bequeme Ruhestelle am östlichen Punkte der Höhle zu bereiten. — Hierauf heftete er eine brennende Lampe an die Wand der düsteren Höhle und führte die heilige Jungfrau hinein, welche sich auf das von Decken und den Reisebündeln bereitete Lager niederließ. Er entschuldigte sich gar demütig wegen der schlechten Herberge; Maria aber war in großer Innigkeit freudig und zufrieden.

Als sie nun ruhte, eilte Joseph mit einem Schlauche von Leder, den er bei sich führte, hinter den Hügel in das Wiesental zu einem sehr schmalen Bächlein und heftete den Schlauch mit zwei Pflöcken so in die Quelle, daß er sich mit Wasser füllen mußte, und brachte dieses zur Krippenhöhle zurück. — Hierauf ging er zur Stadt, holte kleine Schüsseln, einige Früchte und Reiserbündelchen.

Der Sabbat nahte, und wegen der vielen Fremden in der Stadt, die mancherlei ganz Unentbehrliches bedurften, waren an den Straßenecken Tische mit den unentbehrlichsten Lebensbedürfnissen aufgerichtet. Der Wert wurde dabei niedergelegt.

Ich meine, es standen Knechte dabei oder Leute, die keine Juden waren. Ich weiß es nicht mehr genau.

Joseph kehrte zurück und brachte in einer Art verschlossener Gitterkapsel, woran unten ein Stiel war, glühende Kohlen, die er im Eingang der Höhle an der nördlichen Wand ausgoß und ein Feuerchen machte. Diese Feuerkapsel hatte er wie anderes kleines Geräte auf der Reise bei sich. Das Holzbündelchen bestand aus dünnen Knüppeln, welche mit breiten Binsen schön zusammengebunden waren.

Joseph bereitete nun etwas Speise, die aus einem Mus von gelben Körnern und einer dicken gekochten Frucht bestand, welche zum Essen auseinandergeteilt viele Kerne enthält; auch kleine platte Brote waren dabei. Nachdem sie gegessen und noch gebetet hatten, bereitete Joseph der heiligen Jungfrau ein Lager. Er breitete über eine Streu von Binsen eine solche Decke, wie ich sie oben als in dem Hause der Mutter Anna bereitet beschrieben habe, und legte eine zusammengerollte Decke zu Häupten. — Nachdem er nun den Esel hereingeführt und angebunden hatte, wo er nicht hinderte, verstopfte er die Öffnungen des Gewölbes gegen Zugluft und richtete sich nun seine eigene Ruhestätte im Eingang der Höhle ein.

Da nun der Sabbat eingetreten war, stand er mit der heiligen Jungfrau unter der Lampe und betete die Sabbatgebete mit ihr, und dann nahmen sie ihre kleine Mahlzeit gar auferbaulich zu sich. — Joseph verließ nun die Höhle und ging zur Stadt. Maria aber hüllte sich ein, um sich zur Ruhe zu legen. — Während Josephs Abwesenheit sah ich zum ersten Male die heilige Jungfrau kniend beten. Sie kniete auf ihrem Lager und legte sich hierauf auf die Seite gekehrt auf der Decke nieder. Ihr Haupt ruhte auf ihrem Arme, der auf dem Wulste lag. — Joseph kehrte erst spät zurück. Er war betrübt, ich glaube, er weinte. Er betete noch und legte sich dann demütig auf sein Lager im Eingang der Höhle.

Maria bringt den Sabbatschluß in der Grabhöhle der Maraha zu. Joseph kauft nach dem Sabbat Gerätschaften in Bethlehem. Er führt Maria in die Krippenhöhle zurück, trifft mehrere Anordnungen und wirft, da die Geburt Jesu naht, sich in seiner Zelle betend auf das Angesicht

Samstag, den 24. November.
Heute war die Erzählerin sehr krank und konnte nur weniges mitteilen, dieses aber ist folgendes:

Die heilige Jungfrau brachte den Sabbat in der Krippenhöhle mit Gebet und Betrachtung in großer Innigkeit zu. Joseph ging verschiedene Male aus, wahrscheinlich zur Synagoge in Bethlehem. Ich sah sie gemeinschaftlich von der am vorigen Tage bereiteten Speise essen und auch zusammen beten.

Nachmittag, um welche Zeit die Juden am Sabbat immer zu lustwandeln pflegen, führte Joseph die heilige Jungfrau durch das Tal hinter der Krippenhöhle in die Grabhöhle Marahas, der Amme Abrahams. — Sie verweilten teils in dieser Höhle, die geräumiger war als die Krippenhöhle und wo ihr Joseph einen Sitz bereitete, teils unter dem bei derselben stehenden heiligen Baum in Gebet und Betrachtung bis einige Zeit nach dem Schlusse des Sabbats, wo Joseph sie wieder abholte.

Maria hatte dem heiligen Joseph gesagt, daß heute nacht um Mitternacht die Geburtsstunde ihres Kindes eintrete, denn dann seien die neun Monate erfüllt, vor welchen der Engel Gottes sie begrüßt habe. — Sie hatte ihn gebeten, er möge doch von seiner Seite alles mögliche tun, damit sie das von Gott verheißene, übernatürlich empfangene Kind so gut bei seinem Eintritt in die Welt ehrten, als sie es vermöchten, auch möge er doch sein Gebet mit dem ihrigen für die Hartherzigen vereinigen, die ihnen keine Herberge hätten gewähren wollen. — Joseph bot der heiligen Jungfrau an, er woll ihr ein paar fromme Frauen, die er in Bethlehem kenne, zum Beistand rufen. Sie lehnte es aber ab und sagte, sie bedürfe keines Menschen Hilfe.

Joseph ging vor Schluß des Sabbats nach Bethlehem, und, sobald die Sonne untergegangen, kaufte er schnell einige Bedürfnisse, einen Schemel, ein kleines niedriges Tischchen, einige Schüsselchen, auch getrocknete Früchte und Trauben und eilte damit zur Krippenhöhle zurück, worauf er zu dem Grabe der Maraha lief und die heilige Jungfrau in die Krippenhöhle zurückführte, wo sie sich in dem morgendlichsten Winkel auf dem Ruheteppich niederließ.

Joseph bereitete noch Speisen, sie aßen und beteten zusammen. Dann aber sonderte er seine Schlafzelle ganz von dem übrigen Raum dadurch ab, daß er sie mit einigen Stangen umgab, welche er mit den Matten überhängte, die er in der Höhle gefunden hatte. — Er fütterte auch noch den Esel, der vom Eingange aus links an der Wand der Krippenhöhle stand. Dann füllte er den Gitterkorb der Krippe mit Binsen und feinen Gräsern oder Moos und breitete eine Decke darüber, die über dem Rand niederhing.

Als nun die heilige Jungfrau zu ihm sprach, es nahe ihre Zeit, er möge sich zum Gebete in seiner Kammer absondern, hängte er noch mehrere brennende Lampen in dem Gewölbe auf und ging, da er Geräusch vor der Höhle vernahm, hinaus. — Hier fand er die junge Eselin, die bis jetzt frei im Tale der Hirten herumgelaufen war. Sie war voll Freude herangesprungen und und spielte um ihn her. Er band sie unter dem Obdach vor der Höhle an und streute ihr Futter.

Als Joseph nun in die Höhle zurückkehrte und am Eingang seines Schlafraumes nach der heiligen Jungfrau hinblickte, sah er sie mit dem Angesicht gegen Morgen gewendet, ihm den Rücken kehrend, auf ihrem Lager kniend beten. — Er sah sie wie von Flammen umgeben, die ganze Höhle war wie von übernatürlichem Lichte erfüllt. Er sah hin wie Moses, der in den brennenden Dornbusch schaute; da trat er mit heiliger Scheu in seine Zelle und warf sich betend auf sein Angesicht nieder.

Christi Geburt

Ich sah den Glanz um die heilige Jungfrau immer größer werden, das Licht der Lampe, welches Joseph angezündet hatte, war nicht mehr sichtbar. Sie kniete in einem weiten, gürtellos um sie her ausgebreiteten Gewande, das Angesicht gegen Morgen gewendet, auf ihrem Ruheteppich.

In der zwölften Stunde der Nacht ward sie im Gebete entzückt. Ich sah sie von der Erde emporgehoben, so daß ich den Boden unter ihr sah. Sie hatte die Hände auf der Brust gekreuzt. Der Glanz um sie her mehrte sich, alles, selbst das Leblose, war in freudiger innerer Bewegung, das Gestein der Decke, der Wände, des Bodens der Höhle ward wie lebendig in dem Lichte. — Nun aber sah ich die Decke des Gewölbes nicht mehr, eine Bahn von Licht öffnete sich über Maria bis in den höchsten Himmel mit steigendem Glanze.

In dieser Lichtbahn war eine wunderbare Bewegung von Glorien, die sich durchdringend und nähernd deutlicher in der Form himmlischer Geisterchöre erschienen. — Die heilige Jungfrau aber in Entzückung emporgetragen, betete nun zur Erde niederschauend ihren Gott an, dessen Mutter sie geworden war, der als ihr neugeborenes hilfloses Kind vor ihr an der Erde lag.

Ich sah unseren Erlöser als ein leuchtendes, ganz kleines Kind, das mit seinem Lichte allen umgebenden Glanz überstrahlte, auf dem Teppich vor den Knien der heiligen Jungfrau liegen. Es war mir, als sei es ganz klein und werde vor meinen Augen größer. Alles dieses aber war nur eine Bewegung von so großem Glanze, daß ich nicht bestimmt sagen kann, wie ich es gesehen.

Die heilige Jungfrau war noch eine Zeitlang so entzückt, und ich sah, wie sie ein Tuch über das Kind legte, aber sie faßte es noch nicht an und nahm es noch nicht auf. Nach einer geraumen Zeit sah ich das Jesuskind sich regen und hörte es weinen, da war es, als komme Maria zu sich, und sie nahm das Kindlein, welches sie mit dem darübergedeckten Tuche einhüllte, von dem

Teppich auf und hielt es in den Armen an ihre Brust. Sie saß nun und verhüllte sich ganz mit dem Kinde in ihrem Schleier, und ich glaube, Maria säugte den Erlöser. Da sah ich um sie her ganz menschlich gestaltete Engel vor dem Kinde anbetend auf dem Angesicht liegen.

Es mochte wohl eine Stunde nach der Geburt sein, als Maria den heiligen Joseph rief, der noch im Gebete lag. Als er sich ihr nahte, warf er sich in Andacht, Freude und Demut auf sein Angesicht nieder, und erst, als Maria ihn nochmals gebeten, er solle das heilige Geschenk des höchsten Gottes freudig dankend an sein Herz schließen, richtete er sich auf, empfing das Jesuskind in seine Arme und lobte Gott mit Freudentränen.

Die heilige Jungfrau wickelte nun das Jesuskind ein. Die Windungen der Tücher sind mir in diesem Augenblicke nicht genau gegenwärtig, ich weiß nur, daß es in eine rote und über diese in eine weiße Hülle bis unter die Ärmchen eingeschlagen und oben bis zu dem Köpfchen noch mit einem anderen Tüchlein verhüllt war. Maria hat nur vier Windeln bei sich.

Da sah ich nun Maria und Joseph nebeneinander auf der platten Erde mit untergeschlagenen Beinen sitzen. Sie sprachen nicht und schienen beide in Betrachtung versunken. Vor Maria auf dem Teppich lag eingewickelt wie ein kleines Kind der neugeborene Jesus, schön und strahlend wie ein Blitz. Ach! dachte ich, dieser Ort umfaßt das Heil der ganzen Welt, und niemand ahnt es.

Sie legten das Kind hierauf in die Krippe, sie war mit Binsen und feinen Kräutern gefüllt, und mit einer an den Seiten niederhängenden Decke überspreitet und stand über dem an der Erde liegenden Steintrog rechts vom Eingang in der Höhle, wo sie einen weiten Ausbug gegen Mittag machte. — Dieser Teil der Höhle lag mit stufig abgeschelfertem Boden tiefer als die Geburtsstelle. — Als sie das Kind in die Krippe gelegt hatten, standen sie beide in Freudentränen lobsingend zur Seite der Krippe.

Joseph aber ordnete nun das Ruhelager und den Sitz der

heiligen Jungfrau an der Seite der Krippe. Ich sah sie vor und nach der Geburt Jesu, ganz weiß gekleidet und verhüllt. — Ich sah sie in den ersten Tagen dort sitzen, knien, stehen und auch auf der Seite eingehüllt schlummern, aber auf keine Weise krank und erschöpft. Wenn Leute zu ihr kamen, saß sie dichter eingehüllt und aufrecht auf der Geburtsdecke.

Gloria in excelsis. Freude in der Natur. Quellen entspringen. Der Hügel, der Turm der Hirten. Hirtenwohnungen umher. Erscheinungen der Engel an mehreren Orten verkünden den Hirten die Geburt Christi

Ich sah zwar in diesen Bildern von Christi Geburt, welche ich als historisches Ereignis und nicht als kirchliche Festfreude sehe, keine solche schimmernde Freude und trunkene Seligkeit in der Natur, wie ich dies in der Weihnachtsnacht, wo diese Erscheinung eine innere Bedeutung ausspricht, gesehen, dennoch sah ich auch heute eine ungewohnte Freude und an vielen Orten bis in die fernsten Gegenden der Welt eine außerordentliche Bewegung in dieser Mitternacht.

Ich sah die Herzen vieler guter Menschen mit freudiger Sehnsucht und aller bösen mit großer Angst erfüllt. — Viele Tiere sah ich freudig bewegt, an manchen Orten sah ich sich Blumen erheben, Kräuter und Stauden und Bäume Erquickung schöpfen und Düfte verbreiten.

Ich sah viele Quellen entspringen und anschwellen. So entsprang in der Geburtsstunde des Heilands in der Höhle, welche mitternächtlich der Krippenhöhle in dem Hügel war, eine reiche Quelle, welche der heilige Joseph am folgenden Morgen faßte und ihr einen Abfluß bereitete.

Über Bethlehem war es trüb, der Himmel hatte einen trüben rötlichen Schimmer; über der Krippenhöhle aber und im Tale bei der Grabhöhle Marahas, der Amme Abrahams, und über dem Tale der Hirten lag ein glänzender Taunebel.

Christi Geburt — Die Volkszählung

Im Tal der Hirten lag etwa anderthalb Stunden von der Krippenhöhle ein Hügel am Anfang der Weinberge, welche sich von hier aus gen Gaza zu ziehen; an diesem Hügel standen die Hütten dreier Hirten, welche ebenso die Vorsteher der umherwohnenden Hirtenfamilien waren wie die heiligen drei Könige die der ihnen zugehörigen Stämme.

Ungefähr noch einmal soweit von der Krippenhöhle stand der sogenannte Turm der Hirten. Er bestand aus einem sehr hohen pyramidalischen Gerüste von Balkenwerk, zwischen lebendigen grünenden Bäumen, auf einer Unterlage von großen Feldsteinen, auf einem Hügel mitten im Felde gebaut. Er war mit Treppen und Galerien, und hie und da bedeckten kleinen Standorten, gleich Wachttürmchen, umgeben, und alles war mit Matten behängt. Er hatte eine Ähnlichkeit mit jenen Turmgerüsten, auf welchen man im Lande der heiligen drei Könige nachts die Sterne beobachtete, und machte aus der Ferne den Eindruck eines hohen vielbemasteten, mit Segeln bespannten Seeschiffes. — Von diesem Turme aus konnte man die ganze Gegend weit umher überschauen; man sah Jerusalem und auch den Berg der Versuchung in der Wüste von Jericho. — Die Hirten hielten Wächter oben, um den Zug der Herden zu überschauen und sie durch Hörnerruf bei Gefahr von Räubern oder ziehenden Kriegsvölkern, die man da oben in der Ferne sehen konnte, zu warnen.

Die einzelnen Familien der Hirten wohnten in einem Umkreis von wohl fünf Stunden um die Gegend des Turmes her, in einzelnen mit Gärten und Feld umgebenen Höfen. — Bei dem Turme war ihr allgemeiner Sammelplatz und auch die Vereinigung der Hütenden, welche ihre Gerätschaften hier bewahrten und ihre Speise von hier empfingen. Es waren längs dem Hügel des Turmes Hütten gebaut und abgesondert von diesen ein größerer, vielfach geteilter Schoppen, in welchem die Frauen der Hütenden wohnten und ihnen Speise bereiteten.

Hier bei dem Turme sah ich die Herden heute nacht noch teilweise unter freiem Himmel, bei dem Hügel der drei Hirten aber sah ich die Herde unter einem Schoppen.

Als Jesus geboren war, sah ich die drei Hirten bewegt von der wunderbaren Nacht beisammen vor ihrer Hütte stehen, sie schauten umher und erblickten mit Staunen einen wundervollen Glanz über der Gegend der Krippenhöhle. Auch die Hirten bei dem entfernteren Turme sah ich in voller Bewegung, ich sah sie teils auf das Turmgerüste gestiegen und nach dem seltsamen Leuchten über der Krippenhöhle hinschauen.

Wie nun die drei Hirten so zu dem Himmel emporschauten, sah ich sich eine Lichtwolke zu ihnen niedersenken. Indem diese sich näherte, bemerkte ich in ihr eine Bewegung, ein Verwandeln und Übergehen in Formen und Gestalten und hörte einen wachsenden, süßen, leisen und doch freudig klaren Gesang. — Die Hirten erschraken anfangs, aber alsbald stand ein Engel vor ihnen und redete sie an: „Fürchtet euch nicht, denn sehet, ich verkünde euch eine große Freude, welche dem ganzen Volke widerfahren wird, denn heute ist euch der Erlöser in der Stadt Davids geboren, welcher ist Christus der Herr. Es sei euch das Zeichen, ihn zu erkennen, daß ihr ihn als ein Kind in Windeln gewickelt in der Krippe liegend finden werdet." — Während der Engel dieses verkündete, wuchs der Glanz um ihn her, und ich sah jetzt fünf oder sieben große anmutige leuchtende Engelsgestalten vor den Hirten stehen, sie hielten wie ein Band einen langen Zettel[1] in den Händen, worauf etwas mit wohl handhohen Buchstaben geschrieben war, und ich hörte sie Gott

---

[1] Die Erwähnung eines Zettels in den Händen der Engel könnte auf die Vermutung führen, die Erzählende habe sich desselben aus irgendeiner bildlichen Vorstellung erinnert und mit ihrer inneren Anschauung vermischt, man darf aber dennoch fragen, wer hat zuerst solche Zettel in die Hände dieser Engel gemalt, wer hat überhaupt zuerst Zettel, worauf Reden geschrieben sind, in den Mund oder die Hände der Vorstellung sprechender Figuren gegeben? Wir halten dies für keine Erfindung der Maler, sondern für eine Tradition, welche ihnen aus früheren Zeiten zugekommen ist, und zwar durch Bilder, welche betrachtende Menschen von ihren eigenen Betrachtungen gemalt haben, und so bleibt es dann noch immer möglich, daß auch die Hirten einen solchen Zettel in den Händen der Engel gesehen haben.

loben und singen: „Ehre sei Gott in der Höhe und auf Erden Friede den Menschen, die eines guten Willens sind."

Die Hirten am Turme hatten dieselbe Erscheinung, nur etwas später. — Ebenso erschienen sie einem dritten Hirtenhaufen bei einem Brunnen drei Stunden von Bethlehem, östlich vom Turm der Hirten.

Ich sah die Hirten nicht augenblicklich zu der Krippenhöhle eilen, wohin die drei Hirten wohl anderthalb Stunden Wegs und die vom Turme wohl noch einmal so weit hatten; aber ich sah, wie sie sich sogleich berieten, was sie dem neugeborenen Kinde zum Geschenke mitbringen sollten, und wie sie so schnell als möglich ihre Gaben zusammen suchten. Sie kamen erst frühmorgens zur Krippe.

Ankündigungen der Geburt Christi an verschiedenen Orten

Meine Seele machte in der Geburtsstunde des Jesuskindes unzählige Wege nach allen Richtungen der Welt, um wunderbare Anzeigen der Geburt unseres Heiles zu schauen. Da ich aber sehr krank und ermüdet war, so schien es mir oft, als kämen die Bilder zu mir. Ich habe unzählige Ereignisse gesehen, aber ich habe das meiste durch mancherlei Störungen und Leiden vergessen; was mir noch bruchstücklich gegenwärtig, ist folgendes:

Anzeigen der Geburt Christi bei Verwandten und Freunden der heiligen Jungfrau

Ich sah heute nacht, wie Noemi, die Lehrerin der heiligen Jungfrau, und die Prophetin Hanna und der alte Simeon am Tempel und die Mutter Anna in Nazareth und Elisabeth in Juta Gesichte und Eröffnungen über die Geburt des Heilandes hatten. Ich sah das Kind Johannes bei Elisabeth ganz wunderbar freudig bewegt. Alle sahen und erkannten zwar Maria in diesen Gesichten, aber sie wußten nicht, wo das Wunder geschehen war, selbst Elisabeth wußte nichts davon, Anna allein wußte, daß Bethlehem der Ort des Heiles war.

Anzeigen der Geburt Christi in Jerusalem

Im Tempel sah ich heute nacht ein wunderbares Ereignis. Alle Schriftrollen der Sadduzäer wurden mehrmals aus ihren Behältern herausgeschleudert und umhergestreut. Es entstand ein großes Erschrecken darüber, sie schrieben es der Zauberei zu und zahlten vieles Gold, damit es verschwiegen bliebe. — (Sie erzählt hier noch etwas Unklares von zwei Söhnen des Herodes, die Sadduzäer gewesen, und die er beim Tempel angestellt habe, und wie er teilweise immer Streit mit den Pharisäern habe und sich immer mehr Recht am Tempel zu erschleichen suche.)

Anzeigen der Geburt Christi in Rom

Ich habe in Rom in dieser Nacht sehr vieles gesehen und über vielen anderen Bildern vieles davon vergessen, es kann darum leicht sein, daß ich hie und da einiges verwechsle. Ich erzähle, wie ich mich jetzt erinnere:

Ich sah, als Jesus geboren ward, daß in Rom über dem Fluß in einer Gegend, wo viele Juden wohnten (hier beschrieb sie etwas undeutlich einen Platz gleich einem von Wasser umgebenen Hügel, der eine Art Halbinsel bildete), eine Quelle wie von Öl entsprang, und daß alles höchst verwundert darüber war.

Es zerbrach auch ein prächtiges Götzenbild des Jupiter in einem Tempel, dessen ganzes Dach zusammenstürzte, und in großem Schrecken opferten sie und fragten ein anderes Götzenbild, ich meine die Venus, was dieses bedeute, und es mußte der Teufel aus diesem Bilde sprechen: „Es geschah dieses, weil eine Jungfrau ohne Mann einen Sohn empfangen und nun geboren hat." — Dieses Bild sprach auch von dem entsprungenen Ölbrunnen. Wo er entsprungen, steht jetzt eine Muttergotteskirche.

Ich sah aber die bestürzten Götzenpriester nachschlagen. — Vor 70 Jahren, als man jenes Götzenbild sehr prächtig mit Gold und Edelsteinen verzierte und ihm mit großer Festlichkeit Opfer brachte, lebte in Rom eine ganz gute fromme Frau, ich weiß nicht mehr recht bestimmt, ob sie nicht eine Jüdin war, ihr Name klang wie Serena oder Cyrena. Sie lebte von ihrem Vermögen, hatte Gesichte und mußte weissagen. Sie sagte auch wohl manchmal Leuten die Ursache ihrer Unfruchtbarkeit, ich habe gar vieles von ihr vergessen. — Diese Frau hatte sich öffentlich verlauten lassen, sie sollten dem Götzen keine so kostspielige Ehre erzeigen, er werde einst mitten auseinanderbersten. Die Priester stellten sie wegen dieser Aussage zur Rede, sie solle sagen, wann dieses geschehen werde, und da sie dieses nicht gleich vermochte, sperrte man sie ein und quälte sie so lange, bis sie von Gott die Antwort erflehte, das Bild werde zerbrechen, wenn eine reine Jungfrau einen Sohn gebären werde. — Auf diese ihre Aussage verlachte man sie und entließ sie als eine Närrin. — Jetzt, da der zusammenstürzende Tempel den Abgott wirklich zerschmetterte, erkannten sie, daß sie wahrgesagt hatte, und waren nur über die Zeitbestimmung des Ereignisses erstaunt, weil sie von der Geburt Christi durch die heilige Jungfrau freilich nichts wußten.

Ich sah auch, daß die Bürgermeister von Rom, deren einer Lentulus hieß und ein Vorfahre des Märtyrerpriesters Moses und jener Lentulus war, mit dem der heilige Petrus Freundschaft in Rom hatte, daß, sage ich, die beiden Bürgermeister von Rom sich von diesem Ereignisse und der Erscheinung der Ölquelle unterrichten ließen.

Ich sah auch noch etwas von dem Kaiser Augustus, erinnere mich desselben jedoch nicht mehr ganz genau. Ich sah den Kaiser mit anderen Männern auf einem Berge in Rom, an dessen anderer Seite der eingestürzte Tempel lag, es führten Treppen zu dem Berg hinan und befand sich ein goldenes Tor auf demselben. Sie machten dort immer Geschäfte aus. — Als der Kaiser herabging, sah er rechts über der Mitte des Berges eine Erscheinung am Himmel. Es war das Bild einer Jungfrau auf einem Regenbogen, ein Kind schwebte aus ihr hervor[1]. Ich glaube, er sah es allein. Er ließ über die Bedeutung dieser Erscheinung ein Orakel befragen, das verstummt war, und es gab einen Ausspruch von einem neugeborenen Kind, vor welchem sie alle weichen müßten. — Er ließ hierauf einen Altar auf der Stelle des Berges errichten, über welcher er die Erscheinung gesehen hatte, und ließ ihn unter vielen Opfern dem Erstgeborenen Gottes weihen. — Ich habe vieles von allen diesem vergessen.

Anzeige der Geburt Christi in Ägypten

Ich sah auch in Ägypten ein ankündendes Ereignis bei der Geburt Christi. — Weit hinter Matarea, Heliopolis und Memphis war ein großer Götze, der sonst allerlei Orakelsprüche getan, plötzlich verstummt. Da befahl der König im ganzen Lande große Opfer zu tun, auf daß der Götze sagen möge, warum er schweige. Der Götze aber ward von Gott gezwungen zu sagen, er schweige und müsse weichen, weil der Sohn von der Jungfrau geboren sei, und diesem werde hier ein Tempel errichtet werden. Der König des Landes wollte auf die Aussage ihm einen Tempel neben dem des Götzen errichten.

Ich entsinne mich des Herganges nicht mehr genau, aber doch so viel, daß das Götzenbild hinwegkam und ein Tempel der Jungfrau mit dem Kinde, welche er verkündet hatte, hier errichtet und sie sodann auf heidnische Weise verehrt ward.

---

[1] Wahrscheinlich dieselbe Erscheinung, welche die heiligen drei Könige in der Geburtsstunde Jesus sahen und die weiter unten abgebildet ist.

235

Anzeige der Geburt Christi bei den heiligen drei Königen

Ich sah zur Geburtsstunde des Jesuskindes eine wunderbare Erscheinung, welche die heiligen drei Könige sahen. Sie waren Sterndiener und hatten einen pyramidalischen gestuften Turm, teils von Holzwerk, auf einem Berge, wo sich immer einer von ihnen mit mehreren Priestern aufhielt, die Sterne zu beobachten. Sie schrieben immer das Geschehene auf und meldeten es sich untereinander. In dieser Nacht glaube ich zwei der Könige auf diesem Turme gesehen zu haben. Der dritte, welcher gen Morgen des Kaspischen Meeres wohnte, war nicht bei ihnen. — Es war ein bestimmtes Gestirn, welches sie immer beobachteten, bei dessen Anblick sie mancherlei Veränderungen sahen und Gesichte am Himmel erhielten.

Heute nacht sah ich das Bild, das sie erkannten, es war in verschiedenen Veränderungen. Es war nicht ein Stern, in welchem sie es erkannten, sondern in einer aus mehreren Sternen zusammengestellten Figur, und es war eine Bewegung in denselben.

Sie sahen aber einen schönen Regenbogen über dem Monde, der in einem Viertel war. Auf dem Regenbogen saß eine Jungfrau. Sie hatte das linke Bein in sitzender Stellung, das rechte hing mehr gerade herunter und stand auf dem Monde. Auf der linken Seite der Jungfrau erschien auf dem Regenbogen ein Weinstock, auf der rechten ein Busch Weizenähren.

Ich sah vor der Jungfrau die Figur eines Kelches, gestaltet wie jener bei der Einsetzung des heiligen Sakramentes, erscheinen oder aufsteigen oder heller aus ihrem Glanze hervortreten. — Aus diesem Kelche hervorsteigend sah ich ein Kindchen erscheinen und über dem Kindchen eine helle Scheibe, gleich einer leeren Monstranz, aus welcher Strahlen gleich Ähren ausgingen. Ich hatte den Begriff des heiligen Sakramentes dabei.

Auf der rechten Seite des aus dem Kelche emporsteigenden Kindleins wuchs ein Zweig hervor, auf welchem gleich einer Blume eine achteckige Kirche erblühte, die ein großes goldenes

Tor und zwei kleine Seitentüren hatte. Die Jungfrau bewegte mit ihrer rechten Hand Kelch, Kind und Hostie vor sich auflenkend, in die Kirche, in welche ich hineinsah, und die in diesem Hineinschauen mir ganz groß erschien. Ich sah eine Erscheinung der heiligen Dreifaltigkeit hinten in der Kirche, und es stieg der Turm der Kirche über ihr auf, die sich endlich in eine ganz schimmernde Stadt ausbildete, so wie man das himmlische Jerusalem sieht.

Ich sah in diesem Bilde gar vieles auseinander hervorgehen, indem ich in diese Kirche hineinschaute, ich entsinne mich jedoch der Folge nicht mehr, auch ist mir jetzt nicht gegenwärtig, auf welche Weise die Könige unterrichtet wurden, daß das Kind in Judäa geboren sei. Der dritte, entfernter wohnende König sah dasselbe Bild zur selben Stunde in seiner Heimat.

Die Könige waren darüber in unaussprechlicher Freude, nahmen alsbald ihre Schätze und Geschenke zusammen und traten ihren Zug an. — Erst nach einigen Tagen trafen sie alle drei zusammen. — Schon in den letzten Tagen vor Christi Geburt habe ich beobachtet, wie sie in großer Tätigkeit auf ihrem Sternturm waren und allerlei Gesichte sahen.

Welche Barmherzigkeit hat Gott mit den Heiden gehabt. Weißt du wohl, woher den Königen die Prophezeiung gekommen ist? Ich will dir jetzt nur ein kurzes Endchen der Zeit erzählen, denn das Ganze ist mir im Augenblick nicht gegenwärtig. — Schon seit 500 Jahren vor Christi Geburt lebten die Voreltern der drei Könige, aus welchen sie in reiner, ununterbrochener Linie von Vater auf Sohn abstammen. (Elias lebte wohl 800 Jahre vor Christus). — Ihre Stammeltern waren reicher und mächtiger als sie, denn sie hatten all ihr Gut mehr beisammen, und ihr Erbe war noch nicht so sehr verteilt.

Auch schon damals lebten sie nur in Zeltstädten, außer jenem Stammvater gegen Morgen des Kaspischen Meeres, dessen Stadt ich jetzt sehe; sie hat Grundlagen von Stein, und die Zeltdächer sind oben darauf gerüstet, denn sie liegt am Meere, welches oft austritt. — Es ist hier auf dem Gebirge so hoch, ich sehe ein

Meer zu meiner Rechten und eines zur Linken, man sieht hinein wie in ein schwarzes Loch.

Diese Stammhäupter waren damals schon Sterndiener; aber es war da auch noch ein gar böser Gottesdienst im Brauch, sie opferten alte Männer und krüppelhafte Menschen und schlachteten auch Kinder. Das grausamste war, daß sie Kinder in weißen Kleidchen in Kessel gestellt und lebendig gesotten haben. Aber dies ward zuletzt doch alles gebessert, und Gott hat dennoch diesen blinden Heiden die Geburt des Erlösers so lange vorausgesagt.

Es lebten damals drei Töchter dieser Stammkönige zugleich, die waren in der Sternkunde erfahren und empfingen alle drei zugleich einen prophetischen Geist und sahen zu gleicher Zeit im Gesichte, es werde ein Stern aus Jakob aufgehen, und eine Jungfrau werde ohne Mann den Heiland gebären. — Sie hatten lange Mäntel an und zogen im ganzen Lande umher und predigten Besserung des Lebens und verkündeten, die Boten des Erlösers würden einst bis zu ihnen kommen und auch zu ihnen den rechten Gottesdienst bringen. Sie sagten noch vieles voraus, selbst Dinge bis auf unsere und noch fernere Zeiten.

Hierauf bauten die Väter dieser drei Jungfrauen der künftigen Gottesmutter einen Tempel gegen Mittag des Meeres, wo sich ihre drei Länder berührten, und opferten ihr teils auf jene grausame Weise, wie ich vorher gesagt habe. — Die Weissagung der drei Jungfrauen enthielt aber etwas Bestimmtes von einem Sternbild und verschiedenen Veränderungen in demselben, und so begannen sie von damals an die Beobachtung dieses Sternbildes auf einem Hügel bei jenem Tempel der künftigen Mutter Gottes und bemerkten alles und machten nach ihren Beobachtungen fortgesetzt verschiedene Veränderungen an und in ihren Tempeln, in Dienst und Zierde. — Das Zeltdach des Tempels wechselten sie bald mit blauer, bald mit roter, bald mit gelber oder anderer Farbe. — Ihren wöchentlichen Feiertag, was mir merkwürdig war, verlegten sie nun auf den Sabbat. Früher war es der Donnerstag, ich weiß auch noch seinen Namen —; hier stammelte sie etwas, was wie Tanna oder Tanada klang, aber nicht deutlich zu vernehmen war [1].

Bruchstückliche Zeitbestimmung der Geburt Christi

Die Erzählende hat vieles zur näheren Zeitbestimmung der Geburt Christi in der Weihnacht selbst gesehen, aber Krankheit und Störung durch Besuch am folgenden Tage, ihrem Namensfest, Katharina, hatten ihr manches vergessen machen. Kurz nachher sprach sie jedoch abends im ekstatischen Zustande folgende Trümmer jener Anschauungen wiederholt aus, wobei zu bemerken, daß sie alle Zeitbestimmung immer in römischen

---

[1] Hier trat eine so eigentümliche plötzliche Unterbrechung ihrer Rede ein, daß wir dieselbe als charakteristisch für ihren Zustand hier mitteilen. — Es war am 27. November 1821 abends, etwa um 6 Uhr, als sie obige Worte im Schlummer sprach. Man bedenke, daß sie seit vielen Jahren an den Füßen gelähmt, nicht gehen und sich kaum mühselig in sitzender Stellung aufrichten konnte und daher wie immer auf ihrem Lager ausgestreckt ruhte. Die Türe ihrer Kammer stand nach ihrer Vorstube hin offen, in welcher gerade ihr Beichtvater bei der Lampe das Brevier betend saß. Sie hatte das Obige mit solcher Wahrheit des Ausdrucks gesprochen, daß es unmöglich war zu denken, sie sehe es nicht vor ihren Augen vor sich gehen. — Kaum hatte sie aber das Wort Tannada herausgestammelt, als die Todschwache, Lahme, Schlummernde plötzlich mit Blitzesschnelle von ihrem Lager aufsprang, in die Vorstube hineilte, mit Händen und Füßen wie streitend und abwehrend sich heftig gegen das Fenster hinbewegte, worauf sie zu ihrem Beichtvater gewendet sprach: „Das war ein Kerl, ein großer, aber ich habe ihn mit meinem Fußtritt weggestoßen." — Nach diesen Worten sank sie ohnmächtig nieder und ruhte gerade ausgestreckt in höchst ernster und anständiger Lage quer vor dem Fenster am Boden der Stube. — Der betende Priester, wenngleich wie der Schreiber dieses durch den höchst überraschenden Auftritt erschüttert, hatte, ohne weiter ein Wort zu verlieren, kaum die Worte zu ihr gesprochen: „Bei Gehorsam, Jungfer Emmerich, kehr sie zu ihrem Lager zurück", als sie sich sogleich aufrichtete, zu ihrer Kammer zurückkehrte und sich wieder auf ihr Lager hinstreckte. Hierauf vom Schreiber dieses gefragt: „Was war denn das für ein seltsamer Handel?" erzählte sie wachend und bei vollkommenem Bewußtsein und wenngleich ermüdet, doch mit dem fröhlichen Mut einer Person, die einen Sieg davongetragen hat, folgendes: „Ja, das war wohl kurios, als ich da so weit, weit weg im Lande der drei Könige auf dem hohen Ge-

Christi Geburt — Die Volkszählung

Zahlen mit Buchstaben geschrieben sieht und diese oft schwer liest, meist aber dadurch erklärt, daß sie die Folge der Buchstaben mehrmals hintereinander hersagt oder mit den Fingern hinzeichnet. Heute sprach sie die Zahlen aber auch aus. Sie sagte:

„Da kannst du es lesen, sieh nur, da steht es: Christus ist geboren, als das Jahr der Welt 3997 noch nicht ganz voll war. Die nicht ganz vollen vier Jahre von seiner Geburt bis zum Schlusse des Jahres 4000 hat man nachher ganz vergessen und dann vier Jahre später unsere neue Jahreszahl angefangen. — Christus ist also nicht ganz volle acht Jahre früher als unsere Zeitrechnung geboren.

Der eine Konsul in Rom hieß damals Lentulus, er war ein Vorfahre des Märtyrers und Priesters Moses, dessen Reliquie

---

birge zwischen den zwei Meeren stand und in ihre Zeltstädte hinabschaute, wie man aus dem Fenster in den Hühnerhof schaut, fühlte ich mich plötzlich durch meinen Schutzengel nach Haus gerufen, ich wandte mich um und sah hier in Dülmen vor unserem Häuschen eine mir bekannte arme alte Frau aus einem Kramladen kommend vorübergehen. Sie war ganz verkehrt und bösartig und fluchte und murrte ganz abscheulich vor sich hin, da sah ich, daß ihr Schutzengel von ihr wich und eine große finstere Teufelsgestalt sich ihr im Dunkeln quer in den Weg legte, damit sie über ihn hinstürzend den Hals breche und so in Sünden sterbe. — Da ich dies sah, ließ ich drei Könige drei Könige sein, betete heftig zu Gott um Hilfe für die arme Frau und war wieder hier in meiner Kammer. Da sah ich aber, wie der Teufel, entsetzlich ergrimmt, gegen das Fenster stürmte und in die Stube hereinbrechen wollte; ich sah, daß er ein ganzes Bündel von Schlingen und verwickelten Stricken in den Klauen hatte. Denn er wollte aus allen miteinander einen großen verwickelten Unfrieden und Verdruß aus Rache hier anzetteln, da eilte ich hin und gab ihm mit dem Fuß einen Tritt, daß er zurücktaumelte. Er wird daran denken, und ich legte mich dann quer in den Weg vor das Fenster, daß er nicht herein konnte."

Es ist freilich seltsam genug, während sie vom Kaukasus herabschauend Dinge sieht und erzählt, die 500 Jahre vor Christi Geburt geschahen, als gingen sie vor ihren Augen vor, sieht sie zugleich die Gefahr eines armen alten Mütterchens in ihrer Heimat dicht vor ihrer Wohnung und eilt ihr tätig zu Hilfe. — Es war ein erschütternder Anblick, sie stürzte wie ein schwebendes Gerippe herein und wehrte sich lebhaft, und wachend vermag sie sich, seit dem letzten 8. September erst, kaum ein paar Schritte an den Krücken fortzubewegen, ohne ohnmächtig zu werden.

hier bei mir ist, und der zur Zeit des heiligen Cyprians lebte; von ihm stammte auch jener Lentulus in Rom, der dort ein Freund des heiligen Petrus war.

Christus ist im 45. Jahre des Kaisers Augustus geboren. — Herodes hat überhaupt bis zu seinem Tode 40 Jahre regiert. Sieben Jahre war er zwar noch abhängig, aber quälte das Land schon sehr und übte viele Grausamkeiten aus. Er ist ungefähr im sechsten Lebensjahre Christi gestorben. Ich meine, sein Tod ist eine Zeitlang verheimlicht worden [1]. — Er ist gräßlich gestorben und hat in seiner letzten Zeit noch mancherlei Mord und Elend veranlaßt. Ich sah ihn in einer großen, mit Kissen ausgepolsterten Stube herumkriechen. Er hatte einen Spieß bei sich und wollte nach den Menschen, die ihm nahten, stechen. Jesus wird ungefähr in seinem 34. Regierungsjahre geboren sein.

Zwei Jahre vor dem Eintritt Mariä in den Tempel, gerade 17 Jahre vor Christi Geburt, hat Herodes am Tempel bauen lassen. Es war kein neuer Tempelbau, es wurde nur hie und da einiges verändert und verschönert. — Die Flucht war, als Christus dreiviertel Jahre alt war, und der Mord der unschuldigen Kinder in seinem zweiten Jahre.

Sie erwähnte außerdem noch vielerlei Verhältnisse, Züge und Reisen aus dem Leben des Herodes, welche bewiesen, wie deutlich sie alles gesehen, aber es war unmöglich, die Masse des Mitgeteilten, wovon sie teils Trümmer erzählte, aufzufassen und zu ordnen.

Die Geburt Christi geschah in einem Jahre, in welchem die Juden 13 Monate zählten. Es war dieses wohl so eine Einrichtung wie mit unseren Schaltjahren. Ich meine auch etwas vergessen zu haben, wie die Juden zweimal im Jahre Monate von 21 und 22 Tagen hatten, ich hörte etwas von Festtagen dabei, entsinne mich aber des Ganzen nur noch dunkel. Ich sah auch, wie verschiedene Male einiges an ihrem Kalender geändert

---

[1] Oder war dies der Tod des folgenden Herodes, von dem sie ähnliches äußerte, und den sie manchmal mit diesem zu verwechseln scheint.

worden ist. Es war nach dem Ausgange einer Gefangenschaft, als man auch am Tempel baute. Ich habe den Mann, der den Kalender änderte, gesehen und seinen Namen gewußt. — Hier besann sie sich und sagte dann mit scherzhafter Ungeduld in ihrer plattdeutschen Mundart: „Ick waet nit meh, wu de Keerl het." — (Ich weiß nicht mehr, wie der Kerl heißt.)

Ich glaube, Christus ist im Monat Casleu geboren, daß es aber gerade einen Monat früher geschah, als es in der Kirche gefeiert wird, das kommt, weil einmal bei einer Kalenderveränderung einige Zeiten und Tage ganz ausgelassen worden sind. Ich habe das sehr gut gesehen, kann es aber nicht mehr ordentlich wiederbringen.

Anbetung der Hirten. — Die drei Vorsteher der Hirten vom Hügel der Hirten beten das neugeborene Kind Jesu an und bringen ihm ihre Geschenke dar

Sonntag, den 25. November morgens.

In der Morgendämmerung nach der Geburt Christi kamen die drei Vorsteher der Hirten von dem Hügel mit ihren Geschenken, welche sie vorher zusammengeholt hatten, zu der Krippenhöhle. Ihre Geschenke bestanden in kleinen Tieren, die eine Ähnlichkeit mit Rehböcken hatten. Wenn es Ziegenböckchen waren, so sehen sie dort verschieden von denen hierzulande aus. Sie hatten lange Hälse, sehr klare, schöne Augen und waren sehr fein und schnell. Die Hirten führten sie, an langen, feinen Fäden gebunden, neben und hinter sich. — Die Hirten hatten außerdem Bündel von geschlachteten Vögeln über den Schultern hängen und trugen größere lebendige Vögel unter dem Arm.

Als sie schüchtern an der Tür der Krippenhöhle gepocht, trat ihnen der heilige Joseph freundlich entgegen. Sie sagten ihm, was ihnen die Engel in der Nacht verkündiget und wie sie kämen, das Kind der Verheißung zu verehren und mit ihren armen Gaben zu beschenken. — Joseph nahm ihre Geschenke mit demütigem Dank an und ließ sie die Tiere in den Kellerraum bringen, dessen Eingang [1] neben der südlichen Türe der Krippenhöhle ist, wohin er sie begleitete.

Hierauf führte er die drei Hirten zu der heiligen Jungfrau, die neben der Krippe an der Erde auf der Decke saß und das Jesuskind vor sich auf dem Schoß hielt. — Die Hirten warfen sich, ihre Stäbe im Arm haltend, demütig vor Jesus auf die Knie, sie weinten vor Freude und blieben lange in großer Süßigkeit ohne Worte, dann sangen sie den Lobgesang der Engel dieser Nacht und einen Psalm, den ich vergessen habe. — Als sie nun Abschied nehmen wollten, gab ihnen die heilige Jungfrau noch das kleine Jesulein nach der Reihe auf ihre Arme, und sie gaben es ihr unter Tränen zurück und verließen die Höhle.

Persönliche Mildtätigkeit der Ekstatischen. — Sie singt die fünfte Stimme eines Liedes der Hirten. — Gaben und Gesang dieser Hirten

Sonntag, den 25. November abends.

Die Erzählerin war heute den ganzen Tag in großen Körper- und Gemütsleiden gewesen und fand sich, am Abend kaum entschlafen, sogleich in das gelobte Land entrückt. — Da sie nun in diesem Jahre auch das erste Lehrjahr Christi, und zwar jetzt sein 40tägiges Fasten betrachtete, sprach sie mit kindlicher Verwunderung: „Wie rührend ist das! Da sehe ich auf der einen Seite Jesum als dreißigjährigen Mann in der Höhle der Wüste fastend und versucht, und auf der anderen Seite sehe ich ihn als ein neugeborenes Kind in der Krippenhöhle, durch die Hirten vom Turm der Hirten angebetet."

Nach diesen Worten erhob sich die Ekstatische mit überraschender Schnelligkeit von ihrem Lager, eilte an die offene Tür ihrer Kammer und rief in die Vorstube dort sich befindlichen Freunden freudetrunken zu: „Kommt geschwind, ge-

---

[1] Siehe den Grundriß der Höhle Nr. 11.

schwind, das Kindlein anzubeten, es ist bei mir." — Sie kehrte ebenso schnell zu ihrem Lager und begann, schimmernd von Andacht und Begeisterung, das Magnifikat, Gloria und einige unbekannte einfache, tiefsinnige, teils gereimte Lobgesänge mit heller, unaussprechlich rührender Stimme zu singen. Von einem Gesange aber sang sie die Quinte. — Sie war ungemein rührend und freudig bewegt und erzählte am folgenden Morgen:

„Gestern abend sind mehrere Hirten und Hirtinnen und auch Kinder vom Turme der Hirten, der an vier Stunden von der Krippe entfernt ist, mit Geschenken zur Krippe gekommen. Sie brachten Vögel, Eier, Honig, auch Gespinst von verschiedenen Farben und Bündchen, welche wie rohe Seide aussahen und Büsche von einer binsenartigen Staude mit großen Blättern. Diese Pflanze trug Ähren voll dicker Körner.

Nachdem sie dem heiligen Joseph ihre Geschenke überreicht hatten, nahten sie sich demütig der Krippe, bei welcher die heilige Jungfrau saß. Sie begrüßten sie und das Kind und sangen dann umherkniend sehr liebliche Psalmen, das Gloria und einige kurze Verse. Ich sang mit ihnen, sie sangen mehrstimmig. Von einem Lied sang ich die Quinte. Ich erinnere mich noch ungefähr der Worte: „Oh, Kindlein, wie bist du so rosenrot, gleich einem Herold trittst du hervor." — Da sie Abschied nahmen, beugten sie sich über die Krippe, als küßten sie das Jesuskindlein.

Die drei Hirten helfen dem heiligen Joseph.
Essenerinnen leisten der heiligen Jungfrau Dienste

Montag, den 26. November.

Ich sah heute, wie die drei Hirten abwechselnd dem heiligen Joseph zur Hand gingen, mancherlei in der Krippenhöhle und umher und in den Seitengewölben bequemer einzurichten.

Auch sah ich mehrere fromme Frauen bei der heiligen Jungfrau, welche ihr Dienste erwiesen. Sie waren Essenerinnen und wohnten nicht weit von der Krippenhöhle, wenn man östlich des Hügels herumging, in dem Talbusen, etwas hoch in kleinen Felsenkammern, nebeneinander, an einer ausgebrochenen Stelle des Berges. Sie hatten kleine Gärtchen bei ihrer Wohnung und unterrichteten Kinder ihrer Sekte. — Der heilige Joseph hatte sie gerufen, er kannte diese Genossenschaft schon von Jugend auf, denn wenn er als Jüngling sich vor seinen Brüdern in der Krippenhöhle verbarg, hatte er auch manchmal diese frommen Frauen an der Felsenwand besucht. — Sie kamen nun abwechselnd zu der heiligen Jungfrau, trugen kleine Bedürfnisse und Holzbündelchen zu und kochten und wuschen für die heilige Familie.

Der Esel bewegt sich vor dem Jesuskind.
Die Magd Annas von Nazareth kommt zu Maria

Dienstag, den 27. November.
Ich sah heute ein sehr rührendes Bild in der Krippenhöhle. Joseph und Maria standen bei der Krippe und schauten das Jesuskind mit großer Innigkeit an; da warf sich der Esel plötzlich auf die Knie und drückte den Kopf ganz dicht an den Boden nieder. Maria und Joseph weinten.

Am Abend kam Botschaft von der heiligen Mutter Anna. Ein bejahrter Mann und die Magd Annas, eine ihr verwandte Witwe, kamen von Nazareth. Sie brachten allerlei kleine Bedürfnisse für Maria mit. Sie waren ungemein gerührt, das Kindlein zu sehen der alte Knecht weinte Freudentränen. Er machte sich bald wieder auf den Weg, der heiligen Anna Nachricht zu bringen. Die Magd blieb bei der heiligen Jungfrau.

*Die heilige Jungfrau verbirgt sich vor Kundschaftern
des Herodes. Jetziger Zustand von Bethlehem.
Eine Gewalttat Herodes'*

Mittwoch, den 28. November.
Heute sah ich die heilige Jungfrau mit dem Jesuskind und der Magd auf einige Stunden die Krippenhöhle verlassen [1]. Ich sah, daß sie aus der Türe heraustretend sich rechts unter dem vorgebauten Schilfdach hinwendete und nach einigen Schritten in der Seitenhöhle verbarg, in welcher bei Christi Geburt die Quelle entsprungen war, die Joseph gefaßt hatte. Sie verweilte an vier Stunden in dieser Höhle, in welcher sie später ein paar Tage gewohnt. — Joseph hatte ihr dort schon bei Tagesanbruch einige Bequemlichkeit eingerichtet.

Sie gingen auf eine innere Mahnung dahin, denn es kamen heute einige Männer aus Bethlehem, ich glaube Kundschafter von Herodes, zur Krippenhöhle, weil durch das Gerede der Hirten das Gerücht erschollen war, es sei dort ein Wunder mit einem Kinde geschehen. — Ich sah, daß diese Männer einige Reden mit dem heiligen Joseph wechselten, welchen sie vor der Krippenhöhle mit den Hirten gehend antrafen, und daß sie ihn, da sie seine Armut und Einfalt bemerkten, mit vornehmem Hohnlächeln verließen. — Die heilige Jungfrau blieb mit dem Jesuskind ungefähr vier Stunden in der Seitenhöhle und kehrte dann zu der Krippe zurück.

Die Krippenhöhle liegt eigentlich sehr angenehm und ruhig. Es kommt niemand aus Bethlehem hierher, nur die Hirten haben hier ihren Verkehr. Man bekümmert sich überhaupt jetzt

---

[1] Hiermit stimmt überein ihre Erzählung vom 29./30. Dezember 1820. (Siehe 28. November 1821.) Krippe. Heute sah ich Maria mit dem Jesuskinde in einem anderen Gewölbe, das ich früher nicht bemerkt hatte, seine Tür war in dem Eingange links, nächst der Feuerstelle Josephs. Man stieg durch eine enge Öffnung beschwerlich etwas hinab. Es fiel Licht durch Löcher von oben hinein. Maria saß neben dem Kinde Jesus, das vor ihr auf einer Decke lag. Sie hatte sich dahin vor Besuch zurückgezogen. Ich sah heute viele Leute an der Krippe. Joseph sprach mit ihnen.

gar nicht in Bethlehem darum, was hier draußen geschieht, denn es ist dort wegen der vielen Fremden ein großes Gedränge und Getreibe. Es wird dort sehr vieles Vieh verkauft und geschlachtet, weil viele der Anwesenden ihre Steuer mit Vieh bezahlen; auch sind viele Heiden dort, die als Knechte dienen.

Heute am Abend sagte die Erzählerin plötzlich im Schlaf: „Herodes hat einen frommen Mann, der eine vornehme Stelle am Tempel hatte, ermorden lassen. Er ließ ihn ganz freundlich zu sich nach Jericho einladen und unterwegs ermorden. Er war den Anmaßungen des Herodes am Tempel entgegen. Herodes wird zwar deswegen verklagt, aber er bekommt noch mehr Gewalt am Tempel." — Sie behauptete abermals, Herodes habe zwei uneheliche Söhne von sich am Tempel zu hohen Stellen gebracht, sie seien Sadduzäer gewesen, und durch sie sei ihm alles verraten worden, was dort vorgehe.

Der Besitzer der letzten Herberge von Bethlehem besucht die heilige Familie. Das Gerücht von der Erscheinung der Engel bei den Hirten verbreitet sich

Donnerstag, den 29. November.

Heute früh sendete der freundliche Wirt aus der letzten Herberge, in der die heilige Familie vom 22. auf den 23. November übernachtet hatte, einen Knecht mit Geschenken zur Krippenhöhle und kam während des Tages selbst, das Kind zu verehren.

Durch die Erscheinung der Engel in der Geburtsstunde Jesu bei den Hirten ist die Rede von dem wunderbaren Kinde der Verheißung jetzt schon bei allen guten Leuten hier in den Tälern bekannt geworden, und diese Leute kommen nun heran, um das Kind zu verehren, das sie unbekannt bewirtet haben.

Viele gute Leute, zum Sabbat gehend, besuchen das Jesuskind, auch die Frau aus der Herberge vom 20. November. Ein Verwandter Josephs besucht die heilige Familie, Joseph verpfändet ihm die junge Eselin. Die heilige Familie feiert den Sabbat in der Krippenhöhle. Vorbereitungen zu dem Beschneidungsmahl. Manches von einer schilfartigen Pflanze

Freitag, den 20. November.
Heute kamen mehrere Hirten und andere guten Leute zur Krippenhöhle und verehrten das Jesuskind mit großer Rührung. Sie waren in ihren Feierkleidern und zogen nach Bethlehem zum Sabbat.

Unter diesen Leuten sah ich auch die gute Frau des groben Hirten, welche am 20. November der heiligen Familie Herberge gegeben hatte. Sie hätte zwar von ihrer Wohnung näher nach Jerusalem zum Sabbat gehen können, aber sie machte den Umweg nach Bethlehem, um das heilige Kind und seine lieben Eltern zu verehren. Die gute Frau fühlte sich gar glücklich, ihnen Liebe erwiesen zu haben.

Ich sah heute nach Mittag auch die Verwandten des heiligen Joseph, bei dessen Wohnort die heilige Familie am 22. November übernachtet hatte, zu der Krippenhöhle kommen und das Kind begrüßen. — Es war der Vater des Jonadab, welcher Jesu bei der Kreuzigung ein Tuch zur Verhüllung seiner Blöße gebracht hat. Er hat durch den Wirt seines Ortes von Josephs Durchreise und dem Wunder bei der Geburt des Kindes gehört und war, zum Sabbat nach Bethlehem gehend, hierher gekommen, ihn zu beschenken. — Er begrüßte Maria und verehrte das Jesuskind. — Joseph war ganz freundlich mit ihm, nahm aber nichts von ihm an, sondern verpfändete ihm nur die junge Eselin[1], die frei mitgelaufen war unter der Bedingung,

---

[1] Als ich über diese Verpfändung der jungen Eselin zur Bestreitung des Beschneidungsmahles und darüber nachdachte, daß Sonntag, den 2. September, da das Beschneidungsfest sein wird, das Evangelium des Palmsonntags vom Einzug Jesu auf dem Esel in Jerusalem gelesen würde, sah ich

sie gegen Rückgabe des Geldes wieder einlösen zu können. Joseph bedurfte das Geld zur Bestreitung der Geschenke und Mahlzeit bei dem Beschneidungsfeste.

Als Joseph dieses Geschäft vollendet hatte und alle Leute nach Bethlehem zur Synagoge gegangen waren, rüstete er die Sabbatlampe mit sieben Dochten in der Krippenhöhle, zündete sie an und stellte ein rot und weiß bedecktes Tischchen darunter, auf welchem die Gebetsrollen lagen. Hier unter der Lampe feierte er vorbetend mit der heiligen Jungfrau und der Magd den Sabbat. Zwei Hirten standen etwas mehr zurück im Eingang der Höhle. Auch die Essenerfrauen waren zugegen. Sie bereiteten nachher die Mahlzeit.

Heute vor Sabbat bereiteten die Essenerfrauen und die Magd schon mancherlei Speise vor. Ich habe gesehen, daß die gerupften und ausgeweideten Vögel an einem Spieße über der Glut gebraten wurden. Sie wälzten sie unter dem Braten ab-

---

folgendes Bild, weiß aber nicht mehr, wo ich es sah, auch kann ich mir die Bedeutung des Bildes nicht mehr erklären. — Ich sah unter einem Palmbaum zwei von Engeln gehaltene Tafeln stehen. Auf der einen sah ich allerlei Martyrgeräte und in der Mitte eine Säule abgebildet, auf welcher ein Mörser mit zwei Ohren stand, auf der anderen Tafel befanden sich Buchstaben, ich meine, es waren Zahlen, Jahr und Zeitrechnungen der Kirche. — Auf dem Palmbaume kniete wie daraus hervorgewachsen eine Jungfrau. Ihr Gewand schwebte um sie her, und über ihrem Kopfe war dieser fliegende Mantel ohne Schleier wie in einen Zipfel geknüpft. — Diese Jungfrau hielt unter ihre Brust in ihren Händen ein Gefäß von der Gestalt des Abendmahlkelches, aus welchem ich die Gestalt eines leuchtenden kleinen Kindes hervorgeschwebt sah. — Hierauf sah ich, wie die gewöhnliche Erscheinung Gott des Vaters in Wolken sich dem Palmenbaume näherte, von ihm einen schweren Zweig, der ein Kreuz bildete, brach und dem Kindchen auflegte. Sodann sah ich das Kind, wie an dieses Palmkreuz geheftet, und sah, daß die Jungfrau denselben Zweig mit dem daran gekreuzigten Kinde Gott dem Vater hinreichte und das leere Kelchgefäß, das mir auch wohl wie ihr leibliches Herz erschien, in der anderen Hand behielt. — Als ich die Worte der Tafel unter dem Palmbaum lesen wollte, wurde ich durch Besuch aufgeweckt. Ich weiß nicht, ob ich dies Bild in der Krippenhöhle oder wo sonst sah. — Bemerkung: Es wird erläuternd sein, die Figur zu betrachten, welche die Könige in der Geburtsstunde Jesu in den Sternen sahen, und die Erscheinungen wieder nachzulesen, welche bei der Präsentation des Kindes Marias im Tempel mitgeteilt sind.

wechselnd in einer Art Mehl, das aus Körnern gestoßen wurde, die in Ähren eines schilfartigen Gewächses wuchsen. Diese Pflanze wächst nur an feuchten, sumpfigen Stellen des Landes an der Sonnenseite wild. An manchen Stellen wird sie gepflanzt. Bei Bethlehem und Hebron wächst sie häufig wild, bei Nazareth sah ich sie nicht. Die Hirten vom Turme der Hirten hatten Joseph davon gebracht. Ich sah sie aus den Körnern auch einen dicken, weißglänzenden Schleim kochen, auch Kuchen aus dem Mehle backen. Unter der Feuerstelle bemerkte ich heiße, reine Löcher, worin sie die Kuchen und auch Vögel backen usw.

Von den vielen Eßwaren, welche die Hirten dem heiligen Joseph geschenkt, gebrauchten sie nur sehr weniges für sich. Das meiste diente zu Geschenken und zur Bewirtung anderer und besonders für die Armen. — Morgen abend, bei der Mahlzeit des Beschneidungsfestes, wird recht ausgeteilt werden.

Vorbereitung zum Beschneidungsfest Jesu. Joseph holt die Priester aus Bethlehem. Die Gerätschaften zu dieser heiligen Handlung. Einrichtungen in der Krippenhöhle. Mahlzeit am Schluß des Sabbats

Samstag, den 1. Dezember.
Ich sah heute nach Mittag noch mehrere Sabbatleute zur Krippenhöhle kommen, und am Abend nach dem Schlusse des Sabbats sah ich die Essenerfrauen und die Magd Marias eine Mahlzeit in einer Laubhütte vor dem Eingang der Höhle zurüsten. Joseph hatte dieses Laubgezelt mit den Hirten dort schon vor mehreren Tagen aufzurichten begonnen. Auch hatte er seine abgeschlagene Kammer im Eingang der Höhle hinweggeräumt, den Boden mit Decken belegt und alles nach seiner Armut festlich geschmückt. Dieses hatte er alles schon vor dem Eintritt des Sabbats so geordnet, denn morgen mit Tagesanbruch war der achte Tag nach der Geburt Christi, da das Kindlein nach dem Gebote Gottes beschnitten werden mußte.

Joseph war gegen Abend nach Bethlehem gegangen und mit

drei Priestern, einem bejahrten Manne und einer Frau zurückgekehrt, welche eine Art Wartfrau bei dieser heiligen Handlung zu sein schien. — Sie trug einen hierbei gebräuchlichen Stuhl und eine achteckige dicke Steinplatte, in welcher die notwendigen Bedürfnisse enthalten waren, mit sich. Diese Gegenstände wurden an die Stelle der Handlung im Eingang der Höhle, nicht weit von dem Krippengewölbe, zwischen dem weggeräumten Verschlag Josephs und der Feuerstelle auf die ausgebreiteten Matten niedergesetzt. — Der Stuhl war ein Kasten, der, auseinandergezogen, eine Art niederes Ruhebett mit einer Lehne an einer Seite bildete. Er wurde rot bedeckt. Man lag mehr darauf, als daß man auf unsere Weise darauf gesessen hätte. — Der achteckige Stein hatte wohl über zwei Fuß im Durchmesser. In seiner Mitte war eine achteckige, mit einer Metallplatte bedeckte Vertiefung, welche drei Büchsen und ein steinernes Messer in getrennten Räumen enthielt. — Dieser Stein ward zur Seite des Stuhles auf ein dreifüßiges Schemelchen gelegt, welches bis jetzt immer mit einer Decke bedeckt auf der Geburtsstelle unseres Herrn in der Krippenhöhle gestanden.

Nach diesen Anordnungen begrüßten die Priester die heilige Jungfrau und das Jesuskind. Sie sprachen freundlich mit ihr und nahmen auch das Kind mit Rührung auf ihre Arme. — Dann ward die Mahlzeit in der Laubhütte vor dem Eingang gehalten und eine Menge armer Leute, welche, wie das immer bei solcher Gelegenheit geschieht, den Priestern gefolgt waren, umgaben den Tisch und empfingen während der ganzen Mahlzeit Gaben von Joseph und den Priestern, so daß bald alles ausgeteilt war.

Ich sah die Sonne untergehen, ihre Scheibe schien größer als hierzulande, ich sah sie ganz tief stehen und durch die offene Türe in die Krippenhöhle hereinsehen.

251

Die Beschneidung Christi. Der Name Jesus.
Zudringliche Bettler an der Höhle

Sonntag, den 2. Dezember.
Sie erwähnt nicht, ob die Priester nach dem gestrigen Mahle nochmals zur Stadt gekehrt und erst gegen Morgen wiedergekommen sind, auch vergaß sie zu bestimmen, ob sie an der Krippenhöhle oder in der Nähe geruht, sondern sie sagte nur:
Es waren Lampen in der Höhle angezündet, und ich sah sie in der Nacht noch viel beten und singen. Die Beschneidung geschah mit Tagesanbruch, acht Tage nach der Geburt des Herrn. — Die heilige Jungfrau war betrübt und bang. Sie hatte die Tüchlein, das Blut zu empfangen und das Kind zu verbinden, selbst bereitet und in einer Falte ihres Mantels vor der Brust bewahrt. — Der achteckige Stein wurde von den Priestern unter Gebeten und Zeremonien rot und weiß darüber bedeckt, und als nun der eine Priester in dem Stuhle mehr lehnte als saß, reichte die heilige Jungfrau, welche verschleiert im Hintergrund der Höhle das Jesuskind auf den Armen hatte, dieses der Magd nebst den Verbandtüchlein. Von der Magd empfing es der heilige Joseph und übergab es der Wartfrau, die mit den Priestern gekommen war. Diese legte das mit einem Schleier bedeckte Jesulein auf die Decke des achteckigen Steines.
Es ward noch gebetet, dann wickelte die Frau das Kind auf und gab es dem sitzenden Priester in den Schoß. Der heilige Joseph beugte sich über die Schultern des Priesters nieder und hielt den Oberleib des Kindes. Zwei Priester knieten links und rechts, jeder ein Füßchen des Kindes haltend, der, welcher die heilige Handlung verrichtete, kniete vor dem Kinde. Die Platte war von dem achteckigen Stein losgedeckt, die drei Büchsen mit Wundwassern und Salbe standen zur Hand. Der Stiel und die Klinge des Messers waren von Stein. Der braune glatte Stiel hatte eine Falze, in welche die Klinge sich einlegen ließ; diese von der gelblichen Farbe roher Seide schien mir nicht scharf. — Der Schnitt geschah mit der hakenförmigen Spitze des Mes-

sers, welches geöffnet wohl eine starke Spanne lang war. Der Priester verwundete das Kind auch noch mit dem scharfen Nagel seines Fingers, saugte die Wunde aus und betupfte sie mit Wundwassern und irgendeinem Linderungsmittel aus den Büchsen. — Das Abgetrennte legte er zwischen zwei rötlichbraun glänzende runde Plättchen, die in der Mitte etwas ausgehöhlt waren. Es war wie eine ganz flache Büchse von einem kostbaren Stoff und wurde der heiligen Jungfrau übergeben.

Die Wartefrau empfing nun das Kind, verband es und wickelte es wieder in seine Hüllen. Es war rot und weiß darüber bis unter die Ärmchen gewickelt gewesen, jetzt wurden ihm auch die Ärmchen eingebunden, und der Schleier, der über sein Köpfchen gedeckt war, wurde als eine Hülle um dasselbe gewickelt. So wurde es wieder auf den bedeckten achteckigen Stein gelegt und noch über es gebetet.

Ob ich gleich weiß, daß der Engel zu Joseph gesagt hatte, das Kind solle Jesus heißen, so habe ich doch die Erinnerung, daß der Priester diesen Namen nicht gleich billigte und deswegen betete. — Da sah ich einen leuchtenden Engel vor dem Priester erscheinen und ihm den Namen Jesus auf einer Tafel, gleich jener über dem Kreuze, vorhalten. — Ich weiß nicht, ob er oder ein anderer Priester diesen Engel, so wie ich sah, aber ich sah, daß er in großer Erschütterung diesen Namen aus göttlicher Eingebung auf ein Pergament schrieb.

Das Jesuskind weinte laut nach der heiligen Handlung, und ich sah nun, daß es der heilige Joseph zurückerhielt und der heiligen Jungfrau, die im Hintergrund der Krippenhöhle mit zwei Frauen gestanden, in die Arme legte. Sie nahm es unter Tränen, zog sich in den Winkel der Krippe zurück, setzte sich verschleiert nieder und beruhigte das weinende Jesuskind, indem sie ihm die Brust gab. — Auch die mit Blut befleckten Tüchlein reichte ihr Joseph, die Wartefrau bewahrte die blutigen Fasern. Es ward noch gebetet und gesungen, die Lampe brannte noch, es brach nun der Tag an.

Nach einer Weile trat die heilige Jungfrau selbst mit dem

Kinde hervor und legte es auf den achteckigen Stein nieder, und die Priester reichten ihr über dem Kinde gekreuzt die Hände, worauf sie sich mit demselben zurückzog.

Ehe die Priester sich mit dem Geräte fortbegaben, nahmen sie noch mit Joseph und ein paar Hirten, die im Eingang der Höhle gestanden, einen Imbiß in der Laube ein. Ich habe auch erkannt, daß alle, welche bei der heiligen Handlung gewesen, gute Leute waren, und daß die Priester später erleuchtet zum Heile gekommen sind. Es wurde noch während dem ganzen Morgen an Arme, die zur Türe kamen, reichlich ausgeteilt. — Der Esel ist während dieser Feierlichkeit weiter zurückgebunden gestanden.

Es zog heute noch viel schmutziges braunes Bettelgesindel mit Bündeln, vom Tale der Hirten herkommend, an der Krippenhöhle vorbei. Sie schienen nach Jerusalem auf ein Fest zu wollen. Sie begehrten so ungestüm und fluchten und schimpften so greulich an der Krippe, weil ihnen die Gabe Josephs nicht genügte. Ich weiß nicht, was es mit diesen Leuten war, sie waren mir sehr zuwider.

Heute, während des Tages, kam die Verbinderin nochmals zu der heiligen Jungfrau und verband das Jesuskind. In der folgenden Nacht sah ich das Kindlein oft unruhig vor Schmerz, es weinte viel. Maria und Joseph nahmen es abwechselnd auf die Arme und trugen es tröstend umher.

Elisabeth kommt zur Krippe. Wiegengestell des Jesuskindes

Montag, den 3. Dezember.

Heute abend sah ich Elisabeth auf einem Esel, den ein alter Knecht führte, von Juta, an der Krippenhöhle, ankommen. Joseph empfing sie sehr freundlich, und ihre und Marias Freude, als sie sich umarmten, war ungemein groß. Sie drückte das Jesuskind unter Tränen an ihr Herz. Ihr Lager wurde ihr neben Jesu Geburtsstelle zugerüstet.

Vor dieser Stelle stand jetzt manchmal ein höheres Gestell,

wie eine Art Sägebock, auf dem ein Kästchen ruhte, in welches sie das Jesuskind öfters legten und liebkosend und betend umherstanden. Es muß das bei Kindern so üblich gewesen sein, denn ich habe auch schon bei Mutter Anna das Kind Maria auf einem ähnlichen Gestelle ruhen sehen. Elisabeth und Maria unterhielten sich in süßer Vertraulichkeit.

Vertraulichkeit zwischen der heiligen Jungfrau und Elisabeth. Die heilige Jungfrau teilt ihr ihre Schmerzen und Freuden mit. Maria verbirgt sich wieder vor dem Besuch

Dienstag, den 4. Dezember.
Gestern abend schon und heute unter Tags sah ich Maria und Elisabeth in süßem Gespräche beisammensitzen, und ich fühlte mich auch bei ihnen und hörte allen ihren Reden mit inniger Freude zu. — Die heilige Jungfrau erzählte ihr alles, was ihr bis jetzt begegnet war, und da sie ihre Not um ein Unterkommen in Bethlehem mitteilte, weinte Elisabeth herzlich.

Sie erzählte ihr auch vieles, was sich auf die Geburt des Jesuskindes bezog, und ich erinnere mich noch einiges davon. Sie sagte, in der Stunde der Verkündigung sei sie 10 Minuten abwesenden Geistes in dem Gefühle gewesen, als verdopple sich ihr Herz und als sei sie mit unaussprechlichem Heile erfüllt. In der Stunde der Geburt sei sie voll von unendlicher Sehnsucht in dem Gefühle entzückt gewesen, als werde sie kniend von Engeln emporgetragen, da habe sie gefühlt, als trenne sich ihr Herz auseinander und dessen eine Hälfte scheide von ihr. Zehn Minuten sei sie so bewußtlos gewesen und dann mit dem Gefühle innerer Leerheit und einer großen Sehnsucht nach einem unendlichen Heile außer ihr, das sie sonst immer in sich selbst empfunden, habe sie einen Glanz vor sich erblickt und als wachse in demselben die Gestalt ihres Kindes vor ihren Augen. Nun habe sie seine Bewegung gesehen, sein Weinen gehört und habe es, sich besinnend, von der Decke auf an ihre Brust genommen, denn anfangs habe sie wie im Traum gezagt, das von Glanz umleuchtete Kindlein aufzufassen. — Auch sagte sie, daß sie sich nicht bewußt sei, das Kindlein von sich getrennt zu haben. Elisabeth sagte zu ihr: „Du hast begnadigter geboren als andere Frauen, die Geburt Johannes war auch süß, aber sie war anders als die deinige." — Das ist, was ich mich noch von ihrem Reden entsinne.

Ich sah heute noch mancherlei Leute, die heilige Jungfrau und das Christkind besuchen. Auch sah ich noch mehrmals solch unartiges Gesindel vorüberziehend an der Türe begehrend ansprechen, schimpfen und fluchen. Joseph reichte ihnen keine Gabe mehr.

Gegen abend verbarg sich Maria mit dem Jesuskinde und Elisabeth abermals in der Seitenhöhle neben der Krippe, und ich meine, sie blieben die ganze Nacht dort. Es geschah dieses, weil allerlei neugierige vornehme Leute sich aus Bethlehem zur Krippe drängten. Sie wollte sich nicht von ihnen sehen lassen.

Krippe

Ich sah heute die heilige Jungfrau mit dem Jesuskinde aus der Krippenhöhle heraus und in eine andere rechtsgelegene Höhle gehen. Der Eingang war sehr eng, und vierzehn abhängende Stufen führten erst in einen kleinen Vorkeller und dann in ein geräumigeres Gewölbe als die Krippenhöhle. Den zur Seite des Eingangs halbrunden Raum schnitt Joseph durch eine niederhängende Decke ab, so daß ein viereckiger Raum übrig blieb. Das Licht fiel nicht von oben, sondern durch Seitenöffnungen herein, welche tief durch den Felsen durchgingen. Ich habe schon in den letzten Tagen gesehen, daß ein alter Mann viele Reiser, Stroh oder Schilfbündel, wie sich deren Joseph zur Feuerung bediente, aus dieser Höhle ausräumte. Es war wohl ein Hirte, der diese Hilfe leistete. Diese Höhle war heller und geräumiger als die Krippe. Der Esel stand nicht hier. Ich sah das Jesuskind hier in einer ausgehöhlten Mulde an der Erde liegen. Ich habe in den letzten Tagen oft gesehen, wie Maria ihr mit einem Schleier bedecktes Kindlein, bis auf eine Binde um den Leib, ganz nackt einzelnen Besuchenden zeigte. Andere Male sah ich das Kindlein wieder ganz eingewickelt. Die Verbinderin sehe ich das Kindlein öfters besuchen, Maria teilte ihr reichlich von den Geschenken der Besuchenden mit, die sie wieder den Bedürftigen in Bethlehem austeilte.

Reise der heiligen drei Könige nach Bethlehem
(Mitgeteilt 1821)

Vorbemerkung. Schon in den Jahren 1819 und 1820 teilte die gottselige Schwester Emmerich eine Reihe von Anschauungen aus der Reise der heiligen drei Könige nach Bethlehem mit; weil sie jedoch damals nach der kirchenfestlichen Bestimmung der Tage betrachtete, so war der Zeitraum von dreizehn Tagen, vom Christfest bis zum Dreikönigsfeste, für die Länge der Reise zu kurz, und sie teilte nur eine Auswahl einzelner Stationen aus derselben mit. Da sie aber im Jahre 1821 den historischen Tag der Geburt Christi einen Monat früher, also am 25. November, bestimmte und an demselben die Abreise der Könige nach Judäa sah, so blieb der Zeitraum von etwa einem Monat für die Reise, denn sie sagte, die Länge der Reise bestimmend: „Ich sah immer die Könige gen Bethlehem kommen, wenn ich im Kloster das Krippchen aufrichtete", also gegen den 25. Dezember.

Auf diese Weise wird es viel wahrscheinlicher, daß Herodes nach der Abreise der Könige das Kind nicht mehr in Bethlehem fand, indem alsdann die Abreise der heiligen Familie bereits kann stattgefunden haben.

Die Könige sehen den Stern und reisen ab

Den 25. November.
Ich habe schon am Christtag erzählt, wie ich in der Weihnacht den Königen die Geburt Christi verkünden sah. — Ich sah Mensor und den braunen Sair im Lande des ersteren auf dem Felde nach den Sternen sehen. All ihr Geräte war zur Abreise gerüstet. Sie sahen auf einem pyramidenförmigen Turm durch lange Rohre nach dem Sterne Jakobs; es war ein Schweif an diesem Sterne. Der Stern tat sich für ihre Augen auseinander, und ich sah, wie ihnen eine große glänzende Jungfrau darin erschien, vor deren Mitte ein leuchtendes Kind schwebte, aus dessen rechter Seite ein Zweig hervorwuchs, auf dem gleich einer Blume ein Türmchen mit mehreren Eingängen erblühte, das sich endlich in eine Stadt ausbildete. Ich weiß das Bild nicht mehr ganz.

Gleich nach diesem Bilde reisten die beiden ab. Theokeno, der dritte, wohnte ein paar Tagreisen östlicher. Er sah dasselbe Sternbild in derselben Stunde und reiste auch gleich mit großer Eile ab, um seine beiden Freunde bald einzuholen, was auch geschah.

Die Betrachtende zieht den heiligen drei Königen entgegen.
Sie besucht Bethlehem. Weitere Reise gen Morgen. Gegend,
Wohnungen, baumwollspinnende Menschen, ihre Kleidung,
Götzenbilder. Gegend, wo Mensor und Sair auszogen.
Die zurückgelassenen Herden werden geordnet.
Theokeno, der dritte König, zieht ihnen nacheilend durch

Den 26. November.
Ich entschlummerte in einer großen Sehnsucht, bei der Mutter Gottes in der Krippenhöhle zu sein und das Jesuskindlein von ihr ein wenig auf meine Arme zu erhalten und es an mein Herz zu drücken. Ich kam auch dahin, es war Nacht. Joseph schlief, auf den rechten Arm gelehnt, hinter seinem Verschlag

rechts neben dem Eingang. Maria saß wachend an ihrer gewöhnlichen Stelle neben der Krippe und hatte unter ihrem Schleier das Jesulein an ihrer Brust. Wenn sie bei Tag wachend saß, so war ein Teil ihrer Ruhedecke zu einem Wulste hinter ihrem Rücken aufgerollt und diente ihr als eine Anlehne, jetzt war ihr Lager zu Häupten etwas niederer. — Ich lag auf meinen Knien und betete an mit großer Sehnsucht, das Kindlein ein wenig zu haben. Ach, sie wußte es wohl, sie weiß alles und nimmt alles so liebevoll rührend mitleidig an, wenn man recht glaubend betet, aber sie war so stille, so innig und ehrerbietig, mutterselig anbetend und gab mir das Kindlein nicht, ich glaube wohl, weil sie es säugte. Ich hätte es auch nicht getan.

Meine Sehnsucht aber wuchs fortwährend und strömte mit allen Seelen zusammen, die sich nach dem Kinde Jesus sehnten. Dieses heiße Verlangen nach dem Heile war aber nirgends so rein, unschuldig, kindlich und treu wie in dem Herzen der lieben heiligen Könige aus Morgenland, die Jahrhunderte hindurch in allen ihren Voreltern, glaubend, hoffend und liebend ihm entgegengeharrt hatten. So zog mich dann meine Sehnsucht zu ihnen hin, und als ich meine Anbetung vollendet, schlich ich leise ganz ehrerbietig, um nicht zu stören, aus der Krippenhöhle hinaus und wurde auf einer weiten Reise, dem Zuge der heiligen drei Könige, geführt.

Ich habe auf diesem Wege sehr vielerlei gesehen an Landesart, Wohnungen und mancherlei Volk, ihren Kleidungen, ihren Sitten und Gebräuchen, auch von mancherlei Götzendienst, den sie trieben, habe aber das meiste wieder vergessen. Was mir noch deutlich im Gedächtnisse geblieben ist, will ich so gut erzählen, wie ich vermag.

Ich ward morgenwärts nach einer Gegend geführt, in welcher ich noch nie gewesen. Es war hier meistens Sand und unfruchtbar. An einigen Hügeln wohnten Haufen von Menschen wie einzelne Familien von fünf bis acht Personen in Hütten von Reisern gebaut.

Das Reiserdach lehnte sich an den Hügel an, in welchem die

Wohnräume ausgehöhlt waren. Eingetreten, sah ich zu beiden Seiten der Türen Abteilungen des Raums bis in den Hintergrund, die vorderen und hinteren Gemächer waren größer, die mittleren kleiner. Es wuchs da in der Gegend schier nichts als niedrige Sträucher und hie und da ein kleiner Baum, der einige Knöpfe trug, aus welchen die Leute weiße Wolle herauszogen. Außerdem sah ich einige größere Bäume, unter welchen sie ihre Götzenbilder stehen hatten. Diese Menschen waren wohl noch sehr wild, denn sie schienen mir meistens Fleisch, und zwar rohe Vögel zu essen und teils auch vom Raube zu leben. Sie waren schier kupferfarbig und hatten fuchsgelbe Haare. Sie waren klein, untersetzt, beinahe fettlich, aber sehr geschickt, behend und tätig. Ich bemerkte keine Haustiere noch Herden bei ihnen.

Ich sah sie nicht ganz bekleidet. Die Männer hatten den Unterleib vorn und rückwärts unterhalb des Gürtels mit kurzen faltigen Schürzen und die Mitte der Brust bis zum Gürtel mit einem quergerippten schmalen Skapulier bedeckt, welches über die Schultern um den Hals schloß. Diese schmale Brustbedeckung schien mir elastisch, man konnte sie länger ziehen. Der ganze Rücken war, außer von diesem Halsriemen durchschnitten, bis zum Gürtel unbedeckt. — Auf dem Kopfe trugen sie Kappen mit einer Binde umbunden und vor der Stirne wie eine Rose oder Schleife darauf. — Die Weiber trugen kurze gefaltene Röcke bis auf die halbe Lende. Brust und Unterleib hatten sie wie mit dem Vorderteil einer Jacke bedeckt, deren Spitze mit dem Gürtel zusammenhing. Um den Hals schloß dies Kleidungsstück mit einem Band wie eine Stola breit, um die Schultern war es ausgezackt, vor der Brust aber glatt. Ihr Haupt war mit einer Mütze bedeckt, welche oben einen abgestumpften becherförmigen Knopf hatte, sich spitz in die Stirne zog und vor den Ohren an die Wangen schloß. Hinter den Ohren und am Hinterkopf hatte die Mütze getrennte fliegende Lappen, zwischen welchen die Haare in einem Wulst hervortraten. Die Brustbedeckung der Frauen war bunt, mit vielen gelben und grünen

Verzierungen gesteppt oder ausgenäht, vorn über der Mitte war sie wie mit Knöpfen geschmückt und auf den Schultern ausgezackt. Die Stickerei war roh wie auf alten Meßgewanden. Die Oberarme hatten sie mit Ringen umgeben.

Diese Leute machten eine Art Decken aus weißer Wolle, welche sie aus den Knöpfen eines kleinen Baumes nahmen. Zwei banden sich einen Wulst dieser Wolle um den Leib, und jeder spann vom Leibe des anderen aus zurückgehend einen etwa fingerdicken, sehr langen Strick. Diese Stricke flochten sie hierauf zu breiten Zeugbahnen zusammen. Wenn sie viel davon fertig hatten, so zogen sie truppenweise, große Rollen dieser Decken auf dem Kopfe tragend, nach einer Stadt, um sie zu verkaufen.

Hie und da in der Gegend sah ich auch unter großen Bäumen ihre Götzenbilder, welche gehörnte Ochsenköpfe mit weitem Maul, runde Löcher im Leib und auch tiefer unten eine weitere Öffnung hatten, worin Feuer gemacht wurde, um die in die kleineren Öffnungen gelegten Opfer zu verbrennen. Um jeden solchen Götzenbaum herum standen auf Steinsäulchen verschiedene andere kleine Tierbilder. Vögel, Drachen und eine Figur mit drei Hundsköpfen und einem zusammengewundenen Schlangenschweif.

Im Anfang meiner Reise hatte ich das Gefühl, als sei ein großes Wasser zu meiner Rechten, von welchem ich mich jedoch immer mehr entfernte. Nachdem ich die Gegend dieser Leute verlassen hatte, stieg mein Weg immer höher an, und ich mußte über einen Bergrücken von weißem Sand, worin allerlei zerbrochene schwarze Steinchen, wie zerbrochene Töpfchen und Schalen gestaltet, häufig umherlagen. Jenseits kam ich talwärts in eine Gegend, welche viele, beinahe reihenweise wachsende Bäume bedeckten. Es befanden sich Bäume mit geschuppten Stämmen und ungeheuer großen Blättern, auch pyramidenförmige mit sehr großen schönen Blumen; dieser letzte Baum hatte gelbgrüne Blätter und auch Zweige mit Knospen. Auch sah ich Bäume da mit ganz glatten herzförmigen Blättern.

Hierauf kam ich in eine Gegend, welche aus großen, unabsehbaren Triften zwischen Anhöhen bestand, alles wimmelte da von mannigfaltigen Herden. Um die Höhen wuchs Wein, und er ward gepflegt, denn er stand in Reihen auf Terrassen, von kleinen geflochtenen Zäunen geschützt. Die Besitzer dieser Herden wohnten unter flachgedeckten Zelten, deren Eingang eine leichte, geflochtene Türe schloß. Diese Zelte waren von dem weißen wollenen Zeug bereitet, welches die wilden Leute machten, bei denen ich vorübergereist war. Sie waren aber oben noch mit bräunlichen Placken schuppenartig belegt, welche am Rande zottig herabhingen. Diese Placken waren haarig, als bestünden sie aus Moos oder Tierfellen. Ein großes Zelt stand in der Mitte und im weiten Umkreise viele kleinere. — Die Herden gingen, nach jeder Tierart getrennt, auf den weiten Triften, die in der Ferne hie und da von ausgedehnten Gebüschen, wie von niedrigen Wäldern, unterbrochen waren. Ich unterschied da Herden von sehr verschiedener Art. Ich sah Schafe mit langen gedrillten Wollzöpfen und langen wolligen Schwänzen, dann sehr flüchtige Tiere mit Hörnern wie Böcke, sie waren so groß wie Kälber, andere von der Größe der hierzulande wildlaufenden Heidepferde. Auch sah ich Scharen von Kamelen und ähnlichen Tieren mit zwei Höckern. An einer Stelle sah ich in einer Umzäunung einige Elefanten, weiße und gefleckte, sie waren ganz zahm und bloß zum häuslichen Gebrauch.

Ich ward in dieser Anschauung dreimal von Betrachtungen nach anderen Seiten hin unterbrochen und kehrte immer wieder in einer anderen Tagzeit zu diesem Herdenwirtschaftsbilde zurück. Diese Herden und Triften schienen mir einem der abgereisten Könige, ich glaube, dem Mensor und seiner Familie, zu gehören. Sie wurden von Unterhirten geweidet, welche bis auf die Knie reichende Jacken, ungefähr von der Form unserer Bauernröcke, trugen, nur daß sie eng um den Leib schlossen. Ich glaube, es wurden jetzt nach der Abreise des Oberhauptes für längere Zeit alle die Herden von Aufsehern beschaut und gezählt, und die Unterhirten mußten Rechnung ablegen, denn ich sah von Zeit zu Zeit vornehmere Leute in langen Mänteln herankommen, die alles in Augenschein nahmen. Sie gingen in das große Mittelzelt, und dann wurden die Herden zwischen diesem und den kleinen Zelten durchgetrieben, gezählt und betrachtet; jene, welche Rechnung abnahmen, hatten Flächen, ich weiß nicht, von welchem Stoff in der Hand, worauf sie etwas schrieben. Ich dachte dabei noch: O möchten doch unsere Bischöfe ihre Herden unter den Unterhirten auch so fleißig untersuchen.

Als ich nach der letzten Unterbrechung abermals in die Weidegegend zurückkehrte, war es Nacht. Es ruhte eine tiefe Stille über der Gegend. Die meisten Hirten schliefen unter den kleinen Zelten, nur einzelne schlichen hin und wieder wachend um die schlummernden Herden hin, welche nach ihren Gattungen auf getrennten, verschiedenartig umzäunten großen Plätzen, mehr oder weniger zusammengedrängt, ruhend lagen. Mir aber war es vor allem ein tief rührender und frommer Anblick, über diesem großen Weidefeld voll friedlicher schlummernder Herden, welche den Menschen dienen, die unermeßliche tiefblaue Himmelsweide ausgespannt zu sehen, wimmelnd von unzähligen Gestirnen, hervorgetreten auf den Ruf ihres allmächtigen Schöpfers, dessen Hirtenstimme sie gleich treuen Herden gehorsamer folgen als die Schäflein der Erde ihren sterblichen Hirten. Und als ich die hie und da umwandelnden wachenden Hirten mehr noch zu den Sternherden des Himmels aufblicken sah als zu den Herden hin, die ihrer Hut vertraut waren, da konnte ich wohl betrachten: Mit Recht schauen sie staunend und dankend hinauf, wohin seit Jahrhunderten ihre Voreltern mit Sehnsucht und Gebet harrend geblickt haben. Denn gleich nach dem guten Hirten, der das verirrte Schäflein aufsuchet und nicht ruhet, bis er es wieder gefunden und heimgetragen, so tat auch jetzt der Vater im Himmel, der treue Hirt aller dieser unzähligen Sternherden im unermeßlichen Raum; als der Mensch, dem er die Erde unterworfen, gesündigt, und er sie ihm zur Strafe verflucht, suchte er den gefallenen Menschen und die Erde, seinen Aufenthalt, wie das verlorene Schäflein wieder, ja er sendete seinen eingeborenen Sohn hinab, Mensch zu werden, das verlorene Schäflein heimzuführen und als das Lamm Gottes die Sünden auf sich zu nehmen und der göttlichen Gerechtigkeit dafür sterbend genugzutun. — Und diese Ankunft des verheißenen Erlösers war jetzt eingetreten, ihre Könige, von einem Sterne geleitet, waren in der vorigen Nacht aufgebrochen, dem neugeborenen Erlöser zu huldigen; darum schauten die Herdenwächter wohl staunend und anbetend zu den himmlischen Triften hinauf, denn der Hirte der Hirten ist von dort niedergekommen und zuerst den Hirten verkündigt worden.

Indem ich so auf dem weiten Herdenfelde betrachtete, vernahm ich die Stille der Nacht durch nahenden eilenden Hufschlag, einer Schar auf Kamelen reitender Männer, unterbrochen. Der Zug eilte schnell den schlummernden Herden entlang, gegen das Hauptzelt des Hirtenlagers zu. Hie und da durch das Geräusch erweckt, erhoben sich die ruhenden Kamele aus dem Schlaf und wendeten die langen Hälse nach dem Zug hin; man hörte das Geblök erwachter Lämmer, einige der Ankömmlinge sprangen von ihren Lasttieren und weckten die schlafenden Hirten in den Zelten, und die näheren der Herdenwächter traten auch zu dem Zuge heran. Bald war alles lebendig um den angekommenen Zug versammelt, man sprach hin und wieder, sah und deutete nach den Sternen. Sie unterhielten sich von einem Gestirn oder einer Erscheinung am Himmel, die wohl schon vorüber war, denn ich selbst sah diese Erscheinung nicht.

Es war dieses aber der Zug des Theokeno, des dritten am fernsten wohnenden Königs, er hatte das gleiche Sternbild in seiner Heimat gesehen und war sogleich hierher aufgebrochen. Nun fragt er, wie weit Mensor und Sair schon voraus sein möchten, und ob man wohl den Stern noch sehen könne, dessen Leitung sie gefolgt seien. — Nachdem sie den nötigen Bescheid empfangen, setzte der Zug ohne irgendeine Verzögerung schnell seinen Weg fort. Es war hier die Gegend, wo sich die drei getrennt wohnenden Könige gewöhnlich zur Beobachtung der Sterne zu versammeln pflegten und war auch der pyramidalische Turm, worauf sie durch lange Rohre die Sterne beobachteten, in der Nähe. Theokeno wohnte am weitesten von den anderen, und zwar jenseits der Gegend, in der Abraham zuerst gelebt hatte, um welche Gegend sie alle herum wohnten.

Zwischenbilder während der vorigen Betrachtung.
Ein Blick auf Hagar und Ismael in der Wüste. Sie
bezeichnet ihn mit einem Zeichen

In den Unterbrechungen zwischen den Anschauungen der drei Tageszeiten, in welchen ich die Vorgänge auf dem obigen weiten Herdenfelde gesehen, wurde mir mancherlei von Gegenden, in denen Abraham gelebt, gezeigt, wovon ich das meiste vergessen habe. Einmal sah ich die Höhe, auf welcher Abraham den Isaak opfern wollte, weit seitwärts liegen. Ein anderes Mal ward mir das Ereignis von Hagar und Ismael in der Wüste, obschon dies weit von hier geschah, sehr deutlich gezeigt. Ich weiß den Zusammenhang nicht mehr. — Die erste Wohngegend Abrahams lag höher, und die Länder der drei Könige lagen tiefer darum herum. Ich will hier das Bild von Ismael und Hagar erzählen.

Hagar und Ismael in der Wüste

Seitwärts von Abrahams Berg, mehr nach dem Talgrund hin, sah ich Hagar mit ihrem Knaben im Gebüsch irren; sie war ganz wie verstandlos. Der Knabe war einige Jahre alt und hatte ein langes Röckchen an. Sie selbst war in einen langen Mantel gehüllt, der auch das Haupt bedeckte, unter diesem hatte sie einen kurzen Rock, ihr Oberleib war eng und fest bekleidet, und ihre Arme waren eng bewickelt. Sie legte den Knaben an einen Hügel unter einen Baum und machte ihm ein Zeichen an die Stirne, in die Mitte des rechten Oberarms, der Brust und des linken Oberarms. Das Zeichen an der Stirne sah ich nicht, als sie wegging, die anderen Zeichen aber, welche auf die Kleider gezeichnet waren, blieben wie mit rotbrauner Farbe geschrieben sichtbar. — Diese Bezeichnung bildet sich kreuzförmig, ohne jedoch ein gewöhnlich Kreuz zu sein. Sie glich einem Malteserkreuz, wenn man es vier Dreiecke mit den Spitzen um einen Ring kreuzförmig herumlegen würde. In die vier Dreiecke schrieb sie Zeichen oder Buchstaben wie Haken, deren Bedeutung ich nicht genau behalten konnte; in die Mitte in den Ring sah ich sie zwei oder drei Buchstaben schreiben. Sie zeichnete dieses sehr schnell mit roter Farbe, die sie in der Hand zu haben schien (wenn es nicht Blut war). Sie hatte den Daumen und den Zeigefinger bei dieser Handlung zusammengeschlossen. Hierauf wendete sie sich, blickte gegen Himmel und sah sich nicht mehr um nach ihrem Sohn. Sie ging etwa einen Büchsenschuß weit und setzte sich unter einen Baum, da hörte sie eine Stimme vom Himmel, stand auf und ging weiter, da hörte sie nochmals die Stimme, da sah sie unter dem Laub eine Quelle, füllte ihren ledernen Wasserbehälter und ging zu dem Sohne zurück, gab ihm zu trinken, führte ihn zu der Quelle, wo sie ihm ein anderes Gewand über das bezeichnete Kleid anlegte.

Das ist, was ich mich von dieser Anschauung erinnere. Ich meine, schon in früherer Zeit die Hagar in der Wüste zweimal gesehen zu haben. Einmal vor der Geburt ihres Sohnes und dann wie jetzt mit dem Jüngling Ismael.

*Theokeno holt den Zug Mensors und Sairs in einer wüsten
Stadt voll Säulen ein. Arme Einwohner folgen dem Zuge.
Später lehren die Jünger Saturnin und Jonadab hier das
Evangelium. Von der Wohngegend und der Länge der
Reise der Könige und von ihren Namen, und wie die zwei
noch lebenden nach Jesu Tod vom Apostel Thomas getauft
worden*

Nacht vom 27.—28. November.
Vorbemerkungen. Als die selige Schwester Emmerich im Jahre 1821 diese Betrachtungen vom Zuge der heiligen drei Könige mitteilte, hatte sie bereits den ganzen Lehrwandel Jesu auf Erden erzählt und unter anderem auch betrachtet, wie er nach der Erweckung des Lazarus, welche sie am 7. September des dritten Lehrjahres geschehen sah, sich über den Jordan zurückzog und während einer Abwesenheit von 16 Wochen die drei Könige besuchte, welche nach der Rückkehr von ihrem Zuge nach Bethlehem sich alle vereint, mit ihren Angehörigen näher bei dem gelobten Lande niedergelassen hatten. Nur Mensor und Theokeno lebten damals noch, den braunen König Sair fand Jesus im Grabe. — Es schien nötig, die Leser von diesen dreiunddreißig Jahre später geschehenen, aber früher erzählten Ereignissen zu unterrichten, damit einiges darauf Bezügliche in Folgendem ihnen verständlich sein möge.

In der Nacht vom 27.—28. November sah ich, als der Tag zu grauen begann, den nacheilenden Zug des Theokeno, die Züge Mensors und Sairs in einer verwüsteten Stadt einholen. — In dieser Stadt standen große Reihen von freistehenden hohen Säulen. An den Toren, welche viereckige zerfallene Türme waren und an manchen anderen Orten standen viele große, schöne Bildsäulen; diese waren nicht so steif wie jene in Ägypten, sondern hatten schöne lebendige Stellungen. Die Gegend war dort sandig und viele Steinberge. In den Ruinen dieser wüsten Stadt hatten sich Leute angesiedelt, welche ein wildes Raubgesindel schienen. Sie hatten nichts als ein Tierfell umhängen und führten Spieße. Sie waren von bräunlicher Farbe, kurz und stämmig, aber ungemein behend. Es ist mir, als sei ich schon einmal an dem Orte gewesen, vielleicht auf jenen Reisen, die ich zu dem Prophetenberg und an den Ganges zu machen träumte. Als die Züge nun alle drei hier beisammen waren, verließen sie bei Tagesanbruch diese Stadt in eiliger Fortsetzung ihres Wegs, und viele von dem armen Gesindel, das hier wohnt, schlossen sich dem Zuge wegen der Freigebigkeit der Könige an. Sie zogen noch eine halbe Tagreise weiter, wo sie einen Rasttag machen werden.

In diese verwüstete Stadt sind nach Christi Tod von dem Apostel Johannes die beiden Jünger Saturnin[1] und Jonadab, der Halbbruder Petri, gesendet worden, das Evangelium zu verkünden.

Gesichtsfarbe und Namen der heiligen drei Könige

Ich sah nun die heiligen drei Könige beisammen. Der letzte hier hinzugekommene war der entfernteste, Theokeno, von schöner gelblicher Gesichtsfarbe; ich erkannte ihn als jenen wieder, der krank in seinem Zelt lag, als zweiunddreißig Jahre später Jesus die Könige in ihrer Niederlassung, näher bei dem gelobten Lande, besuchte. — Jeder der drei Könige hat vier nahe Verwandte oder Freunde seiner Familie bei sich, so daß mit den Königen überhaupt fünfzehn vornehmere bei dem Zuge sind, welchem eine Menge von Kameltreibern und Knechten folgen. Unter mehreren Jünglingen des Gefolges, welche bis zum Gürtel schier ganz nackt sind und ungemein flink springen und laufen können, erkenne ich jenen Eleasar als Jüngling, der

---

[1] Sie sah den Zug der Könige durch diese Stadt am Fest des heiligen Saturninus, von dem sie eine Reliquie besitzt, darum bemerkte sie seinen Bezug auf diesen Ort. Später las der Schreiber in der Legende dieses Heiligen in Fleurs des vies des Saints, daß Saturnin in Asien bis gen Medien hin das Evangelium verkündigt habe.

später ein Martyrer geworden und von welchem ich eine Reliquie besitze. Am Nachmittage nochmals von ihrem Beichtvater um die Namen der heiligen drei Könige gefragt, antwortete sie: „Mensor, der bräunliche, empfing nach Christi Tod in der Taufe von dem heiligen Thomas den Namen Leander, Theokeno, der gelbliche, alte, welcher bei Jesu im Lager Mensors in Arabien krank war, wurde vom heiligen Thomas Leo getauft. Der Braune, der bei Jesu Besuch schon gestorben war, hieß Seir oder Sair." —

Ihr Beichtvater fragte sie: „Wie ist dann dieser getauft worden?" — Sie ließ sich aber nicht irremachen und sprach lächelnd: „Er war ja bereits tot und hatte die Taufe der Begierde." — Der Beichtvater sagte nun: „Ich habe aber diesen Namen mein Lebtag nicht gehört, wie kommen sie denn zu den Namen: Kaspar, Melchior, Balthasar?" —

Da erwiderte sie: „Ja, sie haben sie so genannt, weil sich das so zu ihrem Wesen reimt; denn diese Namen heißen: „1. Er geht mit Liebe. — 2. Er schweift drum her, er geht mit Schmeicheln, er geht so sanft nähernd dazu. — 3. Er greift mit seinem Willen schnell zu, er greift mit seinem Willen in Gottes Willen schnell zu."

Sie sagte dieses mit großer Freundlichkeit und drückte den Inhalt der drei Namen mit der Bewegung ihrer Hand vor sich auf der Bettdecke pantomimisch aus.

Inwiefern in jenen drei Worten dergleichen verstanden werden kann, bleibt der Forschung der Sprachkundigen auszumitteln.

Der Zug der heiligen drei Könige rastet an einem Brunnen.
Ordnung des Zuges. Füttern und Tränken der Lasttiere.
Speisebereitung. Gefäße. Von dem Stern, der sie führt.
Weite ihrer Reise. Von ihrer Heimat. Sie setzen ihren Weg fort

Den 28. November.

Eine halbe Tagreise nach der verwüsteten Stadt, worin die vielen Säulen und Steinfiguren standen, glaubte ich mit dem

Zuge der heiligen drei Könige erst recht zusammenzutreffen. Es war in einer etwas fruchtbaren Gegend. Man sah hie und da Hirtenwohnungen, von schwarzen und weißen Steinen gemauert, liegen. — Der Zug nahte in der Ebene einem Brunnen, in dessen Nähe sich mehrere geräumige, an der Seite offene Schoppen befanden. Drei standen in der Mitte und mehrere um diese her. Es schien dieses ein gewöhnlicher Ruheplatz für ähnliche Züge.

Ich sah den ganzen Zug in drei Scharen bestehen; bei jeder dieser Schar befanden sich fünf Vornehmere, unter denen einer das Haupt oder der König war, der wie ein Hausvater auch alles besorgte, befahl und verteilte. Jeder dieser drei Haufen bestand aus Menschen von einer verschiedenen Gesichtsfarbe. Der Stamm Mensor war von angenehm bräunlicher Farbe. Der Stamm Sairs war braun, jener Theokenos aber von schimmernder gelblicher Farbe. Von glänzendem Schwarz sah ich keine, außer einigen Sklaven, deren sie alle hatten.

Die Vornehmen saßen auf ihren hochbepackten Tieren zwischen Bündeln, welche mit Teppichen überdeckt waren. Sie hatten Stäbe in der Hand. Ihnen folgten andere Tiere, fast wie Pferde so groß, worauf Diener und Sklaven zwischen Gepäck ritten. — Angekommen, stiegen sie ab, packten die Tiere ganz ab und gaben ihnen an dem Brunnen zu trinken. Der Brunnen war mit einem kleinen Wall, worauf eine Mauer mit drei offenen Eingängen, umgeben. In diesem Raum war der Wasserbehälter, der etwas niedriger lag und einen Brunnenstock mit drei durch Zapfen geschlossenen Wasserröhren hatte. Der Behälter war mit einem Deckel geschlossen. Es war ein Mann aus der wüsten Stadt mitgegangen, welcher den Wasserbehälter gegen eine Abgabe aufschloß. Sie hatten lederne Gefäße, die man ganz platt zusammenlegen konnte, in vier Fächer geteilt, welche sie mit Wasser füllten und woraus immer vier Kamele zugleich tranken. Sie waren auch mit dem Wasser so vorsichtig, daß kein Tropfen verlorengehen durfte. Dann wurden die Tiere in eingezäunte unbedeckte Räume, die dem Brunnen zunächst lagen, eingestellt, und der Stand eines jeden war vom anderen durch eine Trennung geschieden. Sie hatten steinerne Tröge vor sich, in welche ihnen ein Futter geschüttet wurde, welches sie bei sich führten. Es bestand aus Körnern so groß wie Eicheln (vielleicht Bohnen). Unter dem Abgepackten befanden sich auch große viereckige Vogelkörbe, schmal und hoch, welche unter den breiteren Päcken an den Seiten der Tiere hingen; darin saßen einzeln und paarweise nach verschiedener Größe Vögel, ungefähr wie Tauben oder Hühner groß. Sie brauchten sie zur Nahrung unterwegs, sie saßen in getrennten Räumen. In ledernen Kisten hatten sie Brote von gleicher Größe wie einzelne Tafeln dicht nebeneinander gepackt, da brachen sie immer so viel heraus, wie sie brauchten. Sie hatten sehr kostbare Gefäße bei sich von gelbem Metall und auch mit Zieraten von Edelsteinen besetzt, fast ganz in der Gestalt unserer Kirchengefäße wie Kelche, Schiffchen und Schalen, aus denen sie tranken und auf welchen sie die Speise herumreichten. Die Ränder dieser Gefäße waren meist mit roten Edelsteinen besetzt.

Die Stämme waren etwas verschieden in ihrer Kleidung. Theokeno, der Gelbliche, und seine Familie, ebenso Mensor, der Bräunliche, trugen eine hohe buntgestickte Kappe mit einer weißen Binde dick umwunden auf dem Kopf. Ihre Jacken gingen bis über die Waden, sehr einfach, mit wenigen Knöpfen und Verzierungen auf der Brust. Sie waren in leichte, weite und sehr lange Mäntel gehüllt, welche hinten nachschleppten. — Sair, der Braune, und seine Familie trugen Mützen mit kleinem weißen Wulst und runder, buntgestickter Kappe, worauf noch ein andersfarbiger Batzen. Sie hatten kürzere Mäntel, jedoch hinten etwas länger als vorn und Jacken darunter, bis auf die Knie ganz zugeknöpft, auf der Brust mit Schnüren, Flittern und vielen blinkenden Knöpfen, Knopf an Knopf verziert. Auf der einen Seite der Brust hatten sie ein blinkendes Schildchen gleich einem Stern. Alle hatten sie nackte Füße mit Schnüren umflochten, mit welchen die Sohlen anschlossen. Die Vornehmeren hatten kurze Säbel oder große Messer in ihren

Gürteln und auch manche Beutel und Büchsen anhängen. Es waren unter den Königen und ihren Verwandten Männer, etwa von fünfzig, vierzig, dreißig und zwanzig Jahren. Einige hatten längere, andere nur kurze männliche Bärte. Die Knechte und Kameltreiber waren viel einfacher gekleidet und manche nur mit einem Stück Zeug oder einer alten Decke.

Als die Tiere befriedigt ud eingepfercht waren und sie selbst getrunken hatten, machten sie ein Feuer in der Mitte des Schoppens, unter dem sie sich gelagert hatten. Das Holz dazu bestand aus etwa zweieinhalb Schuh langen Splittern, welche die armen Leute aus der Gegend in sehr ordentlichen Bündeln herbeigebracht, als hätten sie dergleichen schon vorrätig für Reisende. Die Könige machten einen dreieckigen Scheiterhaufen und legten rings um ihn Splitter in die Höhe, auf der einen Seite war eine Öffnung zum Luftzug gelassen, es war sehr geschickt gelegt. Wie sie aber Feuer machten, weiß ich nicht recht, ich sah, daß einer ein Holz in einem anderen, wie in einer Büchse, eine kleine Zeit drehte und daß er es dann brennend herauszog. So zündeten sie ein Feuer an, und ich sah sie nun einige Vögel schlachten und braten.

Die drei Könige und Ältesten taten jeder in seinem Stamm wie ein Hausvater, sie zerteilten die Speise und legten vor. Sie legten die zerschnittenen Vögel und kleinen Brote auf kleine Schalen oder Teller, welche auf einem niederen Fuß standen, und reichten sie umher; ebenso füllten sie die Becher und gaben jedem zu trinken. — Die niederen Knechte, unter welchen Mohren sind, liegen an einer Seite des Mahles auf einer Decke auf der Erde und warten ganz geduldig und bekommen auch ihr richtiges Maß. Ich meine, es sind Sklaven.

Oh, wie rührend ist die Gutmütigkeit und kindliche Einfalt dieser lieben Könige! Sie geben den Leuten, die ihnen zugelaufen sind, von allem, was sie haben, ja sie halten ihnen die goldenen Gefäße an den Mund und lassen sie daraus trinken wie die Kinder.

Von der Heimatslage und der Reiselänge der heiligen drei Könige

Ich erfuhr heute vieles von den heiligen Königen, auch die Namen ihrer Länder und Städte, aber in meiner gestörten Lage und Hilflosigkeit habe ich schier alles wieder vergessen. — Ich will sagen, was ich weiß. — Mensor, der Bräunliche, war ein Chaldäer, seine Stadt hieß ungefähr wie Acajaja[1], sie lag, von einem Fluß umgeben, wie auf einer Insel. Er war aber immer auf dem Felde bei seinen Herden. Seir, der Braune, war um Christnacht schon ganz zum Zuge gerüstet bei ihm. Ich erinnere mich bei seinem Ländernamen des Klanges Partherme. (Vielleicht verstümmelt Parthiene oder Parthomaspe.) Etwas höher über ihm lag ein See. Nur er und sein Stamm waren so braun, aber mit roten Lippen, die übrigen Leute umher waren weiß. Es war nur ein Fleck, etwa so groß wie Münster.

Theokeno, der Weiße, war aus einem höher hinauf liegenden Lande, Medien; es lag so wie ein Stück zwischen zwei Meeren hinein, er wohnte in seiner Stadt, deren Namen ich vergessen, sie bestand aus Zeltgebäuden, die auf einer Grundlage von Steinen errichtet waren. Ich meine immer, Theokeno, der am meisten von den Dreien verließ, er war der reichste, hätte einen geraderen Weg gehabt nach Bethlehem und habe, um mit den anderen vereint zu ziehen, einen Umweg machen müssen, ich glaube fast, er hat bei Babylon vorbei gemußt, um zu ihnen zu kommen.

Von dem Lager Mensors, des Bräunlichen, wohnte Seir, der Braune, drei Tagreisen, jede zu 12 Stunden gerechnet, und Theokeno fünf solche Tagreisen entfernt. Mensor und Seir waren im Lager des ersteren beisammen gewesen, als sie das

---

[1] Der Schreiber fand im Jahre 1839, also achtzehn Jahre, nachdem obiges Acajaja ausgesprochen worden, in Funkes Realschulwörterbuch angeführt „Achajacula, ein Kastell auf den Inseln des Euphrats in Mesopotamien (Ammian 24,2)." Wir wünschen, daß sich eine richtige Kombination damit verbinden lasse.

Sterngesicht von der Geburt Jesu sahen, und waren am folgenden Tage mit ihrem Zuge aufgebrochen.

Theokeno, der Weiße, sah dasselbe Gesicht zu Hause und eilte ihnen mit großer Schnelligkeit nach und traf in der zertrümmerten Stadt mit den beiden anderen zusammen. Ich habe die Größe ihrer Reise bis Bethlehem gewußt, aber teils wieder vergessen, was ich mich ungefähr erinnere, ist: Ihr Weg war etwa 700 und noch eine Zahl Stunden, worin sechs vorkommt, lang. Sie hatten etwa 60 Tagreisen Wegs, jede zu 12 Stunden gerechnet, aber sie legten sie in 33 Tagen bei der großen Schnelligkeit ihrer Lasttiere zurück, indem sie oft Tag und Nacht reisten.

Der Stern, der sie führte, war eigentlich wie ein runder Ball; und es strömte Licht aus ihm nieder wie aus einem Munde (dieser Ausdruck mag ihr naheliegen, weil sie so oft Licht aus dem Munde des Herrn und der Heiligen strömen sieht). — Es war mir immer, als werde dieser Ball, wie an einem Lichtfaden schwebend, von der Hand einer Erscheinung geführt. Bei Tag sah ich einen Lichtkörper heller als der Tag vor ihnen wandeln. Wenn ich die Ferne des Weges betrachte, scheint die Schnelligkeit des Zuges erstaunlich, es haben aber auch diese Tiere einen so leichten und gleichen Schritt, daß ich ihren Zug so geordnet, schnell und gleichmäßig wie den Flug der Zugvögel hinziehen sehe. Die Lage der Heimat der drei Könige bildete ein Dreieck zueinander. Mensor, der Bräunliche, und Sair, der Braune, wohnten näher beisammen, Theokeno, der weißeste, wohnte am fernsten.

Durch Chaldar, wo ich einmal den beschlossenen Garten im Tempel gesehen, sind sie, glaube ich, schon durchgezogen. Die ferne Stadt des Theokeno ist nur am Boden von Steinen erbaut, oben drauf ist alles von Gezelten. Es ist auch Wasser umher. Sie scheint mir wohl so groß wie Münster.

Als der Zug bis gegen abend hier gerastet hatte, halfen ihnen die Leute, die sich an sie geschlossen hatten, ihr Gepäck wieder auf die Lasttiere verteilen und schleppten dann allerlei, was sie zurückließen, mit sich nach Hause. — Es war gegen abend, als sie aufbrachen. — Der Stern war sichtbar und hatte heute eine rötliche Farbe wie der Mond bei windigem Wetter. Der Lichtschweif war bleich und lang. Sie gingen noch eine Strecke neben ihren Tieren zu Fuß mit unbedecktem Kopf und beteten. Der Weg war hier so, daß man nicht geschwind fort konnte; hernach, wo es eben wurde, stiegen sie auf die Tiere, welche einen sehr schnellen Gang hatten. Manchmal gingen sie langsam, und dann sangen sie alle ungemein rührend durch die Nacht.

Nachtzug der Könige. Kurze Rast. Sie kommen in die Gegend der Baumwollspinnenden. Ankunft bei dem König von Causur, dreiundsechzig Stunden vor der zertrümmerten Stadt. Sie erzählen die Veranlassung ihres Zuges, er verspricht Anteil bei ihrer Rückkehr. Mehreres von den Vorfahren der drei Könige und ihrer Erwartung des Sternes aus Jakob. Balaam. Sibyllen. Leiter Jakobs. Götzendienst. Menschenopfer. Heiliges und unheiliges Sternsehen

29. November bis 2. Dezember.
Vom 29. auf den 30. November, in der Nacht des Donnerstags auf den Freitag, war ich wieder bei dem Zuge der Könige; ich kann nicht genug sagen, wie mich die Ordnung, die andächtige Gemütserhebung und Freude alles ihres Tuns erbaut. Wir ziehen durch die Nacht immer dem Sterne nach, der dort mit einem langen Schweif bis an die Erde rührt. Die guten Männer schauen immer so still und freudig nach ihm hin und reden zusammen von ihren Tieren herab. Zuweilen singen sie auch abwechselnd kurze Sprüche. Die Weise ist gar langsam und rührend, bald sehr hoch, bald tief. Es klingt so beweglich in der stillen Nacht, und ich fühle alles, was sie singen. Und in welch schöner Ordnung geht der Zug: immer ein großes Kamel mit Kasten auf beiden Seiten des Buckels, worüber große Teppiche gebreitet sind, und obendrauf sitzt einer der Anführer

mit einem Spieße, und ein Sack liegt ihm zur Seite. Dann folgen kleinere Tiere, wie Pferde oder große Esel, und zwischen Päckchen die Männer drauf, welche zu diesem Anführer gehören. Hierauf kommt wieder einer der Vornehmen auf einem Kamel usw. — Diese Tiere schreiten so leise mit großen Schritten und setzen die Füße, als wollten sie nichts zertreten. Ihr Leib ist so ruhig, als würde er wie tot von den Füßen nur so hingetragen, und den Kopf auf dem langen Hals tragen sie so ruhig still ergeben. Auch die Leute tun alles so vor sich hin, als dächten sie gar nicht nach. Es geschieht alles so still und süß hin, alles wie ein ruhiger Traum.

Da muß ich wieder eine gar schöne Betrachtung machen. Diese guten Leute kennen den Herrn noch nicht und ziehen so ordentlich, friedlich und anmutig zu ihm, und wir, die er erlöst und mit allen Gnaden überhäuft hat, wie tun wir so verwirrt, wüst und unehrerbietig in unseren Prozessionen!

Ich meine die Gegend, durch welche sie heute nacht zogen, könne wohl die Gegend zwischen Atom, dem Wohnplatz des Azarias und dem Schlosse jenes Götzendieners sein, wo ich Jesum am Ende seines dritten Lehrjahres auf der Reise durch Arabien nach Ägypten gesehen habe.

Freitag, den 30. November, sah ich den Zug nachts auf dem Felde an einem Brunnen halten. Ein Mann aus einer Hütte, deren mehrere in der Nähe waren, schloß ihnen den Brunnen auf. Sie tränkten die Lasttiere und erquickten sich, ohne abzupacken, durch eine kurze Rast.

Samstag, den 1. Dezember, sah ich den Zug der Könige, deren Weg gestern ansteigend ging, nun auf einer höheren Fläche. Zu ihrer Rechten war Gebirge, und es schien mir, als näherten sie sich, wo der Weg sich wieder senkt, einer Gegend, in welcher öfters Wohnungen, Bäume und Brunnen zwischen denselben am Wege lagen. Es schien mir die Gegend jener Leute zu sein, welche ich voriges Jahr und neulich Baumwolle spinnen und weben sah. Sie hatten die Fäden zwischen den Bäumen ausgespannt und flochten breite Decken daraus. — Sie beteten Ochsenbilder an und reichten dem vielen Gesindel, das dem Zuge der Könige folgte, freigebig Speise, aber brauchten die Schüsseln nicht mehr, aus denen jene gegessen hatten, worüber ich mich wunderte.

Sonntag, den 2. Dezember, sah ich die heiligen drei Könige in der Nähe einer Stadt, deren Name mir mit dem Klange Causur erinnerlich ist und die aus Zelten auf Steinfundamenten erbaut war, bei einem anderen Könige rasten, dem diese Stadt gehörte, und dessen Zeltschloß in kleiner Entfernung vor ihr lag. Sie hatten seit ihrem Zusammentreffen in jener zertrümmerten Stadt 53 oder 63 Stunden Wegs bis hierher zurückgelegt. Sie erzählten dem Könige von Causur alles, was sie in den Sternen gesehen. Er war sehr verwundert und schaute durch ein Rohr nach dem Sterne, der sie führte, und sah ein Kindchen mit einem Kreuze darin.

Er bat sie hierauf, sie möchten ihm bei ihrer Rückkehr alles berichten, so wolle er dem Kinde auch Altäre aufrichten und ihm opfern. Ich bin nun begierig, wenn sie wiederkommen, ob er auch Wort halten wird. Ich hörte sie im Gespräche mit ihm die Entstehung ihrer Sternbeobachtung erzählen und erinnere mich noch folgendes davon.

Von den Vorfahren der heiligen drei Könige und deren Beobachtung der Gestirne usw. Leiter Jakobs und Vorbilder darauf

Die Ureltern der Könige stammten von Hiob ab, der damals auf dem Kaukasus lebte und auch noch andere Landstriche in der Ferne besaß. Ungefähr 1500 Jahre vor Christi Geburt war nur noch ein Stamm von ihnen da. Der Propeht Balaam war dort aus der Gegend, und einer aus seinen Schülern verbreitete daselbst dessen Prophezeiung: Es werde ein Stern aus Jakob aufgehen, und lehrte darüber. Diese Lehre fand dort eine große Aufnahme; sie bauten einen hohen Turm auf einem Berg, und viele weise Männer und Sternkündiger wohnten abwechselnd dort. Ich habe den Turm gesehen, er war selbst wie ein Berg, unten breit und oben spitz. Ich sah auch die Löcher darin, wo sie wohnten. Alles, was sie in den Sternen erkannten, wurde aufgemerkt und von Mund zu Mund gelehrt. Mehrmals kam doch diese Beobachtung durch allerlei Ereignisse in Verfall. Nachher kamen sie in den abgöttischen Greuel, daß sie Kinder opferten, auf daß das verheißene Kind doch bald kommen möge.

Ungefähr 500 Jahre vor jetzt, das heißt vor Christi Geburt, war die Beobachtung auch im Verfall. Es bestand aber damals dieses Geschlecht in drei Stämmen durch drei Brüder, diese wohnten getrennt mit ihren Geschlechtern, und sie hatten drei Töchter, welchen Gott einen prophetischen Geist gab, so daß sie zugleich in langen Mänteln im Lande umherwandelten und von dem Stern und Kinde aus Jakob weissagten und lehrten. Da ward die Beobachtung der Sterne und das Verlangen nach dem Kinde bei den drei Stämmen wieder lebhaft erneuert. Von diesen drei Brüdern stammten die heiligen drei Könige ungefähr seit 500 Jahren durch 15 Geschlechter in gerader Linie ab, sie sind aber durch Vermischung mit anderen Menschenstämmen jetzt verschiedenfarbig geworden.

Seit 500 Jahren nun bis jetzt waren immer einzelne dieser Voreltern der Könige auf einem gemeinschaftlichen Gebäude zur Beobachtung der Sterne versammelt, und nach verschiedenen Erkenntnissen, die sie erhielten, ward manches in ihrem Tempel- und Gottesdienst verändert. Leider währte das Menschen- und Kinderopfer noch lange bei ihnen. Alle merkwürdigen und auf die Annäherung des Messias bezüglichen Zeiten wurden ihnen durch wunderbare Gesichte beim Anblick der Gestirne bezeichnet. Ich sah viele derselben während ihrer Erzählung, vermag sie aber nicht klar wiederzuerzählen. Seit der Empfängnis Mariä, seit also 15 Jahren, waren diese Bilder immer bestimmter auf die Annäherung des Kindes zeigend geworden. Zuletzt hatten sie selbst manches gesehen, was auf die Leiden Jesu deutete.

Sie konnten die Ankunft des Sternes aus Jakob, den Balaam

prophezeit hatte (Num 24,17), gar gut berechnen, denn sie hatten die Leiter Jakobs gesehen, und nach der Anzahl der Stufen und der Folge der auf denselben erscheinenden Bilder konnten sie, wie an einem Kalender, die Nähe des Heils genau berechnen. Denn das Ende der Leiter führte zu diesem Stern, oder er war das äußerste Bild auf derselben. Sie sahen die Leiter Jakobs als einen Stamm, in welchen rings drei Reihen von Sprossen eingezapft waren, auf welchen sich eine Folge von Bildern zeigte, die sie bei ihrer Erfüllung in dem Sterne erscheinen sahen. So aber wußten sie genau, was nun immer für ein Bild folgen mußte, und erkannten auch nach den Zwischenräumen, wie lange zu warten sei.

Sie hatten zur Zeit von Mariä Empfängnis die Jungfrau mit Zepter und gleichstehender Waage gesehen, worin Weizen und Trauben. Etwas unter ihr sahen sie die Jungfrau mit dem Kinde. Bethlehem sahen sie als ein schönes Schloß, ein Haus, worin viel Segen gesammelt und ausgeteilt ward. Hierin sahen sie die Jungfrau mit dem Kinde von großem Glanze umgeben und wie viele Könige sich vor ihm beugten und ihm opferten. — Sie sahen auch das himmlische Jerusalem und zwischen jenem Hause und diesem eine finstere Straße, voll Dornen, Kampf und Blut.

Sie hielten dieses alles für wirklich. Sie meinten, der König sei in solcher Pracht geboren, und es beugten sich alle Völker vor ihm; darum kamen sie auch mit ihren Gaben gezogen. Sie hielten das himmlische Jerusalem für sein Reich auf Erden und glaubten, dahin zu kommen. Den finsteren Weg hielten sie für ihre Reise dahin, oder dem Könige drohe ein Krieg; sie wußten nicht, daß dieses seinen Leidensweg bedeutete. — Unten auf der Leiter sahen sie (und so auch ich) einen künstlichen Turm auf die Art, wie ich die Türme auf dem Prophetenberg sehe und wie sich in diesem Turme, der viele Eingänge hatte, einmal die Jungfrau in einem Sturm unter einen Vorbau flüchtete, ich weiß nicht mehr, was es bedeutete. (Vielleicht die Flucht nach Ägypten.) Es war eine große Folge von Bildern auf dieser Leiter Jakobs, unter anderen viele Vorbilder auf die heilige Jungfrau, auch manche, die in der lauretanischen Litanei vorkommen, und auch der versiegelte Brunnen, der verschlossene Garten, auch Königsbilder, die sich den Zepter, und andere, die sich Zweige zureichten.

Alle diese Bilder sahen sie der Reihe nach in den Sternen eintreten bei ihrer Erfüllung. In den letzten drei Nächten sahen sie diese Bilder fortwährend. Da sendete der vornehmste von ihnen Boten an die anderen, und als sie das Bild sahen, wie die Könige dem neugeborenen Kinde opferten, machten sie sich mit ihren reichen Gaben auf den Weg und meinten, sie wollten nicht die letzten sein. — Alle Stämme der Sterndiener hatten den Stern gesehen, diese aber allein folgten ihm; der Stern, der vor ihnen ging, war nicht der Komet, sondern ein leuchtender Schein, den ein Engel trug. Bei Tage folgten sie dem Engel.

Wegen allem diesem zogen sie mit so vieler Erwartung hin und erstaunten nachher, von allen dem gar nichts zu finden. Wie bestürzt waren sie über Herodes' Empfang und die Unwissenheit aller Menschen von diesen Dingen. Als sie aber nach Bethlehem kamen und statt dem herrlichen Schloß, das sie in dem Sterne gesehen, einen wüsten Keller sahen, befiel sie großer Zweifel; aber sie blieben treu bei ihrem Glauben und erkannten beim Anblick Jesu alles, was sie in den Sternen gesehen, erfüllt.

Es waren diese ihre Sternbeobachtungen mit Fasten, Gebet, Gottesdienst und allerlei Enthaltungen und Reinigungen verbunden. Die Gesichte erfolgten nicht durch das Anschauen eines einzelnen Sternes, sondern bei einer Zusammenstellung gewisser Sterne. Dieser Sterndienst übte auch böse Einflüsse auf Leute aus, welche einen Bezug zum Bösen hatten. Solche Leute fielen in ihren Anschauungen in heftige Konvulsionen, und durch solche sind auch die betrübten Kinderopfer aufgekommen, andere aber, zum Beispiel die heiligen drei Könige, sahen die Bilder klar und ruhig in einer süßen Innigkeit und wurden immer besser und frommer.

Verstärkung des Zuges der Könige in Causur. Sie ziehen über Feld. Rasten am Brunnen. Ihr Gesang von der Stimme der Betrachtenden begleitet

Montag, den 3. bis Mittwoch, den 5. Dezember.

Als die Könige Causur verließen, sah ich, daß sich ein bedeutender Zug von vornehmen Reisenden, welche desselben Weges zogen, an sie anschloß.

Am 3. und 4. Dezember sah ich den Zug über weites Feld hinziehen. Am 5. rasteten sie an einem Brunnen, ohne jedoch abzupacken. Sie tränkten und fütterten ihre Lasttiere und bereiteten sich Speise.

Persönliches. In diesen letzten Tagen sang die gottselige Emmerich abends im Schlaf öfters mehrere kurze Reime in höchst rührenden, fremden Weisen, und um die Veranlassung gefragt, antwortete sie: Ich singe mit den lieben Königen, sie singen so süß mancherlei kurze Sprüche; zum Beispiel:

„Wir wollen über die Berge ziehen
Und vor dem neuen König knien."

Sie erfinden und singen diese Verse abwechselnd, einer fängt an, und alle anderen wiederholen den von ihm gesungenen Vers; hierauf stimmt ein anderer einen anderen Vers an, und so fahren sie immer unter dem Reiten fort, gar süß und innig zu singen.

In dem Kern des Sterns oder vielmehr der Lichtkugel, welche vor ihnen den Weg zeigend herzog, sah ich die Erscheinung eines Kindes mit einem Kreuze. Diese Lichtkugel war, als sie die Erscheinung der Jungfrau bei Jesu Geburt in den Sternen gesehen hatten, über diesem Bilde hervorgetreten und hatte sich plötzlich leise fortbewegt.

Die Betrachtung wechselt zwischen den Ereignissen in der Krippenhöhle zu Bethlehem und dem Zuge der heiligen drei Könige ab.

*Bethlehem. Die heilige Jungfrau ahnet die Annäherung der
heiligen drei Könige. Elisabeth kehret nach Juta zurück. Von
der Magd Marias. Eintritt des Tempelweihfestes, 25. Casleu.
Christi Geburt war am 12. Casleu. Sabbatfeier in der
Krippenhöhle*

Mittwoch, den 5., bis Samstag, den 8. Dezember.
Mittwoch, den 5. Dezember. Maria hatte von der Annäherung
der heiligen drei Könige ein Gesicht gehabt, während sie bei
dem Könige in Causur rasteten. Sie sah auch, daß dieser ihrem
Kinde einen Altar errichten wollte. Sie erzählte dieses dem
heiligen Joseph und Elisabeth und sagte, daß sie die Krippenhöhle ausräumen und alles zum Empfange der Könige zur gehörigen Zeit zubereiten wollten.

Die Leute, vor welchen Maria sich gestern in die andere
Höhle zurückzog, waren neugieriger Besuch, der in den letzten
Tagen häufiger kam. — Heute reiste Elisabeth, von einem
Diener abgeholt, wieder nach Juta.

Donnerstag, den 6.—8. Dezember. Es war in diesen Tagen
ruhiger in der Krippenhöhle. Die heilige Familie war meist
allein. Nur die Magd Marias, eine rüstige, sehr ernste demütige
Person von etwa dreißig Jahren, war zugegen. Sie war eine
kinderlose Witwe, mit Anna verwandt, die ihr eine Zuflucht bei
ihr gegeben Ihr verstorbener Mann war sehr hart gegen sie
gewesen, weil sie so oft zu den Essenern ging; denn sie war
sehr fromm und hoffte auf das Heil Israels. Darüber zürnte er,
wie böse Männer heutzutage zürnen, denen ihre Frauen zu viel
in die Kirche gehen. Er hat sie verlassen und ist gestorben.

Das zudringliche Gesindel, welches an der Krippenhöhle begehrend so geschimpft und geflucht hatte, kam in den letzten
Tagen nicht mehr. Es waren Bettler, welche nach Jerusalem auf
das Tempelweihfest der Makkabäer zogen. Dieses Fest fängt
eigentlich am 25. Casleu an, da dieser aber im Geburtsjahr
Jesu am Freitagabend, dem 7. Dezember, mit dem Sabbat eintrat, so ward es auf den Samstagabend, den 8. Dezember, oder

26. Casleu, verschoben. Es dauert acht Tage.

(Es wäre also am sechsten Tage nach der Beschneidung der 25. Casleu gewesen, diese also am 19. Casleu geschehen, und also wäre der 12. Casleu der Geburtstag Jesu.)

Joseph feiert mit Maria und der Magd den Sabbat unter der Lampe in der Krippenhöhle. — Samstagabend aber begann die Feier des Tempelweihfestes. Joseph hatte an drei Orten der Höhle Leuchter befestigt, auf deren jedem er sieben Lämpchen anzündete. — Es ist jetzt ruhig, der viele Besuch kam von Reisenden zum Fest. — Die Verbinderin kam bis jetzt täglich zu Maria. — Anna sendet manchmal Boten mit Gaben und erhält Nachricht. — Die jüdischen Frauen säugen ihre Kinder nicht lange ohne andere Nahrung, auch das Jesuskind empfing schon nach den ersten Tagen einen Brei aus dem Mark einer Schilfpflanze, welches leicht, süß und nahrhaft ist. — Bei Tage ist der Esel meistens draußen auf der Weide und steht nur nachts in der Höhle.

Bethlehem. Joseph feiert das Tempelweihfest. Ein Knecht bringt Geschenke der Mutter Anna. Stoff zu einem Gürtel. Früchte und Blumen. Zug der Könige über Berge, worauf schalenförmige Steine. Gegend ihrer zukünftigen Niederlassung.

Sonntag, den 9., Montag, den 10. Dezember.

Gestern, am Sonntag, dem 9., sah ich die Verbinderin nicht mehr zu der Krippe kommen. — Joseph steckt immer abends und morgens seine Kirchweihlichtchen an. Seit das Fest in Jerusalem begonnen, ist es recht ruhig hier.

Montag, den 10. Heute kam ein Knecht von Mutter Anna. Er brachte der heiligen Jungfrau außer anderem Geräte weibliche Arbeit zu einem Gürtel und ein wunderschönes Körbchen voll Früchte, oben mit lebendigen Rosen geschlossen, welche in die Früchte eingesteckt und ganz frisch waren. Das Körbchen war schlank und hoch, die Rosen waren nicht von unserer Rosenfarbe, sondern bleicher, schier fleischfarbig, auch gelbe und weiße, groß und gefüllt, auch Knospen waren daran. Maria schien sich sehr darüber zu freuen und stellte das Körbchen neben sich.

Zug der Könige. Ich habe in den letzten Tagen die Könige öfters in ihrem Zuge gesehen, ihr Weg war gebirgiger, sie kamen über jene Berge, wo oft kleine Steinschalen gleich zerbrochenen Töpfen liegen. Ich möchte immer so gerne davon haben, sie sind so schön glatt. Auch sind Berge da, wo viele weiße, durchsichtige Steine gleich Vogeleiern liegen, auch vieler weißer Sand. — Ich sah sie jetzt in der Gegend, in welcher sie nachmals wohnten, da Jesus sie in seinem dritten Lehrjahre besuchte. Sie waren nicht in jener Zeltstadt selbst, denn die existierte damals noch nicht.

Bethlehem. Joseph möchte sich in Bethlehem niederlassen. Annas Besuch naht. Sie verteilt ihre Herden. Es naht ein neues Fest. Ein Priester bei Joseph.

Dienstag, den 11., Donnerstag, den 13. Dezember.

Es ist mir, als habe Joseph Lust nach Mariä Reinigung mit ihr in Bethlehem wohnen bleiben zu wollen. Ich meine, er hat sich nach einer Wohnung umgesehen. Vor etwa drei Tagen waren ziemlich vornehme Leute aus Bethlehem in der Krippenhöhle, sie möchten sie jetzt schon gerne in ihr Haus nehmen. Maria verbarg sich vor ihnen in die Seitenhöhle, und Joseph lehnte das Anerbieten ab. Anna wird bald die heilige Jungfrau besuchen. Ich sah sie in der letzten Zeit so beschäftigt, sie teilte ihre Herden wieder mit den Armen und dem Tempel. Die heilige Familie teilte auch immer alles gleich aus. Das Kirchweihfest ward noch immer abends und morgens gefeiert. Es muß aber am 13. ein neues Fest hinzugekommen sein. Ich sah auch in Jerusalem allerlei am Fest verändern. In vielen Häusern sah ich die Fenster zumachen und verhängen. Ich sah auch einen Priester mit einer Rolle bei Joseph in der Höhle. Sie beteten zusammen an einem rot und weiß behängten Tischchen. Es war, als wolle er sehen, ob Joseph das Fest halte, oder als künde er ihm ein neues Fest an. (Es kam ihr wie ein Festtag vor, doch meinte sie auch, das Neumondfest müsse jetzt eingetreten sein. Sie wußte es nicht recht bestimmt.) Die Krippe war still und unbesucht in den letzten Tagen.

Bethlehem. Schluß des Tempelweihfestes. Zudrang zur Krippe. Anna sendet Nahrungsmittel. Joseph ordnet manches wegen dem Besuch Annas und der Könige. Zug der Könige. Sie gelangen im gelobten Lande in einer Stadt an, gehen über den Arnon

Freitag, den 14., bis Dienstag, den 18. Dezember.

Mit dem Sabbat war das Fest der Tempelweihe geschlossen. Joseph steckte die kleinen Lichter nicht mehr an. Sonntag, den 16., und Montag, den 17., kamen wieder mehrere Leute aus der Gegend zu der Krippe. Auch ließen sich die ungestümen Bettler an dem Eingang spüren. Es war, weil die Leute jetzt vom Feste zurückkehrten.

Am 17. kamen zwei Leute von Anna mit Nahrungsmitteln und Geräte. Maria ist aber mit Austeilen noch viel schneller als ich. Es ward bald alles wieder weggeschenkt. — Ich sehe auch, daß Joseph anfängt, mancherlei in der Krippenhöhle, den Seitenhöhlen und auch in der Grabhöhle Marahas zu ordnen und zu räumen. Er hat Vorräte dahin gebracht. Sie erwarteten Annas Besuch und nach der Anschauung Marias die Ankunft der Könige bald.

Zug der Könige. Montag, den 17. Dezember. — Ich sah den Zug der Könige heute spät abends in einer kleinen, zerstreut liegenden Stadt ankommen. Viele der Häuser waren mit hohen, geschlossenen Zäunen umgeben, es schien mir dies der erste jüdische Ort. Sie waren hier eigentlich in gerader Linie mit Bethlehem, aber sie nahmen ihren Weg doch rechts ab, vermutlich, weil die Straße nicht anders ging. Als sie in diesen Ort kamen, sangen sie besonders schön und laut und waren ganz freudig, denn der Stern schien hier ungemein hell, und es war hier wie Mondschein, so daß man deutlich die Schatten sehen konnte. Jedoch schienen die Einwohner entweder den Stern nicht zu sehen oder keinen besonderen Anteil daran zu nehmen.

Die Leute waren sonst gut und ungemein dienstfertig. Einige der Reisenden waren abgestiegen, und die Einwohner waren ihnen behilflich, die Tiere zu tränken. Ich dachte hier noch an Abrahams Zeiten, wie da alle Menschen so gut und hilfreich waren. Viele Einwohner führten den Zug, Zweige tragend, durch die Stadt und gingen ein Stück Wegs mit ihnen. Ich sah den Stern nicht immer leuchtend vor ihnen, manchmal ganz dunkel, es war, als scheine er heller, wo gute Leute lebten und wann die Reisenden ihn irgendwo recht hell sahen, so wurden sie besonders bewegt und glaubten, da müsse vielleicht der Messias sein.

Zug der Könige. Dienstag, den 18. Dezember. Heute morgen zogen sie, ohne anzuhalten, um eine dunkle nebelige Stadt und eine Strecke davon über einen Fluß, der sich ins Tote Meer ergießt. (Arnon?) In den zwei letzten Orten blieben viele des angehängten Gesindels zurück. Von einem der beiden letzten Orte hatte ich die nähere Bestimmung, als sei bei einem Streite vor Salomons Regierung jemand dahin geflohen. Über den Fluß zogen sie heute morgen und kamen nun auf eine gute Straße.

Zug der Könige. Ankunft in Manathea (?). Länge der Verheißung des Sterns. Ihre Vorfahren auch in Ägypten. Weite ihrer Reise. Üble Gesinnung der Einwohner hier. Sie bleiben zwei Tage hier

Mittwoch, den 19., bis Freitag, den 21. Dezember.

Mittwoch, den 19. Heute abend sah ich den Zug der Könige wohl an 200 Menschen stark, so viel nachziehendes Gesindel hatte ihre Freigebigkeit herbeigelockt, diesseits des überschrittenen Flusses sich von Osten her jener Stadt nahen, bis zu deren Westseite Jesu in seinem zweiten Lehrjahre am 31. Juli gewandelt ist, ohne jedoch hineinzugehen. Der Name der Stadt klang wie Manathea, Metanea, Medana oder Madian[1]. — Es wohnten hier Heiden und Juden gemischt, die Leute waren bös, wenngleich eine Landstraße durch den Ort führte, so wollten sie den Zug doch nicht durchlassen. Sie führten den Zug gleich vor der Ostseite der Stadt in einen Mauerumfang, wo Schoppen und Ställe waren. Hier schlugen die Könige sich Zelte auf und ließen ihre Tiere tränken und füttern und bereiteten sich Speise.

Donnerstag, den 20., Freitag, den 21., sah ich die Könige hier rasten, aber sie waren sehr betrübt, weil hier, wie auch in der vorigen Stadt, niemand etwas von dem neugeborenen König wissen wollte, dennoch hörte ich, wie sie den Einwohnern mit großer Freundlichkeit vieles von der Ursache ihres Zuges und der Weite des Wegs und allen ihren Umständen erzählten; was ich mich davon entsinne, ist folgendes:

Die Verkündigung des neugeborenen Königs hatten sie schon sehr lang. Ich meine, es muß nicht lange nach Hiob und ehe Abraham nach Ägypten zog, gewesen sein, da war eine Schar von etwa 3000 medischen Leuten aus dem Lande Hiobs (sie lebten aber auch in anderen Gegenden) auf einem Kriegszug nach Ägypten bis in die Gegend von Heliopolis gekommen. Ich weiß nicht mehr bestimmt, warum sie so weit vorgedrungen waren, aber es war ein Kriegszug, ich glaube, sie kamen, jemand zu helfen; jedoch war ihr Zug nicht gut, er ging gegen etwas Heiliges, ob gegen heilige Menschen oder gegen ein Religionsgeheimnis, das zur Erfüllung der Verheißung gehörte, weiß ich nicht mehr.

In der Gegend von Heliopolis nun hatten mehrere ihrer Anführer zu gleicher Zeit eine Offenbarung durch die Erscheinung eines Engels, der sie weiterzuziehen verhinderte. Er verkündete ihnen von einem Heiland, der aus einer Jungfrau sollte

---

[1] Hieronymus erwähnt ein Methane bei Arnon, daher die Methaniten. (1. Chronik 11,43.)

geboren und von ihren Nachkommen verehrt werden. Ich weiß nicht mehr, wie es damit zusammenhing, daß sie nicht weiter vordringen, sondern nach Hause ziehen und die Sterne beobachten sollten. Ich sah sie hierauf in Ägypten Freudenfeste anstellen, sie bauten Triumphbogen und Altäre, schmückten sie mit Blumen und zogen dann wieder nach Haus. Sie waren Sterndiener und medische Leute, ungemein groß, fast wie eine Art Riesen, von sehr edler Statur und einer schönen, gelblich braunen Farbe. Sie zogen mit ihren Herden von einem Orte zum anderen und herrschten, wo sie wollten, durch ihre große Gewalt. Ich habe den Namen des Hauptpropheten unter ihnen vergessen. Sie hatten viele Weissagungen und allerlei Zeichen durch Tiere. Oft legten sich ihnen auf ihren Zügen plötzlich Tiere in den Weg und streckten die Beine weit von sich und ließen sich eher totschlagen, als daß sie weggegangen wären. Das war ihnen ein Zeichen, und sie wichen von diesen Wegen.

Diese Medier, aus Ägypten kehrend, erzählten die Könige, haben zuerst die Prophezeiung gebracht, und nun begann die Beobachtung der Sterne, und als sie verfallen, ward sie durch einen Schüler Bileams und 1000 Jahre nach diesem durch die drei prophetischen Töchter der drei Stammkönige abermals erneuert; 500 Jahre nach diesem nun, nämlich jetzt, sei der Stern gekommen, dem sie jetzt folgten, den neugeborenen König anzubeten.

Alles dieses erzählten sie den neugierigen Zuhörern mit großer Kindlichkeit und Aufrichtigkeit und waren betrübt, daß diese gar nicht zu glauben schienen, worauf ihre Vorfahren schon seit 2000 Jahren so geduldig geharrt.

Der Stern war abends von Nebel bedeckt, als er aber in der Nacht ganz klar und groß zwischen ziehenden Wolken wieder erschien, als stehe er der Erde sehr nahe, liefen sie sogleich aus dem Lager und weckten die umwohnenden Einwohner und zeigten ihnen den Stern. Die Leute gafften ganz verwundert und teils mit Rührung gegen den Himmel, viele aber ärgerten sich an den Königen, und die meisten suchten nur auf alle Weise von ihrer Freigebigkeit Nutzen zu ziehen.

Ich hörte sie erzählen, wie weit sie bis hierher von ihrem Sammelplatz gereist seien. Sie rechneten mit Tagreisen zu Fuß, welche sie zu 12 Stunden annahmen. Sie legten aber auf ihren Tieren, welche Dromedare waren und schneller als Pferde liefen, Tag vor Tag, die Nacht und die Ruhestunden mit eingerechnet, 36 Stunden zurück. So konnte der entfernteste König seine fünfmal 12 Stunden bis zum Sammelplatz in zwei Tagen und die minder entfernten ihre dreimal 12 Stunden in einem Tage und einer Nacht zurücklegen. Von diesem Sammelplatz bis hierher hatten sie 672 Stunden, und dazu hatten sie von Christi Geburt bis jetzt, die Rasttage eingerechnet, etwa 25 Tage und Nächte gebraucht.

Donnerstag, den 20., und Freitag, den 21. Dezember. Diese beiden Tage rastete der Zug der Könige hier, und ich hörte in diesen Tagen ihre Mitteilungen. Am Freitagabend dem 21., als der hier wohnenden Juden Sabbat begonnen und diese auf einer Brücke über ein Wasser westlich nach der Synagoge eines kleinen Judenörtchens gezogen waren, rüsteten die Könige sich zum Aufbruch und beurlaubten sich. — Wenn ich gleich beobachtete, daß die Einwohner manchmal den Stern betrachteten, der die Könige führte, wenn er sichtbar war, und große Verwunderung dabei äußerten, so wurden sie darum doch nicht ehrerbietiger. Diese unverschämten, zudringlichen Menschen bedrängten die Könige mit ihren Forderungen wie Wespenschwärme, und diese teilten immer geduldig dreieckige gelbe Stückchen wie Goldbleche und auch dunklere Körner unter sie aus. Sie mußten doch sehr reich sein.

Sie zogen hierauf, von den Einwohnern geführt, außen um die Mauer der Stadt, in welcher ich Götzenbilder auf Tempeln stehen sah, überschritten dann die Brücke des Flusses und zogen durch das jüdische Örtchen. So zogen sie eilends fort auf guter Straße gegen den Jordan zu. Sie hatten von hier wohl noch 24 Stunden bis nach Jerusalem.

*Bethlehem. Anna auf der Reise. Joseph hat die zweite Steuer
bezahlt. Annas Ankunft. Freude. Ihre Magd. Annas Geschenke.
Freigebigkeit der heiligen Familie. Anna geht nach dem Sabbat
auf einige Tage zu einer jüngeren Schwester in Benjamin*

Mittwoch, den 19., bis Samstag, den 22. Dezember.

Abends am 19. sah ich Anna mit ihrem zweiten Mann, Maria Heli und einer Magd und einem Knecht nebst zwei Eseln unweit von Bethanien auf der Reise nach Bethlehem übernachten. Joseph ist bereits mit seinen Anordnungen in der Krippe und den Seitenhöhlen fertig, teils, um seine Gäste von Nazareth zu beherbergen, teils, die Könige zu empfangen, deren Ankunft Maria neulich, als sie in Causur waren, vorausgesehen. Joseph und Maria waren mit dem Jesuskindlein in die andere Höhle gezogen. Die Krippenhöhle war ganz ausgeräumt. Ich sah den Esel allein darin zurückgelassen. Selbst die Feuerstelle, die Zurichtung zur Speisebereitung, war heraus.

Joseph hat, wie ich mich erinnere, schon vor einiger Zeit die zweite Steuer bezahlt. Es waren schon wieder viele Neugierige von Bethlehem bei Maria, das Kind zu sehen. Von einigen ließ es sich ruhig nehmen, von anderen wendete es sich weinend ab.

Ich sah die heilige Jungfrau sehr ruhig in der neuen Wohnung, die nun recht bequem eingerichtet war. Ihr Lager war an der Wand. Das Jesuskind lag neben ihr in einem länglichen, von breitem Bast geflochtenen Korbe, der ein Verdeck über dem Kopfe hatte und auf einem Gestelle in Gabeln ruhte. Ihr Lager nebst dem Wiegenkorbe Jesu war von dem übrigen Raum durch eine Flechtwand abgesondert. Bei Tage, wenn sie nicht allein sein wollte, saß sie vor dieser Abscheidung und hatte das Kind neben sich. Die Ruhestelle Josephs war an einer entfernten Seite der Höhle ebenso abgesondert. Auf einer Stange, die aus der Wand reichte, stand ein Topf, worin eine Lampe brannte, solcher Höhe, daß das Licht über beide Scheidewände leuchtete. Ich sah, daß Joseph ihr etwas Speise in einer Schale, ein Krüglein und Wasser brachte.

Donnerstag, den 20. Dezember. Heute abend trat ein Fasttag ein, alle Speise war auf den folgenden Tag bereitet, das Feuer war bedeckt, die Öffnungen verhängt und alles Geräte beiseite geräumt[1]. Anna ist mit ihrem zweiten Manne und Marias älterer Schwester und einer Magd zur Krippe gekommen. Ich sah schon in den letzten Tagen Anna auf der Reise. Dieser Besuch sollte in der Krippenhöhle schlafen, darum ist die heilige Familie wohl in die Seitenhöhle gezogen, der Esel ist jedoch zurückgeblieben. Ich habe heute gesehen, wie Maria ihrer Mutter das Kindlein in die Arme legte, sie war tief gerührt. Anna hatte Decken, Tücher und Eßwaren mitgebracht.

Die Magd Annas war seltsam gekleidet. Ihre Haarflechten hingen ihr in einem Netze bis zum Gürtel nieder, ihr kurzer Rock ging nur bis zu den Knien. Ihr Mieder schloß anliegend schnack mit einer Spitze um die Hüften und war hoch um die Brust fest, doch so, als könne man etwas dahinter verbergen. Sie hatte einen Korb anhängen. Der alte Mann war sehr scheu und demütig. Anna schlief, wo Elisabeth geschlafen, und Maria erzählte ihr, wie jener, alles mit großer Innigkeit. Anna weinte mit der heiligen Jungfrau, und dies alles ward von Liebkosungen des Jesuskindes unterbrochen.

Freitag, den 21. Dezember. Ich sah die heilige Jungfrau heute wieder in der Krippenhöhle und das Jesulein wieder in der Krippe liegen. Wenn Joseph und Maria allein bei dem Kindlein sind, sehe ich oft, wie sie es verehren; so sah ich auch jetzt die Mutter Anna mit der heiligen Jungfrau fromm gebückt bei der Krippe stehen und das Jesulein mit großer Andacht und Innigkeit anschauen. Ich weiß jetzt nicht recht bestimmt, ob die Begleiter der heiligen Anna in der anderen Höhle schliefen oder wieder fort waren, ich meine fast, sie sind fort[2]. —

---

[1] Am 8. und 16. Thebet sind jüdische Fasttage.

[2] Dieses Nichtwissen und die mögliche Täuschung in der Vermutung zeugen für die Wahrheit ihres Schauens und stellen ihr Verhältnis zu

Ich sah heute, daß Anna der Mutter und dem Kinde mancherlei mitgebracht hat, Decken und Binden. Maria hat, seit sie hier ist, schon vieles empfangen; es bleibt aber doch alles ganz ärmlich um sie her, weil sie alles, was irgend entbehrlich ist, gleich wieder weggibt. Ich hörte sie auch Anna erzählen, daß die Könige aus dem Orient bald kommen und große Geschenke bringen würden, und wie dieses Aufsehen erregen könne. — Ich glaube, Anna wird, während die Könige hierher kommen, drei Stunden von hier zu ihrer Schwester gehen und später wiederkommen.

Samstag, den 22. Dezember. — Heute abend, nach dem Schluß des Sabbats, sah ich Anna mit ihrer Begleitung auf eine Zeitlang von der heiligen Jungfrau hinwegreisen. Sie begab sich drei Stunden weit von hier, in den Stamm Benjamin, zu einer jüngeren, dort verheirateten Schwester. Ich weiß den Namen des Örtchens jetzt nicht, der nur aus mehreren Häusern und einem Felde besteht. Er liegt aber eine halbe Stunde von dem letzten Herbergsorte der heiligen Familie auf der Reise gen Bethlehem, wo die Verwandten Josephs wohnten. — Sie übernachteten dort vom 22. auf den 23. November.

Zug der Könige. Sie ziehen über den Jordan. Ankunft vor Jerusalem. Aufnahme in der Stadt. Anmeldung bei Herodes, der ein Fest hat. Herodes beratschlagt mit den Schriftgelehrten

Samstag, den 22. Dezember.
Der Zug der Könige eilte von Mathanea aus auf gebahntem Weg durch die Nacht. Sie zogen durch keine Stadt mehr, aber längs allen den kleinen Orten, in welchen Jesus am Ende des Juli seines dritten Lehrjahres geheilt, gelehrt und die Kinder gesegnet hat, zum Beispiel Bethabara, wo sie frühmorgens zu der Überfuhrstelle an den Jordan kamen. — Da heute Sabbat

---

diesen Bildern als ein solches dar, wie es der Mensch zu Ereignissen hat, die von ihm unabhängig sind.

war, begegneten sie nur selten einigen Leuten auf dem Wege.

Zug über den Jordan. — Heute früh um 7 Uhr sah ich den Zug der Könige den Jordan überschreiten. Gewöhnlich fuhr man auf einem Rost von Balken über den Fluß, für große schwere Züge aber wurde eine Art von Brücke geschlagen. Dieses pflegten am Ufer wohnende Fährleute gegen Zahlung zu tun, weil diese aber heute am Sabbat nicht arbeiten durften, so besorgten die Reisenden die Überschiffung selbst, und es taten ihnen nur einige heidnische Knechte der Fährleute Handreichung, die auch die Bezahlung empfingen. Der Jordan war gerade nicht breit und voll von Sandbänken. Es wurden Bretter über den Balkenrost gelegt, auf welchem man gewöhnlich überfuhr, und die Kamele darauf gestellt. Auch sah ich, daß man den Teil dieser Art Brücke, den der Zug schon überschritten, wieder vor den Zug hervor lenkte usw., bis er das westliche Ufer erreichte. Es dauerte eine geraume Zeit, bis sie alle glücklich herüber waren.

Abends halb 6 Uhr sagte sie: Jericho haben sie rechts liegen lassen, sie sind in gerader Richtung gen Bethlehem, aber sie wenden sich mehr rechts gegen Jerusalem. Es ziehen wohl an hundert Menschen mit ihnen. Ich sehe dort in der Ferne ein Städtchen, das mir bekannt ist, an einem Flüßchen liegen, welches von Jerusalem her von Abend gen Morgen fließt. Durch das Städtchen müssen sie doch wohl gewiß durchziehen. Sie ziehen eine Strecke, das Flüßchen zur Linken habend. Ich sah auf ihrem Wege bald Jerusalem, bald verschwand es wieder, nachdem der Weg stieg oder sank. — Später sagte sie: sie haben das Städtchen doch liegen lassen, sie kamen nicht durch, sie wendeten sich rechts nach Jerusalem.

Der Zug der Könige vor Jerusalem. — Heute, Samstagabend, den 22. Dezember, nach Sabbatschluß sah ich den Zug der heiligen drei Könige vor Jerusalem ankommen. Ich sah die Stadt hoch gegen den Himmel aufgetürmt liegen. Der sie führende Stern war hier schier ganz verschwunden, er schimmerte nur noch klein hinter der Stadt. Die Reisenden waren, je näher sie nach Jerusalem gekommen, je kleinmütiger geworden, denn der

Stern war bei weitem nicht mehr so hell vor ihnen, und in Judäa sahen sie ihn nur sehr selten. Sie glaubten auch, in allen Orten alles in großer Freude und Herrlichkeit über das neugeborene Heil zu finden, weswegen sie so weit gereist waren. Da sie aber auch nirgends die geringste Spur von Bewegung deswegen fanden, wurden sie betrübt und unsicher und glaubten, sie hätten sich vielleicht ganz geirrt.

Der Zug von wohl mehr als 200 Menschen war etwa eine Viertelstunde lang. Schon in Causur hatte sich ein Zug vornehmer Leute, und später hatten sich andere angeschlossen. Die drei Könige saßen auf drei Dromedaren, Kamelen mit zwei Höckern, zwischen allerlei Gepäcken, drei andere Dromedare waren mit Gepäck belastet, und es saßen Führer auf ihnen. Jeder König hatte Viere seines Stammes bei sich; ich bemerkte den Mann der Cuppes und den Azzarias von Atom als Jünglinge darunter, welche ich später als Familienväter bei der Reise Jesu nach Arabien gesehen habe, außer auf ähnlichen Dromedaren saßen die meisten anderen des Zuges auf sehr schnellen gelblichen Tieren mit feinen Köpfen, ich weiß nicht, ob Pferden oder Eseln, sie sahen ganz anders als unsere Pferde aus. Diese Tiere waren bei den Vornehmeren sehr schön gedeckt und aufgezäumt und mit allerlei goldenen Kettchen und Sternchen behängt. Einige ihres Gefolges gingen zu dem Tore und kehrten mit Aufsehern und Soldaten zurück. Ihre Ankunft mit so großem Zuge war zu dieser Zeit, da kein Fest war und sie kein Handelsgeschäfte herführten und auch auf dieser Straße her, ganz ungewöhnlich. Sie erzählten den Fragenden, warum sie kämen. Sie sprachen von dem Sterne und dem neugeborenen Kind. Kein Mensch wollte hier etwas davon verstehen. — Sie wurden dadurch ganz niedergeschlagen und meinten nun gewiß, sie hätten sich geirrt, denn sie fanden da keinen Menschen, der so aussah, als wisse er etwas vom Heil der Welt, denn alle Leute schauten sie ganz verwundert an und konnten nicht begreifen, was sie wollten.

Als die Türhüter aber sahen, wie freundlich sie andringenden

Bettlern bedeutendes Almosen gaben, und gehört hatten, daß sie um Herberge ansuchten und alles reichlich bezahlen wollten, auch daß sie mit dem König Herodes zu sprechen verlangten, begaben sich einige derselben in die Stadt zurück, worauf dann noch verschiedene Meldungen, Hin- und Hersendungen, Erkundigungen und Erklärungen von und an die Könige eintraten. Unterdessen sprachen die Könige mit allerlei Leuten, welche sich um sie her gesammelt hatten. Einige wußten ein Gerücht von einem Kinde, das zu Bethlehem geboren sein solle, aber damit könne es nichts sein, seine Eltern seien arme, gemeine Leute; andere verlachten sie, und da sie aus den halben Äußerungen der Leute vernahmen, daß Herodes gar nichts von einem neugeborenen Kinde wisse und daß sie überhaupt nicht viel auf Herodes hielten, wurden sie noch kleinmütiger, denn es bekümmerte sie, wie sie sich in ihrer Angelegenheit gegen Herodes aussprechen sollten. In ihrer Betrübnis aber wurden sie still und beteten, da wuchs ihnen ihr Mut wieder, und sie sprachen zueinander: Der uns durch den Stern so schnell hat herführen lassen, wird uns auch wieder glücklich nach Haus bringen.

Der Zug der Könige in Jerusalem. — Als endlich die Aufseher zurückgekehrt waren, führte man den Zug der Könige noch ein Stück Wegs um die Stadt herum und durch ein Tor in der Nähe des Kalvarienberges hinein. Nicht weit vom Fischmarkt wurden sie mit ihren Lasttieren in ein rundes Gehöfte gebracht, welches mit Ställen und Wohnungen umgeben war und an dessen Eingängen Wachen standen. Die Lasttiere kamen in die Ställe. Sie selbst begaben sich unter Schoppen in die Nähe eines Brunnens in der Mitte des Hofes, wo auch ihre Lasttiere getränkt wurden. — Dieser runde Hof lag an einer Seite an einem Berg an, auf den beiden anderen Seiten war er frei, und Bäume standen vor demselben. — Es kamen nun noch Beamte zwei und zwei mit Fackeln und sahen das an, was die Könige in ihrem Gepäcke hatten. Ich meine, dies waren Zöllner.

Theokeno ins Schloß des Herodes beschieden. Ein Fest.
Herodes beruft Schriftgelehrte

Das Schloß des Herodes lag höher, nicht weit von diesem Gebäude, und ich sah den Weg hin mit Fackeln und Feuerkörben auf Stangen beleuchtet. Er sendete aber einen Diener herab und ließ den ältesten König Theokeno heimlich in das Schloß bringen. Es war nach 10 Uhr in der Nacht. Er ward unten in einem Saale von einem Hofherrn des Herodes empfangen und über die Absicht ihrer Ankunft ausgeforscht. Er berichtete alles ganz kindlich und bat ihn, den Herodes zu fragen, wo der neugeborene König der Juden sei, dessen Stern sie gesehen und nachgefolgt seien, um ihn anzubeten.

Als der Hofdiener dieses dem Herodes gemeldet hatte, ward dieser sehr bestürzt, verstellte sich jedoch und ließ erwidern: er wolle darüber nachforschen lassen, sie möchten jetzt nur ausruhen, morgen früh wolle er sie alle selbst sprechen und ihnen melden, was er darüber erfahren habe.

Als Theokeno zu seinen Reisegefährten zurückkam, konnte er ihnen eben keinen besonderen Trost bringen. Sie trafen auch keine Anstalten zur Ruhe und ließen manches Abgepackte wieder aufpacken. Ich sah sie in dieser Nacht nicht schlafen, sondern wie einzelne von ihnen mit Führern in der Stadt umhergingen und nach dem Himmel schauten, als suchten sie nach ihrem Stern. In Jerusalem selbst war es still, aber bei der Wache vor dem Hof war viel Geläufe und Gefrage. Den Königen war immer zumute, als könne Herodes wohl alles wissen, wolle es aber vor ihnen verheimlichen.

Es war ein Fest bei Herodes, als Theokeno im Schlosse war; die Säle waren erleuchtet, es waren allerlei Weltleute und auch frech aufgeputzte Weiber bei ihm. Die Fragen Theokenos nach einem neugeborenen König bestürzten ihn sehr, und er ließ sogleich alle Hohenpriester und Schriftgelehrten zu sich berufen. Ich sah sie vor Mitternacht mit Schriftrollen zu ihm kommen. Sie hatten ihre Priesterkleider und Brustschilder und Gürtel mit Buchstaben an. Ich sah wohl an zwanzig um ihn. Er fragte sie, wo Christus geboren werden soll; und ich sah, wie sie ihm ihre Rollen vorlegten und mit den Fingern darauf deutend antworteten: zu Bethlehem in Juda; denn, so schreibt der Prophet Michäas: „Du Bethlehem, im Lande Juda, bist nicht die geringste unter den Fürsten in Juda; denn von dir wird der Herrscher ausgehen, welcher mein Volk Israel regieren soll." — Ich sah hierauf, daß Herodes noch mit einigen von ihnen auf dem Dache des Schlosses herumwandelte und vergeblich nach dem Stern forschte, von dem Theokeno gesprochen. Er war in einer eigentümlichen Unruhe, die gelehrten Priester suchten ihn aber auf alle Weise zu beschwätzen, auf das Gerede dieser Könige sei nichts zu halten, denn dieses abenteuerliche Volk sei immer voll Phantastereien mit seinen Sternen; wenn etwas Solches stattgefunden, müßte Herodes und sie am Tempel und in der heiligen Stadt es doch eher wissen.

Die heiligen drei Könige vor Herodes. Vom Sternbild, das sie gesehen. Herodes' Gemütszustand. Ein Mord, Aufstand gegen ihn. Gerüchte von Jesu Geburt usw. Zug der Könige nach Bethlehem. Rasten auf dem Weg. Ankunft am Haus der Steuer. Lager am Grab der Maraha. Anbetung des Jesuskindes und Opfer. Nächtlicher Sterndienst bei der Terebinthe

Sonntag, den 23. Dezember.

Heute morgen sehr früh ließ Herodes die drei Könige in der Stille zu sich in sein Schloß führen. Sie wurden unter einem Bogen empfangen und in einen Saal gebracht, wo ich zur Bewillkommnung grüne Zweige und Büsche in Gefäßen und einige Erquickungen aufgestellt sah. — Sie standen eine Weile, bis Herodes kam, vor dem sie sich verbeugten und den sie abermals nach dem neugeborenen Könige der Juden fragten. Herodes versteckte seine Beunruhigung, so gut er vermochte, und heuchelte sogar eine große Freude. Es waren noch einige Schriftgelehrte bei ihm. Er forschte sie wegen dem aus, was sie gesehen, und Mensor erzählte ihm das letzte Bild, daß sie vor ihrer

Abreise in den Sternen gesehen. Es sei dieses eine Jungfrau gewesen und vor ihr ein Kind; aus dessen rechter Seite sei ein Lichtzweig hervorgewachsen und auf diesem ein Turm mit mehreren Toren erschienen. Dieser Turm habe sich zu einer großen Stadt erweitert, das Kind sei hierauf mit Krone, Schwert und Zepter als ein König über dieser Stadt erschienen, und nun hätten sie sich selbst und die Könige der ganzen Welt kommen, sich beugen und das Kind anbeten gesehen, denn es habe ein Reich, welches alle anderen Reiche überwinden werde und dergleichen.

Herodes sprach zu ihnen, von Bethlehem Ephrata existiere allerdings eine dahin bezügliche Weissagung, sie möchten nur sogleich ganz still hinziehen, und wenn sie das Kind gefunden und angebetet hätten, möchten sie zurückkehrend ihm Bericht abstatten, damit auch er hingehe und es anbete.

Die Könige, welche nichts von den aufgestellten Speisen genossen hatten, gingen nun wieder hinab, und es war sehr früh, denn ich sah die Fackeln noch vor dem Schlosse brennen. Herodes tat heimlich mit ihnen wegen dem Gerede in der Stadt. Der Tag war aber nun angebrochen, und sie rüsteten alles zum Aufbruche. Die Nachzügler, welche sie bis Jerusalem begleitet, hatten sich schon gestern in der Stadt zerstreut.

Herodes' damaliger Gemütszustand. Ein Mord. Streitigkeit am Tempel. Gerüchte von Christi Geburt. Ursache seines Verfahrens

Herodes war in diesen Tagen voll Unmut und Ärger. Er war in der Zeit der Geburt Christi noch in seinem Schlosse bei Jericho gewesen und hatte einen bösen Mord begangen. Er hatte Leute seiner Partei in die höheren Stellen am Tempel eingedrängt, die ihm alles, was dort vorging, auslisteten und ihm jeden verrieten, der dort seinen Absichten entgangen war; dazu aber gehörte besonders ein höherer Beamter am Tempel, ein sehr guter und gerechter Mann. Diesen ließ er ganz freundlich zu sich gen Jericho einladen, ihn aber in der Wüste überfallen und morden, als sei es von Räubern geschehen.

Einige Tage nachher kam er nach Jerusalem, um das Tempelweihfest am 25. Casleu mit zu feiern, und geriet dort in einen sehr verdrießlichen Handel. — Er wollte den Juden auf seine Weise eine Freude machen und Ehre antun. Er hatte die goldene Figur eines Lammes oder vielmehr eines Böckleins machen lassen; denn es hatte Hörner, und dieses sollte zum Fest über dem Tor aufgestellt werden, welches aus dem Vorhof der Weiber in den Opferhof führte. Er wollte dieses ganz eigenwillig tun und noch schön dafür gedankt haben. Die Priester widersetzten sich, er drohte mit Geldstrafe; da erklärten sie, die Strafe würden sie bezahlen, aber nach dem Gesetze das Bild niemals annehmen. — Herodes hierüber erbittert, wollte das Bild heimlich aufstellen lassen; als es aber gebracht wurde, ergriff es ein eifriger Vorgesetzter und warf es an den Boden, so daß es mitten entzweibrach. Es entstand ein Tumult dadurch, und Herodes ließ jenen Mann einkerkern.

Dieser Handel hatte ihn so geärgert, daß es ihn reute, zu dem Feste gekommen zu sein. Seine Hofleute aber suchten ihn mit allerlei Lustbarkeiten zu zerstreuen.

Zu dieser Stimmung kamen nun noch die Gerüchte von Christi Geburt hinzu. Im jüdischen Lande war seit längerer Zeit bei einzelnen frommen Leuten die Erwartung des Messias als nahe sehr lebhaft. Die Ereignisse bei Jesu Geburt waren durch die Hirten vielfach verbreitet; vornehme Leute hielten jedoch alles dieses für Geschwätz und Fabelei. Herodes hatte auch davon gehört und ganz in der Stille deswegen in Bethlehem nachforschen lassen. Seine Späher waren drei Tage nach Christi Geburt an der Krippe gewesen [1], und als sie mit dem armen heiligen Joseph gesprochen hatten, berichteten sie, wie solche hoffärtige Leute zu tun pflegen, diese Sache sei gar nichts; es sei eine arme Familie in einer elenden Höhle dort und das Ganze nicht der Rede wert. Ja, sie waren schon gleich anfangs viel zu hoffärtig, um nur zu recht mit Joseph zu reden, um so mehr, da sie den Befehl hatten, jedes Aufsehen zu ver-

---

[1] Siehe oben 28. November.

meiden. — Nun aber kam dem Herodes plötzlich der große Zug der drei Könige auf den Leib und versetzte ihn in große Angst und Bestürzung, denn diese kamen zu weit her und waren mehr als ein Gerede. Er heuchelte aber, da sie so bestimmt nach dem neugeborenen Könige fragten, eine Begierde, ihn auch zu verehren, und sie freuten sich darüber. — Die hoffärtige Blindheit der Schriftgelehrten konnte ihn nicht beruhigen, und sein Interesse, dies Ereignis so still als möglich zu halten, bestimmte sein Betragen. Er widersprach der Erklärung der Könige nicht sogleich, er legte nicht sogleich Hand an Jesum, um vor dem ohnehin schwierigen Volke die Aussage der Könige nicht als wahr und folgenreich für ihn selbst erscheinen zu machen. Er gedachte darum, die Sache durch die Könige selbst genauer zu erfahren und dann seine Maßregeln zu ergreifen. — Da aber die Könige, von Gott gewarnt, nicht zu ihm zurückkehrten, ließ er ihre Flucht als Folge ihrer Täuschung oder Lüge bekanntmachen. Er ließ ausstreuen, sie hätten sich geschämt und gefürchtet zurückzukehren als Leute, welche sich und andere so grob getäuscht, denn welche andere Ursache hätten sie zu ihrer heimlichen Flucht haben können, da sie so freundlich empfangen worden seien.

So ließ er später das ganze Gerede einschlafen und nur in Bethlehem verkünden, man solle sich mit jener Familie nicht einlassen und keinen verführenden Gerüchten und Einbildungen Raum geben. Als aber die heilige Familie fünfzehn Tage später nach Nazareth kehrte, erlosch im allgemeinen bald das Gerede von diesem der Menge nicht klargewordenen Ereignis, und die Frommen, welche hofften, schwiegen.

Als nun alles wieder ruhig geworden, gedachte Herodes, Jesum beiseite zu schaffen; aber er vernahm, daß die Familie mit dem Kinde Nazareth verlassen hatte. Er ließ dem Kinde lange nachspüren, und als seine Hoffnung, es zu finden, vergebens ward und seine Angst um so mehr wuchs, ergriff er die verzweifelte Maßregel des Kindermordes, und zwar mit solcher Behutsamkeit, daß er vorher schon allerlei Truppenverlegungen machte, jedem Aufstande vorzubeugen. — Ich meine, die Kinder seien an sieben Orten ermordet worden.

Die heiligen drei Könige ziehen von Jerusalem nach Bethlehem. Sie rasten an einem Quell

Ich sah den Zug der Könige zu einem Tore mittagwärts hinausziehen. Es folgte ihnen ein Trupp Menschen bis zu einem Bach vor der Stadt und kehrte dann zurück. Als sie über dem Bach waren, machten sie einen kleinen Halt und sahen sich nach ihrem Sterne um, und da sie ihn erblickten, brachen sie in ein Freudengeschrei aus und zogen mit süßem Gesange weiter. Der Stern aber führte sie nicht auf dem geraden Weg nach Bethlehem, sondern auf einem Umwege in mehr abendlicher Richtung.

Sie zogen an einem Städtchen vorüber, das mir wohl bekannt ist, und hinter demselben sah ich sie gegen Mittag an einem lustigen Orte bei einem Dörfchen halten und beten. Da entsprang eine Quelle vor ihnen, und sie waren voll Freude, stiegen ab, gruben der Quelle ein Becken und umgaben es mit reinem Sand, Steinen und Rasen. Sie lagerten nun hier mehrere Stunden, tränkten und fütterten ihre Tiere und erquickten sich selbst mit Speise, denn in Jerusalem hatten sie durch Störung und Sorge keine Ruhe gehabt. — Ich habe an diesem Brunnen später unseren Herrn mit den Jüngern mehrmals lehrend verweilen gesehen.

Der Stern, der bei Nacht wie eine Feuerkugel leuchtete, sah jetzt wie der Mond bei Tage aus, er schien nicht scharf rund, sondern wie gezackt, oft sah ich ihn von Wolken versteckt.

Auf der geraden Straße von Bethlehem nach Jerusalem wimmelte es von Reisenden mit Gepäck und Eseln, wahrscheinlich Leuten, die aus Bethlehem von der Zählung wieder heimzogen oder nach Jerusalem zum Markte oder zum Tempel gingen. Auf dem Wege der Könige war es ganz still, und Gott führte sie gewiß hierher, damit sie, ohne großes Aufsehen, erst am Abend gen Bethlehem kämen.

Ich sah sie aber, als die Sonne schon tief stand, wieder aufbrechen. Sie zogen in der Ordnung, wie sie zusammen gekommen waren. Mensor, der bräunliche und jüngste, zog voraus, dann folgte Seir, der braune, und dann Theokeno, der weiße und älteste.

Ankunft der heiligen drei Könige von Bethlehem am Haus der Steuer. Ihr Lager bei dem Grabe der Maraha. Der Stern zeigt ihnen die Krippenhöhle. Anbetung des Kindes und Opfer. Ihr nächtlicher Sterndienst bei der Terebinthe

Heute Sonntag, den 23. Dezember, in der Abenddämmerung sah ich den Zug der heiligen drei Könige vor Bethlehem an demselben Gebäude ankommen, wo Jeseph und Maria sich hatten aufschreiben lassen. Es war das ehemalige Stammhaus Davids, von dem noch einiges Mauerwerk bestand; auch Josephs Eltern hatten es besessen. Es war ein größeres Haus mit mehreren kleinen umher, ein geschlossener Hof lag davor und vor diesem ein mit Bäumen bepflanzter Platz mit einem Brunnen. Ich sah auf diesem Platze römische Soldaten wegen dem in dem Hause befindlichen Schätzungsamt.

Als der Zug hier ankam, entstand ein ziemliches Gedränge von Neugierigen um sie. Der Stern war ihnen verschwunden, sie waren etwas beunruhigt. Es nahten ihnen Männer und fragten sie aus. Sie stiegen ab, und es kamen ihnen Vorgesetzte aus dem Hause mit Zweigen entgegen und boten ihnen eine kleine Erquickung von Früchten, Brötchen und Getränk an. Es war dieses ein gewöhnlicher Willkomm gegen solche Fremdlinge. Währenddem sah ich ihre Tiere unter den Bäumen an dem Brunnen tränken. Ich dachte noch: mit diesen sind sie höflicher als mit dem armen Joseph, weil sie so kleine Goldstückchen austeilten. — Man nannte ihnen das Tal der Hirten als einen guten Lagerplatz. Sie verweilten noch längere Zeit unentschieden; ich hörte sie nicht nach dem neugeborenen König der Juden fragen; sie wußten, daß der Ort hier sei nach der Prophezeiung, fürchteten aber durch die Reden des Herodes alles Aufsehen.

Als sie aber seitwärts Bethlehems ein Leuchten am Himmel, so als wenn der Mond aufgeht, schimmern sahen, setzten sie sich wieder auf ihre Tiere und zogen längs einem Graben und verfallenen Mauern um die Mittagsseite von Bethlehem herum gen dessen Morgenseite und nahten der Gegend der Krippenhöhle von der Seite des Feldes, wo die Engel den Hirten erschienen waren.

Als nun ihr Zug in das Tal hinter der Krippenhöhle bei dem Grabe Marahas gelangt war, stiegen sie von ihren Tieren, und ihre Leute packten vieles ab und schlugen ein großes Gezelt auf, das sie bei sich führten, und trafen andere Einrichtungen zu einem Lagerplatz mit Hilfe einiger Hirten, welche ihnen die Stellen anwiesen.

Es war schon ein Teil des Lagers geordnet, als die Könige den Stern hell und klar über dem Krippenhügel erscheinen und den aus ihm strömenden Lichterguß senkrecht darauf niedersteigen sahen. Er schien sich vergrößernd zu nahen und wuchs zu einer Lichtmasse, daß er mir wie ein Leilaken groß schien. Ich sah aber, wie sie anfangs sehr verwundert schauten. Es war schon düster, sie sahen kein Haus, sondern nur die Form eines Hügels, gleich einem Walle; plötzlich aber ergriff sie eine große Freude, denn sie sahen in dem Glanze die leuchtende Gestalt eines Kindes, wie sie dieselbe früher in dem Sterne gesehen hatten, da entblößten sie alle ihre Häupter und bezeugten ihre Verehrung, und die drei Könige schritten zu dem Hügel und fanden die Türe der Höhle. Mensor öffnete die Türe und sah die Höhle voll von himmlischem Lichte und im Hintergrund die Jungfrau mit dem Kinde gerade so sitzen, wie sie dieselbe in ihren Gesichtern gesehen hatten.

Sogleich trat er zurück und sagte dies seinen Gefährten; indem trat Joseph mit einem alten Hirten ihnen aus der Höhle entgegen, und sie sagten ihm einfältig, wie sie kämen, den neugeborenen König der Juden, dessen Stern sie gesehen, anzubeten und ihm Geschenke zu bringen. Joseph hieß sie freundlich willkommen, und der alte Hirte begleitete sie zu ihrer Schar und war ihnen bei ihren Einrichtungen behilflich; es räumten ihnen einige dort befindliche Hirten Schoppen ein.

Sie selbst rüsteten sich zu der feierlichen Handlung, die sie vorhatten. Ich sah sie große weiße Mäntel, welche eine lange Schleppe hatten, umlegen, sie waren gelblich schimmernd wie von roher Seide, und ungemein fein und leicht wehten sie um sie her. Es waren dies immer ihre Mäntel bei religiösen Feierlichkeiten. Sie hatten alle drei um die Mitte ihres Leibes an ihren Gürteln allerlei Beutel und goldene Büchsen, gleich Zuckerdosen mit Knöpfen darauf, an Kettchen hängen und gingen deshalb ganz breit in ihren Mänteln einher. Jedem der Könige folgten die vier Begleiter aus seiner Familie. Außer diesen waren einige Diener Mensors dabei, welche eine kleine Tafel gleich einem Präsentierteller und einem Teppich mit Quasten und einige andere leichte Zeugbahnen trugen.

Als sie dem heiligen Joseph in schöner Ordnung unter das Obdach vor der Türe der Krippe gefolgt waren, bedeckten sie die Tafel mit dem Quastenteppich, und ein jeder der drei Könige stellte einige der goldenen Büchsen und Gefäße darauf, die er von seinem Gürtel löste, und dieses waren ihre gemeinschaftlichen Geschenke. Mensor und alle anderen aber lösten die Sandalen von ihren Füßen ab. Joseph öffnete die Türe der Höhle. Zwei Jünglinge von Mensors Gefolge gingen vor diesem her und breiteten eine Zeugbahn vor seinen Schritten auf den Boden der Höhle und gingen zurück, ihm folgten dicht zwei andere mit der Tafel der Geschenke, die er ihnen, vor der heiligen Jungfrau angekommen, abnahm und, auf ein Knie niederfallend, zu ihren Füßen auf ein anderes Gestell ehrerbietig hinsetzte. Die Träger gingen zurück. Hinter Mensor standen die vier Begleiter aus seiner Familie, demütig vorgebeugt. Seir und Theokeno standen mit den Ihrigen zurück in dem Eingang bis unter das Obdach vor der Türe. Als sie eintraten, waren sie alle ganz trunken vor Andacht und Rührung und wie durchleuchtet von dem Lichte, welches den Raum erfüllte, und doch war kein anderes Licht zugegen als das Licht der Welt. Maria lag mehr, auf einen Arm gestützt, als sie saß, auf einem Teppich zur Linken des Jesuskindes, welches dem Eingang gegenüber auf der Stelle der Geburt in einer mit einem Teppich bedeckten Mulde lag, die auf einem Gestelle etwas erhöht stand. Im Augenblick ihres Eintritts aber richtete sich die heilige Jungfrau in sitzender Stellung auf, verschleierte sich und nahm das Jesuskind in ihren weiten Schleier vor sich auf den Schoß. Als Mensor kniete und die Geschenke niedersetzend rührende Worte der Huldigung sprach, indem er das unbedeckte Haupt demütig beugte und die Hände vor der Brust kreuzte, hatte Maria dem Kinde, welches rot und weiß darüber eingewickelt war, den Oberleib entblößt, und es sah lieblich schimmernd zwischen ihrem Schleier hervor. Sie stützte ihm mit der einen Hand das Köpfchen und hatte es mit der anderen umfaßt. Es hatte seine Händchen vor der Brust, als bete es und leuchtete vor Freundlichkeit, und manchmal griff es auch lieblich um sich her.

O wie selig still beten die lieben Männer aus dem Morgenlande an. Da ich dieses sah, sprach ich zu mir selbst: O wie sind diese Herzen so klar und ungetrübt, voll Güte und Unschuld wie fromme Kinderherzen. Nichts Heftiges ist in ihnen, und doch sind sie ganz Feuer und Liebe! Ich bin tot, ich bin ein Geist, sonst könnte ich das nicht sehen, denn dieses ist doch nicht jetzt und ist dennoch jetzt. Das ist aber nicht in der Zeit, in Gott ist keine Zeit, in Gott ist alles gegenwärtig, ich bin tot, ich bin ein Geist. Als ich so seltsam dachte, hörte ich zu mir sprechen: „Was kümmert dich das, sieh und lobe den Herrn, der ewig ist und alles in ihm."

Ich sah aber nun, daß Mensor aus einem Beutel, der an seinem Gürtel hing, eine Handvoll fingerlanger, dicker, schwerer Stäbchen, oben spitz und in der Mitte goldfarbig gekörnt, blinkend hervorzog und der heiligen Jungfrau als seine Gabe demütig neben das Jesuskind auf den Schoß legte. Sie nahm das Gold liebevoll dankend an und bedeckte es mit einem Zipfel ihres Mantels. Mensor gab diese gewachsenen Goldstängchen, weil er voll Treue und Liebe war und mit unerschütterlicher, angestrengter Andacht nach der heiligen Wahrheit forschte.

Nun aber zog sich Mensor mit seinen vier Begleitern zurück, und Sair, der Braune, trat mit den Seinigen heran und ließ sich auf beide Knie mit großer Demut nieder und bot mit rührenden Worten sein Geschenk dar, indem er ein goldenes Weihrauchschiffchen voll kleiner grünlicher Harzkörner auf die Tafel vor das Jesuskind niedersetzte. Er gab den Weihrauch, denn er war der, welcher sich willig und ehrerbietig anschmiegte und liebreich dem Willen Gottes folgte. Er kniete lange in großer Innigkeit da, ehe er sich zurückbegab.

Nach ihm nahte Theokeno, der weiße und älteste, er war sehr alt und dick und vermochte nicht niederzuknien; aber er stand tief gebeugt und stellte ein goldenes Gefäß mit einem feinen grünen Kraut auf die Tafel nieder. Es schien noch auf der Wurzel zu wachsen, es war ein ganz feines, grünes, aufrechtstehendes Bäumchen mit krausem Büschchen, worauf feine weiße Blümchen. Es war Myrrhe. Er opferte aber Myrrhe, weil sie auf Abtötung und überwundene Leidenschaften deutet; denn dieser gute Mann hatte ungemeine Anfechtungen zum Götzendienst, zur Vielweiberei und Heftigkeit bekämpft. Er blieb sehr lange in großer Rührung mit seinen Begleitern vor dem Jesuskinde stehen, so daß mir um die anderen Diener vor der Krippe leid ward, daß sie so lange harren mußten, das Kindlein zu sehen.

Die Anreden der Könige und aller Nachfolgenden waren ungemein rührend und kindlich; indem sie sich niederließen und die Geschenke darreichten, sagten sie ungefähr: „Wir haben seinen Stern gesehen und daß er der König über alle Könige ist und kommen, ihn anzubeten und ihm mit Geschenken zu huldigen usw." Sie waren ganz wie entzückt und empfahlen dem Jesuskinde in einem kindlichen, liebetrunkenen Gebet sich, die Ihrigen, ihre Lande und Leute, ihr Hab und Gut und alles, was ihnen auf Erden einen Wert hatte; der neugeborene König möge doch ihre Herzen, ihre Seelen und alles ihr Denken und Tun hinnehmen; er solle sie erleuchten, ihnen alle Tugend und der Erde Glück, Friede und Liebe schenken. Dabei glühten sie in Demut und Liebe, und die Freudentränen rollten ihnen über Wange und Bart. Sie waren ganz selig, sie glaubten, in dem Sterne nun selbst angekommen zu sein, nach welchem ihre Vorfahren seit Jahrtausenden mit so treuer Sehnsucht seufzend geschaut hatten. Alle Freude der nach vielen Jahrhunderten erfüllten Verheißung war in ihnen.

Die Mutter Gottes nahm alles ganz demütig dankend an, sie sprach anfangs nicht, eine einfache Bewegung unter ihrem Schleier aber drückte ihre rührende, andächtige Freude aus. Das nackte Leibchen des Kindes, das sie mit in den Schleier gefaßt hatte, sah zwischen dem Mantel so leuchtend hervor. Am Schlusse sprach sie jedoch einige freundliche, demütige Worte des Dankes zu jedem und schlug dabei ihren Schleier ein wenig zurück. — Oh, da habe ich wohl wieder etwas gelernt, ich sprach zu mir selbst: Oh, wie süß und lieblich dankend nimmt sie jede Gabe an; sie, die nichts braucht, die Jesum hat, nimmt jede Gabe der Liebe mit Demut an, da kann ich wohl lernen, wie man die Gaben der Liebe empfangen muß, auch ich will künftig jede milde Gabe mit Dank in aller Demut annehmen; und ach! wie gütig sind Maria und Joseph; für sich behielten sie schier gar nichts, sie teilten alles wieder den Armen aus.

Als die Könige mit ihren Begleitern die Höhle verlassen und zu ihrem Gezelt gegangen waren, traten nun endlich ihre Diener herein, sie hatten das Zelt gerüstet, die Tiere abgepackt und alles geordnet und ganz demütig, geduldig vor der Türe geharrt. Es mochten ihrer wohl über dreißig sein, es war auch eine Schar von Knaben bei ihnen, welche nur um die Lenden verhüllt waren und ein kleines Mäntelchen umhatten. Die Diener traten immer zu fünf herein, und einer der Vornehmeren, zu dem sie gehörten, geleitete sie. Sie knieten um das Kind und verehrten es still. Zuletzt aber traten die Knaben alle zusammen herein, knieten umher und beteten in kindlicher Unschuld und Freude Jesum an. Die Diener verweilten nicht lange in der Krippenhöhle, denn die Könige kamen nun wieder mit Feierlichkeit hereingetreten, sie hatten wieder andere, leichte, fliegende Mäntel umgelegt, welche breit um sie herschwebten, und sie trugen Rauchfässer in ihren Händen und beräucherten mit großer Ehrerbietung das Kindlein und die heilige Jungfrau und Joseph und die ganze Krippenhöhle und zogen sich dann mit tiefer Verbeugung zurück. Es war dieses ein Gebrauch der Anbetung bei diesem Volke.

Bei allem diesem waren Maria und Joseph in so süßer Freude, als ich sie jemals gesehen; ja oft rannen ihnen Tränen der Freude über die Wangen nieder. Die Anerkennung und feierliche Verehrung des Jesuskindes, das sie so arm beherbergen mußten und dessen höchste Würde in der Demut ihrer Herzen verschwiegen ruhte, erquickte sie unendlich. Sie sahen dem Kinde der Verheißung durch Gottes allmächtige Vorsorge, trotz aller menschlichen Blindheit, was sie selbst ihm nicht geben konnten, vor Jahrhunderten vorbereitet und nun aus weiter Ferne gesendet, die ihm gebührende Anbetung der Mächtigen mit heiliger Pracht. Ach! sie beteten mit den Königen Jesum an, seine Ehre beseligte sie.

In dem Tale hinter der Krippenhöhle bis zu der Grabhöhle Marahas war das Lager gerüstet und die Tiere in Reihen an Pfählen zwischen Stricken aufgestellt. Bei dem großen Gezelt, das nahe am Hügel der Krippe war, befand sich auch ein mit Matten bedeckter Raum, worin ein Teil des Gepäckes bewahrt ward. Das meiste jedoch brachten sie in der Grabhöhle Marahas selbst unter. Als alle die Krippe verlassen hatten, waren die Sterne aufgegangen, und sie versammelten sich in einem Kreise bei dem alten Terebinthenbaum, der über der Grabhöhle Marahas stand, und hielten dort mit feierlichem Gesang ihren Gottesdienst zu den Sternen. Es ist nicht auszusprechen, wie rührend ihr Singen über das stille Tal hinschallte. So viele Jahrhunderte hatten ihre Voreltern zu den Sternen geschaut, gebetet, gesungen, heute war all ihre Sehnsucht erfüllt. Sie sangen von Dank und Freude berauscht.

Joseph bewirtet die heiligen drei Könige. Wie die heilige Familie die Geschenke ansieht. Lauernde Juden bei der Krippenhöhle. Herodes forscht noch mit den Schriftgelehrten

Indessen hatte Joseph mit ein paar der alten Hirten ein kleines Mahl in dem Zelt der Könige gerüstet. Sie trugen Tellerchen mit Broten, Früchten, Honigwaben und Schüsselchen mit Kräutern und Flaschen mit Balsam hin und ordneten das alles auf niederer Tafel auf einem Teppich. Alles dieses hatte er schon am Morgen zur Bewirtung der Könige zusammengetragen, deren Ankunft ihm die heilige Jungfrau vorausverkündet.

Als die Könige mit ihren Verwandten von ihrem Abendgesang zum Zelte gekehrt, sah ich Joseph sie freundlich empfangen, er bat sie, als seine Gäste das kleine Mahl anzunehmen, und lag mitten unter ihnen um die niedere Tafel, und so aßen sie. Er war gar nicht blöde, er war so fröhlich, daß er Freudentränen weinte.

Als ich dieses sah, dachte ich an meinen seligen Vater, den armen Landmann, wie er bei meiner Einkleidung im Kloster unter so vielen vornehmen Leuten zu Tische sitzen mußte; er hatte sich in seiner Einfalt und Demut so sehr davor gefürchtet und ward hernach so fröhlich, daß er vor Freuden weinte. Er ward, ohne es zu wollen, der Allererste bei dem Feste. Nach diesem kleinen Mahle verließ sie Joseph. Einige der Vornehmeren des Zuges begaben sich in eine Herberge zu Bethlehem, die anderen legten sich auf ihren Lagern, welche rings in dem großen Zelte bereitet waren, zur Ruhe.

Als Joseph zur Krippe gekehrt, stellte er alle die Geschenke zur Rechten der Krippe in einen Wandwinkel, den er mit einer Stellwand verdeckt hatte, so daß man nicht sah, was da aufbewahrt wurde. Die Magd Annas, welche zur Bedienung der heiligen Jungfrau zurückgeblieben war, hatte sich während der ganzen Handlung in dem kleinen Seitengewölbe aufgehalten, dessen Türe in dem Eingang der Krippenhöhle war. Sie war erst hervorgetreten, als alle die Krippe verlassen hatten. Sie war sehr ernst und bescheiden. Ich sah weder die heilige Familie noch diese Magd die Gaben der Könige mit weltlichem Wohlgefallen betrachten. Alles ward mit Dank demütig angenommen und mit Milde wieder ausgespendet.

In Bethlehem sah ich bei der Ankunft des Zuges an dem Hause der Schätzung heute abend einiges Getümmel und dann einiges Gelaufe in der Stadt. Die Leute, welche dem Zuge zum Tale der Hirten gefolgt, waren bald wieder zurückgekehrt. — Später, während die Könige so innig und selig ganz von andächtiger Freude durchschimmert in der Krippenhöhle anbeteten und opferten, sah ich in der Gegend umher einige in der Ferne lauernde und murrende Juden, welche in Bethlehem nachher hin und wieder gingen und allerlei Berichte brachten. — Ich mußte bitterlich über diese unglückseligen Menschen weinen. Ach, mir taten diese bösen Leute so leid, die damals und auch jetzt, wenn das Heilige sich den Menschen naht, so tückisch murrend und lauernd umherstehen und dann in ihrem Grimm Lügen verbreiten. Oh, wie muß ich über diese elenden Menschen weinen, sie haben das Heil so nahe und stoßen es von sich; diese guten Könige aber sind, auf Treu und Glauben der Verheißung, so weit hergezogen und haben das Heil gefunden. — Oh, wie bedauere ich die harten, blinden Menschen!

In Jerusalem sah ich heute während des Tages den Herodes noch mit mehreren Schriftgelehrten in Rollen lesen und über die Aussage der Könige sprechen. Nachher ward alles still, als wolle man die ganze Sache fallenlassen.

Die Könige besuchen nochmals die heilige Familie. Ihre Freigebigkeit gegen die Hirten. Abendgesang bei dem Grabe Marahas. Herodes stellt ihnen nach. Ein Engel warnt sie. Sie nehmen Abschied und fliehen

Montag, den 24. Dezember.

Heute schon sehr früh sah ich die Könige und mehrere ihres Gefolges einzeln das Jesuskind und die heilige Jungfrau besuchen. Außerdem sah ich sie während des ganzen Tages bei ihrem Lager und ihren Lasttieren mit allerlei Austeilungen beschäftigt. Sie waren voll Freude und Seligkeit und teilten viele Gaben aus. Das habe ich aber damals immer bei freudigen Ereignissen geschehen sehen. Die Hirten, welche dem Gefolge der Könige alle Dienste leisteten, erhielten sehr viele Gaben. Auch viele Arme sah ich sie beschenken. Ich sah, daß sie armen alten Mütterchen, die ganz gebeugt heranschlichen, Decken über die Schultern hängten. Es waren aber mehrere von dem dienenden Gefolge der Könige, welchen es gar wohl in dem Tale bei den Hirten gefiel und die hier bleiben und sich mit diesen Hirten verbinden wollten. Sie brachten dieses Anliegen den Königen vor und erhielten ihre Entlassung mit reichlichen Geschenken. Sie erhielten Decken, Geräte, Goldkörner und auch die Esel, auf denen sie geritten hatten. Als ich die Könige auch vieles Brot austeilen sah, dachte ich anfangs, wo haben sie nur die vielen Brote her? Dann erinnerte ich mich aber, daß ich mehrmals gesehen, wie sie von Zeit zu Zeit an ihren Lagerplätzen in eisernen Formen, welche sie bei sich führten, aus ihrem Mehlvorrat kleine platte Brote wie Zwieback bereiteten, die sie in leichten Lederkisten dicht verpackt an den Lasttieren hängen hatten. Es kamen heute auch viele Leute aus Bethlehem zu den Königen und drängten sie um allerlei Geschenke, einige durchsuchten ihnen ihr Gepäck und zogen unter allerlei habsüchtigen Vorwänden Abgaben von ihnen.

Sie hatten aber in Jerusalem und auch hier durch die Größe ihres Zuges und das Aufsehen, welches sie erregten, allerlei Quälerei erlitten, und wie sie in einem Triumphzug angekommen waren, weil sie glaubten, alles in lautem Jubel über den neugeborenen König zu finden, so fühlten sie sich jetzt nach ihren Erfahrungen bewogen, in kleinerer Schar ohne Aufsehen und dadurch schneller ihre Rückreise anzutreten; daher entließen sie schon heute viele aus ihrem Gefolge, welche teils sich im Tale der Hirten bleibend zerstreuten, teils nach bestimmten Vereinigungspunkten vorauszogen. — Ich wunderte mich, am Abend die Zahl des Zuges schon um vieles vermindert zu sehen. Die Könige dachten wohl, morgen nach Jerusalem zu reisen und dem Herodes zu sagen, wie sie das Kind gefunden hätten, aber sie wollten mehr in der Stille kommen und ließen viele vorausziehen, welchen dadurch die Reise leichter ward. Sie selbst konnten auf den Dromedaren sie bald wieder einholen.

Am Abend gingen sie zur Krippe, um Abschied zu nehmen. Mensor ging zuerst allein hinein. Maria gab ihm das Jesuskind in seine Arme, er weinte und leuchtete ganz vor Freude. Nach ihm kamen die beiden anderen und nahmen unter Tränen Abschied. Sie brachten noch viele Geschenke, viele Stücke von verschiedenen Stoffen, teils gleich ungefärbter Seide, teils rot und teils blumige Zeuge, auch viele, ganz feine Decken; auch ihre weiten feinen Mäntel ließen sie zurück, sie waren blaßgelb wie von ganz feiner Wolle, sehr leicht, jedes Lüftchen bewegte sie. Sie brachten auch viele Schalen, welche übereinander standen, und mehrere Büchsen voll von Körnern und in einem Korb Töpfe, worin feine, grüne Kräuterbüschchen mit feinen weißen Blümchen. Es standen deren etwa drei in der Mitte des Topfes, doch so, daß man auf den Rand des Topfes wieder einen anderen Topf aufstellen konnte. So waren die Töpfe in dem Korbe übereinander gebaut. Es war Myrrhe. Sie gaben auch dem Joseph schmale lange Körbe mit Vögeln, deren sie mehrere zum Schlachten an den Dromedaren hängen hatten.

Sie weinten alle ganz ungemein, als sie das Kind und Maria verließen. Ich sah die heilige Jungfrau bei ihnen aufrechtstehend, als sie Abschied nahmen. Sie hatte das Jesuskind auf dem Arm in ihren Schleier gehüllt und ging mit den Königen einige Schritte gegen die Türe der Höhle; da stand sie still und löste, um den guten Männern ein Andenken zu geben, den großen Schleier von dünnem gelben Stoff, der das Jesuskind mit ihr verhüllte, von ihrem Haupt und reichte ihn dem Mensor. Mit tiefer Verbeugung empfingen sie diese Gabe, und ihre Herzen wallten vor Dank und Ehrfurcht über, als sie die heilige Jungfrau mit dem Jesuskindlein unverschleiert vor sich stehen sahen. O wie weinten sie so süße Tränen, als sie die Höhle verließen. Der Schleier war ihnen von nun an das höchste Heiligtum, das sie besaßen.

Die Art, mit welcher die heilige Jungfrau die Geschenke annahm, war ohne Freude an den Sachen und doch ungemein rührend demütig und wahrhaftig dankend gegen den Geber. Ich habe keine Empfindung von Eigennutz bei diesem wunderbaren Besuche in ihr gesehen, außer, daß sie anfangs aus Liebe zu dem Jesuskinde und aus Mitleid mit dem heiligen Joseph sich in Einfalt der freudigen Hoffnung hingab, nun würden sie vielleicht Schutz in Bethlehem genießen und nicht mehr so verächtlich wie bei ihrer Ankunft behandelt werden, denn die Betrübnis und Beschämung Josephs hierüber hatten ihr sehr leid getan.

Als die Könige Abschied nahmen, brannte schon die Lampe in der Höhle, es war düster, und sie begaben sich hierauf sogleich mit den Ihrigen unter die alte große Terebinthe über dem Grabe Marahas, ihren Gottesdienst wie gestern abend dort zu halten. Es brannte eine Lampe unter dem Baum; als sich die Sterne blicken ließen, beteten sie und sangen süß. Die Stimmen der Knaben klangen ungemein lieblich durch den Chor. — Hierauf gingen sie in ihr Gezelt, wo Joseph ihnen abermals ein kleines Mahl bereitet hatte, nach welchem wieder einige zur Herberge nach Bethlehem kehrten und die anderen sich in dem Zelte zur Ruhe legten.

Abreise der Könige. Um Mitternacht sah ich plötzlich ein Bild; ich sah die Könige in ihrem Zelte rings auf ausgebreiteten Decken schlafen und sah die Erscheinung eines leuchtenden

Jünglings zwischen ihnen, ihre Lampe war angesteckt, sie richteten sich im Schlafe auf, es war ein Engel, der sie weckte und ihnen sagte, sogleich eilig fortzuziehen und nicht über Jerusalem, sondern um das Tote Meer durch die Wüste ihren Weg zu nehmen. Schnell sprangen sie von ihrem Lager. Einige eilten zu ihrem Gefolge, einer zur Krippe und weckte den heiligen Joseph, der den Weg nach Bethlehem eilte, die dort in der Herberge Befindlichen zu rufen. Diese aber kamen ihm schon nach einer kurzen Strecke entgegen, sie hatten dieselbe Erscheinung gehabt. Mit einer wunderbaren Schnelligkeit war das Gezelt abgeschlagen, aufgepackt und der Rest des Lagers aufgehoben. Während die Könige noch von Joseph vor der Krippe einen rührenden Abschied nahmen, eilte ihr Gefolge schon in getrennten Zügen, um schneller vorwärtszukommen, gegen Mittag durch die Wüste Engaddi, dem Toten Meere entlang.

Die Könige flehten, die heilige Familie möge mit ihnen fliehen, es stehe gewiß Gefahr bevor, und baten dann, Maria möge sich doch mit dem Kinde verbergen, damit sie nicht wegen ihnen belästigt werde. Sie weinten wie die Kinder, umarmten Joseph und redeten gar rührend, bestiegen dann ihre Dromedare wenig bepackt und eilten flüchtig durch die Wüste hin. Ich sah den Engel draußen auf dem Felde bei ihnen, er zeigte ihnen die Richtungen des Weges, sie waren plötzlich wie verschwunden. Sie zogen auf getrennten Wegen, jeder etwa eine Viertelstunde seitwärts von dem anderen, zuerst ungefähr eine Stunde lang gegen Morgen und hierauf mittagwärts in die Wüste. Ihr Heimweg ging durch die Gegend, durch welche Jesus in seinem dritten Lehrjahre aus Ägypten zurückkehrte.

Maßregeln der Obrigkeit in Bethlehem gegen die Könige. Joseph wird zur Rede gestellt, er macht Geschenke. Polizeimandat. Die Wege zur Krippenhöhle verboten. Zacharias von Juta besucht die heilige Familie

Dienstag, den 25. Dezember.

Der Engel hatte die Könige zur rechten Zeit gewarnt, denn die Obrigkeit in Bethlehem hatte vor, ich weiß nicht, ob auf einen geheimen Befehl des Herodes, meine aber, aus eigenem Diensteifer, die Könige, welche in der Herberge zu Bethlehem schliefen, heute gefangenzunehmen, unter der Synagoge, wo tiefe Keller waren, einzusperren und sie bei Herodes als Unruhestifter zu verklagen. Heute früh aber, als man ihren Abzug in Bethlehem erfuhr, waren sie schon bei Engaddi, und das Tal, wo sie gelagert, war bis auf einige Zeltpfähle und die Spuren des niedergetretenen Grases ganz wie sonst und alles ruhig und einsam. Indessen hatte die Erscheinung des Zuges in Bethlehem doch vieles Aufsehen gemacht, manche Leute bereuten, Joseph nicht beherbergt zu haben, andere schwätzten von den Königen als wunderbaren abenteuerlichen Schwärmern, andere verbanden ihre Ankunft mit dem Gerede von der Erscheinung bei den Hirten, darum glaubten die Vorsteher des Ortes, ich weiß nicht, ob vielleicht durch eine Mahnung von Herodes, Vorkehrungen treffen zu müssen, und ich sah nun mitten in Bethlehem auf einem freien Platz, worauf ein von Bäumen umgebener Brunnen war, bei der Synagoge ein großes Haus, zu welchem Treppen hinanführten, und sah, wie alle Einwohner auf dem Platze vor dem Hause zusammenberufen wurden, und wie man ihnen von der Treppe herab eine Warnung oder einen Befehl verkündete, man solle alle verkehrten Urteile und abergläubischen Gerüchte und von nun an alles Geläufe nach der Wohnung der Leute vor der Stadt einstellen, welche zu dergleichen Reden Veranlassung gegeben.

Nachdem das versammelte Volk auseinandergegangen, sah ich den heiligen Joseph durch zwei Männer in dasselbe Haus berufen und dort von alten Juden verhören. Ich sah ihn zur Krippe zurückkehren und nochmals in das Gerichtshaus gehen. Als er das zweite Mal hinging, nahm er einiges Gold von den Geschenken der Könige mit und gab es ihnen, worauf sie ihn beruhigt entließen. Das ganze Verhör schien mir zum Teil auf eine Prellerei hinauszulaufen. — Ich sah auch, daß die Obrigkeit einen Weg, der nicht durch das Tor, sondern von dem

Platze aus, wo Maria bei der Ankunft in Bethlehem unter dem großen Baum geharrt, über einen Hügel oder Wall zur Gegend der Krippe führte, durch einen gefällten Baum versperrte. Ja, sie errichteten eine Wachhütte bei dem Baum und spannten Fäden über den Weg, welche mit einer Klingel in der Wachhütte endeten, um die anzuhalten, welche diesen Weg etwa einschlugen. — Am Nachmittag sah ich eine Schar von 16 Soldaten des Herodes bei Joseph, mit dem sie sprachen; sie waren wahrscheinlich wegen der Könige gesendet, die man der Unruhestiftung beschuldigt hatte, da sie aber alles einsam und stille und die arme Familie in der Höhle fanden und den Auftrag hatten, mit dieser gar kein Aufsehen zu machen, so kehrten sie ruhig zurück und zeigten an, was sie gefunden. Joseph hatte alles, die Geschenke der Könige und was sie sonst noch zurückgelassen, teils in der Grabhöhle Marahas, teils in einigen verborgenen Höhlen des Krippenhügels versteckt, welche er noch von seiner Jugend her kannte, da er oft sich hier vor seinen Brüdern verborgen. Diese einzelnen Gruben rührten noch von dem Patriarchen Jakob her. Er hat einmal, da an der Stelle von Bethlehem noch nichts als ein paar Hütten gestanden, eine Zeitlang seine Gezelte hier auf dem Krippenhügel aufgeschlagen.

Heute abend sah ich Zacharias von Hebron zum erstenmal zu der heiligen Familie kommen. Maria war noch in der Höhle. Er weinte vor Freuden, hatte das Jesuskind in den Armen und sprach zum Teil oder etwas verändert den Lobgesang, welchen er bei der Beschneidung Johannis gesprochen hatte.

Anna kehrt mit den Ihrigen zurück. Eliud Annas zweiter Mann. Pflege des Jesuskindes. Anna war bei Mara, der Nichte der Elisabeth und Mutter des Bräutigams von Kana. Anna sendet einen Teil der Geschenke mit Eliud hinweg. Beamte des Herodes forschen nach einem neugeborenen Königsohn. Joseph verbirgt die heilige Jungfrau mit dem Kinde in der Grabhöhle der Maraha

Mittwoch, den 26. Dezember.

Heute reiste Zacharias wieder hinweg, Anna aber mit ihrer ältesten Tochter, ihrem zweiten Manne und der Magd kehrten zu der heiligen Familie zurück. Die älteste Tochter Annas ist größer und sieht schier älter als ihre Mutter aus. Annas zweiter Mann ist größer und älter, als Joachim war, er heißt Eliud und hatte am Tempel ein Amt bei der Aufsicht über die Opfertiere. Anna hatte eine Tochter, die auch Maria hieß, von ihm. Sie mochte bei Christi Geburt schon 6—8 Jahre alt sein. — Dieser Eliud starb bald, und Anna mußte nach Gottes Willen zum drittenmal heiraten, aus welcher Ehe sie einen Sohn gebar, welcher auch Christi Bruder genannt ward.

Die Magd, welche Anna vor acht Tagen von Nazareth mitbrachte, ist noch bei der heiligen Jungfrau. Da sie noch die Krippenhöhle bewohnte, hielt sie sich in dem kleinen Gewölbe zur Seite auf, jetzt aber, da Maria in der Höhle neben der Krippenhöhle wohnte, schläft die Magd unter einem Obdach, das ihr Joseph vor der Höhle errichtet hat. Anna und ihre Begleitung schlafen in der Krippenhöhle.

Bei der heiligen Familie ist jetzt eine reiche Freude. Anna ist so selig. Maria legt ihr gar oft das Jesuskindlein in die Arme und läßt es von ihr pflegen. Ich sah das noch von niemand anderem geschehen. Ich sah, was mich sehr rührte, daß das Haar des Kindleins, welches gelb und kraus ist, sich in lauter feine Lichtstrahlen endete, welche durcheinander schimmerten. Ich glaube, sie machen ihm die Haare kraus, denn ich sehe, sie reiben ihm das Köpfchen beim Waschen, wobei sie ihm ein Mäntelchen umhängen. Ich sehe immer bei der heiligen Familie eine rührende andächtige Verehrung des Jesuskindes, aber es ist alles ganz einfältig und menschlich, wie es bei heiligen auserwählten Menschen ist. Das Kind hat eine Liebe, ein Hinwenden zu seiner Mutter, wie ich dies nie bei so jungen Kindern gesehen.

Maria erzählte ihrer Mutter alles von dem Besuch der heiligen drei Könige, und Anna war ungemein gerührt, daß Gott der Herr diese Leute so weit zur Erkenntnis des Kindes der Verheißung herberufen. Sie sah die Geschenke der Könige, die hier in einem geflochtenen Kasten in einer verdeckten Vertiefung der Wand verborgen waren, gleich Worten der Anbetung mit großer Demut und Rührung an und half noch vieles verschenken und anderes ordnen und verpacken.

Es ist jetzt ruhig in der Gegend, die Wege hierher, welche nicht durchs Stadttor führen, sind von der Obrigkeit gesperrt. Joseph holte seine Bedürfnisse nicht mehr aus Bethlehem, die Hirten bringen ihm das Nötige. Die Verwandte, bei welcher Anna in Benjamin gewesen, ist Mara[1], die Tochter von Elisabeths Schwester Rhode. Sie ist arm und hatte später mehrere Söhne, welche Jünger wurden. Einer davon hieß Nathanael[2] und ist später der Bräutigam von Kana geworden. Diese Mara ist auch bei dem Tode der heiligen Jungfrau in Ephesus gewesen.

Schon heute sendete Anna ihren Mann Eliud mit einem beladenen Esel und die ihr verwandte Magd mit einem großen Pack hinweg. Sie trug einen Pack auf dem Rücken und einen

---

[1] Manchmal verwechselte sie in der Erzählung diese Mara mit einer jüngeren Schwester oder Schwestertochter Annas, die sie Enue nannte. Wie ihr dann öfter nähere Verwandte unter dem Begriff von Brüdern und Schwestern erschienen.

[2] Es ist dies nicht jener Nathanael, den Jesus unter dem Feigenbaum gesehen. — Nathanael, der Sohn der Mara, war als Knabe bei dem Kinderfest, welches Anna dem zwölfjährigen Jesus gab, als er nach seiner ersten Lehre im Tempel heimkehrte. Der Knabe Jesus erzählte bei diesem Feste eine Parabel von einer Hochzeit, wo Wasser in Wein, und von einer Hochzeit, wo Wein in Blut werde verwandelt werden. Er sagte auch wie im Scherze zu dem Knaben Nathanael, daß er einst auf seiner Hochzeit

auf der Brust. Es war dies ein Teil der Geschenke der Könige, allerlei Stoffe und goldene Gefäße, die später bei dem ersten Gottesdienst der Christen verwendet worden sind. Sie schaffen jetzt alles heimlich fort, denn es ist immer einige Nachspürerei hier herum. Es scheint, daß sie diese Sachen nur an einen anderen Ort auf dem Wege nach Nazareth bringen, wo sie wohl von Knechten abgeholt werden, denn ich sah in früheren Jahren Eliud bei der Abreise Annas, die auch bald sein wird, wieder in Bethlehem.

Anna war nun allein bei Maria in der Seitenhöhle. Ich sah, daß sie zusammen an einer groben Decke flochten oder strickten. In der Krippenhöhle ist jetzt ausgeräumt. Der Esel Josephs steht hinter Flechtwänden verborgen.

Es waren heute abermals Beamte des Herodes in Bethlehem und forschten in mehreren Häusern nach einem neugeborenen Kinde.

Die heilige Familie verbirgt sich in der Grabhöhle der Marah

Es waren heute Soldaten in Bethlehem und forschten in mehreren Häusern nach einem neugeborenen Königssohn. Sie fielen besonders einer vornehmen Jüdin, welche vor kurzem einen Knaben geboren, mit ihren Fragen beschwerlich. Sie kamen gar nicht zur Krippenhöhle; weil sie schon früher nichts als eine arme Familie dort gefunden, so setzten sie voraus, daß von dieser keine Rede sein könne.

Zwei alte Männer, ich meine von den Hirten, welche zuerst

---

sein werde. — Seine Braut in Kana stammte aus Bethlehem, aus dem Geschlechte Josephs. Nach dem Wunder zu Kana gelobte er nebst seiner Frau Enthaltung. Er ward sogleich ein Jünger und empfing in der Taufe den Namen Amator. Er ist später Bischof geworden und war in Edessa, auch ist er auf der Insel Kreta bei Carpus gewesen. Hierauf kam er nach Armenien und wurde wegen vieler Bekehrung gefangen und ins Elend ans Schwarze Meer geschickt. Er ward wieder frei und kam in das Land Mensors, da er dort ein Wunder an einer Frau getan, welches ich vergessen, und sich so viele Leute von ihm taufen ließen, ward er in der Stadt Acajacuh auf einer Insel im Euphrat umgebracht.

anbeteten, kamen zu Joseph und warnten ihn vor diesen Nachforschungen. Darum sah ich die heilige Familie und Anna mit dem Jesuskind in die Grabhöhle Marahas flüchten. In der Krippenhöhle war nichts mehr, was ein Bewohntsein verriet, es sah verlassen drin aus. Ich sah sie in der Nacht mit einem bedeckten Lichte durch das Tal hinziehen. Anna trug das Jesuskind vor sich in den Armen, Maria und Joseph gingen ihr zur Seite, die Hirten geleiteten sie und trugen die Decken und andere Gerätschaften zum Ruhen für die heiligen Frauen und das Jesuskind.

Ich hatte dabei ein Gesicht und weiß nicht, ob es die heilige Familie auch sah. Ich sah um das Jesuskind vor der Brust der Mutter Anna eine Glorie von sieben verschlungenen, übereinanderliegenden Engelgestalten, es erschienen noch viele andere Gestalten in dieser Glorie, und zur Seite Annas, Josephs und Marias sah ich auch noch Lichtgestalten, als führten sie dieselben unter den Armen. Als sie in die Vorhalle getreten, schlossen sie die Türe und gingen dann ganz in die Grabhöhle, wo sie sich alles zum Ruhen einrichteten.

Die heilige Familie in der Grabhöhle der Maraha. Joseph trennt wegen Gefahr das Jesuskind während einigen Stunden von Maria. Die geängstigte Mutter drückt die Milch aus ihrer Brust. Ursprung eines Wunders, welches bis in unsere Zeit erwähnt wird. Feier des Vermählungstages Josephs und Marias

Donnerstag, den 27. Dezember.
Vorbemerkung. Die ehrwürdige Emmerich erzählte in verschiedenen Jahren folgende zwei Ereignisse als in den Tagen, da die heilige Jungfrau in der Grabhöhle der Maraha verborgen war, eingetreten. Weil sie dieselben aber jedesmal, durch Krankheit oder Besuch gestört, nicht am Tage selbst, da sie geschehen, sondern nachträglich als etwas Vergessenes mitteilte, lassen wir sie beisammenstehen, und es bleibt dem Leser überlassen, sich dieselben nach seinem Gutdünken anders zu ordnen.

Die heilige Jungfrau erzählte der Mutter Anna alles von den heiligen drei Königen, und sie betrachteten auch alles, was sie hier in der Grabhöhle Marahas zurückgelassen.

Ich sah zwei Hirten zu der heiligen Jungfrau kommen, welche sie warnten, als kämen Leute von der Obrigkeit, welche nach ihrem Kindlein forschten. Maria war in großer Sorge darum, und ich sah bald darauf den heiligen Joseph hereintreten, der das Jesuskind aus ihren Armen nahm, es in einen Mantel einschlug und es hinwegtrug. Ich erinnere mich nicht mehr, wohin er sich mit ihm begab.

Ich sah nun die heilige Jungfrau wohl einen halben Tag lang in der Höhle allein, ohne das Jesuskind, in großer mütterlicher Angst und Sorge verweilen. Als aber die Stunde nahte, da sie gerufen werden sollte, um das Kindlein an ihrer Brust zu nähren, tat sie, wie treue Mütter nach Schrecken oder anderen erschütternden Gemütsbewegungen zu tun pflegen. Sie drückte die geängstigte Milch vorher aus ihrer Brust, ehe sie das Kind säugte, in ein Grübchen der weißen Steinbank der Höhle. Sie sagte dieses einem frommen ernsten Mann von den Hirten, der zu ihr kam (wahrscheinlich, um sie zu dem Kinde zu führen), und dieser Hirt, voll tiefer Erkenntnis der Heiligkeit der Mutter des Erlösers, schöpfte nachher die jungfräuliche Milch, welche in dem weißen Steingrübchen wie aufgewallt war, mit einer Art Löffel sorgsam auf und brachte sie in glaubender Einfalt seinem säugenden Weibe, welche ihr Kind nicht zu stillen vermochte. Die gute Frau genoß diese heilige Nahrung mit ehrfürchtigem Vertrauen, und alsobald ward ihr Glaube so gesegnet, daß sie ihr Kind reichlich nähren konnte. Seit diesem Ereignisse empfing der weiße Stein dieser Höhle eine gleiche Heilkraft, und ich habe gesehen, daß bis in unsere Zeit selbst ungläubige Mohammedaner sich desselben als Heilmittel in diesem und anderen körperlichen Leiden bedienen [1].

Diese Erde ward von je durch die Pfleger des heiligen Landes

---

[1] Diese Höhle und die Tradition jenes Wunders werden in vielen alten und neuen Beschreibungen von Palästina mit verschiedenen Abweichungen

erzählt. Die gewöhnliche Tradition meint, die heilige Familie habe auf der Flucht nach Ägypten, bei Bethlehem vorüberkommend, in dieser Höhle verborgen geruht, und einige Tropfen Milch, aus der Brust der Mutter Gottes überfließend, hätten dem Stein der Höhle diese Heilkraft gegeben. Daß diese Höhle das Grab von Abrahams Amme sei und daher schon die Höhle der Säugenden geheißen wie auch, daß die Gnade der Heilkraft der Höhle durch die mütterliche Sorge der Mutter des Herrn veranlaßt worden, ist durch die Anschauungen der gottseligen Emmerich zuerst gesagt worden. Der gelehrte Minorit Fr. Quaresmius, Vorsteher und Apostolischer Kommissarius des heiligen Landes im 17. Jahrhundert, sagt in seiner historica Terrae Sancta elucidatio Antverpiae 1632 Tom. II. pag. 678 von dieser Höhle unter anderem: „Nicht weit von der Geburtshöhle und der Kirche der heiligen Jungfrau zu Bethlehem gegen Morgen (nach anderen Bestimmungen 200 Schritte entfernt) liegt ein unterirdischer Ort, in welchem drei Höhlen ausgehauen sind, in deren mittelster manchmal zum Gedächtnis des hier geschehenen Wunders das heilige Meßopfer verrichtet wird. Der Ort wird gewöhnlich die Höhle, die Grotte der Jungfrau oder auch die St. Nikolauskirche genannt. Eine Bulle von Papst Gregor XI. († 1378) erwähnt diese Kapelle des heiligen Nikolaus bei Bethlehem und erlaubt den Franziskanern, sich dabei eine Niederlassung mit Glockenturm und Kirchhof zu erbauen." — In einem alten lateinischen Manuskript von den Orten des heiligen Landes heißt es: „item die Kirche des heiligen Nikolaus, worin die Höhle, in der sich nach der Sage die heilige Jungfrau mit dem Jesuskinde verborgen hat." — Nachdem Quaresmius die gewöhnliche Sage von dieser Höhle mitgeteilt, sagt er, die Erde der Höhle sei von Natur rot, aber zu Staub gestoßen, gewaschen und an der Sonne getrocknet, werde sie schneeweiß und gleich mit Wasser vermischt, vollkommen der Milch ähnlich. Die so bereitete Erde wird Milch Marias genannt und im Getränk gemischt von Frauen, welche nicht säugen können, oder gegen andere Krankheiten mit großem Heilerfolge eingenommen. Selbst türkische und arabische Frauen nehmen die rohe Erde zu gleichem Gebrauch in solcher Menge aus der Höhle, daß dieselbe, welche vor Zeiten nur eine Höhle war, sich jetzt zu dreien erweitert hat. Die Reliquien, welche an mehreren Wallfahrtsorten als lac Beatae Virginis einen Gegenstand der Verwunderung und des Spottes abgeben, sind zunächst nichts als Erde aus jener Grotte bei Bethlehem, von der die Seherin spricht.

Quaresmius deutet auf das Wunder, welches Baronius bei dem Jahre 158 von der Insel Malta anführt, daß nämlich, seit Paulus dort die Viper von seiner Hand geschleudert (Apg 28), auf dieser Insel keine giftigen Schlangen und Tiere mehr seien, ja daß die Erde von Malta selbst ein Gegengift geworden sei und sagt: „Ward dieser Erde um Paulus willen solche Gnade verliehen, warum sollten wir nicht glauben, daß Gott um der jungfräulichen Gottesgebärerin willen der Erde dieser, durch die Gegenwart Jesu und seiner Mutter und deren geheiligte Milch benedeiten Höhle, eine ähnliche, ja noch weit größere Tugend verliehen habe." Castro im Leben Marias, Grotonus im Leben Josephs erwähnen dieselbe Tradition aus einer alten Schrift der Armenier.

gereinigt und in kleine Formen gepreßt, als eine erinnernde Andachtsgabe in der Christenheit versendet, und das sind jene Reliquien, welche überschrieben sind: „de lacte sanctissimae Virginis Mariae, von der Milch der heiligsten Jungfrau Maria."

Gedächtnisfeier der Vermählung Marias

Joseph blieb nicht in der Grabhöhle Marahas verborgen. Ich sah ihn mit den zwei alten Hirten allerlei Einrichtungen in der Krippenhöhle treffen. Ich sah die Hirten mancherlei Laub- und Blumenkränze, ich wußte anfangs nicht zu welchem Zweck, hineintragen; dann aber sah ich, daß es die Zubereitungen zu einem rührenden Feste waren. — Ich sah Eliud, den zweiten Mann Annas, und auch die Magd wieder anwesend. Sie hatten zwei Esel mitgebracht. Wahrscheinlich waren sie den Knechten Annas, welche etwa von Nazareth mit diesen Lasttieren kamen, nur eine Strecke Wegs entgegengegangen, hatten diese mit ihrem Gepäcke nach Nazareth zurückgesendet und die Lasttiere selbst nach Bethlehem geführt. Als ich sie wieder hierher ziehen sah, meinte ich eine Zeitlang, es seien Leute aus einer Herberge vor Jerusalem, wo ich die heilige Familie später eingekehrt sah.

Joseph hatte die Abwesenheit der heiligen Jungfrau in der Grabhöhle Marahas benutzt, um die Krippenhöhle mit den Hirten zur Feier des Gedächtnistages seiner Vermählung auszuschmücken.

Als alles geordnet war, holte er die heilige Jungfrau mit dem Jesuskinde und der Mutter Anna ab und führte sie in die geschmückte Krippenhöhle, wo bereits Eliud und die Magd und die drei alten Hirten versammelt waren. O wie rührend war die Freude aller, als die heilige Jungfrau das Jesuskindlein in die Krippenhöhle hineintrug. Die Decke und Wände der Höhle hingen voll von Blumenkränzen. In der Mitte war eine Tafel zur Mahlzeit gerüstet. Einige schöne Decken der heiligen drei Könige waren auf den Boden, an den Wänden und über die Tafel gebreitet, auf welcher eine Pyramide von Laubwerk und

Blumen bis zu einer Öffnung in der Decke hinaus errichtet war, in der äußersten Spitze saß auf einem Zweige eine Taube, welche, wie ich glaube, auch gemacht war. Ich sah die ganze Höhle voll Lichter und Glanz. Sie hatten das Jesuskind in seinem Wiegenkörbchen in aufrecht sitzender Stellung auf ein Stühlchen gestellt, Maria und Joseph, mit Kränzen geschmückt, standen ihm zur Seite und tranken aus einem Becher. Außer den Verwandten waren die alten Hirten zugegen, man sang Psalmen und hatte ein kleines fröhliches Mahl. Ich sah Engelchöre und allerlei himmlische Einflüsse in der Höhle erscheinen. Alle waren sehr innig und gerührt.

Nach dieser Feier begab sich die heilige Jungfrau nebst dem Jesuskind und der Mutter Anna wieder zur Grabhöhle der Maraha.

Vorbereitungen zur Abreise der heiligen Familie. Maria trägt das Jesuskind zweimal nachts in die Krippenhöhle und betet dort. Nach dem Sabbat Abreise der Mutter Anna. Persönliches, Erkennen von Stoffreliquien aus dem Besitz der heiligen drei Könige

Freitag, den 28., bis Sonntag, den 30. Dezember.

Ich sah in den letzten Tagen und auch heute den heiligen Joseph mancherlei tun, was auf die baldige Abreise der heiligen Familie von Bethlehem zielte. Joseph verminderte täglich seinen Hausrat. Er gibt den Hirten alle die leichten geflochtenen Wände und Schirme und andere Einrichtungen, durch welche er die Krippenhöhle bequem gemacht hatte, und sie tragen alles hinweg.

Heute nach Mittag waren wieder viele Leute, welche nach Bethlehem zum Sabbat zogen, an der Krippenhöhle, da sie diese aber verlassen fanden, zogen sie bald wieder weiter. Anna wird nach dem Sabbat wieder gen Nazareth reisen; sie ordnen und packen heute noch alles. Sie nimmt auf zwei Eseln vieles von den Gaben der heiligen drei Könige mit, besonders Teppiche, Decken und Stoffe. Heute abend hielten sie den Sabbat in der Höhle der Maraha.

Samstag, den 29. Dezember, setzten sie die Sabbatfeier fort, und es war ruhig in der Gegend. Am Schlusse des Sabbats aber ward alles zur Abreise Annas und Eliuds und ihres Gesindes nach Nazareth zubereitet.

Bereits einmal und heute nacht zum zweiten Male sah ich die heilige Jungfrau im Dunkeln aus der Grabhöhle Marahas das Jesuskind in die Krippenhöhle tragen. Sie legte es dann auf einen Teppich an die Stelle seiner Geburt und kniete betend bei ihm nieder. Ich sah dabei die ganze Höhle wie bei der Geburtsstunde des Herrn von himmlischem Lichte erfüllt. Ich meine, die liebe Mutter Gottes muß das doch auch wohl gesehen haben.

Sonntag, den 30. Dezember, am frühesten Morgen sah ich die Mutter Anna mit ihrem Mann und Gesinde nach einem zärtlichen Abschied von der heiligen Familie und den drei alten Hirten gen Nazareth abreisen; die Magd Annas zog auch mit ihnen, ich wunderte mich wieder über ihre seltsame Mütze, die fast wie ein Kuckuckskorb aussah. So nennen die Bauerskinder bei mir zu Hause eine spitze Mütze, welche sie sich zum Spiel aus Binsen flechten. — Daß ich eine Zeitlang geglaubt hatte, die mit den beiden Eseln nach Bethlehem gekehrten Angehörigen der Mutter Anna seien Leute aus dem Herbergshause vor Jerusalem, mochte daher rühren, weil ich sie in dieser Herberge hatte übernachten und mit den Bewohnern verkehren sehen. — Sie nahmen alles Überflüssige, was von den Gaben der Könige noch da war, auf ihren Lasttieren mit, und indem sie aufpackten, ward ich ganz verwundert, daß sie ein Päckchen mitnahmen, welches mir gehörte, ich fühlte, daß es dabei war, und konnte gar nicht begreifen, wie nur die Mutter Anna darauf komme, mir mein Eigentum mit fortzunehmen.

Diese ihre Empfindung, als nehme die Mutter Anna etwas mit aus Bethlehem hinweg, was ihr, der Erzählenden, angehörte, erklärte sich aus folgenden Erfahrungen.

Persönliches

Die gottselige Emmerich erkennt in ihrer Nähe und ihrem Besitz mehrere Reliquien von Stoffen, welche die heiligen drei Könige der heiligen Familie geschenkt hatten.

Bald nach dieser Befremdung, daß Anna etwas von Bethlehem mitnehme, was ihr, der Schwester Emmerich, gehöre, fand zwischen dieser, welche sich in einem erhöhten sehenden Zustande befand, und dem Schreiber folgende Mitteilung statt.

Schwester Emmerich: „Anna hat vieles von den Geschenken, besonders von Stoffen der Könige, da sie abreiste, mitgenommen, es ist davon mancherlei in der ersten Kirche verwendet worden, und es sind Reste bis zu unserer Zeit übrig. Ein Stückchen von der Bedeckung des Geschenktischchens der Könige und auch von einem ihrer Mäntel ist unter meinen Reliquien [1]."

Da ein Teil dieser Reliquien sich neben dem Bette der Kranken in einem Schränkchen, ein anderer Teil aber in der Wohnung des Schreibers befand, fragte dieser: „Ist diese Stoffreliquie hier in der Nähe?" — Sie: „Nein, dort in dem Hause." — Der Schreiber: „Bei mir?" — „Nein, bei jenem Mann, bei

---

[1] Bei diesem ihrem Ausdruck „meine Reliquien" fügen wir hinzu: Viele begnadigte Glieder der katholischen Kirche aus allen Zeiten hatten die Gabe, durch die Gebeine der Heiligen und alles Geweihte und Geheiligte wohltätig angeregt zu werden. Wahrscheinlich aber ist diese Gabe nie in einem Menschen in solchem Umfang und stets gegenwärtig erschienen als in der Person der gottseligen A. K. Emmerich. Nicht nur das allerheiligste Sakrament, sondern auch alles, was von der Kirche durch sakramentliche und sakramentalische Akte geweiht und geheiligt war wie auch vorzüglich die Gebeine der Heiligen und alles, was die Kirche unter dem Begriff der Reliquien versteht, sah sie von allen anderen, wenn auch natürlich gleichartigen Substanzen, wesentlich durch Licht und in diesem auch durch Färbung unterschieden. Sie vermochte auch bei den Gebeinen der Heiligen und Stoffen, welche diesen angehört, die Namen der Heiligen und oft deren Geschichte bis in das kleinste Detail mitzuteilen, wovon ihre nähere Umgebung in täglichen Erfahrungen nach allen Seiten hin so überzeugende Beweise hatte, daß ihrer Person nicht unbillig der Name eines Sakrometers von einem ihrer Freunde gegeben ward. Der Schreiber dieses wird in ihrer ausführlichen Lebensgeschichte eine große Anzahl dieser Erfahrungen mitteilen. Warum die geistliche Obrigkeit der A. K. Emmerich, so viel uns

dem Pilger (so nannte sie gewöhnlich den Schreiber), sie befindet sich in einem kleinen Bäuschchen, das Stückchen von dem Mantel ist fahl. — Aber man wird es nicht glauben, und dennoch ist es wahr, und ich sehe es vor meinen Augen. Ein naher Angehöriger des Pilgers glaubt es gewiß nie, der möchte alles vernichten, was er schreibt, aber sein Schwager A., der mich besucht, der hat ein Herz wie der braune König Seir, er ist so mild und schmiegsam und so treu, er ist ein rechtes christliches Herz, ach, wenn dieser Mann in der Kirche wäre, er hätte den Himmel auf Erden."

Als der Schreiber ihr aus den bei ihm bewahrten Reliquien jene, welche man ein Bäuschchen nennen konnte, gebracht, eröffnete sie eines dieser Bäuschchen sogleich und erkannte ein darin befindliches, gelbwollenes und ein dunkelrotseidenes kleines Stoffrestchen als von den Zeugen der Könige an, doch ohne noch genauere Erklärung darüber zu geben. — Hierauf sagte sie: „Ich selbst muß noch ein anderes Stückchen Stoff von den Königen haben. Sie besaßen mehrere Mäntel, einen starken dicken im Wetter, einen gelben und einen roten von feiner

---

bekannt, nie eine erschöpfende, mit allen Beweisen bewaffnete Notiz von dieser für geistliches Leben so folgenreichen Erscheinung genommen hat, wissen wir nicht, aber wir sind fest überzeugt, daß diese ihre Gnadengabe merkwürdiger und beachtenswerter als alle anderen Erscheinungen an ihr war. — Zur Prüfung dieser ihrer Erkenntnis der Reliquien und anderer geweihten Dinge waren durch Vermittlung ihrer Freunde und namentlich des Schreibers eine große Menge von dergleichen Gegenständen in die Nähe der guten Emmerich gekommen, denn sowohl durch die Zerstörung so vieler Kirchen und Klöster in unserer Zeit als auch durch die Ermattung, ja leider hie und da gänzliche Ersterbung eines tieferen treuen Sinnes für das Heilige und durch treue Überlieferung als heilig oder ehrwürdig an uns Vererbte waren Schätze, über welche einst vielleicht große Kirchen erbaut worden waren, auf eine höchst betrübende, ja der tieferen Einsicht Schauder erregenden Weise verunehrt und in Privatbesitz bis in die Trödelbuden verschleudert worden. Viele dieser heiligen Gebeine gab sie selbst an, und man verschaffte ihr dieselben. Zwei bedeutende Gefäße aber, voll von Reliquien aus der ersten Zeit, welche in einer alten zerstörten Kirche gefunden worden, empfing sie durch die Güte des hochwürdigen Regens Overberg, welcher ihr außerordentlicher Gewissensführer war.

leichter Wolle. Diese Mäntel wehten, wenn sie zogen, im Winde. Bei Feierlichkeiten aber trugen sie Mäntel von ungefärbter Seide, sie glänzten, waren am Rand mit Gold gestickt und hatten eine lange Schleppe, die getragen wurde. Ich meine, von einem solchen Mantel muß etwas in meiner Nähe sein, wodurch ich schon früher und auch heute nacht wieder in Bildern von Seidenzucht und Weberei bei den Königen war, wovon ich mich noch erinnere.

In einer Gegend morgendlich zwischen dem Lande Theokenos und Sairs hatte man Bäume voll von Würmern, und um jeden Baum war ein kleiner Wassergraben gezogen, damit die Würmer nicht fort konnten; ich sah manchmal Blätter unter die Bäume streuen, ich sah Kästchen an den Bäumen hängen, und wie sie mehr als fingerlange rundliche Dinge herausnahmen, meinte zuerst, es seien seltsame Vogeleier, sah aber bald, daß es die Hülsen der Würmer waren, die sich eingesponnen hatten, als die Leute einen Faden fein wie Spinnweb davon abwickelten; und daß sie von diesem eine Menge vor der Brust befestigten und einen feinen Faden daraus spannen und auch etwas aufrollten, das sie in der Hand hielten. Ich sah auch ihre Weberei zwischen Bäumen, der Webstuhl sah sehr weiß aus, er war ganz einfach, der Stoff war wohl so breit wie mein Bettuch." (Hier beschrieb sie einen sehr einfachen Webstuhl; aber wegen Zeitmangel zur Mitteilung nicht hinreichend genau.)

Nach einigen Tagen sagte sie: „Mein Arzt fragte mich öfter über ein Stückchen sehr kurios gewebte Seide. Ich sah auch in der letzten Zeit ein solches bei mir und weiß jetzt nicht, wo es hingekommen ist. Ich habe mich aber darauf besonnen und habe erkannt, daß ich bei dieser Gelegenheit das Bild von den Seideweberinnen hatte, es war morgendlicher als die drei Königsländer, in dem Lande, wo der heilige Thomas auch war. Ich habe es irrtümlich erzählt, es gehört nicht zu den Stoffen der heiligen Könige, das muß der Pilger wegstreichen. Es wurde mir durch eine unverständige Probiererei gegeben, ohne daß man sich darum bekümmerte, womit ich mich gerade innerlich beschäftigte, dadurch können dann Verwechslungen kommen, und das ist betrübt.

Ich habe aber die Zeugreliquien wieder gesehen und weiß jetzt, wo sie sind. Ein Päckchen, wie ein Knopf zusammengenäht, habe ich vor mehreren Jahren meiner Schwägerin, die in Flamske wohnt, vor ihrer letzten Niederkunft gegeben. Sie bat mich um irgendein Heiligtum zur Stärkung; da gab ich ihr das Bäuschchen, welches ich leuchtend und als einst mit der Mutter Gottes in Berührung gewesen sah. Ich erinnere mich jetzt nicht, ob ich damals den ganzen Inhalt genau betrachtet habe, die fromme Frau hatte aber vielen Trost dadurch. Heute nacht habe ich es wieder gesehen, sie hat es noch, es ist fest vernäht. Es ist ein dunkelrotes Stückchen Teppich und zwei Stückchen dünnes Gewebe wie Flor, von der Farbe der rohen Seide darin und etwas wie grüner Kattun, auch ein Stückchen Holz und ein paar weiße Steinsplitterchen. — Ich habe der Schwägerin sagen lassen, es mir wieder zu bringen."

Nach einigen Tagen besuchte sie die Schwägerin und brachte das Päckchen. Der Schreiber öffnete zu Haus den etwa nußgroßen Knopf behutsam und trennte die darin zusammengedrehten Stoffreste voneinander, nezte sie und preßte sie in einem Buche glatt. Es war der Inhalt ein etwa zwei Quadratzoll großes, dunkelrotbraunes, verrottetes, blumigfein gewebtes und auf einigen Stellen dunkelviolettrot scheinendes, dickes Wollenzeug und zwei Finger lange und breite Streifen von losem, leichtem, musselinartigem Gewebe, von der Farbe der rohen Seide, weiter ein Stückchen Holz und ein paar Steinsplitterchen. Die Stoffstückchen, in Papierbriefchen gehüllt, hielt er ihr abends vor Augen. Sie konnte nicht wissen, was es sei, sagte zuerst: „Was soll ich mit den Briefchen?" Und sodann augenblicklich, indem sie die geschlossenen Briefchen einzeln in die Hand nahm: „Du mußt das gut aufheben und auch kein Fäserchen davon verlieren, das dicke, jetzt braun aussehende Zeug war sonst ganz tief rot, eine Decke ungefähr so groß wie meine Stube, die Diener der Könige breiteten sie in die Krippenhöhle, und Maria saß mit dem Jesuskinde darauf, als sie räucherten. Sie hat sie nachher immer in der Höhle gehabt und auch auf dem Esel mit nach Jerusalem zur Opferung genommen. Das leichte florartige Gewebe ist von einem kurzen Mantel, der aus drei getrennten Bahnen bestand, die sie, an einen Kragen befestigt, über dem Rücken und den Schultern wehend und fliegend wie eine Stola bei Zeremonien trugen. Es waren Fransen und Troddeln am Rande. — Das Holzspänchen und die Steinchen sind in neuerer Zeit aus dem gelobten Lande gebracht.

Sie sah in diesen Tagen in ihren fortgesetzten Anschauungen des Lehrwandels Jesu den 27. Januar des letzten Vierteljahres seines Lebens. Sie sah den Herrn auf der Reise nach Bethanien in einer Herberge bei Bethoron mit 17 Jüngern: „Er lehrte sie über ihren Beruf. Er hielt Sabbat mit ihnen, die Lampe brannte den ganzen Tag. Es ist aber einer unter den Jüngern, der neu aus Sichar mitgegangen ist. Ich sah ihn so deutlich, es muß von seinem Gebeine unter meinen Reliquien sein, ein weißes, dünnes Schelferchen, sein Name klingt wie Silan oder Vilan, diese Buchstaben sind drin." Zuletzt sagte sie Silvanus. — Nach einer Weile sagte sie:

„Ich habe die Stückchen Zeuge wieder gesehen, welche ich von den drei Königen besitze. Es muß auch ein Bäuschchen da sein, worin unter anderem etwas von einem Mantel des Königs Mensor, ein Stückchen von einer rotseidenen Decke, welche in älterer Zeit bei dem heiligen Grab gelegen, ein Stückchen von der weiß und roten Stola eines Heiligen. Ich sehe auch das Splitterchen von dem Jünger Silvanus darin." —

Nach einer Pause von Geistesabwendung sagte sie: „Ich sehe jetzt, wo jenes Päckchen ist, ich habe es vor anderthalb Jahren hier einer Frau zum Anhängen gegeben, sie trägt es noch. Ich will sie um Rückgabe bitten lassen. Ich gab es ihr bei meiner Gefangennehmung als einen Trost anzuhängen, sie nahm so viel Anteil an mir. Ich wußte damals den Inhalt nicht genau, ich sah nur, daß es leuchtete, daß es Heiligtum und mit der Mutter

Gottes in Berührung gewesen war. Jetzt, als ich alles von den heiligen drei Königen so genau sah, erkannte ich alles, was auf sie Bezug hatte, in meiner Nähe und so auch diese Stoffreliquien. Ich vergaß aber über den vielen Dingen immer wieder, wo sich alles befand."

Nach einigen Tagen, als ich das Bäuschchen wieder erhielt, gab sie es, weil sie selbst krank war, dem Schreiber zu eröffnen. Er öffnete das alte, vor langer Zeit stark vernähte Päckchen in der Vorstube und fand folgende, fest umeinander gewickelte Gegenstände darin:

1. Ein schmales Streifchen (gleich einem gerollten Saum) naturfarbigen Gewebes von zartester tierischer Wolle, welches bei dem Versuche, es auszubreiten, höchst gebrechlich und dünn erschien.

2. Zwei Stückchen nankingfarbiges, locker gewebtes, doch ziemlich starkes Baumwollenzeug, ungefähr einen Finger lang und halb so breit.

3. Ein Quadratzoll gemusterten karmoisinfarbigen Seidenstoffes.

4. Ein Viertel Quadratzoll Ornatseidenstoff, gelb und weiß.

5. Ein kleines Muster grün und braunen Seidenstoffes.

6. In der Mitte von allen diesem ein zusammengedrücktes Papier, in welchem ein erbsengroßes, weißes Steinchen.

Der Schreiber sonderte alle diese Gegenstände in einzelne Papiere, außer Nr. 6, welches er in dem alten Papier ließ. Als er der Kranken nahte, schien sie nicht in sehendem Zustande, sie hustete und klagte wachend über heftige Schmerzen, sagte aber alsbald: „Was hast du da für Briefe, das ist leuchtend, welche Schätze besitzen wir, sie sind mehr wert als ein Königreich." Nun nahm sie die einzeln verschlossenen Briefchen, deren Inhalt sie nicht wissen konnte, nacheinander prüfend in die Hand, schwieg einige Augenblicke, wie innerlich schauend, und sagte, sie einzeln zurückgebend, folgendes über ihren Inhalt, ohne auch nur bei einem einzigen zu irren, denn der

Schreiber überzeugte sich sogleich durch Eröffnung der ganz gleichförmigen Briefchen.

1. Dieses ist von einem Rocke des Mensor, es ist ganz feine Wolle. Er hatte nur Armlöcher ohne Ärmel. Von den Schultern bis zum halben Arm hing ein Lappen, gleich einem aufgeschnittenen halben Ärmel, herab. Hierauf beschrieb sie Gestalt, Stoff und Farbe der Reliquie genau.

2. Dieses ist von einem Mantel, welchen die Könige auch zurückgelassen haben. Sie beschrieb abermals die Beschaffenheit der Reliquie.

3. Dieses ist ein Stückchen von einer dicken, roten, seidenen Decke, welche im heiligen Grab zur Zeit, da die Christen noch Jerusalem besaßen, auf den Boden gebreitet war. Als die Türken Jerusalem eroberten, war sie wie noch ganz neu und wurde, als die Ritter alles teilten, zerschnitten, und jeder erhielt ein Stückchen zum Andenken.

4. Dieses ist von der Stola eines sehr heiligen Priesters, Alexius, er war, glaube ich, ein Kapuziner. Er betete immer am heiligen Grabe. Die Türken haben ihn sehr mißhandelt. Sie stellten Pferde in die Kirche und setzten ihm ein altes türkisches Weib vor das heilige Grab, wo er betete. Er ließ sich nicht stören. Endlich mauerten sie ihn dabei ein, und das Weib mußte ihm Wasser und Brot durch ein Loch reichen. Dieses weiß ich jetzt noch aus vielem, was ich neulich dabei gesehen, als ich das Päckchen und seinen Inhalt sah, ohne recht zu wissen, wo es sich befand.

5. Dieses ist kein Heiligtum, aber doch ehrwürdig, es ist von Sitzen und Bänken abgezogen, worauf die Fürsten und Ritter rings in der heiligen Grabkirche saßen. Sie haben es auch verteilt.

6. Hierin ist ein Steinchen von der Kapelle über dem heiligen Grabe, und da ist auch das Splitterchen von dem Jünger Silvanus aus Sichar.

Als der Schreiber sagte, es sei kein Knochensplitterchen darin, erwiderte sie: „Gehe hin und suche." — Er ging sogleich in die

Vorstube zum Lichte, öffnete das zusammengedrückte Papier behutsam und fand in einer Falte ein weißes feines Knochensplitterchen von der Dicke eines Fingernagels, von unregelmäßiger Gestalt und der Größe eines halben Silberkreuzers. — Genau, wie sie es beschrieben hatte. Sie erkannte es sogleich. — Alles dieses geschah abends in ihrer dunklen Kammer, das Licht brannte in der Vorstube.

Mariä Reinigung

Nachdem sich nun die Erfüllung der Tage näherte, daß die heilige Jungfrau ihren Erstgeborenen im Tempel nach dem Gesetze darstellen und auslösen sollte, war alles bereit, daß die heilige Familie vorerst zum Tempel und hierauf nach Nazareth in ihre Heimat ziehen könne.

Schon sonntags am Abend des 30. Dezembers hatten die Hirten alles erhalten, was die Dienstleute der Mutter Anna noch zurückgelassen. Die Krippenhöhle, die Nebenhöhle und die Grabhöhle Marahas waren nun ganz ausgeräumt und auch ausgefegt. Joseph ließ sie ganz rein zurück.

In der Nacht des Sonntags auf Montag, den 31. Dezember, sah ich Joseph und Maria abermals mit dem Kindlein die Krippenhöhle besuchen und von dem heiligen Orte Abschied nehmen. Sie breiteten den Teppich der Könige zuerst an die Geburtsstelle Jesu, legten das Kindlein darauf und beteten dabei, und zuletzt legten sie es an die Stelle der Beschneidung und beteten auch hier kniend.

Montags, den 31. Dezember, bei Tagesanbruch sah ich die heilige Jungfrau sich auf den Esel setzen, welchen die alten Hirten schon ganz zur Reise gerüstet vor die Höhle geführt hatten. Joseph hielt ihr das Kindlein, bis sie sich bequem gesetzt hatte, und gab es ihr dann auf den Schoß. Sie saß quer auf einem Sitze und hatte die Füße auf einem Fußbrette etwas erhöht stehen. Die Füße standen gegen das Hinterteil des Esels zu. Sie hielt das Kindlein in ihrem weiten Schleier auf dem Schoße verhüllt und sah selig darauf nieder. Sie hatten nur ein paar Decken und Bündelchen auf dem Esel bei sich. Maria saß dazwischen.

Die Hirten nahmen einen rührenden Abschied und geleiteten sie auf den Weg. Sie zogen nicht den Weg, den sie gekommen, sondern zwischen dem Krippenhügel und der Grabhöhle Marahas, an der Morgenseite von Bethlehem herum. — Niemand bemerkte sie.

30. Januar. — Heute am Tag sah ich sie auf dem kurzen Weg von Bethlehem nach Jerusalem gar langsam ziehen, sie müssen oft verweilt haben. Am Mittag sah ich sie auf Bänken ruhen, welche einen mit einem Dach überbauten Brunnen umgaben. Ich sah ein paar Frauen zur heiligen Jungfrau kommen. Sie brachten ihr kleine Krüge mit Balsam und kleine Brote.

Das Opfer der heiligen Jungfrau für den Tempel hing in einem Korbe an dem Esel. Der Korb hatte drei Gefächer, zwei derselben waren inwendig mit etwas überzogen. Es lagen Früchte darin. Das dritte war ein offenes Gitter, und man sah ein paar Täubchen darin.

Ich sah sie gegen Abend vor Jerusalem, etwa eine Viertelstunde vor der Stadt, neben einer größeren Herberge in einem kleinen Hause einkehren, worin ein paar alte kinderlose Eheleute wirtschafteten, von denen sie mit ungemeiner Liebe empfangen wurden. — Ich weiß nun auch, warum ich gestern die Dienstleute Annas für Herbergsleute von Jerusalem hielt. Ich habe sie nämlich auf der Hinreise auch hier bei diesen alten guten Leuten eingekehrt gesehen, und sie haben da auch wohl die Herberge für die heilige Jungfrau bestellt. Es waren Essener Leute, mit Johanna Chusa verwandt. Der Mann betrieb Gärtnerei, schnitt die Hecken und hatte irgendein Geschäft an dem Wege zu besorgen.

1. Februar. — Ich sah heute den ganzen Tag die heilige Familie bei den alten Herbergsleuten vor Jerusalem. Die heilige Jungfrau war meistens in einer Kammer mit dem Kinde allein, welches auf einem niedrigen Mauervorsprung auf einem Teppiche lag. Sie war immer im Gebet und schien sich zu dem

Opfer vorzubereiten. Ich hatte dabei innere Weissagungen, wie man sich zu dem heiligen Sakramente vorbereiten solle. — Ich sah die Erscheinung vieler heiliger Engel in ihrer Kammer, welche das Jesuskind verehrten. Ich weiß nicht, ob die heilige Jungfrau diese Engel auch sah, aber ich glaube doch, denn ich sah sie in großer Innerlichkeit. — Die guten Herbergsleute taten der heiligen Jungfrau alles zuliebe, sie mußten eine Ahnung von der Heiligkeit des Jesuskindleins haben.

Abends, gegen sieben Uhr, hatte ich eine Anschauung von dem alten Simeon. Er war ein hagerer, sehr alter Mann, mit kurzem Barte. Er war ein gewöhnlicher Priester, hatte eine Frau und drei erwachsene Söhne, deren jüngster jetzt schon 20 Jahre alt sein mochte. — Ich sah auch Simeon, der dicht am Tempel wohnte, durch einen engen, dunklen Gang in den Mauern des Tempels in eine kleine gewölbte Zelle gehen, die in die dicken Tempelmauern angebracht war. Ich sah nichts in diesem Raume als eine Öffnung, durch welche man in den Tempel hinabsehen konnte. — Ich sah den alten Simeon hier knien und im Gebet entzückt. Da trat die Erscheinung eines Engels vor ihn, welcher ihn ermahnte, morgen früh auf das Knäblein zu achten, welches zuerst werde geopfert werden, denn es sei der Messias, nach welchem er sich so lange gesehnt habe. Nachdem er ihn gesehen, werde er bald sterben. — Ich sah das so schön, der Raum war ganz hell, und der alte heilige Mann leuchtete vor Freude.

Ich sah hierauf, wie er nach seiner Wohnung kehrte und in großer Freude seiner Frau erzählte, was ihm verkündet worden sei. Als seine Frau zur Ruhe gegangen war, sah ich Simeon wieder sich ins Gebet begeben.

Ich habe nie gesehen, daß die frommen Israeliten und ihre Priester sich so übertrieben beim Gebete bewegten wie die Juden heutzutage. Ich sah aber wohl, daß sie sich geißelten.

Ich sah auch, wie die Prophetin Hanna in ihrer Zelle am Tempel betete und ein Gesicht hatte, die Darstellung des Kindes Jesu im Tempel betreffend.

2. Februar. — Heute morgen, es war noch dunkel, sah ich

die heilige Familie, von den Herbergsleuten begleitet, mit den Opferkörbchen und dem zur Reise bepackten Esel die Herberge verlassen und nach Jerusalem zum Tempel ziehen. — Sie gingen am Tempel in einen ummauerten Hof. — Indessen hier Joseph und sein Wirt den Esel in einen Schoppen einstellten, ward die heilige Jungfrau mit ihrem Kindlein von einer betagten Frau freundlich empfangen und in einem bedeckten Gange weiter zum Tempel geführt. Sie hatten eine Leuchte, denn es war noch dunkel. Gleich in diesem Gange kam der alte Priester Simeon der heiligen Jungfrau voll Erwartung entgegengetreten. Er redete wenige freudige Worte mit ihr, nahm dann das Jesuskind und drückte es an sein Herz, worauf er nach einer anderen Seite in den Tempel zurückeilte. — Er war durch die gestrige Ankündigung des Engels so sehnsüchtig, das Kind der Verheißung zu sehen, nach dem er so lange geseufzt, daß er hier schon der Ankunft der Frauen harrte. — Er hatte lange Kleider an wie die Priester außer dem Gottesdienste. Ich habe ihn schon oft im Tempel gesehen und immer als einen alten Priester von keinem höheren Rang. Nur seine große Frömmigkeit, Einfalt und Erleuchtung zeichneten ihn aus.

Die heilige Jungfrau ward von ihrer Führerin bis in die Vorhöfe des Tempels gebracht, in welchen die Opferung geschah, und hier ward sie von Hanna und Noemi, ihrer ehemaligen Lehrerin, welche beide an dieser Seite des Tempels wohnten, empfangen. — Simeon, der nun wieder der heiligen Jungfrau aus dem Tempel entgegenkam, führte sie, die das Kind auf den Armen hatte, nun an die Stelle, wo die Auslösung der Erstgeborenen zu geschehen pflegte, und Hanna, welche Joseph den Korb mit dem Opfer gab, folgte ihr nebst Noemi. Die Tauben waren unten in dem Korb und oben darüber ein Gefach mit Früchten. — Joseph ging zu einer anderen Türe hinein, an den Ort der Männer.

Man wußte wohl im Tempel, daß mehrere Frauen zur Opferung kamen, denn es war alles zugerüstet. Der Raum, worin die Handlung geschah, war so groß wie die Stadtkirche hier in Dülmen. — Rings an den Wänden brannten viele Lampen, welche immer eine Pyramide bildeten. Die Flämmchen kommen am Ende eines gebogenen Rohres aus einer goldenen Scheibe, die fast so hell wie das Lichtchen blinkt. An der Scheibe hängt, durch ein Gewerb verbunden, ein Löschhörnchen herab, welches, in die Höhe geklappt, das Licht ohne Gestank auslöscht und beim Anzünden wieder herabgestoßen wird.

Es hatten mehrere Priester vor einer Art Altar, an dessen Ecken wie Hörner herausgingen, einen länglich viereckigen Kasten herangetragen, dessen Türen, geöffnet und nochmals herausgeschlagen, das Gestell eines ziemlich geräumigen Tisches bildeten, auf welches eine große Platte gelegt ward. Diese überdeckten sie hierauf mit einer roten und dann mit einer weißen durchsichtigen Decke, die rings bis zum Boden niederhing. — Auf die vier Ecken dieses Tisches wurden mehrarmige, brennende Lampen gestellt, in der Mitte standen um ein längliches Wiegenschiffchen zwei ovale Schüsselchen mit zwei Körbchen. — Alle diese Dinge hatten sie aus Fächern des Kastens selbst hervorgeholt wie auch Priesterkleider, welche auf den anderen feststehenden Altar gelegt wurden. Der aufgestellte Opfertisch war von einem Gitter umgeben. — An beiden Seiten dieses Tempelraumes standen Gestühle, eines höher als das andere, in welchem sich betende Priester befanden.

Es nahte nun Simeon der heiligen Jungfrau, welche das Jesuskind, in einer himmelblauen Hülle eingeschlagen, auf den Armen ruhen hatte, und führte sie durch das Gitter an den Opfertisch, wo sie das Kindlein in ein Wiegenkörbchen legte, und von diesem Augenblicke an sah ich ein unaussprechliches Licht den Tempel erfüllen. Ich sah, daß Gott in demselben war, und über dem Kinde sah ich den Himmel offen bis in den Thron der heiligen Dreifaltigkeit hinein. — Dann führte Simeon die heilige Jungfrau wieder zurück in einen vergitterten Ort der Frauen. — Maria trug ein leise himmelblaues Kleid, einen weißlichen Schleier und war ganz in einen langen gelblichen Mantel eingehüllt.

Simeon ging hierauf an den feststehenden Altar, auf welchen die Priesterkleider gelegt worden waren, und er und drei andere Priester kleideten sich einander zur Feierlichkeit an. Auf dem Arme hatten sie eine Art von kleinem Schild, und ihr Haupt war mit einer gespaltenen Mütze bedeckt. Einer trat hinter und einer vor den Opfertisch, zwei andere standen zu dessen schmalen Seiten und beteten über das Kind.

Nun trat Hanna zu Maria und reichte ihr den Opferkorb, welcher aus zwei übereinander stehenden Körbchen, Früchte und Trauben enthielt, und führte sie bis an das Gitter vor dem Opfertisch, wo sie stehenblieben. — Simeon, der vor dem Tische stand, öffnete das Gitter und führte Maria vor den Tisch und setzte ihr Opfer darauf. In eines der ovalen Tellerchen wurden Früchte, in das andere Münzen gelegt, die Täubchen blieben in dem Korbe [1].

Simeon blieb mit Maria vor dem Opfertisch stehen, und der hinter demselben stehende Priester nahm nun das Jesuskind aus dem Wiegenkörbchen auf seine Hände, hob es empor und nach verschiedenen Seiten des Tempels und betete lang. Hierauf gab er das Kind dem Simeon, der es auf die Arme Marias zurücklegte, und aus einer Rolle, die neben ihm auf einem Gestelle hing, über sie und das Kind betete.

Simeon geleitete die heilige Jungfrau hierauf wieder vor das

---

[1] Als sie 1823 in der Erzählung des dritten Lehrjahrs Jesu dessen Aufenthalt in Hebron, etwa zehn Tage nach dem Tode des Täufers, erzählt, sieht sie, da Jesus am Freitag (29. Thebet = 17. Januar) über die Sabbatlektion Ex 10—13,17 von der ägyptischen Finsternis ... und Auslösung der Erstgeburt lehrt, in bezug auf letztere abermals den ganzen Hergang der Opferung Christi im Tempel und erzählt auch folgendes, was hier wahrscheinlich vergessen worden. „Die heilige Jungfrau opferte das Jesuskind erst am dreiundvierzigsten Tage nach seiner Geburt. Sie harrte wegen eines Festes drei Tage in der Herberge bei den guten Leuten vor dem Bethlehemstore. Außer dem gewöhnlichen Taubenopfer opferte sie fünf dreieckige Goldplättchen von den Gaben der Könige und schenkte mehrere Stücke feinen Stoffes zu Stickereien an den Tempel. — Joseph verkaufte, ehe er Bethlehem verließ, seinem Vetter die junge Eselin, die er ihm am 30. November verpfändet hatte. Ich meine immer, die Eselin, auf welcher Jesus am Palmsonntag nach Jerusalem einritt, stamme von diesem Tiere ab."

Geländer, von wo sie durch die dort harrende Hanna an den vergitterten Standort der Frauen zurückgeführt ward, in welchem sich indessen noch etwa 20 Frauen mit erstgeborenen Knäblein zum Opfer eingefunden hatten. — Joseph und andere Männer standen weiter zurück, am Ort der Männer.

Nun begannen die Priester oben vor dem festen Altar einen Gottesdienst mit Räuchern und Beten, und die in den Gestühlen Befindlichen taten dieses mit einigen Bewegungen, doch nicht so heftig wie die Juden heutzutage. — Als diese Feierlichkeit zu Ende war, kam Simeon zu dem Standorte Marias, empfing das Jesuskind von ihr auf seine Arme und sprach, ganz in Freuden entzückt, lang und laut über dasselbe. Er lobte Gott, daß er die Verheißung erfüllt habe, und sagte unter anderem auch: „Herr! Nun läßt du nach deinem Worte deinen Diener in Frieden scheiden, denn meine Augen haben dein Heil gesehen, das du im Angesichte aller Völker bereitet hast, das Licht zur Erleuchtung der Heiden und die Glorie deines Volkes Israel."

Joseph aber war nach der Opferung näher herangetreten und hörte mit Maria voll Ehrfurcht die begeisterten Worte Simeons, der sie beide segnete und zu Maria sprach: „Siehe, dieser ist vielen in Israel zum Falle, vielen zur Auferstehung gesetzt und zu einem Zeichen, dem man widersprechen wird. Deine eigene Seele aber wird ein Schwert durchdringen, auf daß die Herzen vieler dadurch offenbar werden."

Als Simeons Rede zu Ende war, ward auch die Prophetin Hanna begeistert und sprach lange und laut über das Kindlein Jesus und pries seine Mutter selig.

Ich sah, daß die Anwesenden alles dieses mit Rührung anhörten, doch ohne daß dadurch irgendeine Störung entstanden wäre, selbst die Priester schienen einiges davon zu hören. Es war, als sei so lautes begeistertes Beten nichts ganz Ungewöhnliches, als geschehe dergleichen öfters und müsse alles so sein. Dennoch sah ich alle Anwesenden in ihrem Herzen sehr bewegt. Alle erwiesen dem Kinde und der Mutter große Ehrerbietung. Maria aber leuchtete auch wie eine himmlische Rose!

Mariä Reinigung

Die heilige Familie hatte äußerlich das ärmste Opfer dargebracht, Joseph gab aber heimlich dem alten Simeon und der Hanna viele gelbe, dreieckige Stückchen, um sie besonders für arme Jungfrauen zu verwenden, welche am Tempel erzogen wurden und die Kosten nicht aufbringen konnten.

Hierauf sah ich die heilige Jungfrau mit dem Kindlein von Hanna und Noemi wieder hinaus nach dem Hofe geleiten, wo sie dieselbe abgeholt hatten, und nun nahmen sie Abschied voneinander. — Joseph war schon hier mit den beiden Herbergsleuten, er hatte den Esel herbeigeführt, den, welchen Maria mit dem Kinde bestieg; und so reisten sie sogleich vom Tempel durch Jerusalem gen Nazareth zu.

Das Opfer der übrigen heut anwesenden Erstgeborenen habe ich nicht gesehen, doch fühle ich, daß allen eine besondere Gnade zugeflossen und daß viele von ihnen mit den Unschuldigen Kindern gestorben sind.

Das Opfer mochte heute morgen um 9 Uhr vollendet sein, um welche Zeit ich die Abreise der heiligen Familie gesehen habe. Sie reisten an diesem Tage noch bis Bethoron, und sie übernachteten in demselben Hause, wo die letzte Herberge der heiligen Jungfrau gewesen, als sie vor dreizehn Jahren nach dem Tempel gebracht worden. Der Bewohner des Hauses schien mir ein Schullehrer zu sein. — Es erwarteten sie hier Leute, von Anna gesendet, um sie abzuholen. — Sie reisten in viel geraderer Richtung nach Nazareth, als sie von dort nach Bethlehem gezogen waren, wo sie, alle Orte vermeidend, nur in einzeln liegenden Häusern eingekehrt waren.

Joseph hatte die junge Eselin, die ihm auf der Reise nach Bethlehem den Weg gezeigt, bei seinen Verwandten verpfändet gelassen, denn er dachte noch immer, nach Bethlehem zurückzukehren und sich im Tal der Hirten eine Wohnung zu zimmern. Er hatte auch mit den Hirten davon gesprochen und ihnen gesagt, er wolle Maria nur eine Zeitlang zu ihrer Mutter bringen, damit sie sich von der beschwerlichen Herberge recht erholen könne, und darum hatte er auch mancherlei bei den Hirten zurückgelassen.

Joseph hatte eine seltsame Art von Geld bei sich, ich meine, er hat es von den drei Königen erhalten. Er hatte in seinem Gewand nach innen eine Art Tasche, in welcher er eine Anzahl ganz dünner, glänzender, gelber Blättchen übereinander gerollt trug. Sie waren etwa von der Gestalt eines Osterzettels mit abgerundeten Ecken. Es war etwas darauf eingekratzt. — Die Silberlinge des Judas waren dicker, zungenförmig; die ganzen an beiden Enden, die halben an einem Ende gerundet.

Blick auf die Heimreise der heiligen drei Könige

Ich sah die heiligen drei Könige in diesen Tagen jenseits eines Flusses alle zusammengetroffen. Sie hielten einen Rasttag und feierten ein Fest. — Der Ort bestand aus einem großen und mehreren kleineren Häusern. — Die Könige ziehen zwischen dem Wege, auf welchem sie herumgereist, und der Richtung, in welcher Jesus nach seinem dritten Lehrjahre aus Ägypten kam, wieder zur Heimat. — Anfangs reisten sie sehr schnell, von dem jetzigen Rastort aber zogen sie viel langsamer, als sie herausgezogen. — Ich sah immer, als gehe ein **leuchtender Jüngling** vor ihrem Zuge her, der manchmal auch zu ihnen redete. — Sie lassen Ur (?) rechts liegen.

Simeons Tod

3. Januar. — Simeon hatte eine Frau und drei Söhne, deren ältester wohl jetzt vierzig und deren jüngster etwa zwanzig Jahre alt sein mochte. Sie dienten alle drei am Tempel und sind in ihren späteren Jahren immer heimliche Freunde Jesu und seiner Angehörigen gewesen. Sie wurden auch teils vor Jesu Tod, teils nach dessen Himmelfahrt Jünger des Herrn. Bei dem letzten Pascha bereitete einer von ihnen das Osterlamm für Jesus und die Apostel. Ich weiß jedoch jetzt nicht genau, ob diese alle nicht vielleicht Enkel Simeons waren. Diese Söhne Simeons haben zur Zeit der ersten Verfolgungen nach Jesu Himmelfahrt sehr vieles für Freunde des Herrn getan. —

Simeons Tod

Simeon war mit Seraphia, welche den Namen Veronika erhielt, und durch deren Vater mit Zacharias verwandt.

Ich sah, daß Simeon, als er gestern nach seiner Prophezeiung bei Jesu Opferung nach Hause kam, gleich krank wurde. Aber er sprach noch in großer Freude mit seiner Frau und seinen Söhnen. — Heute nacht sah ich nun, daß heut sein Sterbetag sei. Von vielem, was ich hierüber gesehen, ist mir noch folgendes gegenwärtig:

Simeon ermahnte, auf seinem Lager ruhend, seine Frau und seine Kinder, er sprach ihnen von dem Heil, das zu Israel gekommen sei, und von allem, was ihm der Engel verkündet hatte, mit großem Ernst und einer rührenden Freude. — Ich sah ihn dann ruhig sterben und die stille Weheklage seiner Familie. Es waren nun viele andere alte Priester und Juden um ihn, welche beteten.

Ich sah hierauf, daß sie seinen Körper in eine andere Stube trugen. Hier wurde er auf ein durchlöchertes Brett gelegt, auf welchem sie ihn mit Schwämmen unter einer übergehaltenen Decke wuschen, so daß er vor ihren Augen auf keine Weise entblößt war. Das Wasser lief durch das Brett in ein untergestelltes kupfernes Becken. Sie legten dann große, grüne Blätter über ihn, umgaben ihn mit vielen feinen Kräuterbüscheln und hüllten ihn in ein großes Tuch, in welchem er mit langen Binden wie ein Wickelkind eingeschlungen ward. Sein Leib war nun so gerade und unbeweglich, daß ich schier glaubte, er sei auf seinem Brette festgewickelt.

Am Abend ward Simeon begraben. Es trugen ihn sechs Männer mit Leuchten auf einem Brett, welches einigermaßen die Form eines Leichnams, an allen vier Seiten aber einen aufrechtstehenden niederen Bogenrand hatte, etwa so, daß der Rand an der Mitte der vier Seiten des Brettes höher und an deren vier Ecken niederer war. Auf diesem Brette ruhte der eingewickelte Leichnam ohne andere Überdeckung. — Die Träger und das Gefolge gingen schneller als bei unseren Begräbnissen. Das Grab war auf einem Hügel, nicht sehr weit von der Gegend des Tempels. Die Grabhöhle bildete von außen ein Hügelchen, an welchem die Tür schräg anlag, von innen war sie auf eine eigene Art ausgemauert. Es war jene Art Arbeit, jedoch roher, welche ich den heiligen Benediktus[1] in seinem ersten Kloster habe ausüben sehen.

Es waren die Wände wie in der Zelle der heiligen Jungfrau am Tempel durch verschiedenfarbige Steine, mit allerlei Mustern von Sternen und Blumen verziert. Die kleine Höhle, in deren Mitte sie die Leiche niedersetzten, bot nur so viel Raum, daß man um den Leib hergehen konnte. Es waren noch einige Gebräuche bei der Bestattung, sie legten allerlei zu den Toten, Münzen, Steinchen, und ich glaube auch Speise. Ich weiß es nicht mehr genau.

Ankunft der heiligen Familie bei Anna

Ich sah abends die heilige Familie im Wohnhause Annas, etwa eine halbe Stunde von Nazareth gegen das Tal Zabulon zu, angekommen. Es wurde ein kleines Familienfest in der Art wie bei Marias Abreise zum Tempel gefeiert. Es brannte die Lampe über dem Tisch. Joachim lebte nicht mehr, ich sah Annas zweiten Mann als Hausherrn. Annas älteste Tochter, Maria Heli, war zu Besuch anwesend. Der Esel ward abgepackt, sie wollten eine Zeitlang hier verweilen. Sie hatten alle sehr viel Freude

---

[1] In einer Anschauung des Lebens des heiligen Benediktus, 10. Februar 1820, sah sie unter anderem, daß er als Knabe von seinem Lehrer unterrichtet wird, aus bunten Steinen allerlei Verzierungen und Arabesken im Sande des Gartens in der Art der antiken Fußböden einzulegen. Später sah sie ihn als Einsiedler, in der Decke seiner Zelle oder Höhle, eine Vision vom Jüngsten Gericht in roher Mosaik abbilden. Sie sah spätere Jünger Benedikts dieser Bildnerei nachfolgen und sie erweitern. In einer Betrachtung aber, wie sich die ganze Geschichte der Orden aus dem Wesen ihrer Stifter bis in ihre kleinsten Einzelheiten entwickelte, sagte sie: Da der Geist in den Benediktinern weniger lebendig ward als die Schale, sah ich ihre Kirchen und Klöster allzuviel verziert und geschmückt werden, und wenn ich die vielen Bilder und Zieraten an den Decken der Kirchen sah, dachte ich, das kommt von jenem Bildwerk Benedikts in seiner Zelle, das ist so ins Kraut geschossen, wenn diese Überladung einmal niederfällt, schlägt sie vieles zusammen.

mit dem Jesuskind. Aber ihre Freude war still und innig. Ich habe nie viele Leidenschaft bei allen diesen Leuten gesehen; es waren auch alte Priester zugegen. Sie hatten eine kleine Mahlzeit, die Frauen aßen auch hier, wie immer bei Mahlzeiten, von den Männern getrennt.

Einige Tage später

Ich sah die heilige Familie noch bei Anna. Es sind verschiedene Frauen dort, die älteste Tochter Annas, Maria Heli, nebst ihrer Tochter Maria Kleophä, weiter eine Frau aus dem Orte Elisabeths und die Magd, die bei Maria in Bethlehem gewesen ist. Diese Magd wollte nach dem Tode ihres Mannes, der nicht gut gewesen war, nicht wieder heiraten und kam nach Juta zu Elisabeth, wo die heilige Jungfrau sie kennenlernte, als sie Elisabeth vor Johannes' Geburt besuchte. Von dort ist diese Witwe zu Anna gekommen. — Ich sah heute, daß Joseph vieles bei Anna auf Esel packte, und vor den Eseln, deren es zwei oder drei waren, hergehend, mit der Magd gen Nazareth zog.

Gebetstätigkeit

Ich erinnere mich alles dessen, was ich heute im Hause der heiligen Anna sah, nicht mehr im einzelnen, aber ich muß mich recht lebhaft dort gefühlt haben, denn ich war dort in einer Gebetstätigkeit, die ich vielleicht jetzt nicht mehr ganz verstehe. Ehe ich zu Anna kam, war ich im Geiste bei einem Paar junger Eheleute gewesen, welche ihre alte Mutter ernähren, und nun beide zum Tode krank sind, und wenn sie nicht wieder genesen, muß die Mutter ganz verkommen. Ich kenne diese arme Familie, habe aber lange nichts mehr von ihr gehört. — In verzweifelten Notfällen rufe ich aber immer die heilige Mutter an, und als ich nun heute in dem Bilde in ihrem Hause war, sah ich in ihrem Garten, trotz der Jahreszeit, an den Bäumen, wenngleich die Blätter gefallen waren, noch viele Birnen, Pflaumen und andere Früchte hängen. Diese durfte ich bei dem Weggehen abbrechen, und ich brachte die Birnen den kranken Eheleuten, welche wieder dadurch gesund wurden. Nachher mußte ich auch noch vielen armen Seelen davon geben, Bekannten und Unbekannten, welche dadurch erquickt wurden. — Wahrscheinlich bedeuten diese Früchte Gnaden durch die Fürbitte der heiligen Anna. Ich fürchte, es bedeuten mir diese Früchte wieder viele Schmerzen und Leiden, ich erfahre das immer bei solchen Bildern, in denen ich Früchte in Gärten der Heiligen breche, denn es muß immer dafür bezahlt werden. — Warum ich diese Früchte im Garten der heiligen Anna brach, weiß ich nicht recht bestimmt. — Vielleicht sind diese Menschen und Seelen Schutzkinder der heiligen Mutter Anna, so daß ihnen Gnadenfrüchte aus deren Garten verdient werden sollen, oder geschah es, weil sie eine Schutzheilige in verzweifelten Umständen ist, wie ich dann dieses immer so erkannt habe.

Über die Witterung im gelobten Lande

Auf die Frage, wie sie dann in dieser Jahreszeit die Witterung in Palästina sehe, erwiderte sie: „Ich vergesse das immer zu sagen, weil mir alles so natürlich vorkommt, daß ich stets meine, es wisse das schon jedermann. Oft sehe ich Regen und Nebel, auch manchmal ein wenig Schnee, der aber gleich wieder schmilzt. Ich sehe oft Bäume ohne Blätter, woran noch Früchte hängen. Ich sehe mehrere Ernten im Jahr, ich sehe schon in unserem Frühling ernten. Jetzt im Winter sehe ich die Leute auf dem Wege eingehüllt, sie haben den Mantel über dem Kopf.

Am 6. — Heute nach Mittag sah ich die heilige Jungfrau, von ihrer Mutter, welche das Jesuskindlein trug, begleitet, aus Annas Haus nach Nazareth in Josephs Haus gehen. Der Weg geht recht angenehm zwischen Hügel und Gärten hin und ist etwa eine halbe Stunde lang.

Anna sendet Joseph und Maria ihre Nahrungsmittel aus ihrer Wohnung nach Nazareth. — Oh! wie rührend ist es bei der heiligen Familie. Maria ist wie eine Mutter und zugleich wie die untertänigste Magd des heiligen Kindleins und auch eine Dienerin Josephs. Joseph ist gegen sie wie der treueste Freund und der demütigste Diener. Wenn die heilige Jungfrau das Jesuskindlein wie ein hilfloses Kindlein so dreht und wendet, oh! das ist so rührend! wenn ich dann sehe, daß es der barmherzige Gott ist, der die Welt geschaffen hat, und sich aus Liebe so drehen und wenden läßt, — oh, wie entsetzlich kommt einem das harte, eigensinnige Gemüt kalter, heimlicher, versteckter Menschen vor!

Mariä Reinigung. Lichtmesse. Kirchenfestbild

Das Mariä-Lichtmeß-Fest ward mir in einer großen, aber schwer zu erklärenden Vorstellung gezeigt, die ich nicht ganz wieder zu erzählen vermag, was ich aber noch davon weiß, habe ich doch in dem Bilde vergehen gesehen.

Ich sah ein Fest in jener durchsichtigen, über der Erde schwebenden Kirche, wie mir die katholische Kirche überhaupt gezeigt wird, wenn ich nicht etwas aus dieser oder jener örtlichen Kirche, sondern aus der Kirche als Kirche betrachten soll. Ich sah aber die Kirche voll von Engelchören, welche die allerheiligste Dreifaltigkeit umgaben. Da ich aber nun die zweite Person der heiligsten Dreieinigkeit als das menschgewordene Kind Jesus im Tempel sollte geopfert und ausgelöst sehen, der aber doch auch in der allerheiligsten Dreieinigkeit gegenwärtig ist, so war es mir wie neulich, als ich glaubte, das Jesuskind sitze bei mir und tröste mich, während ich zugleich ein Bild der heiligen Dreifaltigkeit sah. Ich sah nämlich die Erscheinung des menschgewordenen Wortes, das Jesuskind nämlich neben mir wie durch eine Lichtbahn mit dem Bilde der Dreieinigkeit zusammenhängend und kann nicht sagen, es sei nicht dort, indem es neben mir war, kann aber doch auch nicht sagen, daß es nicht neben mir gewesen, weil es dort war, und dennoch sah ich im Augenblick, da ich das Jesuskind lebhaft neben mir fühlte, die Figürlichkeit, unter welcher mir die allerheiligste Dreifaltigkeit gezeigt ward, anders als dann, wenn sie mir gewöhnlich als Bild der Gottheit allein vorgestellt wird.

Ich sah aber in der Mitte der Kirche einen Altar erscheinen. Er war nicht so wie ein Altar von heutzutage in unseren Kirchen, sondern ein Altar überhaupt. — Auf diesem Altar sah ich einen kleinen Baum mit breiten niederhängenden Blättern stehen, von der Gattung des Baumes des Sündenfalles im Paradiese.

Ich sah hierauf die heilige Jungfrau mit dem Jesuskinde auf den Armen vor dem Altar wie aus der Erde hervorsteigen und den Baum auf dem Altar sich vor ihr niederbeugen und verwelken.

Und ich sah einen großen, priesterlich gekleideten Engel, der nur einen Ring um das Haupt hatte, sich Maria nahen. Sie gaben ihm das Kind, das er auf den Altar setzte, und in demselben Augenblicke sah ich das geopferte Kind in das Bild der heiligen Dreifaltigkeit übergehen, welches Bild ich nun wieder in gewöhnlicher Form sah.

Ich sah aber, daß der Engel der Mutter Gottes eine kleine, helle Kugel gab, auf welcher eine Figur wie ein gewickeltes Kind war, und daß Maria mit dieser Gabe auf den Altar schwebte. — Von allen Seiten sah ich nun viele Arme mit Lichtern zu ihr kommen, und alle diese Lichter reichte sie dem Kinde auf der Kugel, in welches sie gleichsam eingingen. — Und ich sah aus allen diesen Lichtern ein Licht und einen Glanz über Maria und dem Kinde werden, der alles erleuchtete.

Maria hatte einen weiten Mantel über die ganze Erde gespannt. Nun ging das Bild in einer Feierlichkeit über.

Ich glaube, daß das Verwelken des Baumes der Erkenntnis bei der Erscheinung Marias und das Übergehen des auf dem Altar geopferten Kindes in die heilige Dreifaltigkeit ein Bild der Wiedervereinigung der Menschen mit Gott sein sollte, darum sah ich auch alle die zerstreuten Eigenlichter der Mutter Gottes überreicht und von dieser dem Kinde Jesus übergehen, welches war das Licht, das alle Menschen erleuchtet, in welchem nur alle die zerstreuten Lichter wieder ein Licht wurden, das die ganze Welt erleuchtet, welche wohl durch die Kugel wie durch einen Reichsapfel bedeutet wurde. — Die dargereichten Lichter bezeichneten die Lichterweihe am heutigen Fest.

Die Flucht nach Ägypten

Einleitung. Samstag, den 10. Februar 1821, war die Kranke zeitlicher Sorge wegen einer Wohnung angefochten, und als sie darüber entschlafen, erwachte sie bald wieder, und zwar ganz getröstet. Sie sagte, daß ihr vor kurzem verstorbener treuer Freund (ein alter frommer Priester) bei ihr gewesen sei und sie getröstet habe.

„O wie klug ist der kluge Mann nun, jetzt kann er reden! Er sagte zu mir: Sorge um keine Wohnung für dich, sorge nur, daß dein Inneres rein und ausgeschmückt sei, wo du den Herrn Jesum empfängst, wenn er bei dir einkehrt. Als Joseph nach Bethlehem kam, suchte er keine Wohnung für sich, sondern für Jesum und fegte die Krippenhöhle schön rein aus."

Sie teilte noch mehrere ähnliche, sehr tiefe Betrachtungen mit, welche ihr jener Freund gesagt habe, und welche alle einem Manne angemessen waren, dem ihr Wesen genau bekannt war. Sie erwähnte auch, daß er ihr gesagt: „Als der Engel dem heiligen Joseph gebot, mit Jesus und Maria nach Ägypten zu fliehen, hat er gar nicht um eine Wohnung gesorgt, sondern ist gehorsam fortgezogen." —

Hierauf vermutete der Schreiber, weil sie voriges Jahr um diese Zeit einiges von der Flucht nach Ägypten gesehen, es sei dieses jetzt wieder der Fall, und er fragte: „Ist Joseph denn heute nach Ägypten geflohen?" Worauf sie ganz klar und bestimmt erwiderte: „Nein, der Tag, an dem er damals floh, fällt jetzt auf den 29. Februar."

Alter des Jesuskindes bei der Flucht nach Ägypten

Leider fand sich keine Gelegenheit, dieses genau von ihr auszumitteln, da sie während dieser Mitteilungen sehr krank war. Einmal sagte sie: „Das Kind kann wohl über ein Jahr alt sein, ich sah es auf einer Ruhestelle der Reise an einer Balsamstaude herumspielen, auch führten es die Eltern manchmal eine kleine Strecke." — Ein anderes Mal glaubte sie zu vernehmen, Jesus sei dreiviertel Jahre alt gewesen. — Es muß nun dem Leser überlassen bleiben, aus anderen in der Erzählung eintretenden Umständen und besonders aus dem Verhältnis zu dem Alter des kleinen Johannes sich das Alter Jesu zu bestimmen, wodurch dann die Annahme des Alters von dreiviertel Jahren sich allerdings bewährt.

Nazareth. Wohnhaus der heiligen Familie. Maria strickt Kinderröckchen. Joseph macht Flechtarbeit

Sonntag, den 25. Februar.

Ich sah die heilige Jungfrau Röckchen stricken oder häkeln. Sie hat an der rechten Seite an der Hüfte eine Rolle mit Wolle befestigt und hat zwei, ich glaube, beinerne Stäbchen, woran oben kleine Haken, in den Händen. Das eine ist wohl eine halbe Elle lang, das andere kürzer. Es ist über den Haken noch eine Fortsetzung an dem Stäbchen, über welche bei der Arbeit der Faden geschlungen und die Masche gebildet wird. Das fertig Gewirkte hängt zwischen den zwei Stäbchen nieder. So arbeitete sie stehend oder auch sitzend neben dem Jesuskind, das in einem Körbchen lag.

Den heiligen Joseph sah ich aus langen, gelben, braunen und grünen Baststreifen Schirme, große Flächen und Decken oben an den Gemächern flechten. Er hatte einen Vorrat solcher geflochtenen Tafeln in einem Schoppen neben dem Hause aufeinander liegen. Er flocht allerlei Sterne, Herzen und andere Muster hinein. Ich dachte noch ganz mitleidig, wie er doch sogar nicht ahnet, daß er bald fort nach Ägypten fliehen muß.

Die Mutter Anna kommt schier täglich von ihrem beinahe eine Stunde entlegenen Hause zu Besuch.

*Jerusalem. Herodes' Vorbereitungen zum Kindermord.
Herodes hebt Soldaten aus*

Sonntag, den 25. Februar.
Ich hatte einen Blick nach Jerusalem hin. Ich sah, wie Herodes viele Männer zusammenrufen ließ. Es war so, wie wann bei uns Soldaten ausgehoben werden. Die Männer wurden in einen großen Hof geführt und erhielten Kleider und Waffen. Sie trugen an dem einen Arm wie einen halben Mond (etwa einen Schild?). Sie hatten Spieße und breite kurze Säbel, gleich Hackmessern. Sie hatten Helme auf, und viele waren um die Beine geschnürt. Es muß dieses Bezug auf den Kindermord haben; Herodes war in seinem Gemüte sehr unruhig.

Jerusalem. Herodes' Vorbereitungen zum Kindermord

Montag, den 26. Februar.
Ich sehe Herodes noch immer in großer Unruhe. Er war ganz wie damals, da ihm die drei Könige um den neugeborenen König der Juden fragten. Ich sah, wie er sich mit verschiedenen alten Schriftgelehrten beriet. Sie brachten sehr lange, an Stäben befestigte Pergamentrollen und lasen darin. — Ich sah auch, daß die Soldaten, welche vorgestern neu gekleidet wurden, an verschiedene Orte um Jerusalem und auch nach Bethlehem gesendet wurden. Ich glaube, es geschah, um jene Orte zu besetzen, woher später die Mütter ihre Kinder nach Jerusalem bringen mußten, ohne zu wissen, daß sie ermordet werden sollten, damit auf die Gerüchte jener Grausamkeit keine Aufstände entstehen möchten.

*Jerusalem. Herodes legt Soldaten an verschiedene Orte
der Umgegend*

Dienstag, den 27. Februar.
Ich sah heute die Soldaten des Herodes, die gestern von Jerusalem gezogen, an drei Orten ankommen. Sie kamen nach

Hebron, nach Bethlehem und in einen dritten Ort, der zwischen beiden gegen das Tote Meer hin lag. Ich habe den Namen vergessen. Die Einwohner, welche gar nicht wußten, warum diese Soldaten zu ihnen kamen, waren darüber in einiger Bestürzung. Herodes aber war schlau, er ließ sich noch nichts merken und forschte in der Stille nach Jesus. Die Soldaten lagen längere Zeit in diesen Orten, als er das in Bethlehem geborene Kind nirgends ausmitteln konnte, ließ er alle Kinder bis zu zwei Jahren ermorden.

Persönliches. Eine auf die Jahreszeit des Mordes der Unschuldigen Kindlein bezügliche Gebetstätigkeit

Dienstag, den 27. Februar.
Heute abend in der Dämmerung entschlummerte die Kranke und sagte nach einigen Minuten, ohne alle äußere Anregung, mit großer Freude: „Gott sei tausendmal gedankt, oh, da bin ich recht gekommen, o wie gut, daß ich da gewesen bin! Das arme Kind ist gerettet, ich betete, daß sie es segnen und küssen mußte, da konnte sie es nicht mehr in den Sumpf werfen."
Der Schreiber fragte auf diese plötzliche Äußerung: „Wer?" — und sie fuhr fort: „Ein verführtes Mädchen, sie wollte ihr neugeborenes Kind ertränken. Es ist nicht sehr weit. Ich habe in diesen Tagen so dringend zu Gott gefleht, daß doch kein armes, unschuldiges Kind ohne Taufe und Segen sterben möge. Ich betete so, weil sich jetzt die Jahreszeit der Marter der Unschuldigen Kindlein naht. Ich beschwor den lieben Gott bei dem Blut dieser seiner ersten Blutzeugen. Oh, man muß von der Zeit Nutzen ziehen, und wenn die Röslein im Garten der Himmelskirche jährlich blühen, muß man sie auf Erden brechen. Gott hat mich erhört, und ich habe immer der Mutter und ihrem Kinde helfen können. Vielleicht werde ich dieses Kind noch einst sehen."
Dieses war ihre Äußerung unmittelbar nach dem Gesichte, oder richtiger zu sprechen, nach ihrer Handlung im Geiste. Am folgenden Morgen erzählte sie:

„Ich wurde schnell von meinem Führer nach M. geführt. Ich sah ein verführtes Mädchen, ich meine vor M. Die Gegend scheint mir links vom T. weg gegen K. zu. Ihr Kind war hinter einem Gebüsche zur Welt gekommen, und sie nahte sich mit ihm einem tiefen Sumpf, auf welchem so grünes Zeug schwamm. Sie wollte ihr Kind ins Wasser werfen, sie trug es in der Schürze. — Ich sah eine große, dunkle Gestalt bei ihr, welche dennoch eine Art widerliches Licht von sich warf. Ich meine, es war der böse Feind. Ich drang zu ihr hin und betete von ganzem Herzen und sah, daß die dunkle Gestalt wich, da nahm sie ihr Kind, segnete es und küßte es noch einmal. Als sie dies aber getan hatte, vermochte sie es nicht mehr zu ertränken. Sie setzte sich nieder und weinte ganz entsetzlich und wußte sich gar nicht zu helfen. — Ich tröstete sie und gab ihr den Gedanken ein, zu ihrem Beichtvater zu gehen und ihn um Hilfe anzuflehen. Sie sah mich nicht, aber ihr Schutzengel sagte es ihr. Sie hat, wie ich meine, ihre Eltern nicht dort und scheint vom Mittelstande.

Nazareth. Anna und ihre Magd tragen der heiligen Familie Nahrungsmittel zu

Dienstag, den 27. Februar.
Ich sah heute die heilige Mutter Anna mit jener ihr verwandten Magd, welche sie nach Christi Geburt bei der heiligen Jungfrau in Bethlehem zurückgelassen hatte, aus ihrer Wohnung nach Nazareth gehen. Die Magd hatte ein Bündel an der Seite hängen und trug einen Korb auf dem Kopfe und einen in der Hand. Es waren runde Körbe, wovon der eine durchsichtig. Es waren Vögel darin. — Sie brachten Speise zu Maria, denn sie hatte keine Haushaltung und ward von Anna versorgt.

Nazareth. Blick in das häusliche Leben der heiligen Frauen.
Gemeinsames Gebet

Mittwoch, den 28. Februar.
Ich sah heute gegen abend die heilige Mutter Anna und ihre ältere Tochter bei der heiligen Jungfrau. Maria Heli hatte einen starken vier- bis fünfjährigen Knaben bei sich, ihren Enkel, den ältesten Sohn ihrer Tochter Maria Kleophä. Joseph war nach dem Hause der Anna gegangen. Ich dachte noch: die Frauen sind doch immer dieselben; als ich sie so sah, wie sie vertraulich redend zusammensaßen und mit dem Jesuskindlein spielten und es ans Herz drückten und den kleinen Knaben in die Arme legten. Es war alles ganz wie heutzutage.

Maria Heli wohnte etwa drei Stunden gen Morgen von Nazareth in einem kleinen Örtchen. Ihr Haus war fast so gut wie das Haus der Mutter Anna, es hatte einen ummauerten Hof mit einer Brunnenpumpe, wenn man unten auf etwas trat, spritzte oben das Wasser heraus in ein steinernes Becken. Ihr Mann hieß Kleophas, und ihre Tochter Maria Kleophä wohnte, mit Alphäus verheiratet, am anderen Ende des Dorfes.

Am Abend sah ich die Frauen beten. Sie standen vor einem rot und weiß bedeckten Tischchen an der Wand. Es lag eine Rolle darauf, welche die heilige Jungfrau in die Höhe rollte und oben an der Wand befestigte. Es war mit bleichen Farben eine Figur darauf gestickt. Sie war wie ein Toter in einen langen, weißlichen Mantel, gleich einer Wickelpuppe, gewickelt. Der Mantel war über den Kopf gezogen. Die Figur hatte etwas im Arm. Um die Arme war der Mantel weiter. Ich habe diese Figur bei der Feierlichkeit in Annas Haus, da Maria zum Tempel gebracht wurde, schon gesehen. Damals erinnerte sie mich an Melchisedech, es war, als habe sie einen Kelch in dem Arm, ein anderes Mal, meinte ich, sie stelle Moses vor. — Es brannte eine Lampe bei dem Gebet. Maria stand vor Anna und die Schwester neben ihr. Sie kreuzten die Hände über der Brust, falteten sie und breiteten sie aus. Maria las in einer vor ihr liegenden Rolle, die sie von Zeit zu Zeit weiter aufrollte. Sie beteten in einem gewissen Ton und Takt, der mich an den Chorgesang im Kloster erinnerte.

Nazareth. Der Engel weckt Joseph zur Flucht. Zurüstung zur Abreise. Abschied der heiligen Frauen. Antritt der Flucht nach Ägypten

Donnerstagnacht, den 1. März, bis Freitagmorgen, den 2. März. Sie sind fort, ich habe sie fortreisen sehen. Joseph war gestern, Donnerstag, früh aus Annas Haus wiedergekommen. Anna und ihre älteste Tochter waren noch hier in Nazareth. — Sie waren alle kaum schlafen gegangen, als der Engel Joseph mahnte. Maria mit dem Jesuskinde hatte ihre Schlafkammer rechts von der Feuerstelle, Anna links, die älteste Tochter zwischen ihrer und Josephs Kammer. — Die Stuben waren nur wie von geflochtenen Wänden zusammengesetzte Kammern, oben teils auch mit Flechtwerk bedeckt. Marias Lager war noch durch einen Vorhang oder Schirm von der Stube getrennt. Zu ihren Füßen lag das Jesuskind auf einem Teppich, wenn sie sich aufrichtete, konnte sie es nehmen.

Ich sah Joseph in seiner Kammer mit dem Kopf auf dem Arme auf der Seite liegend schlafen. Ich sah einen leuchtenden Jüngling zu seinem Lager treten und mit ihm sprechen. Joseph richtete sich auf, aber er war schlaftrunken und legte sich wieder zurück. Der Jüngling faßte ihn nun bei der Hand und zog ihn empor; da besann sich Joseph und stand auf. Der Jüngling aber verschwand. — Joseph ging jetzt zu der in der Mitte des Hauses vor der Feuerstelle brennenden Lampe und zündete seine Lampe an. Nun pochte er an der Kammer der heiligen Jungfrau und fragte, ob er nahen dürfe. Ich sah ihn hineintreten und mit Maria sprechen, welche den Schirm vor ihrem Lager nicht öffnete; dann sah ich ihn in den Stall zu seinem Esel und hierauf in eine Kammer gehen, in welcher allerlei Geräte bewahrt wurde. Er ordnete alles zur Abreise.

Als Joseph die heilige Jungfrau verlassen hatte, erhob sie sich sogleich und kleidete sich zur Reise an. Dann ging sie zur Mutter Anna und verkündete ihr den Befehl Gottes, da stand auch Anna auf, und auch Maria Heli und ihr Knabe verließen ihr Lager. Das Jesuskindlein ließen sie noch ruhen. — Der Wille Gottes ging den frommen Leuten über alles, so traurig ihre Herzen auch waren, rüsteten sie doch gleich alles zur Reise, ehe sie sich der Betrübnis des Abschiedes überließen. Anna und Maria Heli halfen, das Nötige zur Abreise ordnen. — Maria nahm bei weitem nicht so viel mit sich, als sie von Bethlehem gebracht hatte. Sie packten nur ein mäßiges Bündelchen und einige Decken zusammen, was zu Joseph hinaus zum Aufpacken gebracht wurde. Alles ging ruhig und sehr schnell vor sich, gleichwie bei einer heimlichen Abreise, zu welcher man geweckt wird.

Nun aber holte Maria ihr Kindlein, und ihre Eile war so groß, daß ich sie es nicht einmal frisch wickeln sah. Ach, nun war der Abschied da, und ich kann nicht genug sagen, wie rührend die Betrübnis Annas und der älteren Schwester war. Alle schlossen das Jesuskindlein unter Tränen an ihr Herz, auch der Knabe durfte es umarmen. Anna umarmte die heilige Jungfrau mehrmals, so bitterlich weinend, als solle sie dieselbe nie wieder sehen. Maria Heli warf sich platt auf die Erde und weinte.

Es war noch vor Mitternacht, als sie das Haus verließen. Anna und die Schwester begleiteten die heilige Jungfrau eine kleine Strecke Wegs vor Nazareth hinaus zu Fuß. Joseph kam mit dem Esel nach. Es war die Richtung gegen Annas Haus, nur etwas mehr links. Maria trug das Jesulein wie ein Wickelkind eingeschlagen vor sich in einer Binde, die ihr über die Schultern um den Nacken befestigt war. Sie trug einen langen Mantel, der sie und das Kind verhüllte, und einen großen viereckigen Schleier, der hinten nur den Kopf umspannte, an den Seiten des Gesichtes aber vorn lang niederhing. — Sie waren eine kleine Strecke gegangen, als Joseph mit dem Esel nahte, an welchem ein Schlauch mit Wasser und ein Korb mit mehreren Gefächern befestigt war, worin kleine Brote und auch lebendige

Vögel und Krüglein. Das Reisebündel und einige Decken waren um den Quersitz gepackt, der ein Fußbrett hatte. Nun umarmten sie sich nochmals unter Tränen, und Anna segnete die heilige Jungfrau, und sie setzte sich auf das Lasttier, das Joseph führte, und reiste fort.

Während die Erzählerin von der Trauer Annas und der Maria Heli sprach, weinte sie herzlich und sagte, daß sie auch in der Nacht, da sie dieses Bild sah, so sehr habe weinen müssen.

Nazareth. Die heiligen Frauen ordnen und verlassen das Haus Josephs. Die heilige Familie kommt vor Sabbat in Nazara an

Freitag, den 2. März.

Maria Heli sah ich am frühen Morgen mit ihrem Knaben nach Annas Haus gehen und den Hausvater nebst einem Knecht nach Nazareth senden, worauf sie selbst nach ihrer Heimat zog. Anna aber sah ich in Josephs Haus alles ordnen und vieles zusammenpacken. — Es kamen morgens zwei Männer von Annas Haus, der eine hatte nur ein Schaffell um und trug grobe Sohlen mit Riemen um die Beine befestigt, der andere hatte ein längeres Gewand an. Es schien mir Annas damaliger Eheherr. Sie halfen alles in Josephs Haus ordnen und das bewegliche Geräte zusammenpacken und nach Annas Haus übertragen.

Ich sah die heilige Familie in der Nacht ihrer Flucht durch mehrere Orte ziehen und sie gegen Morgen unter einem Schoppen ruhen.

Gegen Abend sah ich die heilige Familie, da sie nicht weiter konnten, in einem Örtchen, Nazara, bei abgesonderten, etwas verachteten Leuten einkehren. Es waren keine rechten Juden, sie hatten auch Heidnisches in ihrer Religion, sie hatten ihre Anbetung in dem Tempel auf dem Berge Garizim bei Samaria, wohin sie einige Meilen auf einem schweren Gebirgsweg zu gehen hatten. Sie waren durch manche schwere Lasten bedrückt und mußten wie Sklaven im Frondienst am Tempel in Jerusalem und an anderen öffentlichen Bauten arbeiten.

Diese Leute nahmen die heilige Familie sehr freundlich auf, sie blieben auch den ganzen folgenden Tag dort. Bei der Rückkehr aus Ägypten hat die heilige Familie diese guten Leute wieder besucht, auch nachher, als Jesus in seinem zwölften Jahr zum Tempel und von da nach Nazareth kehrte [1]. — Diese ganze Familie hat sich später bei Johannes taufen lassen und ist zur Gemeinde Jesu gekommen. — Dieser Ort hier liegt nicht sehr weit von einer wunderlichen, hochgelegenen Stadt, deren Namen ich nicht mit voller Gewißheit mehr nennen kann, denn ich habe so vielerlei Städte in der Gegend umher gesehen und nennen gehört, unter denen auch Legio und Massaloth, zwischen welchen, glaube ich, Nazara liegt. Ich glaube schier, daß die Stadt, deren Lage mich so wunderte, Legio heißt, aber auch einen anderen Namen hat.

Hain Moreh. Terebinthe Abrahams. Die heilige Familie ruht hier einen Tag verborgen

Sonntag, den 4. März.

Gestern, Samstagabend, am Schluß des Sabbats, reiste die heilige Familie von Nazara die Nacht hindurch weiter, und ich sah sie den ganzen Sonntag und die Nacht auf den Montag sich bei jener großen, alten Terebinthe verborgen halten, bei welcher sie im Advent auf der Reise nach Bethlehem verweilt waren, da die heilige Jungfrau so kalt hatte. — Es war die Terebinthe Abrahams, bei dem Hain Moreh, nicht weit von

---

[1] Den Aufenthalt der heiligen Familie in diesem Orte hatte sie bei der ersten Erzählung der Flucht nach Ägypten zu erwähnen vergessen. Sie erzählte ihn in einem anderen Jahr bei Gelegenheit der Reise des Kindes Maria zum Tempel, wo dieser Ort auch berühmt ward. — Als fünfzehn Jahre nach dem Tode der Erzählerin die Flucht nach Ägypten zusammengestellt ward, fiel es dem Schreiber auf, warum die heilige Familie einen ganzen Tag hier verweilt haben sollte, und jetzt erst entdeckte er, daß mit dem Abend des 2. Märzes 1821 der Sabbat eintrat, und daß die heilige Familie also hier im Verborgenen den Sabbat feierte, wovon sie damals gar nichts erwähnte. Dieses Zusammentreffen zeugt für die Bestimmtheit ihrer Gesichte, dort nämlich, wo sie bestimmt erzählt, was freilich nicht immer der Fall ist.

Sichem, Thenat, Siloh und Arumah. Die Verfolgung Herodes' war hier umher bekannt, und es war unsicher für sie. — Bei diesem Baume begrub Jakob die Götzen Labans. — Josua versammelte das Volk bei dieser Terebinthe, unter welcher er die Stiftshütte, worin die Bundeslade war, errichtet hatte, und ließ das Volk den Götzen entsagen. — Abimelech, der Sohn Gideons, ward hier von den Sichemiten als König begrüßt.

Die heilige Familie ruht an einer Quelle bei einem Balsamstrauch

Sonntag, den 4. März.

Heute, am Morgen früh, sah ich die heilige Familie in einer fruchtbaren Gegend bei einem Wässerchen an einem Balsamstrauch ruhend sich erquicken. Das Jesuskind lag mit bloßen Füßchen im Schoße der heiligen Jungfrau. An den Balsamstauden, welche rote Beeren hatten, waren hie und da Einschnitte in die Zweige gemacht, aus welchen eine Flüssigkeit in kleine angehängte Töpfchen träufelte. Ich wunderte mich, daß diese nicht gestohlen wurden. Joseph füllte von dem Saft in die kleinen Krüge, die sie bei sich hatten. Sie aßen kleine Brote und Beeren, welche er von Stauden in der Nähe sammelte. Der Esel trank und weidete in der Nähe. Ich sah zu ihrer Linken in der Ferne Jerusalem hoch liegen. Es war ein ungemein rührendes Bild.

Juta. Elisabeth flüchtet mit dem kleinen Johannes in die Wüste. Zacharias reist nach Nazareth

Dienstag, den 6. März.

Zacharias und Elisabeth haben auch eine Botschaft von der drohenden Gefahr erhalten. Ich glaube, die heilige Familie hat ihnen selbst einen vertrauten Boten gesendet. — Ich sah nun, daß Elisabeth den kleinen Johannes an einen sehr versteckten Ort in der Wüste, ein paar Stunden von Hebron, brachte. — Zacharias begleitete sie nur eine Strecke Wegs, bis, wo sie auf einem Balkenrost über ein kleines Wasser setzten. Da trennte sich Zacharias von ihnen und reiste gen Nazareth auf dem Weg, den Maria bei ihrer Heimsuchung Elisabeths gekommen war. Ich sah ihn heute am 6. auf der Reise, wahrscheinlich will er sich bei Anna näher erkundigen. Mehrere Freunde der heiligen Familie sind dort wegen ihrer Abreise sehr betrübt. — Der kleine Johannes hatte nichts als ein Lammfellchen um und konnte, wenngleich kaum eineinhalb Jahr alt, schon ganz sicher laufen und springen. Er hatte schon damals ein kleines weißes Stäbchen in der Hand, mit welchem er nach Kinderart umherspielte. Man muß sich hier unter der Wüste kein weites ödes Sandland denken, sondern vielmehr eine Wildnis mit vielen Felsen, Schluchten und Höhlen, von allerlei Gebüschen und auch wilden Früchten und Beeren durchwachsen.

Elisabeth brachte den kleinen Johannes in eine Höhle, in welcher nach Jesu Tod Magdalena eine Zeitlang verweilt hat. Wie lange Elisabeth diesmal mit dem noch so jungen Kinde Johannes hier verborgen war, ist mir jetzt nicht gegenwärtig, wahrscheinlich aber nur so lange, bis die Besorgnis einer Verfolgung durch Herodes wieder mehr beruhigt worden, da sie mit dem Knaben in das etwa zwei Stunden entfernte Juta zurückgekehrt; denn ich habe sie gegen die Zeit, da Herodes die Mütter mit ihren Knäblein bis zum Alter von zwei Jahren einberufen, welches erst schier ein Jahr nachher geschehen, nochmals den kleinen Johannes in die Wüste flüchten sehen.

Nachdem die Erzählerin die Bilder der Flucht bis hier täglich mitgeteilt hatte, entstand durch Krankheit und Störung eine Unterbrechung, und da sie nach mehreren Tagen den Faden ihrer Erzählung wieder auffaßte, sprach sie: „Ich kann nun die Tage nicht mehr so genau bestimmen, will aber die einzelnen Bilder der Flucht nach Ägypten ungefähr in der Folge erzählen, in welcher ich mich erinnere, sie gesehen zu haben."

Hephraim (?) bei dem Hain Mambre. Sechste Reisestation der heiligen Familie in einer Höhle. Trost und Erquickung. Samuel und David, auch Jesus in seinem Lehrwandel verweilten hier. Tradition dieser Örtlichkeit noch heutzutage

Nachdem die heilige Familie über einige Höhen des Ölberges gezogen, sah ich sie etwas weiter als Bethlehem, gegen Hebron zu, etwa eine Meile vom Wald Mambre, in einer geräumigen Höhle, in der wilden Schlucht eines Berges einkehren, auf welchem ein Ort lag, dessen Namen wie Hephraim klang. Ich glaube, es war dieses die sechste Station ihrer Reise.

Ich sah die heilige Familie hier sehr erschöpft und schwermütig ankommen. Maria war sehr traurig und weinte. Sie litten Mangel an allem, denn sie flohen auf Umwegen, alle Städte und öffentlichen Herbergen vermeidend. Sie ruhten hier einen ganzen Tag aus. Es geschahen mehrere Gnaden zu ihrer Erquickung. Es entsprang eine Quelle auf das Gebet der heiligen Jungfrau in der Höhle, und eine wilde Ziege kam zu ihnen und ließ sich melken. Auch erschien ihnen ein Engel, der sie tröstete.

In dieser Höhle betete oft ein Prophet; Samuel, meine ich, hielt sich einigemal hier auf. David hütete hier umher seines Vaters Schafe, betete hier und empfing Befehle durch einen Engel, zum Beispiel die Mahnung, den Kampf gegen Goliath zu bestehen [1].

---

[1] Sie vergaß dieser Fluchtherberge der heiligen Familie in der sehr allgemeinen Erzählung der Flucht nach Ägypten zu erwähnen, aber sie erzählte das Obige in der täglichen Mitteilung des Lehrwandels Jesu Christi, als der Herr nach seiner Taufe mit einigen Jüngern in der Gegend von Bethlehem alle Orte besucht, wo seine Mutter mit ihm verweilte. Sie sah Jesum nach seiner Taufe durch Johannes, die sie am Freitag, dem 28. September 1821, erzählte, in dieser Höhle mit den Jüngern vom 8.—9. Oktober verweilen und hörte ihn von den Gnaden dieses Ortes und überhaupt von der Mühseligkeit der Flucht nach Ägypten sprechen. Er segnete diese Höhle und deutete auch an, es werde einst eine Kirche über diese Höhle erbaut werden.

Am 18. Oktober sagte sie hierüber: Diese Fluchthöhle der heiligen Familie ward später der Aufenthaltsort Marias geheißen und von den Pilgern be-

*In der Wüste südlich von Hebron. Das Knäblein Johannes
sendet dem dürstenden Jesuskinde eine Quelle. Maria zeigt
dem Jesuskindlein das Knäblein Johannes in der Ferne*

Von dieser Höhle zogen sie, das Tote Meer immer zur Linken habend, sieben Stunden südlich und betraten zwei Stunden weiter als Hebron die Wüste, in welcher sich damals der kleine Johannes befand. Ihr Weg führte sie einen Pfeilschuß weit von dessen Höhle vorüber. — Ich sah die heilige Familie einsam, mühselig und schmachtend durch eine Sandwüste ziehen. Der Wasserschlauch und auch die Balsamkrüglein waren leer; die heilige Jungfrau war sehr betrübt, sie dürstete, Jesus dürstete. — Da zogen sie etwas von dem Wege seitwärts, wo ein tiefer liegender Grund, Gebüsche und etwas dürrer Rasen war. Die heilige Jungfrau stieg von dem Esel ab, saß ein wenig nieder. Sie hatte ihr Kindlein vor sich, war betrübt und betete. — Während die heilige Jungfrau so um Wasser wie Hagar in der Wüste flehte, wurden meine Augen zum Anblick eines ungemein rührenden Ereignisses gewendet. — Die Höhle, in welche Elisabeth das Knäblein Johannes geflüchtet hatte, lag hier ganz nahe auf einer erhöhten Felsenwildnis, und ich sah den kleinen Johannes wie sehnsüchtig harrend und sorgend unfern der Höhle zwischen den Büschen und dem Gestein umherirren. Elisabeth sah ich in dieser Anschauung nicht. Der Anblick des

---

sucht, ohne daß man die Geschichte genau wußte. Es wohnte später nur armes Gesindel dort. Sie beschrieb auch die Lage des Ortes genau, und zu seinem großen Erstaunen fand der Schreiber längere Zeit nachher in der Jerusalemischen Reise des Minoriten Anton Gonzalez (Antwerpen 1679, erster Teil, Seite 556) eine kleine Meile von Hebron gen Bethlehem zu, links vom Wege sei er in einem Dorfe Marias gewesen, wo sie auf der Flucht geherbergt. Es liege auf einer Höhe und stehe noch eine ganze Kirche mit drei Bogen und drei Türen dort. Maria auf dem Esel mit dem Kind und Joseph, der sie führt, seien auf der Wand abgebildet. Unter dem Berge, worauf Dorf und Kirche, sei ein schöner Brunnen, der Brunnen Marias, genannt. Alles trifft mit der von ihr beschriebenen Lokalität zusammen. Arvieux im 2. Band seiner Memoiren (Leipzig 1783) sagt: „Zwischen Hebron und Bethlehem kamen wir durch das Dorf der heiligen Jungfrau, die hier auf ihrer Flucht soll geruht haben."

kleinen, sicher wandelnden und laufenden Knaben in der Wildnis machte einen ganz eigenen, rührenden und bedeutsamen Eindruck. So wie er schon unter dem Herzen seiner Mutter seinem Herrn entgegengehüpft war, bewegte ihn auch jetzt die Nähe seines durstenden Erlösers. Ich sah den Knaben, er hatte ein Lammfell quer über die Schulter und um die Mitte des Leibes gegürtet, in der Hand trug er sein Stäbchen, an welchem nun ein Wimpel von Bast wehte. — Er fühlte, daß Jesus vorüberzog, daß er dürstete, er warf sich auf die Knie und schrie zu Gott mit ausgebreiteten Armen; — dann sprang er auf, lief, vom Geiste getrieben, zu einem hohen Rande des Felsens und stieß mit seinem Stäbchen in den Boden, da drang eine reichliche Quelle hervor.

Johannes lief eilend ihrem Laufe voraus bis zu dem Rande, wo sie niederstürzte. Da stand er und sah in der Ferne die heilige Familie vorüberziehen [1].

Die heilige Jungfrau hob nun das Jesuskind in die Höhe und deutete ihm dorthin mit den Worten: „Sieh dort! Johannes in der Wüste!" — und ich sah, wie nun Johannes freudig neben dem niederstürzenden Wasser hüpfte und, die Bastwimpel an seinem Stäbchen schwingend, winkte, dann aber eilte er zurück in die Wüste.

Die Quelle nahte nach einiger Zeit dem Wege der Reisenden, ich sah, daß sie dieselbe überschritten und an einer bequemen Stelle bei einigen Büschen, wo dünner Rasen war, haltmachten,

---

[1] Dieses rührende Ereignis hörte sie den Herrn selbst erzählen, als sie in ihren Visionen von den Lehrjahren Jesu, diesen, Dienstag, den 26. Thebet = 14. Januar, des dritten Lehrjahrs, im elterlichen Hause Johannes' bei Juta, in Gesellschaft der heiligen Jungfrau, des Petrus und Johannes und drei vertrauter Jünger des Täufers sah. Damals sprach er tröstend über die Ermordung des Täufers, welche am 20. Thebet = 8. Januar bei der Geburtsfeier des Herodes zu Machärus geschehen war. Es geschah dieses, nachdem ein Teppich vor ihnen ausgebreitet worden, welchen Maria und Elisabeth nach der Heimsuchung verfertigt hatten, und auf welchen mancherlei bedeutende Sprüche genäht waren. Jesus sprach hier viel über Johannes und auch, daß er ihn nur zweimal mit leiblichen Augen gesehen; damals auf der Flucht nach Ägypten und dann bei seiner Taufe.

um sich zu erquicken. — Die heilige Jungfrau stieg mit dem Kindlein von dem Esel ab. Sie waren alle freudig gerührt. Maria setzte sich auf den Rasen nieder. Joseph bereitete in einiger Entfernung eine Grube, die sich mit dem Wasser füllte. Als das Wasser ganz klar erschien, tranken sie alle. Maria wusch ihr Kindlein. Sie erfrischten sich Hände, Füße und Angesicht. Joseph führte den Esel zu dem Wasser, der reichlich trank, auch füllte er seinen Wasserschlauch. — Alle waren so dankbar glücklich; das dürre Gras wurde gesättigt und richtete sich auf, es kam ein schöner Sonnenblick, alle waren erquickt, selig und still. Sie rasteten wohl zwei bis drei Stunden hier.

Bei Anim. Letzte Fluchtherberge im Gebiete des Herodes. Sie kehrten bei Ruben, einem Kameltreiber, ein, den Jesus nach seiner Taufe wieder besucht

Die letzte Herberge der heiligen Familie im Gebiete des Herodes war nicht weit von einer Stadt an der Grenze der Wüste, ein paar Stunden vom Toten Meer. Die Stadt hieß wie Anam, Anem oder Anim. (Sie schwankte zwischen diesen Klängen.) Sie kehrten in einem einzeln liegenden Hause ein, es war eine Herberge für solche, die in der Wüste reisten. Es lagen mehrere Hütten und Schoppen an einer Anhöhe, und es wuchs auch noch einiges Obst wild umher. Die Bewohner schienen mir Kameltreiber, sie hatten viele Kamele in eingezäunten Wiesen gehen. Es waren etwas verwilderte Leute, hatten auch wohl Diebereien getrieben, doch empfingen sie die heilige Familie gut und erwiesen ihr Gastfreiheit. — Auch in der nahegelegenen Stadt wohnten viele ungeordnete Menschen, die sich nach Kriegen dort angesiedelt hatten. Es war unter anderen ein etwa zwanzigjähriger Mann in der Herberge, der Ruben hieß [1].

---

[1] Auch diese Herberge erwähnte sie zuerst in der Erzählung der Lehrjahre Christi, als der Herr am 8. Oktober nach seiner Taufe aus dem Tale der Hirten allein hierher wandelt, jenen Ruben bekehrt und mehrere Kranke heilt, während die Jünger ihn in der Fluchthöhle bei Hephraim erwarten. Er lehrte an den Stellen, wo die heilige Familie geruht und ge-

Nachtreise. Die heilige Familie von Schlangen und fliegenden Eidechsen geschreckt. Persönliches. Der Erzählerin erscheint ein verstorbener Freund

Donnerstag, den 8. März.
Ich sah die heilige Familie in sternheller Nacht durch eine sandige, mit niederem Strauchwerk bedeckte Wüste ziehen. Es war mir, als zöge ich mit durch die Wüste. Sie war voll Gefahr durch eine Menge von Schlangen, welche häufig im Gebüsch im Kreis geringelt in kleinen Gruben unter dem Laub lagen. Sie nahten alle dem Wege unter großem Gezische und streckten die Köpfe gegen die heilige Familie, welche aber, von Licht umgeben, sicher vorüberzog. Ich sah auch noch eine andere Art von bösen Tieren. An ihrem länglichen, schwärzlichen Leib hatten sie kurze Füße und eine Art Flügel ohne Federn wie große Flossen. Sie schossen wie fliegend über dem Boden hin und hatten in der Gestalt ihres Kopfes etwas Fischartiges. (Vielleicht eine fliegende Eidechse.) — Ich sah aber die heilige Familie hierauf hinter Gebüsch an einen tiefen Bruch im Boden, wie an den Rand eines Hohlweges, kommen; sie wollten sich da niederlassen.

Persönliches. — Mir ward bang um die heilige Familie. Der Ort war so schauerlich, und ich wollte in aller Eile aus den Hecken an der einen offenen Seite ein Schutzwehr zusammenflechten, aber es kam ein grimmiges Tier gleich einem Bären mit herein, und ich war in entsetzlicher Angst. Da erschien mir plötzlich ein alter, vor kurzem verstorbener, priesterlicher Freund in junger und schöner Gestalt, faßte das Tier bei dem Nacken und warf es hinaus. Ich fragte ihn, wie er hierher komme, da er sich an seinem Orte doch gewiß besser befinde; er erwiderte: „Ich wollte dir nur helfen, will auch nicht lang

---

speist und stellte den Bewohnern ihre jetzige Gnade als eine Frucht ihrer früheren Gastfreiheit vor usw. Zwischen hier und der Höhle bei Hephraim kam er damals bei Hebron vorüber. — Ein Ort Anim oder Anem, neun Meilen südlich von Hebron im Distrikt Daroma, wird von Hieronymus und Eusebius erwähnt.

hier bleiben." — Er sagte mir noch mehr, auch, daß ich ihn noch einmal sehen würde [1].

Mara (?). Ungastlicher Ort, Sandwüste. Wilde Tiere zeigen der heiligen Familie den Weg. Gebirge (Seir). Unheimliche Gegend

Die heilige Familie zog immer eine Meile gegen Morgen längs der allgemeinen Heerstraße. — Der Name des letzten Ortes zwischen Judäa und der Wüste, wo sie hinkamen, klang schier wie Mara. Ich dachte noch dabei an den Stammort der heiligen Anna, aber er war dieser nicht. Die Leute waren hier wild und wüst, und die heilige Familie konnte keine Labung von ihnen erhalten.

Von hier kamen sie in eine große Sandwüste. Sie hatten keinen Weg und keine Richtung mehr und wußten sich nicht zu helfen. Nach einer Strecke Weges sahen sie ein böses, finsteres Gebirg vor sich. — Die heilige Familie war sehr bekümmert, und sie warfen sich auf die Knie und flehten zu Gott um Hilfe. Es sammelten sich aber mehrere große wilde Tiere um sie her, und es sah anfangs ganz gefährlich aus, aber diese Tiere waren gar nicht bös, sondern blickten sie so freundlich an, wie der alte Hund meines Beichtvaters, wenn er sonst zu mir kam, mich anschaute. — Ich erkannte aber, diese Tiere seien gesendet, ihnen den Weg zu zeigen. Sie blickten nach dem Berg hin, liefen hin und wieder zurück, gleichwie ein Hund tut, der einen wohin führen will. Ich sah auch die heilige Familie endlich diesen Tieren folgen und über ein Gebirg (Seir?) in eine wild unheimliche Gegend ziehen.

---

[1] Diese ganze Szene ist eine parabolische Handlung im Traum. Sie will ein Werk der Nächstenliebe an den Reisenden üben, durch irgendeinen Mangel, Unwillen, Zorn gelingt es ihr nicht, der Bär dringt mit in ihr schützendes Geflecht, da erscheint ihr ein seliger Freund, dem sie große Wohltaten zeitlich und geistlich erwiesen und steht ihr bei, er wirft den Bären hinaus, er befreit sie durch seine Fürbitte von der Anfechtung des Zornes usw.

Räuberherberge. Sie werden freundlich aufgenommen. Heilung des aussätzigen Knaben des Räubers durch das Badewasser Jesu. Dieser Knabe ist der künftige gute Schächer

Es war dunkel, sie zogen neben einem Walde auf dem Wege hin. Von dem Wege abgelegen, vor dem Wald, sah ich eine schlechte Hütte stehen, und nicht weit von derselben hing in einem Baume eine Leuchte, welche man sehr weit sehen konnte, um die Reisenden hierher zu locken. Der Weg war sehr unheimlich und hin und wieder abgegraben, auch waren allerlei Gräben um die Hütte gezogen, und über die gangbaren Stellen des Weges waren hie und da versteckte Fäden gespannt, an welchen die Vorüberziehenden anstoßend irgendein Zeichen durch Schellen in der Hütte veranlaßten und so die räuberischen Bewohner derselben herbeiriefen, welche sie dann ausplünderten. Jene Räuberhütte stand nicht immer an dieser Stelle, sie war beweglich und wurde nach Umständen an einer anderen Stelle von den Bewohnern aufgeschlagen.

Als die heilige Familie sich der ausgestellten Leuchte nahte, sah ich sie von dem Anführer dieser Räuber und etwa fünf seiner Gesellen umgeben. Sie waren anfangs böswillig, ich sah aber, daß bei dem Anblick des Jesuskindes ein Strahl, wie ein Pfeil, das Herz des Anführers traf, der nun seinen Gesellen befahl, diesen Leuten kein Leid zuzufügen. Die heilige Jungfrau sah auch diesen Strahl das Herz des Räubers treffen, wie sie später bei ihrer Rückkehr der Hanna erzählte [1].

Der Räuber geleitete die heilige Familie nun durch die gefährlichen Stellen des Weges in seine Hütte. Es war Nacht. Hier waren die Frau des Räubers und ein paar Kinder. Der Mann sagte seiner Frau die wunderbare Bewegung, welche bei dem

---

[1] Dieses wird hier erwähnt, weil wir das ganze Ereignis wie viele andere von der Flucht nach Ägypten aus den Gesprächen Eliuds, eines alten Esseners, mit Jesu anführen, welcher Jesum auf seiner Reise von Nazareth zur Taufe Johannis begleitete und äußerte, daß ihm Hanna die Prophetin am Tempel gesagt, sie habe dies von der heiligen Jungfrau so vernommen. (Siehe 13. September des ersten Lehrjahres Jesu.)

Anblick des Kindes über ihn gekommen sei. Sie empfing die heilige Familie nicht unfreundlich, aber mit Schüchternheit. Die heiligen Reisenden setzten sich in einen Winkel an der Erde nieder und begannen einiges von dem Vorrat, den sie bei sich hatten, zu essen. — Anfangs waren die Leute scheu und blöde, was doch sonst ihre Art nicht schien, nach und nach traten sie näher zu ihnen hin. Es gingen auch von den anderen Männern, welche indes Josephs Esel unter Dach gebracht hatten, ab und zu; die Leute wurden vertrauter, stellten sich um sie her und sprachen mit ihnen. — Die Frau brachte Maria kleine Brote mit Honig und Früchten, auch Becher mit Getränke. Es brannte in einer Grube in einer Ecke der Hütte ein Feuer. Die Frau räumte der heiligen Jungfrau auch einen abgesonderten Raum ein und brachte ihr auf ihr Begehren eine Mulde mit Wasser, das Jesuskindlein zu baden. Sie wusch ihr auch das Linnen und trocknete es am Feuer.

Maria badete das Jesuskind unter einem Tuche. — Der Mann aber war so bewegt, daß er zu seinem Weibe sprach: „Dieses hebräische Kind ist kein gewöhnliches Kind, es ist ein heiliges Kind, bitte die Mutter, daß wir unser aussätziges Knäblein in seinem Badewasser waschen dürfen, vielleicht, daß es ihm helfen wird." — Als das Weib sich Maria nahte, sie darum zu bitten, sagte diese zu ihr, noch ehe sie gesprochen hatte, sie solle ihren aussätzigen Knaben in diesem Badewasser waschen. — Die Frau brachte nun ihr etwa dreijähriges Söhnlein auf den Armen liegend getragen. Es starrte von Aussatz und war im Gesicht gar nicht zu kennen, denn alles war ein Schorf. Das Wasser, in dem Jesus gebadet worden, erschien klarer als vorher, und als das aussätzige Kind in das Wasser gelegt worden war, fielen die Rinden des Aussatzes von ihm ab und sanken auf den Grund, das Kind war rein.

Die Frau war ganz außer sich vor Freude, sie wollte Maria und das Jesuskind umarmen; aber Maria wehrte mit der Hand und ließ weder sich noch Jesum von ihr berühren. — Maria sagte zu der Frau, sie solle einen Brunnen tief bis auf den

Felsengrund graben und dieses Wasser rein hineinschütten, dann werde der Brunnen gleiche Heilkraft besitzen. Sie sprach auch noch länger mit ihr, und ich meine, die Frau gelobte, bei erster Gelegenheit diesen Aufenthalt zu fliehen.

Die Leute waren ungemein freudig über die Genesung ihres Kindes, und da in der Nacht mehrere ihrer Genossen ab und zu gingen, zeigte sie ihnen das geheilte Kind und erzählte das Heil, das ihnen widerfahren; da umgaben die Ankömmlinge, worunter einige Knaben, die heilige Familie und sahen sie mit Staunen an.

Es war um so merkwürdiger, daß diese Räuber gegen die heilige Familie so ehrerbietig waren, da ich doch in derselben Nacht, während sie so heilige Gäste berherbergten, mehrere andere Reisende, welche das Licht in ihren Hinterhalt gelockt hatte, von ihnen gefangennehmen und in eine große Höhle tiefer im Walde treiben sah. Diese Höhle, deren Eingang sehr versteckt und über welcher alles wild bewachsen war, so daß man sie gar nicht bemerken konnte, schien ihre eigentliche Niederlage zu sein. — Ich sah mehrere geraubte Knaben von sieben bis neun Jahren in der Höhle und ein altes Weib, welches da wirtschaftete und hütete. Ich sah Kleider, Teppiche, Fleisch, kleine Böcke, Schafe, größere Tiere und vielen anderen Raub hineinbringen. Es war ein großer Raum, alles war dort im Überfluß.

Ich sah Maria in der Nacht nicht viel schlafen, sie saß meistens still auf ihrem Lager. Früh am Morgen reisten sie, mit Nahrungsmitteln versehen, ab. Die Leute geleiteten sie eine Strecke und führten sie an vielen Gruben vorüber auf den rechten Weg.

Als diese Räuber nun mit großer Rührung von der heiligen Familie schieden, sagte der Mann mit Innigkeit zu den Abreisenden die Worte: „Gedenket unser, wo ihr auch hinkommt." — Bei diesen Worten sah ich plötzlich ein Bild der Kreuzigung und sah den guten Schächer zu Jesus sprechen: „Gedenke meiner, wenn du in dein Reich kommst", und erkannte, daß er der geheilte Knabe sei. — Die Frau des Räubers hat sich nach längerer

Zeit von dieser Lebensweise getrennt und hat sich an einer späteren Ruhestelle der heiligen Familie niedergelassen, wo eine Quelle und ein Balsamgarten entstanden und sich mehrere gutgesinnte Familien niederließen.

Wüste. Fliegende Eidechsen, Schlangen. Rosen von Jericho zeigen den Weg. Gegend Gase oder Gose. Erste ägyptische Stadt, Lape oder Lepe. Überfahrt eines Kanals. Bösartige Einwohner. Sie ziehen vorüber. Länge der Reise

Ich sah die heilige Familie von hier wieder durch eine Wüste ziehen, und als sie allen Weg verloren, sah ich ihnen abermals mancherlei kriechende Tiere nahen, unter anderen Schleicheidechsen mit Fledermausflügeln und auch Schlangen, alle jedoch waren nicht feindlich und schienen nur den Weg zeigen zu wollen. — Als sie später nochmals alle Spur und Richtung verloren hatten, sah ich sie durch ein sehr liebliches Wunder geführt; es sproßte nämlich zu beiden Seiten des Weges die Pflanze, Rose von Jericho, mit ihren krausen Zweigen, den Blümchen in der Mitte und der geraden Wurzel hie und da auf. Freudig gingen sie darauf zu und sahen auf Gesichtsweite wieder eine solche Pflanze aufkeimen und immer so fort die ganze Wüste entlang. — Ich sah auch, daß der heiligen Jungfrau eröffnet wurde, von hier würden in späten Zeiten Leute des Landes diese Blumen holen und sie an reisende Fremdlinge um Brot verkaufen. Ich sah dieses nachher auch an Fremdlinge geschehen. Der Name dieser Gegend klang wie Gase oder Gose [1].

Ich sah sie hierauf an einen Ort und Gegend kommen, welche auf die Art wie Lepe oder Lape [2] hieß. Es war da ein Wasser und wurden Gräben und Kanäle gemacht und waren hohe Dämme da. Sie fuhren auch über ein Wasser auf einem Balken-

---
[1] Vielleicht Jos 10,41—11, 16—15, 51.
[2] Wahrscheinlich meint sie Pelusium, denn oft dreht sie die Silben um und sagt statt Pel etwa Lep.

Flucht nach Ägypten

floß, auf welchem sich eine Art großer Kufen befand, in welche die Esel gestellt wurden. Maria saß mit ihrem Kindlein auf einem Balken. Zwei häßliche, braune, halbnackte Männer mit eingedrückten Nasen und aufgeworfenen Lippen fuhren sie über. — Sie kamen nur an entlegene Häuser des Ortes, die Leute waren so rauh und unbarmherzig, daß sie, ohne einzusprechen, vorüberzogen. Ich meine, dies war die erste heidnische (ägyptische?) Stadt. — Zehn Tage sind sie im jüdischen Lande und zehn Tage in der Wüste gezogen.

Ich sah hierauf die heilige Familie auf ägyptischem Grund und Boden in einer ebenen Gegend, es waren hie und da einige grüne Weiden, worauf Vieh ging. — Auch sah ich Bäume, an welchen Götzenbilder in der Form von Wickelpuppen mit breiten Binden befestigt waren, worauf Figuren oder Buchstaben standen. — Ich sah auch hie und da Menschen von gedrängter fetter Gestalt und auf die Art jener baumwollspinnenden Leute gekleidet, die ich einmal an der Grenze des Dreikönigslandes gesehen habe; diese Leute sah ich zu den Götzenbildern eilen und sie verehren. — Die heilige Familie ging in einen Schoppen, worin Vieh war, welches ihnen Platz machte und herausging. Sie hatten Mangel an aller Nahrung, sie hatten weder Brot noch Wasser. Niemand gab ihnen etwas. Maria vermochte kaum ihr Kind zu ernähren. Sie haben wohl alles menschliche Elend ausgestanden. Endlich kamen einige Hirten, das Vieh an einem verschlossenen Brunnen zu tränken, und gaben ihnen auf das dringende Bitten des heiligen Joseph ein wenig Wasser.

Ich sah hierauf die heilige Familie sehr hilflos und verschmachtet durch einen Wald ziehen, und am Ausgang des Waldes stand ein schlanker, dünner Dattelbaum, die Früchte wuchsen oben im Gipfel wie in einer Traube beisammen. — Maria ging mit dem Jesuskind auf dem Arme zu dem Baum, betete und hob das Kind zu ihm empor; da neigte sich der Baum mit seinem Gipfel, als knie er nieder, so zu ihnen hin, daß sie alle seine Früchte von ihm sammelten. Der Baum blieb in dieser Stellung.

Ich sah aber der heiligen Familie allerlei Gesindel aus dem vorigen Orte folgen, und wie Maria vielen ihr nachlaufenden nackten Kindern von den Früchten des Baumes austeilte. Etwa nach einer Viertelstunde von jenem ersten Baume sah ich sie zu einem großen, ungemein dicken Sykomorenbaum kommen. Er war hohl, und sie verbargen sich in ihm vor den nachfolgenden Leuten, denen sie aus dem Gesichte gekommen waren und die vorüberzogen. Sie übernachteten hier.

In der Sandwüste. Eine Quelle entspringt auf das Gebet Marias. Ursprung des Balsamgartens. Spätere Ansiedlung daselbst

Am folgenden Tage setzten sie ihren Weg durch öde Sandwüsten fort, und da sie ganz ohne Wasser, schier verschmachtet, an einem Sandhügel saßen und die heilige Jungfrau zu Gott flehte, sah ich eine reiche Quelle zu ihrer Seite entspringen und den Boden umher berieseln. Joseph stach einen kleinen Sandhügel ab, machte der Quelle ein Becken und grub eine Rinne zum Abfluß des Wassers. Sie erquickten sich nun hier, Maria wusch das Jesuskind, Joseph tränkte die Esel und füllte den Wasserschlauch. Ich sah auch häßliche Tiere wie ganz große Eidechsen und auch Schildkröten nahen, sich an dem Wasser laben. Sie taten der heiligen Familie nichts zuleide, sondern schauten sie ganz gutmütig an. Das ausfließende Wasser umfloß einen ziemlich großen Raum und verlor sich wieder in der Gegend seines Ursprungs.

Dieser Umfang wurde wunderbar gesegnet, es wurde bald alles grün in demselben, und es wuchsen die köstlichen Balsamstauden dort; als die heilige Familie aus Ägypten zurückkehrte, konnte sie sich schon an dem Balsam erquicken. Es wurde der Ort später als Balsamgarten gar berühmt. Es siedelten sich auch allerlei Leute dort an; ich meine, die Mutter des geheilten, aussätzigen Räuberknaben ist auch dahin gezogen. Ich habe später Bilder von diesem Orte gesehen. Eine schöne Balsamstaudenhecke umgab den Garten, in dessen Mitte mehrere andere große

Fruchtbäume standen. Es wurde in späterer Zeit ein anderer großer, tiefer Brunnen da gegraben, aus welchem durch ein von Ochsen bewegtes Rad viel Wasser geschöpft und mit dem Quell Mariä vermischt ward, um den ganzen Garten bewässern zu können, denn unvermischt würde das Wasser dieses neuen Brunnens schädlich gewesen sein. Es wurde mir auch gezeigt, daß die Ochsen, welche das Rad bewegen, dort vom Samstag mittag bis Montag früh nicht arbeiten.

Heliopolis oder On. Örtlichkeit. Ein Götzenbild vor der Stadt stürzt um. Auflauf. Sie ziehen in die Stadt

Als sie sich hier gelabt hatten, zogen sie nach einer großen, wunderlich gebauten, aber auch vielfach verwüsteten Stadt, Heliopolis, welche auch On genannt wird. Dorte wohnte zu Zeiten der Kinder Israel der ägyptische Priester Putiphara, bei welchem Assenath, die Tochter Dinas von den Sichemiten, sich aufhielt, welche der Patriarch Joseph geheiratet hat.

Hier wohnte auch Dionysius Areopagita zur Zeit von Christi Tod. — Die Stadt war durch Krieg sehr verwüstet und verödet, und es hatten sich vielerlei Leute in zerbrochenen Gebäuden wieder angebaut.

Sie zogen auf einer sehr hohen, langen Brücke über einen breiten Fluß (Nil). Er schien mir da mehrere Arme zu haben. Sie kamen auf einen Platz vor dem Tore der Stadt, welcher mit einer Art von Promenade umgeben war. Hier stand auf einem Säulenfuß, der oben dünner als unten war, ein großes Götzenbild mit einem Ochsenkopf, welches etwas von der Gestalt eines Wickelkindes in den Armen trug. Das Götzenbild war mit einem Kreis von Steinen gleich Bänken oder Tischen umgeben, auf welche die Leute, die in Zügen aus der Stadt zu diesem Bilde strömten, ihre Opfer niedersetzten. Unfern von diesem Götzen stand ein sehr großer Baum, unter welchem die heilige Familie sich zu ruhen niedersetzte.

Sie hatten kaum eine Weile unter dem Baum geruht, da entstand eine Erderschütterung, und das Götzenbild wankte und stürzte. Es entstand ein Auflauf und Geschrei unter dem Volk, und viele Kanalarbeiter aus der Nähe liefen herzu. Ein guter Mann aber, ich meine ein Kanalgräber, der auf dem Wege hierher schon die heilige Familie begleitet hatte, führte sie eilend nach der Stadt, und sie waren schon am Ausgang des Götzenplatzes, als das erschreckte Volk auf sie aufmerksam ward und, ihnen den Sturz des Bildes zuschreibend, sie zornig mit Droh- und Schimpfworten umgab. — Aber es blieb ihnen nicht lange Zeit, denn es bebte die Erde, der große Baum sank um, so daß seine Wurzeln aus dem Boden herausbrachen, und der aufgerissene Grund, der den Standort des Götzenbildes umfaßte, füllte sich mit einer dunklen, schmutzigen Wasserlache, in welche das Götzenbild bis an die Hörner versank. Auch einige der Bösesten von den Leuten versanken in die entstandene schwarze Wassergrube. — Die heilige Familie aber zog ruhig in die Stadt, wo sie dicht an einem großen Götzentempel in einem dicken Mauerwerk, in dem viele leere Räume waren, einkehrten.

Heliopolis. On. Örtlichkeit. Wohnung der heiligen Familie. Arbeiten des heiligen Joseph und der heiligen Jungfrau. Lager des Jesuskindes. Tracht der Einwohner. Land Gosen, verderbte Juden

Von dem ferneren Leben der heiligen Familie in Heliopolis oder On teilte die gottselige Emmerich noch folgende Bruchstücke von Gesichten mit.

Später kam ich einmal über das Meer nach Ägypten und fand die heilige Familie noch in der großen verwüsteten Stadt wohnen. Sie ist um einen großen, vielarmigen Fluß weitläufig gebaut, man sieht sie schon fern erhöht liegen. Es sind dort ganze übermauerte Stellen, unter welchen der Fluß unten durchfließt. Die Menschen fuhren auf Balken über die Flußarme, sie lagen zu diesem Zweck da im Wasser. — Ich sah da ganz erstaunlich große Überreste von Gebäuden, große Stücke von dickem

Mauerwerk, halbe Türme, auch noch beinahe ganze Tempel. Ich sah Säulen wie Türme, an denen man von außen herum hinaufsteigen konnte. Ich sah auch hohe, oben dünnere spitze Säulen, ganz mit seltsamen Figuren bedeckt, und viele große Figuren, gleich liegenden Hunden, mit Menschenköpfen.

Die heilige Familie wohnte in den Hallen eines großen Steinbaues, der von der einen Seite von kurzen, schweren, viereckigen und runden Säulen gestützt war. Vor und unter diesen Säulen hatten sich viele Leute Wohnungen eingeflickt. Oben über diesen Bau ging ein Weg. Es wurde darüber gegangen und gefahren. Er war einem großen Götzentempel mit zwei Höfen gegenüber.

Joseph hatte vor diesem Raum, der an der einen Seite mit einer Mauer geschlossen, an der anderen mit einer Reihe dicker, nicht hoher Säulen offen war, einen leichten, mit Splintwänden vielfach geteilten Vorbau von Holz errichtet, worin sie wohnten. — Ich sah sie dort alle beisammen. Die Esel waren auch noch da, aber durch solche Splintwände getrennt, wie Joseph sie immer zu machen pflegte. — Ich bemerkte zum erstenmal, daß sie, hinter einem solchen Schirm versteckt, auch ein kleines Altärchen an der Mauer hatten, wo sie beteten, nämlich ein mit roter und darüber mit weißer, durchsichtiger Decke belegtes Tischchen und eine Lampe darüber.

Ich sah später den heiligen Joseph ganz eingerichtet zu Haus und auch oft auswärts arbeiten. Er machte lange Stäbe mit runden Knöpfen daran, auch kleine, niedere, runde, dreibeinige Schemel, woran hinten ein Griff, um sie anzufassen, auch eine Art Körbe. Er verfertigte viele leichte Splintwände von Flechtwerk. Die Leute bestrichen sie mit etwas, um sie ganz dicht zu machen, und errichteten sich Hütten und allerlei Abteilungen an und in den ungeheuer dicken Mauerwerken. — Auch machte er sechs- oder achteckige leichte Türmchen von dünnen, leichten, langen Brettern, oben spitz zugehend und in einen Knopf endend. Es war eine Öffnung daran, so daß ein Mann darin sitzen konnte wie in einem Schilderhäuschen. Außen umher waren hie und da Stufen angebracht, um daran hinaufzusteigen. Ich sah solche Türmchen hie und da vor den Götzentempeln und auch auf den platten Dächern stehen. Sie saßen darin. Es waren vielleicht Wach- oder Schattenhäuschen.

Ich sah die heilige Jungfrau Teppiche flechten. Ich sah sie auch mit einer anderen Arbeit, wobei sie einen Stab neben sich hatte, an welchem oben ein Knollen befestigt war, ich weiß nicht mehr, ob sie spann oder sonst etwas wirkte. Ich sah auch öfter Leute sie und das Jesuskindlein besuchen, welches in einer Art Wiegenschiffchen neben ihr am Boden lag. Manchmal sah ich dieses Schiffchen erhöht auf einem Gestell wie auf einem Sägebock stehen. — Da sah ich das Kindchen in dem Schiffchen gar freundlich liegen, es hatte die Ärmchen manchmal auf beiden Seiten überhängen. Einmal sah ich es auch aufrecht darin sitzen. Maria saß daneben und strickte, es stand ein Körbchen zu ihrer Seite. Es waren drei Frauen bei ihr.

Die Menschen in dieser zerbrochenen Stadt waren ganz gekleidet wie jene baumwollspinnenden Leute, welche ich sah, da ich den drei Königen entgegenging, nur trugen sie um den Unterleib ganze Schürzchen wie kurze Röckchen. — Es waren nur wenige Juden hier, und ich sah sie umhergehen, als hätten sie kein Recht, hier zu leben.

Nördlich von Heliopolis, zwischen dieser Stadt und dem Nil, der sich dort in viele Arme ausbreitete, lag das Ländchen Gosen und darin ein Ort, wo viele Juden zwischen Kanälen wohnten, die sehr in ihrer Religion verwildert waren. Mehrere dieser Juden wurden mit der heiligen Familie bekannt, und Maria machte allerlei weibliche Arbeiten für diese Leute, wofür sie Brot und Lebensmittel erhielt. Die Juden im Land Gosen hatten einen Tempel, sie verglichen ihn mit dem Tempel Salomons, er aber war viel anders.

Heliopolis, On. Joseph richtet hier einen gemeinsamen Betort für die Juden ein. Das Jesuskind zum erstenmal daselbst. Jesus mit seinen Gespielen und dem heiligen Joseph. Der Umsturz von Götzenbildern wird der heiligen Familie zugeschrieben

Ich sah die heilige Familie in Heliopolis. Sie wohnten noch neben dem Götzentempel unter dem Gewölbe des dicken Mauerwerks. Joseph hatte aber nicht weit davon einen Betort erbaut, in welchem sich die hier wohnenden Juden mit ihnen versammelten. Sie hatten früher keinen gemeinsamen Betort gehabt. — Der Raum hatte oben eine leichte Kuppel, die sie öffnen konnten, so daß sie dann unter freiem Himmel standen. In der Mitte des Raumes stand ein weiß und rot bedeckter Opfertisch oder Altar, auf welchen Rollen lagen. Der Priester oder Lehrer war ein sehr alter Mann. Hier standen die Männer und Frauen beim Gebet nicht so getrennt wie im gelobten Lande. Die Männer standen an der einen, die Frauen an der anderen Seite.

Ich hatte den Anblick, wie die heilige Jungfrau zum ersten Male mit dem Jesuskinde in dem Betsaal war. Sie saß an der Erde auf einem Arm gestützt, sie hatte das Kindchen in einem himmelblauen Röckchen vor sich sitzen und legte ihm die Händchen auf der Brust zusammen. Joseph stand hinter ihr, wie er hier immer tut, obschon die anderen Männer und Frauen an beiden Seiten des Raumes getrennt stehen und sitzen.

Mir wurde auch das Jesulein gezeigt, wie es bereits größer und oft von anderen Kindern besucht war. Es konnte schon artig sprechen und laufen, war viel bei Joseph und ging auch wohl mit ihm, wenn er auswärts arbeitete. Es hatte ein Röckchen wie ein Hemdchen, aus einem Stück gestrickt oder gewirkt, an.

Da sie hier in der Nähe des Tempels wohnten und einige Götzenbilder in demselben umstürzten, legten manche Leute, weil auch das Bild vor dem Tore bei ihrem Einzug umgestürzt war, dieses als ein Zürnen der Götter gegen diese Leute aus, und sie mußten darum mancherlei Verfolgungen erleiden.

*Heliopolis, On. Im zweiten Lebensjahre verkündet ein
Engel der heiligen Familie den Kindermord Herodes'.
Beschreibung dieses Ereignisses in Jerusalem*

Gegen die Mitte des zweiten Lebensjahres Jesu ward die heilige Jungfrau in Heliopolis durch die Erscheinung eines Engels von dem Kindermorde des Herodes unterrichtet. Sie und Joseph wurden sehr betrübt, und das Jesuskind weinte an diesem ganzen Tag — Ich sah aber folgendes.

Von dem Kindermorde des Herodes

Als die heiligen drei Könige nicht zurückkehrten, schlief die Sorge des Herodes, der allerlei Familienhändel hatte, etwas ein, erwachte aber wieder, als er, da die heilige Familie schon einige Zeit in Nazareth war, manche Gerüchte von der Weissagung Simeons und Hannas im Tempel bei Jesu Opferung erfuhr.

Er ließ unter mancherlei Vorwänden Soldaten an verschiedene Orte um Jerusalem, bei Gilgal, Bethlehem und bis Hebron hin legen und befahl, die Zahl der Kinder auszuforschen. Sie lagen wohl an dreiviertel Jahre in diesen Orten. Herodes war unterdessen in Rom[1], und bald nach seiner Rückkehr erst wurden die Kinder ermordet. Johannes war zwei Jahre alt, als es geschah und er war wieder einige Zeit heimlich bei seinen Eltern gewesen. Ehe nun Herodes den Befehl ergehen ließ, daß die Mütter ihre Knäblein bis zum zweiten Jahre alt vor die Obrig-

---

[1] Dieses wurde in heftiger Krankheit erzählt; sie erwähnte mancherlei Händel und Reisen in der Familie des Herodes, jedoch sehr unklar. Die Angabe, Herodes sei unterdessen in Rom gewesen, war allein deutlich. Da der Schreiber wohl fünfzehn Jahre nach dieser Mitteilung der Geschichte Herodes' des Großen in dem jüdischen Geschichtsschreiber Josephus nachliest, findet er keine Reise des Herodes um diese Zeit nach Rom erwähnt und weiß daher nicht, welcher Irrtum hier obwaltet. Vielleicht sollte sie sagen: Antipater, ein Sohn des Herodes, war in Rom gewesen, und erst nach dessen Rückkehr geschah der Kindermord.

keit bringen sollten, flüchtete Elisabeth, durch die Erscheinung eines Engels gewarnt, mit dem kleinen Johannes wieder in die Wüste. — Jesus war beinahe anderthalb Jahre alt und konnte bereits laufen. Die Kinder wurden an sieben verschiedenen Orten ermordet.

Den Müttern wurden Belohnungen ihrer Fruchtbarkeit verheißen. Sie brachten ihre Kinder festlich geschmückt aus den Umgegenden in die Amtshäuser dieser Orte. Die Männer wurden zurückgewiesen, die Mütter von den Kindern getrennnt und diese in einsamen geschlossenen Höfen von den Soldaten erstochen, auf Haufen geworfen und dann in Gruben verscharrt.

Die Schwester Emmerich teilte ihre Betrachtung vom Morde der Unschuldigen Kindlein am 8. März 1821 mit, also um die Jahreszeit der Flucht nach Ägypten, so daß man dieses Ereignis als etwa ein Jahr nach dieser annehmen könnte. Sie sprach:

Heute nach Mittag sah ich die Mütter mit ihren Knaben vom jüngsten bis zu dem zweijährigen aus Hebron, Bethlehem und noch einem Ort, wo Herodes Soldaten hingesendet und später durch dortige Vorgesetzte den Befehl hatte ergehen lassen, nach Jerusalem kommen. Sie kamen in verschiedenen Haufen zur Stadt. Manche hatten zwei Kinder bei sich und ritten auf Eseln. Sie wurden alle in ein großes Gebäude geführt und die sie begleitenden Männer zurückgesendet. Sie zogen alle ganz fröhlich heran, denn sie glaubten eine Belohnung ihrer Fruchtbarkeit zu erhalten.

Das Gebäude war etwas abgelegen, nicht weit von dem nachmaligen Wohnhaus des Pilatus. Es war so umbaut, daß man von außen nicht leicht vernehmen konnte, was darin vorging. Es muß ein Gerichtshaus gewesen sein, denn ich sah in dem Hof steinerne Pfähle und Blöcke, woran Ketten, auch solche Bäume, welche man zusammenband, die Menschen daran fesselte und wieder auseinanderschnallen ließ, um sie zu zerreißen. Es war ein festes und finsteres Gebäude und der Hof schier so groß wie der Kirchhof an der einen Seite der Stadtkirche in Dülmen.

— Ein Tor führte durch zwei Mauern in diesen Hof, der von drei Seiten mit Gebäuden umschlossen war. Links und rechts waren sie einen Stock hoch. Das mittlere Gebäude hatte zwei Stock und glich einer alten wüsten Synagoge. Aus allen drei Gebäuden führten Tore in den Hof.

Man führte die Mütter durch den Hof in die beiden Seitengebäude und sperrte sie hier ein. Es schien mir anfangs, als seien sie in einer Art Spital oder Herberge. Da sie sich nun ihrer Freiheit beraubt sahen, ward ihnen bange, und sie begannen zu weinen und zu wehklagen. In diesem Jammer blieben sie die ganze Nacht.

Am folgenden Tage, am 9. März, erzählte sie: Ich sah heute nach Mittag ein schreckliches Bild. Ich sah in dem Gerichtshaus den Mord der Unschuldigen Kindlein. Das große Hinterhaus, welches den Hof schloß, war zwei Stock hoch, der untere bestand in einer großen wüsten Halle, gleich einem Kerker oder einer großen Wachstube des Gerichtes, im oberen war ein Saal, dessen Fenster in den Hof niedersahen. Ich sah da allerlei Herren wie im Gericht versammelt, es lagen Rollen vor ihnen auf dem Tische. — Ich glaube, Herodes war auch gegenwärtig, denn ich sah einen in einem roten, mit weißem Pelz gefütterten Mantel; an dem Pelz waren schwarze Zöpfchen. Er hatte eine Krone auf. Ich sah ihn, von anderen umgeben, vom Fenster des Saales aus zusehen.

Die Mütter wurden einzeln mit ihren Knaben aus den Seitengebäuden in die große Halle unten im Hintergebäude gerufen. Beim Eintritt wurden ihnen die Kinder von den Kriegsknechten abgenommen und durch das Tor in den Hof gebracht, wo etwa zwanzig beschäftigt waren, sie mit Schwertern und Spießen in den Hals und das Herz stechend zu ermorden. Es waren teils Kinder in Windeln, welche die Mütter noch an der Brust nährten, teils Knäblein in gewirkten langen Röckchen. Sie kleideten sie nicht erst aus, sie stachen sie in Hals und Herz und schleuderten sie, an einem Arm oder Fuß gefaßt, auf einen Haufen hin. Es war ein gräßlicher Anblick.

Die Mütter wurden in der großen Halle von den Soldaten eine zu der anderen zurückgedrängt, und als sie das Schicksal ihrer Kinder merkten, erhoben sie ein gräßliches Geschrei, zerrauften sich die Haare und umklammerten sich einander. Sie standen endlich so gedrängt, daß sie sich kaum rühren konnten. Ich meine, das Morden dauerte bis gegen Abend.

Die Kinder wurden nachher in demselben Hof in einer Grube verscharrt. Ihre Zahl wurde mir gezeigt, aber ich erinnere mich ihrer nicht mehr bestimmt. Ich meine, es waren 700 und noch eine Zahl, worin 7 oder 17 vorkam. Die Zahl wurde mir mit einem Ausdruck verständlich gemacht, bei welchem ich mich eines Klanges wie Ducen erinnere, ich meine, ich mußte zwei c mehrmals zusammenzählen. (Vielleicht hieß es Ducentos?)

Ich war über diesen Anblick höchst entsetzt, ich wußte nicht, wo es geschah, ich glaubte, es sei hier. Als ich erwachte, konnte ich mich erst nach und nach besinnen.

Ich sah in der folgenden Nacht die Mütter, gebunden in einzelnen Haufen, von Soldaten in ihre Heimat zurückführen.

Die Stelle des Kindermordes in Jerusalem war der nachmalige Richthof unweit dem Gerichtshaus des Pilatus, doch zu dessen Zeit etwas verändert. Ich sah bei Christi Tod die Grube der ermordeten Kinder einstürzen, es erschienen ihre Seelen und zogen von dannen.

Der Knabe Johannes abermals in die Wüste geflüchtet

Als Elisabeth den kleinen Johannes vor dem Kindermord, nachdem sie durch einen Engel gewarnt worden war, abermals in die Wüste flüchtete, wurde mir folgendes von dieser Begebenheit gezeigt.

Elisabeth suchte lange, bis sie eine Höhle fand, die ihr verborgen genug schien, und blieb nun ungefähr 40 Tage mit dem Knaben. Als sie wieder nach Hause ging, kam ein Essener von der Genossenschaft am Berge Horeb in die Wüste zu dem Knaben und brachte ihm Speise und half ihm in allem Notwendigen. Dieser Essener, dessen Namen ich bereits mehrmals wieder vergessen, war ein Verwandter der Tempelhanna. Er kam anfangs alle acht, später alle vierzehn Tage zu Johannes, bis dieser seiner Hilfe nicht mehr bedurfte. Das währte aber nicht sehr lange, denn er war sehr bald in der Wüste besser zu Haus als bei den Menschen. Er war von Gott bestimmt, außer Berührung mit den Menschen und ihren Sünden unschuldig in der Wüste aufzuwachsen. Gleich Jesu ist er nie in einer Schule gewesen; der heilige Geist hat ihn in der Wüste unterrichtet. Ich sah oft ein Licht oder leuchtende Gestalten wie ein Engel, bei ihm. Diese Wüste war nicht öde und unfruchtbar, es wuchsen viele Kräuter und Stauden, welche mancherlei Beeren trugen, zwischen den Felsen, auch Erdbeeren, welche Johannes vorüberwandelnd pflückte und aß. Er war ungemein vertraut mit den Tieren, besonders mit den Vögeln; sie flogen ihm zu und saßen auf seinen Schultern, er sprach mit ihnen, und sie schienen ihn ganz zu verstehen und waren wie seine Boten. Er wandelte längs den Quellen hin und war ebenso vertraut mit den Fischen, sie nahten ihm, wenn er ihnen rief, und folgten seinem Weg an dem Lauf des Wassers hinauf.

Ich sah, wie er sich jetzt weit von der Heimat entfernte, vielleicht wegen der Gefahr, die ihm drohte. Er war so vertraut mit den Tieren, daß sie ihm dienten und ihn warnten. Sie führten ihn zu ihren Nestern und Lagern, und wenn sich Menschen nahten, floh er mit ihnen in ihre Schlupfwinkel. Er nährte sich von Obst, Beeren, Wurzeln und Kräutern. Er brauchte nicht lange zu suchen; entweder wußte er selbst ihren Standort, oder die Tiere zeigten sie ihm. Er trug immer sein Fell und sein Stäbchen und zog sich von Zeit zu Zeit immer tiefer in die Wüste, bald nahte er wieder mehr seiner Heimat. Er kam auch ein paarmal mit seinen Eltern zusammen, welche sich immer sehr nach ihm sehnten. Wahrscheinlich mußten sie durch Offenbarung voneinander wissen, denn wenn Elisabeth oder Zacharias ihn sehen wollten, kam er ihnen sehr weit entgegen.

*Zug nach Matarea. Götzenbilder in einer kleinen Stadt fallen um. Troja östlich von Memphis. Blick auf das Kind Moses. Sie ziehen wieder nördlich um Babylon gen Matarea, das damals anders hieß, nahe bei Heliopolis. Örtlichkeit. Von den Juden im Lande Gosen. Ihre Versunkenheit, **ihr Tempel, ihr unzüchtiger Götzendienst***

Ungefähr nach einem Aufenthalt von eineinhalb Jahren, da Jesus etwa zwei Jahre alt war, verließ die heilige Familie Heliopolis wegen Mangel an Arbeit und mancherlei Verfolgungen. Sie zogen mittagwärts gegen Memphis zu. — Als sie nicht weit von Heliopolis durch eine kleine Stadt kamen und sich in der Vorhalle eines offenen Götzentempels zu ruhen niedersetzten, stürzte das Götzenbild nieder und zerbrach. Es hatte einen Ochsenkopf und drei Hörner und mehrere Löcher im Leibe, die Opfer hineinzusetzen und zu verbrennen. Es entstand hierüber ein Auflauf unter den Götzenpriestern, welche die heilige Familie anhielten und bedrohten. Ein Priester aber stellte den anderen im Rate vor, er halte es für besser, sich dem Gotte dieser Leute zu empfehlen, indem er sie erinnerte, welche Plagen über ihre Voreltern gekommen seien, als sie dieses Volk verfolgt, und wie in der Nacht vor ihrem Auszug in jedem Hause der Erstgeborene gestorben sei usw. Auf diese Beratung wurde die heilige Familie ungestört entlassen.

Sie zogen nun bis nach Troja, einem Ort an der Morgenseite des Nils, Memphis gegenüber. Der Ort war groß, aber sehr kotig. Sie gedachten, hier zu bleiben, wurden aber nicht aufgenommen, ja sie konnten nicht einmal einen Trunk Wasser noch einige Datteln erhalten, worum sie baten. — Memphis lag westlich des Nils. Der Strom war da sehr breit und hatte Inseln. Diesseits des Nils war auch ein Teil der Stadt und zu Pharaos Zeit ein großer Palast mit Gärten und einem hohen Turm, von welchem Pharaos Tochter oft umherschaute. Ich sah auch die Stelle, wo im hohen Schilf das Kind Moses aufgefunden worden ist. — Memphis war, gleich drei Städten, diesseits und jenseits des Nils, und es war, als gehöre Babylon, eine Stadt, welche östlich des Flußes mehr stromabwärts lag, auch dazu. — Überhaupt war zu Pharaos Zeit die Gegend um den Nil zwischen Heliopolis, Babylon und Memphis so mit hohen Steindämmen, Gebäuden und Kanälen angefüllt und verbunden, daß alles eine zusammenhängende Stadt zu sein schien. — Jetzt, zur Zeit der heiligen Familie, war dies alles schon getrennt und durch große Verwüstung unterbrochen.

Sie zogen aber von Troja wieder nördlich stromabwärts gegen Babylon, das wüst, schlecht gebaut und kotig war. Sie zogen zwischen dem Nil und Babylon um diese Stadt herum, in der Richtung, die sie gekommen waren, wieder eine Strecke rückwärts.

Sie zogen auf einem Damm nilabwärts, auf welchem Damm später auch Jesus gezogen ist, da er nach Lazarus' Erweckung durch Arabien und Ägypten reiste und dann am Brunnen Jakobs bei Sichar wieder mit den Jüngern zusammenkam.

Sie zogen etwa zwei Stunden nilabwärts. Der ganze Weg war hie und da mit zerstörten Bauwerken besetzt. Sie mußten auch noch einen kleinen Flußarm oder Kanal überschreiten und kamen nach einem Ort, dessen damaligen Namen ich vergessen habe, der später aber Matarea hieß. Er war nahe bei Heliopolis. Dieser Ort, der auf einer Landzunge lag, so daß das Wasser ihn auf zwei Seiten berührte, war sehr wüst und zerstreut, und die jetzigen Wohnungen meistens ganz schlecht von Dattelholz und festem Schlamm gebaut und mit Binsen gedeckt, so daß Joseph hier viele Bauarbeit erhielt. — Er machte die Häuser fester von Flechtwerk und baute Galerien darauf, wo sie gehen konnten.

Hier wohnten sie in einem dunklen Gewölbe in einsamer Gegend an der Landseite, nicht weit von dem Tore, durch das sie eingezogen. Joseph baute wieder einen leichten Vorbau vor das Gewölbe. — Auch hier fiel bei ihrer Ankunft das Götzenbild in einem kleinen Tempel und später alle Götzenbilder um. Ein Priester beruhigte auch hier das Volk durch die Erinnerung an die Plagen Ägyptens. — Später, als sich eine kleine Gemeinde von Juden und bekehrten Heiden um sie gesammelt hatte, überließen ihnen die Priester den kleinen Tempel, dessen Götze bei ihrem Einzuge gefallen war, und Joseph richtete ihn zur Synagoge ein. Er wurde wie der Vater der Gemeinde und führte ein, daß sie die Psalmen ordentlich sangen, denn ihr Gottesdienst war ganz verwildert.

Hier wohnten nur einige sehr arme Juden, die in elenden Gruben und Löchern steckten. — In dem Judenort zwischen On und dem Nil aber wohnten viele Juden und hatten einen ordentlichen Tempel, sie waren jedoch ganz in einer getreulichen Abgötterei versunken, hatten ein goldenes Kalb, eine Figur mit einem Ochsenkopf und hatten rings kleine Tierbilder wie Iltisse oder Frettchen stehen und kleine Thronhimmel darüber. Es waren dies Tiere, welche einen gegen die Krokodile verteidigen (Ichneumon).

Sie hatten auch eine nachgemachte Bundeslade und greuliche Sachen darin. Sie übten einen scheußlichen Götzendienst, wobei sie in einem unterirdischen Gang allerlei Unzucht trieben und meinten, dadurch solle der Messias entstehen. Sie waren sehr hartnäckig und wollten sich nicht bessern. — Es zogen aber später viele aus diesem Orte, der höchstens zwei Stunden entfernt war, hierher. Sie konnten aber der vielen Kanäle und Dämme wegen nicht in gerader Richtung hierher, sondern mußten einen Umweg um On herum machen.

Diese Juden im Lande Gosen hatten schon in On Bekanntschaft mit der heiligen Familie, und Maria arbeitete bis dahin allerlei weibliche Arbeit für sie, an Strick-, Flecht- und Stickwerk, auch anderes. Sie wollte aber nie überflüssige Sachen und Prachtsachen arbeiten, sondern nur das Notdürftige und die Betkleider. Ich sah, daß Frauen ihr Arbeit brachten, welche sie nach der Mode und zur Eitelkeit verlangten, und daß Maria die Arbeit zurückgab, so sehr sie einigen Erwerbes bedurfte. Ich sah auch, daß die Frauen ganz schnöd über sie schimpften.

Matarea. Armut des Ortes. Schlafstelle Marias und Jesu. Gebetsraum der heiligen Familie. Beschreibung einer Art von Heiligtum in diesem Raum

Anfangs ging es ihnen in Matarea ganz beschwerlich. Es mangelte an gutem Wasser und Holz hier. Die Einwohner kochten mit trockenem Gras oder Schilf. Die heilige Familie aß meistens kalte Nahrungsmittel. — Joseph erhielt manche Arbeit, er verbesserte die Hütten. Die Leute aber behandelten ihn schier wie einen Sklaven, sie gaben ihm, was sie wollten; bald brachte er etwas für seine Arbeit nach Haus, bald nichts. Die Einwohner hier waren sehr ungeschickt, ihre Hütten zu bauen. Es fehlte an Holz, und wenn ich auch hie und da einen Stamm liegen sah, so merkte ich doch, daß es ihnen hier an Werkzeug mangelte. Die meisten hatten nur Messer von Stein oder Bein und waren wie Torfstecher. Joseph hatte sein nötigstes Werkzeug mitgebracht.

Die heilige Familie hatte sich bald ein wenig eingerichtet. Joseph teilte den Raum sehr bequem durch leichte Flechtwände, er bereitete eine ordentliche Feuerstelle und verfertigte Schemel und kleine niedere Tischchen. Die Leute hier aßen alle an der platten Erde.

Sie lebten mehrere Jahre hier, und ich habe allerlei Bilder gesehen aus verschiedenen Lebensjahren des Jesuskindes. — Ich sah, wo Jesus schlief. In der Wand des Gewölbes, wo Maria schlief, sah ich eine Vertiefung von Joseph ausgearbeitet, in der das Lager Jesu war. Maria schlief daneben, und ich habe oft gesehen, wie sie nachts vor dem Lager Jesu zu Gott betend kniete. Joseph schlief in einem anderen Raum.

Ich sah auch von Joseph einen Betort in der Wohnung eingerichtet. Er war in einem abgesonderten Gang. Joseph und die heilige Jungfrau hatten ihre besonderen Stellen darinnen, und auch das Jesuskind hatte sein eigenes Winkelchen, wo es betend saß, stand oder kniete. — Die heilige Jungfrau hatte eine Art Altärchen, vor dem sie betete. Ein kleines Tischchen, rot und weiß bedeckt, wurde wie eine Klappe vor einem Fach

in der Mauer, welche es gewöhnlich verschloß, niedergelassen.
— Es befand sich aber in der Mauervertiefung eine Art Heiligtum. Ich sah kleine Büschchen in kelchförmigen Töpfchen. Ich sah ein Ende des Stabs des heiligen Joseph mit der Blüte, wodurch er im Tempel durch das Los zum Gemahl Marias gewählt worden war. Es stak dieses Ende in einer anderthalb Zoll dicken Büchse. — Außer diesem sah ich noch ein Heiligtum, von dem ich aber jetzt nicht mehr bestimmen kann, was es eigentlich war. In einer durchsichtigen Büchse sah ich etwa fünf weiße Stäbchen von der Dicke starker Strohhalme. Sie standen gekreuzt wie in der Mitte gebunden und erschienen oben etwas breiter, kraus, nach Art einer kleinen Garbe. — (Sie kreuzte die Finger, um sich deutlich zu machen, und sprach auch von Brot. Vielleicht hat es Bezug auf Ähren und Weinreben, die sie neulich in dem ägyptischen Bilde sah, da den Engeln die Geburt Mariä verkündet ward, oder waren es Gebeine?)

Elisabeth führt den Knaben Johannes zum drittenmal in die Wüste

Der kleine Johannes ist während des Aufenthalts der heiligen Familie in Ägypten nochmals heimlich in Juta bei seinen Eltern gewesen, denn ich sah ihn, etwa vier bis fünf Jahre alt, von Elisabeth abermals in die Wüste begleiten. Als sie das Haus verließen, war Zacharias nicht anwesend; ich glaube, er ist vorher verreist, um den Abschied nicht zu sehen, denn er liebte den Johannes über alle Maßen. Er hatte ihm aber doch seinen Segen gegeben; denn er segnete Elisabeth und Johannes jedesmal, ehe er verreiste.

Der kleine Johannes hatte ein Fell von der linken Schulter quer über Brust und Rücken hängen, es war unter der rechten Achsel zusammengeheftet. Später in der Wüste sah ich ihn dieses Fell, wie es ihm bequem war, bald über beide Schultern, bald quer vor der Brust, bald um den Unterleib geschlagen, tragen. Außer diesem Fell war der Knabe nackt. Er hatte bräunliche, dunklere Haare als Jesus und trug noch das weiße Stäbchen in der Hand, das er vom Hause schon früher mitgenommen und ich immer in der Wüste bei ihm gesehen habe.

So sah ich ihn an der Hand seiner Mutter Elisabeth, einer langen, sehr eingehüllten, raschen, alten Frau mit kleinem, feinem Gesichte über Land eilen. Oft lief er voraus und war ganz unbefangen und kindlich, ohne jedoch zerstreut zu sein.

Ihr Weg ging anfangs lang mitternachtswärts, und sie hatten ein Wasser zu ihrer rechten Seite; dann sah ich sie über einen kleinen Fluß setzen, es war keine Brücke da, sie fuhren auf Balken hinüber, welche darin lagen, wobei Elisabeth, die eine sehr entschlossene Frau war, mit einem Zweige ruderte. Als sie über dem Flüßchen waren, wendete sich ihr Weg mehr gegen Morgen, und sie zogen in eine Felsenschlucht hinein, welche oben öd und steinig, im Talgrund aber mit manchem Gebüsch und anderen Früchten mit vielen Erdbeeren bewachsen war, von welchem der Knabe hie und da eine aß.

Als sie eine Strecke Wegs in diese Schlucht hineingegangen waren, nahm Elisabeth von dem Knaben Abschied. Sie segnete ihn, drückte ihn an ihr Herz, küßte ihn auf die beiden Wangen und Stirn und trat ihren Rückweg an. Mehrmals wendete sie sich auf ihrem Wege und sah sich weinend nach Johannes um. Dieser aber war ganz unbekümmert und wanderte sicher vorwärtsschreitend weiter in die Schlucht hinein.

Da ich während dieser Betrachtungen sehr krank war, gab mir Gott die Gnade, mich bei allem, was vorging, als ein Kind gegenwärtig zu fühlen. Sogleich glaubte ich, als ein Kind desselben Alters mit Johannes auf dem Weg zu sein und ward bange, das Kind entferne sich zu sehr von seiner Mutter und werde nicht mehr nach Hause finden; bald aber beruhigte mich eine Stimme: Sei unbekümmert, der Knabe weiß sehr wohl, was er tut. Hierauf glaubte ich, mit ihm als mit einem vertrauten Gespielen meiner Jugend ganz einzig in die Wüste hineinzuziehen, und sah vielerlei, was ihm darin begegnet ist. Ja, Johannes selbst erzählte mir in diesem Zusammensein vieles aus seinem Leben in der Wüste; zum Beispiel wie er sich auf alle Weise Abbruch getan und seine Sinne getötet und immer heller und klarer gesehen habe und wie er auf eine unbeschreibliche Weise von allem, was ihn umgeben, unterrichtet worden sei.

Alles das verwunderte mich nicht, denn ich habe als Kind schon, wenn ich einsam unsere Kühe hütete, immer ein vertrauliches Leben mit Johannes in der Wüste geführt; denn oft, wenn ich mich nach ihm sehnte und in die Büsche hineinrief: „Hännsken mit sien Stöcksken und sien Fell up de Schulter sall to mi kommen", so kam auch Hännschen mit seinem Stöckchen und seinem Fell auf der Schulter oft zu mir, und wir spielten wie die Kinder, und er erzählte mir und lehrte mich allerlei Gutes. Auch befremdete mich nie, daß er in der Wüste von Pflanzen und Tieren so vieles erlernt, denn auch ich habe als Kind im Walde, auf der Heide und im Felde, bei der Herde oder wenn ich Ähren las, Gras rupfte, Kräuter sammelte, jedes Blättchen, jede Blume wie ein Buch betrachtet, jeder Vogel, jedes vorübereilende Tier, alles, was mich umgab, belehrte mich. Bei jeder Gestalt und Farbe, bei jedem Blattgerippe kamen mir allerlei tiefe Gedanken, welche die Leute, wenn ich sie wieder vorbrachte, teils mit Verwunderung anhörten, meist aber verlachten, wodurch ich mich endlich gewöhnte, alles dergleichen zu verschweigen, denn früher meinte ich und meine es manchmal noch jetzt, solches begegne einem jeden Menschen, und man lerne nirgends besser, weil Gott das ABC-Buch selbst geschrieben.

Als ich nun in meinen Betrachtungen dem Knaben Johannes wieder in die Wüste folgte, sah ich wie früher sein ganzes Tun und Treiben. Ich sah ihn mit Blumen und Tieren spielen. Die Vögel waren ihm ganz besonders vertraut. Sie flogen ihm auf den Kopf, wenn er ging oder kniend betete. Oft sah ich ihn seinen Stab quer in die Zweige legen, da kamen auf seinen Ruf viele bunte Vögel herzugeflogen und setzten sich in eine Reihe auf seinen Stab. Er betrachtete sie und sprach ganz vertraut mit ihnen, als halte er Schule. Ich sah ihn auch anderen Tieren in ihre Lager nachgehen, sie füttern und aufmerksam betrachten.

Herodes läßt den Zacharias gefangennehmen und töten. Elisabeth begibt sich zu Johannes in die Wüste und stirbt daselbst. Johannes dringt weiter in die Wüste

Als Johannes in der Wüste ungefähr sein sechstes Lebensjahr erreicht hatte, zog Zacharias einmal mit Opferherden zum Tempel, und Elisabeth benützte die Zeit seiner Abwesenheit, um ihren Sohn in der Wüste heimzusuchen. Zacharias ist wohl nie bei Johannes in der Wüste gewesen, damit er, von Herodes um den Aufenthalt seines Sohnes gefragt, der Wahrheit gemäß sagen könne, er wisse nicht, wo er sei. Um aber seine große Sehnsucht nach Johannes zu befriedigen, geschah es, daß dieser mehrmals mit großer Heimlichkeit in der Nacht aus der Wüste in das Haus seiner Eltern zurückkehrte und eine kleine Zeit dort verweilte. Wahrscheinlich führte ihn, wenn es sein sollte und ohne Gefahr sein konnte, sein Schutzengel dahin. Ich sah ihn immer von höheren Mächten geleitet und geschützt und oft leuchtende Gestalten wie Engel bei ihm.

Johannes war bestimmt, abgesondert von der Welt und den gewöhnlichen menschlichen Nahrungsmitteln in der Wüste von dem Geiste Gottes erzogen und belehrt zu werden, und so fügte es die Vorsehung, daß er auch, durch die äußeren Umstände genötigt, in die Wüste gebracht wurde, wohin ihn schon sein innerer Naturtrieb unwiderstehlich führte, denn ich habe ihn von frühester Kindheit an immer einsam und nachdenkend gesehen. Wie nun aber auf eine göttliche Mahnung das Kindlein Jesus nach Ägypten geflüchtet ward, so wurde Johannes, sein Vorläufer, in der Wüste versteckt. Auch auf ihn war der Verdacht gerichtet, denn es war viel Gerede über Johannes seit seinen ersten Tagen im Lande gewesen, die Wunder seiner Geburt waren bekannt wie auch, daß man ihn oft von Licht umgeben gesehen, weswegen Herodes ihm besonders nachstellte.

Schon mehrere Male hatte Herodes den Zacharias über den Aufenthalt des Johannes zur Rede stellen lassen, noch immer aber hatte er nicht die Hände an ihn gelegt. Jedoch als Zacharias diesmal zum Tempel zog, ward er in einem Hohlweg vor dem Bethlehemstor von Jerusalem, wo man die Stadt noch nicht sehen konnte, von den Soldaten des Herodes, die ihm auflauerten, überfallen und schwer mißhandelt. Sie schleppten ihn in ein Gefängnis, an der Seite des Berges Sion gelegen, wo ich nachmals die Jünger Jesu so oft zum Tempel hinaufwandeln sah. Hier ward der Greis sehr gequält und selbst gefoltert, um ihm das Geständnis von dem Aufenthalt seines Sohnes zu entreißen, und, da dies nicht gelang, auf Befehl des Herodes erstochen.

Seine Freunde begruben nachher seinen Leib unfern vom Tempel. — Es war dieses aber nicht der Zacharias, der zwischen Tempel und Altar erschlagen ward und den ich, da die Toten bei Christi Tod aus ihren Gräbern hervorgingen, aus den Tempelmauern neben der Betkammer des alten Simeon hervorgehen gesehen, da sein Grab aus der Mauer hervorstürzte. Es stürzten damals noch mehrere heimliche Gräber im Tempel ein. Bei der Veranlassung, da dieser Zacharias zwischen Tempel und Altar ermordet ward, waren mehrere, welche über das Geschlecht des Messias stritten und über gewisse Rechte, Stellen und Standorte einzelner Familien am Tempel. Es durften zum Beispiel nicht alle Familien ihre Kinder am Tempel erziehen lassen. Dabei fällt mir ein, daß ich auch einmal einen Knaben, ich glaube einen Königssohn, dessen Namen mir entfallen ist, in der Pflege von Hanna am Tempel gesehen habe. Zacharias allein ward unter den Streitenden ermordet. Sein Vater hieß **Barachias** [1].

---

[1] Als die Seherin von der Ermordung dieses Zacharias zwischen Tempel und Altar und dem erwähnten veranlassenden Streite sprach, kämpfte sie gegen ekstatischen Schlaf und erklärte sich deshalb etwas unbestimmt.

Ich sah auch, wie einmal später die Gebeine dieses Zacharias wiedergefunden wurden, habe aber die näheren Umstände vergessen.

Zur Zeit, da Elisabeth die Heimkehr ihres Mannes nach Juta erwartete, kehrte sie auch dahin aus der Wüste zurück. Johannes begleitete sie einen Teil des Wegs, worauf sie ihn segnete und auf die Stirn küßte, er aber unbekümmert in die Wüste zurückeilte. Zu Haus fand Elisabeth die schreckliche Botschaft von der Ermordung des Zacharias. Sie fiel in so großes Leid und Wehklagen, daß sie hier keine Ruhe mehr finden konnte, so eilte sie dann für immer in die Wüste zu Johannes und starb daselbst nicht lange Zeit nachher, noch vor der Rückkehr der heiligen Familie aus Ägypten. Der Essener von dem Berge Horeb, welcher immer dem kleinen Johannes beistand, hat sie in der Wüste begraben.

Johannes zog nun von Haus entfernter in die Wüste. Er verließ die Felsenschlucht, die Gegend ward offener, und ich sah ihn in der Wildnis bis zu einem kleinen See gelangen. Da war weißer Sand und ebenes Ufer, und ich sah ihn da weit in das Wasser gehen und alle die Fische ohne Scheu zu ihm heranschwimmen. Er war ganz vertraulich mit ihnen. — Er lebte in dieser Gegend längere Zeit, und ich sah, daß er sich dort eine Schlafhütte im Gebüsch aus Zweigen flocht. Sie war ganz niedrig und nicht größer, als darin schlafend zu liegen. Hier und später sah ich besonders oft leuchtende Gestalten oder Engel bei ihm, mit welchen er demütig, doch ganz kindlich fromm vertraut und unerschrocken umging. Sie schienen ihn zu lehren und auf allerlei aufmerksam zu machen. Ich sah nun auch ein Querstäbchen an seinem Stabe befestigt, so daß er ein Kreuz bildete; hieran hatte er ein Band von breiten Buchen oder Baumbast gleich einem Fähnchen befestigt, womit er hin und wieder wehend spielte.

Das väterliche Haus des Johannes in Juta bei Hebron bewohnte nun eine Schwestertochter der Elisabeth. Es war ein ganz wohl eingerichtetes Haus. Johannes kam erwachsener noch einmal heimlich dorthin und drang dann immer weiter in die Wüste, bis er unter den Menschen erschien, was ich später mitteilen werde.

Matarea. Die heilige Jungfrau entdeckt einen Brunnen bei ihrer Wohnung. Joseph bringt den verschütteten Brunnen in Ordnung. Ein alter Opferstein bei dem Brunnen. Der Knabe Jesus schöpft anderen Kindern Wasser. Sorge der heiligen Jungfrau, als Jesus ihr zum ersten Male Wasser holt. Der Knabe Jesus dient seinen Eltern. Ein Engel verkündet Jesu auf dem Wege nach dem Judenort den Tod des Herodes. Seine Betrübnis über die Versunkenheit der Juden daselbst

Auch in Matarea, wo die Einwohner sich mit dem trüben Nilwasser behelfen mußten, fand Maria auf Gebet einen Brunnen. Sie litten anfangs großen Mangel und mußten von Früchten und schlechtem Wasser leben. Sie hatten lange kein gutes Wasser gehabt, und Joseph wollte schon, mit seinen Schläuchen auf dem Esel Wasser zu holen, nach dem Balsamquell in die Wüste ziehen, als die heilige Jungfrau auf ihr Gebet durch die Erscheinung eines Engels ermahnt wurde, eine Quelle hinter ihrer Wohnung zu finden. — Ich sah sie über den Wall, worin ihre Wohnung war, zu einem tiefer gelegenen freien Raum zwischen verfallenen Wällen hinabgehen, wo ein sehr dicker alter Baum stand. — Sie hatte einen Stab, woran eine kleine Schaufel, in der Hand, wie man sie dort häufig auf Reisen trägt, und stach damit bei dem Baume in die Erde, worauf ein schöner heller Wasserstrahl hervorquoll.

Freudig eilte sie, Joseph zu rufen, der, den Brunnen aufgrabend, entdeckte, daß er in der Tiefe früher schon ausgemauert und nur versiegt und verschüttet gewesen. Joseph stellte ihn her und legte ihn sehr schön mit Steinen aus. — Es war bei diesem Brunnen, von der Seite, wo Maria herkam, ein großer Stein, schier wie ein Altar, und ich meine, es ist auch einmal ein Altar gewesen; ich habe die Gelegenheit jetzt vergessen.

Hier hat die heilige Jungfrau nachher in der Sonne oft die Kleider und Tücher Jesu getrocknet, die sie gewaschen. — Dieser Brunnen blieb unbekannt und allein im Gebrauche der heiligen Familie, bis Jesus so groß war, daß er allerlei kleine Bestellungen machte und auch seiner Mutter Wasser holte. Da sah ich einmal, daß er andere Kinder an den Brunnen brachte und ihnen mit einem hohl gebogenen Blatt zu trinken schöpfte. Da die Kinder dieses ihren Eltern erzählten, kamen nun auch andere Leute zu dem Brunnen, der jedoch hauptsächlich im Gebrauch der Juden blieb.

Ich sah auch, wie Jesus zum erstenmal seiner Mutter Wasser holte, Maria lag in ihrem Gewölbe betend auf den Knien, da schlich sich Jesus mit einem Schlauch zum Brunnen und holte Wasser, es war das erste Mal. Maria war unbeschreiblich gerührt, als sie ihn zurückkommen sah, und bat ihn noch kniend, er möge es nicht wieder tun, damit er nicht in den Brunnen falle. Jesus aber sagte, er werde sich in acht nehmen und wünsche aber immer, das Wasser zu schöpfen, wenn sie es bedürfe.

Der kleine Jesus leistete seinen Eltern Dienste aller Art mit großer Aufmerksamkeit und Besonnenheit. So sah ich zum Beispiel, wie er, wenn Joseph nicht zu weit von Haus arbeitete und etwa ein Werkzeug zurückgelassen hatte, es ihm alsbald holte. Er achtete auf alles. Ich meine die Freude, die sie mit ihm hatten, mußte alles Leid überwiegen. — Ich sah auch Jesus manchmal nach dem Judenorte, der wohl eine Meile von Matarea entfernt war, gehen, um Brot für die Arbeit seiner Mutter zu holen. — Die vielen häßlichen Tiere hier im Lande taten ihm nichts. Sie waren ganz freundlich mit ihm. Ich habe ihn mit Schlangen spielen sehen.

Als er zum erstenmal allein nach dem Judenorte ging, weiß ich nicht mehr bestimmt, ob in seinem fünften oder siebenten Jahre, hatte er zum erstenmal ein braunes Röckchen, unten herum mit gelben Blumen, an, das ihm die heilige Jungfrau gewirkt hatte. — Ich sah aber, daß er unterwegs kniend betete und daß ihm zwei Engel erschienen, die ihm den Tod des Herodes des Großen verkündeten. — Jesus sagte dieses seinen Eltern nicht, ich weiß die Ursache nicht mehr, ob aus Demut oder ob die Engel es ihm verboten oder weil er erkannte, daß sie Ägypten noch nicht verlassen sollten.

Einmal sah ich ihn auch mit anderen Judenkindern nach diesem Orte gehen, und als er wieder nach Hause kam, bitterlich über die Versunkenheit der dortigen Juden weinen.

Der Brunnen zu Matarea. Hiob wohnte hier vor Abraham und entdeckte den Brunnen. Vieles von Hiobs Vaterland und Wanderungen. Er führt dem König der Hyksos in Ägypten eine Braut zu und wohnt fünf Jahre auf dieser Stelle. Hiobs Gottesdienst, sein Gottesbild. Sein Abscheu vor der Abgötterei der Ägypter. Einiges von Hiobs Schicksalen und von dem Buche Hiobs

Der Brunnen in Matarea ist nicht zuerst durch die heilige Jungfrau hier entstanden, er ist nur wieder hervorgebrochen. Er war verschüttet und inwendig noch ganz ausgemauert. — Ich sah aber, daß Hiob lange vor Abraham in Ägypten war und an diesem Orte an dieser Stelle wohnte. Er hat den Brunnen gefunden und hat auf dem großen Stein, der hier lag, geopfert.

Hiob war der jüngste von dreizehn Brüdern. Sein Vater war ein großer Stammführer zur Zeit des babylonischen Turmbaues. Sein Vater hatte noch einen Bruder, von welchem Abrahams Geschlecht abstammt. Die Stämme dieser zwei Brüder verehelichten sich meistens untereinander. — Hiobs erste Frau war aus diesem Stamm Phaleg. Und als er schon viele Schicksale erlebt und an seinen dritten Wohnort gezogen war, heiratete er noch drei Frauen aus dem Stamm Phaleg. Eine davon gebar ihm einen Sohn, dessen Tochter sich wieder in den Stamm Phaleg verheiratete und die Mutter Abrahams gebar. Hiob war also der Urgroßvater von Abrahams Mutter.

Der Vater Hiobs hieß Joktan, ein Sohn Hebers, er wohnte mitternächtlich vom Kaspischen Meer, in der Gegend eines Gebirges, auf dessen einer Seite es ganz warm, auf dessen anderer Seite es kalt und voll Eis ist. Es gab Elefanten in dem Lande. Wo Hiob zuerst hinzog und seinen Stamm für sich anfing, hätten die Elefanten wohl nicht gut gehen können, es war da sehr moorig. — Es lag dies Land gen Mitternacht eines Gebirges, welches zwischen zwei Meeren ist, wovon das abendliche vor der Sündflut auch ein hohes Gebirg [1] war, auf welchem böse Engel wohnten, welche die Menschen in Besitz nahmen.

Es war dort eine elende moorige Gegend, ich meine, es wohnt jetzt ein Volk mit kleinen Augen, platten Nasen und hohen Backenknochen dort. — Hier traf den Hiob sein erstes Leiden, und er zog hierauf südlicher auf den Kaukasus und begann aufs neue.

Aus dieser Gegend machte Hiob einen großen Zug nach Ägypten, wo damals fremde Könige von Hirtenvölkern aus dem Vaterlande Hiobs herrschten. Einer war aus Hiobs Gegend, ein anderer aus dem fernsten Lande der heiligen drei Könige. Sie beherrschten nur einen Teil Ägyptens und wurden später von einem ägyptischen König vertrieben. In einer Stadt war einmal eine große Menge dieses Hirtenvolkes zusammengedrängt. Dieses Volk war dahin eingewandert.

Der König dieser Hirten aus Hiobs Gegend verlangte für seinen Sohn ein Weib aus seinem Stammvolk am Kaukasus, und Hiob brachte diese Königsbraut, die mit ihm verwandt war, mit einem großen Zuge nach Ägypten. Er führte an dreißig Kamele, große Geschenke und sehr viele Knechte mit sich. Er war noch jung, ein großer Mann von angenehmer, gelbbrauner Farbe und rötlichen Haaren. Die Menschen in Ägypten waren schmutzigbraun. — Es war damals noch nicht sehr volkreich in Ägypten, nur hie und da lebte ein sehr großer Haufen beisammen. Es

---

[1] Merkwürdig ist, daß sie an einem anderen Orte erzählte, das Schwarze Meer sei vor der Sintflut ein hohes Gebirge gewesen, auf welchem böse Engel ihr Wesen getrieben. Da sie dieses an einem anderen Orte vom Schwarzen Meer sagt, muß sie wahrscheinlich unter dem Gebirge, hinter welchem der erste Wohnort Hiobs gelegen, den Kaukasus zwischen dem Schwarzen und dem Kaspischen Meere verstehen.

Flucht nach Ägypten 395

waren auch damals noch keine so großen Bauwerke hier, welche erst zur Zeit der Kinder Israel aufkamen.

Der König ehrte den Hiob sehr und wollte ihn nicht wieder fortlassen. Er wünschte gar sehr, er möge mit seinem ganzen Stamm hierher ziehen. Er wies ihm die Stadt, wo nachher die heilige Familie gewohnt, zum Aufenthalt an. Sie war damals ganz anders. Er wohnte fünf Jahre in Ägypten. — Ich sah, daß er auf derselben Stelle gewohnt, wo die heilige Familie wohnte, und daß ihm jener Brunnen von Gott gezeigt ward. Er hat auch bei seinem Gottesdienste auf jenem großen Steine geopfert.

Hiob war zwar ein Heide, aber ein gerechter Mann, er erkannte den wahren Gott und betete ihn als den Schöpfer an, in Betrachtung der Natur, der Gestirne und des wechselnden Lichtes. Er redete gar zu gern mit Gott von seinen wunderbaren Geschöpfen. Er betete keine greulichen Tierbilder an wie andere Volksstämme damals. — Er hat sich aber ein Bild von dem wahren Gott ersonnen. Es war dieses ein kleines Menschenbild mit Strahlen um das Haupt, und ich meine auch geflügelt. Es hatte die Hände unter der Brust vereinigt und trug auf denselben eine Kugel, worauf ein Schiffchen auf Wellen abgebildet war. Vielleicht sollte es die Sündflut vorstellen. Er verbrannte bei seinem Gottesdienst Körner vor diesem Bildchen. — Solche Bildchen wurden nachher auch in Ägypten eingeführt. Sie hatten es wie in einer Kanzel sitzen und ein Dach darüber.

Hiob fand einen greulichen Götzendienst hier in dieser Stadt, er rührte noch von der zauberischen Abgötterei her, die beim Turmbau von Babel getrieben wurde. Sie hatten einen Götzen mit breitem, oben spitzem wie emporgerichtetem Ochsenkopf mit offenem Maul und nach hinten zu gebogenen Hörnern. Er war hohl, sie machten Feuer in ihn und legten ihm lebendige Kinder in die glühenden Arme. Aus Löchern in seinem Leib sah ich etwas herausholen.

Die Leute waren hier recht greulich, das Land war voll scheußlicher Tiere. — In großen Scharen flogen große, schwarze Tiere mit feurigen Mäulern umher. Es ging wie Feuer von ihnen, wo sie flogen. Alles vergifteten sie, und die Bäume, worauf sie gesessen, verwelkten. — Ich sah auch Tiere mit langen Hinterfüßen und kurzen Vorderfüßen wie Maulwürfe, sie konnten von einem Dach auf das andere springen. — Auch lauerten zwischen Steinen und in Höhlen greuliche Tiere, welche die Menschen umschlangen und erwürgten. Im Nil aber sah ich ein dickes, plumpes Tier mit häßlichen Zähnen und dicken, schwarzen Füßen, es war von der Größe eines Pferdes und hatte auch etwas Schweinartiges.

Ich sah auch noch viele andere häßliche Tiere. Das Volk aber war noch viel abscheulicher hier, und Hiob, den ich mit seinem Gebete die Gegend seiner Wohnung von den bösen Tieren befreien sah, hatte einen solchen Abscheu vor diesen gottlosen Menschen, daß er oft gegen seine Begleiter in Klagen ausbrach; er wolle lieber mit diesen greulichen Tieren als den schändlichen Menschen hier leben.

Oft auch sah ich ihn mit Sehnsucht gegen Sonnenaufgang hin nach seinem Vaterlande schauen, welches etwas mittäglicher als das äußerste Land der heiligen drei Könige lag. — Hiob sah prophetische Vorbilder von der Ankunft der Kinder Israel hier im Lande und überhaupt vom Heil der Menschheit wie auch von den Prüfungen, die ihm daselbst bevorstanden. — Er ließ sich nicht bewegen, hier zu bleiben, und zog nach fünf Jahren mit seinen Begleitern wieder aus Ägypten.

Zwischen den schweren Geschicken, die ihn trafen, hatte Hiob das erste Mal neun, das zweite Mal sieben, das dritte Mal zwölf Jahre Ruhe. Die Worte in dem Buch Hiob: „Und als der Bote des Unglücks noch davon redete", heißen soviel als: „Es war dieses sein Unglück noch im Munde des Volkes, da ihn das Folgende traf." — Er hat seine Leiden in drei verschiedenen Gegenden erlebt. Das letzte Mißgeschick und auch die Herstellung alles seines Glückes traf ihn, da er in einer flachen Gegend, von Jericho gerade gegen Morgen gelegen, lebte. Es war dort Weihrauch und Myrrhen und auch ein Goldbergwerk, und sie schmiedeten usw.

Ich sah bei anderer Gelegenheit noch sehr vieles von dem Wesen Hiobs, was ich später erzählen werde. Jetzt will ich nur noch sagen: Hiobs Geschichte und Reden mit Gott schrieben zwei vertraute Knechte, die wie seine Rentmeister waren, aus seinem Munde auf. Sie hießen Hai und Uis oder Ois [1].

Diese Geschichte war seinen Nachkommen heilig. Sie kam von Geschlecht zu Geschlecht zu Abraham und seinen Söhnen. Man unterrichtete danach. Sie kam mit den Kindern Israel nach Ägypten. Moses zog sie zum Trost der Israeliten in der ägyptischen Bedrückung und dem Zug durch die Wüste zusammen, denn sie war viel weitläufiger, und vieles darinnen hätten sie nicht verstanden. Salomon hat sie nochmals umgearbeitet, und so ward sie ein Erbauungsbuch voll der Weisheit Hiobs, Moses' und Salomons. Die wahre Geschichte Hiobs ward schwer daraus zu kennen, denn sie ward auch in Orts- und Volksnamen dem Lande Kanaan näher gerückt, und man glaubte, Hiob sei ein Edomiter, weil die letzte Gegend, wo er lebte, lange nach seinem Tode von den Edomitern, den Nachkommen Esaus, bewohnt ward. Hiob kann bei der Geburt Abrahams noch gelebt haben.

Der Brunnen zu Matarea. Abraham lebt längere Zeit bei demselben. Auch Lot war hier. Abraham holt sein Geschlechtsregister hier, das entwendet worden. Warum Pharao nach Abrahams Weib trachtet. Vom Charakter der Ägypter. Abraham erhält sein Stammregister und verläßt das Land. Noch einiges von dem Brunnen zu Matarea bis in die christlichen Zeiten

Abraham hat bei seinem Aufenthalt in Ägypten auch hier bei dem Brunnen seine Zelte gehabt, und ich habe gesehen, daß er bei denselben das Volk gelehrt hat [2].

---

[1] Der Schreiber dieses hörte 1835, der Stammvater der Armenier habe so geheißen.

[2] Flav. Josephus lib. I. Antiquitat. Jud. cap. 8 und andere schreiben, Abrahan habe die Ägypter in der Arithmetik und Astrologie unterrichtet.

Er wohnte mehrere Jahre hier im Lande mit Sara und mehreren Söhnen und Töchtern, deren Mütter in Chaldäa zurückgeblieben waren. Sein Bruder Lot war auch mit seiner Familie hier. Ich weiß nicht mehr, welcher Ort ihm angewiesen war. — Abraham zog auf Gottes Befehl nach Ägypten, erstens wegen einer Hungersnot im Lande Kanaan und zweitens, um einen Familienschatz dort abzuholen, der durch eine Schwestertochter von Saras Mutter dahin gekommen war. — Dieses Weib war von dem Stamme des Hirtenvolkes von Hiobs Geschlecht, welches früher einen Teil von Ägypten beherrschte, sie war zu diesen als eine dienende Magd gekommen und hatte dann einen Ägypter geheiratet. Es ist auch durch sie ein Stamm entstanden, dessen Namen ich vergessen habe. Ein Nachkomme von ihr und also aus Saras Geschlecht war Hagar [1], die Mutter Ismaels.

Diese Frau nun hatte jenen Familienschatz wie Rahel die Götter Labans entführt und in Ägypten um eine große Summe Geldes verkauft. So war er durch sie in den Besitz des Königs und der Priester gekommen. Es war dieses aber ein aus zusammengereihten dreieckigen Goldstücken bestehendes Geschlechtsregister der Kinder Noahs und besonders der Kinder Sems bis auf Abrahams Zeit. Dieses Geschlechtsregister war wie eine Waagschale mit ihren Schnüren gemacht. Die Schnüre bestanden aus den zusammengeketteten dreieckigen Stückchen mit einzelnen Nebenlinien. Auf den Stückchen waren die Namen der Stammglieder eingestochen, und alle diese Schnüre, in der Mitte eines Deckels zusammenlaufend, lagen in der Waagschale beisammen, wenn man den Deckel mit den Schnüren niederließ und die Waagschale dadurch gleich einer Büchse schloß. — Die einzelnen Münzen waren dick und gelb, die Zwischenglieder

---

[1] Die Erzählende sagte bei einer anderen Gelegenheit von Hagar: „Sie war von Saras Geschlecht, und als sie selbst unfruchtbar war, gab sie Hagar dem Abraham zum Weibe und sagte, sie wollte sich aus ihr bauen, sie wolle in ihr Nachkommen erhalten. Sie sah sich mit allen Weibern ihres Stammes als ein einziges Weib an, als einen weiblichen Stamm, in vielen Blüten. Hagar war ein Gefäß, eine Blüte ihres Stammes, und sie hoffte eine Frucht ihres Stammes aus ihr. Es war alles damals wie ein Stamm, wenn die Blüte nur von demselben Stamme war.

dünn und weiß wie von Silber. Sie glitzerten. An manchen der gelben Stücke hingen wieder viele andere nieder. — Ich habe auch gehört, aber wieder vergessen, wieviel Säckel, was eine gewisse Summe war, das Ganze betrug. — Die Priester hier hatten allerlei an diesem Stammbaum ausgerechnet, aber nach ihren ewigen Rechnungen gar nicht richtig.

Als Abraham hier ins Land kam, mußten sie wohl durch ihre Sternseher und zauberischen Prophetinnen von ihm wissen, und zwar, daß er vom edelsten Stamme mit seinem Weibe der Vater eines erwählten Geschlechtes werden sollte. Sie forschten in ihren Wahrsagereien immer nach edlen Geschlechtern und suchten sich mit ihnen zu vermählen, wodurch der Satan sie zu Gewalttaten und Unzucht verleitete, um die reinen Stämme zu verunedeln.

Abraham, welcher fürchtete, er möge von den Ägyptern wegen der Schönheit Saras, seiner Frau, getötet werden, hatte sie für seine Schwester ausgegeben, und dies war auch keine Lüge, denn sie war seine Stiefschwester, die Tochter seines Vaters Tharah mit einer anderen Mutter (Gen 20,12). — Der König ließ Sara in sein Schloß bringen und wollte sie zum Weibe nehmen. Da waren beide sehr betrübt und beteten zu Gott um Hilfe, und Gott strafte den König mit Krankheit und alle seine Weiber, und die meisten Frauen der Stadt wurden krank. — Der König dadurch erschreckt, erkundigte sich und hörte, daß sie Abrahams Weib sei, und gab sie ihm mit der Bitte wieder, sobald als möglich Ägypten zu verlassen, denn er hatte erkannt, daß die Götter sie schützten.

Die Ägypter waren ein wunderliches Volk. Sie waren teils sehr hoffärtig und hielten sich für die Größten und Weisesten. Sie waren aber auch wieder ungemein feig und kriechend und gaben nach, wo sie fürchteten, es walte eine höhere Macht über ihnen. Dieses aber geschah, weil sie alles ihres Wissens nicht recht sicher waren, indem sie das meiste durch dunkle, zweideutige Wahrsagereien wußten, wobei eine Menge verwickelter, sich widersprechender Erfolge bevorstehen konnte. Da sie nun alles Wunderbare glaubten, fürchteten sie sich auch gleich bei jedem abweichenden Erfolg.

Abraham hatte sich sehr demütig bei dem Könige um Getreide gemeldet. Er hatte ihn als einen Hausvater der Völker angeredet und dadurch seine Gunst gewonnen, so daß er ihm viele Geschenke gemacht. Als er ihm nun Sara zurückgab und ihn das Land zu verlassen bat, sagte Abraham, daß er dieses nicht könne, ohne jenen Stammbaum wieder mitzunehmen, der ihm gehöre, und erzählte genau die ganze Weise, wie er hierher gekommen sei. Da ließ der König die Priester zusammenkommen, und sie gaben Abraham gern, was ihm gehörte, baten aber vorher, sich das Ganze abschreiben zu dürfen, was auch geschah. — Nun zog Abraham wieder mit seinem Gefolge ins Land Kanaan.

Von den Brunnen in Matarea habe ich noch vieles bis in unsere Zeit gesehen, wovon ich mich des folgenden entsinne: Schon zu den Zeiten der heiligen Familie ward er von Aussätzigen als ein Heilquell gebraucht. In viel späterer Zeit, als schon eine kleine christliche Kirche über die Wohnstelle Marias gebaut war, in welcher man neben dem hohen Altar in die Höhle hinabging, in welcher sie so lange verweilten, bis Joseph die Wohnung eingerichtet, sah ich den Brunnen auch noch von Menschen umwohnen und gegen verschiedene Arten von Aussatz gebrauchen. Ich sah auch Menschen, die sich darin badeten, um ihre üble Ausdünstung loszuwerden. Das war noch, als Mohammedaner hier waren. Auch sah ich, daß die Türken immer ein Licht in der Kirche von Marias Wohnung unterhielten. Sie fürchteten irgendein Unglück, wenn sie es anzuzünden versäumten. In der neueren Zeit sah ich den Brunnen einsam eine Strecke weit von den Wohnungen entlegen. Die Stadt lag nicht mehr dabei, und es wuchsen verschiedene wilde Fruchtbäume umher.

Rückkehr der heiligen Familie aus Ägypten

Entartung des Gottesdienstes der ägyptischen Juden. Der Tempel und die Bundeslade an dem Judenort. Ein Engel befiehlt Joseph, Ägypten zu verlassen. Abschied, Geschenke der Einwohner. Mira, welcher Maria einen Sohn erfleht hatte, beschenkt Jesum. Abreise, Geleit der Freunde bis zum Brunnen am Balsamgarten. Kleidung der Reisenden. Ramesses. Sie überschreiten einen Kanal. In Gaza verweilen sie drei Monate. Jesus sieben Jahre neun Monate alt. Anna lebt noch.

Endlich sah ich auch, wie die heilige Familie Ägypten wieder verließ. Herodes war zwar schon früher tot, aber sie konnten doch noch nicht zurück, weil noch immer Gefahr war. — Dem heiligen Joseph ward der Aufenthalt in Ägypten immer schwerer. Die Leute hatten einen greulichen Götzendienst, sie opferten selbst mißgestaltete Kinder, und wer ein gesunderes opferte, glaubte sehr fromm zu sein. Außerdem hatten sie einen unzüchtigen, geheimen Dienst. Auch die Juden in dem Judenort waren von diesem Greuel angesteckt. — Sie hatten einen Tempel und sagten, er sei wie der Tempel Salomons, aber das war eine lächerliche Prahlerei, denn er war ganz anders. Sie hatten eine nachgemachte Bundeslade und unzüchtige Figuren darin und trieben greuliche Dinge. Die Psalmen sangen sie gar nicht mehr. — In der Schule zu Matarea hatte Joseph alles recht gut eingerichtet, und der Götzenpriester, der in der kleinen Stadt bei Heliopolis, als die Götzenbilder umstürzten, für die heilige Familie gesprochen hatte, war auch mit mehreren Leuten hierhergezogen und hatte sich an die jüdische Gemeinde angeschlossen.

Ich sah den heiligen Joseph an seiner Zimmermannsarbeit beschäftigt, der Feierabend trat ein, er war sehr betrübt, man gab ihm seinen Lohn nicht, er konnte nichts mit nach Hause bringen, wo sie es doch sehr bedurften. — In dieser Sorge kniete er im Freien in einem Winkel, klagte Gott seine Not und flehte um Hilfe. — Ich sah aber, daß in der folgenden Nacht im Traume ein Engel zu ihm trat und ihm sagte, die dem Kinde nachgestellt, seien gestorben, er solle aufstehen und sich rüsten, auf der gewöhnlichen Heerstraße aus Ägypten nach Haus zu ziehen; er solle sich nicht fürchten, denn er wolle bei ihm sein. Ich sah, wie der heilige Joseph diesen Befehl Gottes der heiligen Jungfrau und dem Jesuskinde bekannt machte und wie sie ebenso schnell alles gehorsam zur Heimreise zurüsteten, als sie es bei der Mahnung, nach Ägypten zu fliehen, getan hatten.

Am folgenden Morgen, da ihr Entschluß bekannt ward, kamen viele Leute sehr betrübt zu ihnen, Abschied zu nehmen, und brachten ihnen allerlei Geschenke in kleinen Gefäßen von Bast. — Diese Leute waren aufrichtig betrübt. Sie waren teils Juden, mehr aber noch bekehrte Heiden. Die Juden waren im ganzen hierzulande so in Abgötterei versunken, daß sie schier nicht mehr zu erkennen waren. — Doch gab es auch Menschen hier, welche froh waren, daß die heilige Familie fortreiste, denn sie hielten sie für Zauberer, die alles durch den mächtigsten unter den bösen Geistern vermöchten.

Ich sah unter den guten Leuten, welche ihnen Geschenke brachten, auch Mütter mit ihren Knäbchen, welche Gespielen Jesu gewesen waren, besonders aber eine vornehme Frau dieser Stadt mit ihrem mehrjährigen Söhnlein, welches sie den Mariensohn zu nennen pflegte, denn diese Frau hatte sich lange nach den Kindern gesehnt, und auf das Gebet der heiligen Jungfrau hatte sie Gott mit diesem Knaben gesegnet, diese Frau hieß Mira und der Knabe Deodatus [1].

Ich sah, daß sie dem Knaben Jesus Geld schenkte, es waren dreieckige, gelbe, weiße und braune Stückchen. Jesus blickte bei dem Empfang seine Mutter an.

Als Joseph ihr nötigstes Geräte auf den Esel gepackt hatte,

---

[1] Als sie Jesus nach Lazari Erweckung durch Ägypten nach dem Brunnen Jakobs reisen sah, sagte sie, daß er diesen Deodatus als Jünger mitgenommen.

traten sie, von allen diesen Freunden geleitet, ihre Reise an. Es war noch dasselbe Lasttier, auf welchem Maria nach Bethlehem gereist war. Auf der Flucht nach Ägypten hatten sie auch noch eine Eselin bei sich gehabt, die aber hatte Joseph in der Not verkauft.

Sie zogen zwischen On und dem Judenort hin und wendeten sich von On etwas mittäglich zu der Quelle, welche auf das Gebet Marias entsprungen war, ehe sie zuerst nach On oder Heliopolis gekommen waren. — Es war hier ganz schön grün geworden. Der Quell umfloß rings einen Garten, der viereckig von Balsamstauden umgeben war. Der Raum, in welchem ein Eingang, war etwa so groß wie hier die Reitbahn des Herzogs[1], mitten innen waren junge Fruchtbäume angewachsen, Dattelbäumchen und Sykomoren und dergleichen. Die Balsamstauden waren bereits so groß wie mäßige Weinreben. Joseph hatte kleine Gefäße von Baumbast gemacht, sie waren an gewissen Stellen verpicht, sonst sehr glatt und zierlich. Er machte öfters, wo sie auf der Reise rasteten, solche Gefäße zu verschiedenem Gebrauch. Er brach an den rötlichen Balsamranken die kleeförmigen Blätter ab und hängte solche Bastflaschen daran, um die ausfließenden Balsamtropfen zu sammeln, die sie mit auf die Reise nahmen. — Nachdem ihre Begleiter hier einen rührenden Abschied von ihnen genommen hatten, verweilten sie mehrere Stunden. Die heilige Jungfrau wusch und trocknete einiges Geräte, sie erquickten sich an dem Wasser und füllten den Schlauch zur Reise, die ich sie dann auf der allgemeinen Heerstraße antreten sah.

Ich sah sie in vielen Bildern auf dieser Heimreise und immer ohne Gefahr. Der Jesusknabe, Maria und Joseph hatten eine Scheibe von dünner Baumrinde auf dem Kopf mit einem Tuche unter dem Kinn befestigt, um sich gegen die Sonne zu schützen. Jesus hatte sein braunes Röckchen an und trug ganze Schuhe von Bast, die ihm Joseph verfertigt hatte. Sie waren bis an die halben Füße festgebunden. Maria hatte nur Sohlen. — Ich sah

---

[1] Sie meinte den Herzog Croy zu Dülmen.

sie öfters bekümmert, weil dem Jesusknaben das Gehen in dem heißen Sand so beschwerlich war. Ich sah sie oft still stehen und ihm den Sand aus den Schuhen schütteln. Er muß oft auf dem Lasttiere sitzen, um auszuruhen.

Ich sah sie durch mehrere Städte und an anderen vorüberziehen. Die Namen sind mir entfallen, doch ist mir der Name Ramesses noch erinnerlich. Sie kamen auch über ein Wasser, über das sie bei der Herreise auch gekommen. Es geht vom Roten Meer zum Nil.

Joseph wollte eigentlich nicht wieder nach Nazareth ziehen, sondern sich in seiner Vaterstadt Bethlehem niederlassen. Jedoch war er noch unschlüssig, weil er im gelobten Lande hörte, daß nun Archelaus über Judäa regiere, welcher auch sehr grausam war.

Ich sah aber, daß die heilige Familie, in Gaza angekommen, an drei Monate dort verweilte. Es wohnten viele Heiden in dieser Stadt. Nun aber erschien ihm wieder ein Engel im Traum und gebot ihm, nach Nazareth zu kehren, welches er auch sogleich tat. Anna lebte noch. Sie und einige Verwandte wußten vom Aufenthalt der heiligen Familie.

Die Rückkehr aus Ägypten geschah im September. Jesus war acht Jahre, weniger drei Wochen, alt.

Von dem Tode der heiligen Jungfrau Maria in Ephesus

(Die folgenden Mitteilungen, welche in verschiedenen Jahren meistens in der Mitte des Augusts vor dem Feste Mariä Himmelfahrt geschahen, wurden in natürlicher Folge hier zusammengestellt.)

1.

Vom Alter Mariä. Sie zieht mit Johannes gen Ephesus. Christliche Ansiedlung bei Ephesus. Örtlichkeit. Lage von Marias Haus

Am 13. August 1822 sagte sie morgens: Ich hatte heute Nacht eine große Anschauung von dem Tode der heiligen Jungfrau, habe aber schier alles wieder vergessen. — Auf die Frage, wie alt wohl die heilige Jungfrau geworden sei, blickte sie plötzlich mitten in gleichgültigem anderem Gespräche zur Seite und sprach: „Sie ist vierundsechzig Jahre, weniger dreiundzwanzig Tage, alt geworden, ich sah soeben sechsmal das Zeichen X, dann I, dann V neben mir, ist das nicht vierundsechzig?¹"

Maria lebte nach Christi Himmelfahrt drei Jahre auf Sion, drei Jahre in Bethanien und neun Jahre in Ephesus, wohin Johannes sie bald, nachdem die Juden Lazarus und seine Schwester auf das Meer ausgesetzt hatten, gebracht hat².

Maria wohnte nicht in Ephesus selbst, sondern in der Gegend, wo sich schon mehrere ihr vertraute Frauen niedergelassen hatten. — Mariä Wohnplatz war, wenn man von Jerusalem kommt, etwa dreieinhalb Stunden von Ephesus auf einem Berg zur Linken. Dieser Berg fällt schief ab gen Ephesus, welches man, von Südost kommend, an einem Berge wie dicht vor sich liegen sieht, das sich aber ganz herumzieht, wenn man weiter geht. — Südlich (etwa) von Ephesus, vor welchem große

---

¹ Bemerkenswert erscheint, daß der Seherin nie eine Zahl mit unseren gewöhnlichen arabischen Ziffern vorgestellt ward, die ihr doch allein geläufig waren, sondern daß sie in allen ihren, die römische Kirche betreffenden Geschichten nur römische Buchstaben sah.

² Im Juli 1822 bei Gelegenheit des Lebens des Apostels Jakob des Größeren, der auf seiner Reise nach Spanien Maria in Ephesus besucht habe, sagte sie, Johannes habe Maria, wie sie sich entsinne, im Anfang des vierten Jahres nach Christi Himmelfahrt nach Ephesus gebracht. — Heute, am 13. August 1822, sagte sie im sechsten Jahre. — Solche Differenzen kommen oft vor, wenn sie IV. oder VI, sieht, was sie häufig verwechselt. — Es bleibt daher dem Urteil der Leser anheimgestellt.

Alleen sind, unter denen gelbe Früchte am Boden liegen, führen schmale Pfade auf einen Berg, der wild bewachsen ist, und gegen die Höhe des Berges zu ist eine hügelige, auch bewachsene Ebene von etwa einer halben Stunde im Umfange, auf welcher diese Ansiedlung geschah.

Es ist eine sehr einsame Gegend mit vielen fruchtbaren, anmutigen Hügeln und reinlichen Felshöhlen zwischen kleinen Sandflächen, wild und doch nicht wüst, mit vielen zerstreuten, glattstämmigen, pyramidenförmigen, unten breitschattenden Bäumen.

Als Johannes die heilige Jungfrau hierher brachte, deren Haus er vorher hatte bauen lassen, wohnten schon mehrere christliche Familien und heilige Frauen in dieser Gegend, teils in Erd- und Felsenhöhlen, die mit leichtem Holzwerk zu Wohnungen ergänzt waren, teils in gebrechlichen Zelthütten. — Sie waren schon vor der heftigen Verfolgung hierher gezogen. Da sie die Höhlen und Örtlichkeiten zur Zuflucht benutzten, wie die Natur sie darbot, so waren ihre Wohnungen einsiedlerisch, meist eine Viertelstunde weit voneinander getrennt, und die ganze Ansiedlung hier in der Gegend glich einer zerstreuten Bauernschaft. — Das Haus Mariä allein war von Stein. — Eine kleine Strecke Wegs hinter diesem Hause stieg die Höhe des Berges felsig zu dessen Gipfel heran, von welchem man über die Hügel und Bäume hinaus auf Ephesus und das Meer mit seinen vielen Inseln sieht. Der Ort hier liegt näher am Meer als Ephesus, das wohl einige Stunden vom Meer sein mag. Die Gegend ist einsam und unbesucht.

Es ist hier in der Nähe ein Schloß, wo ein wie abgesetzter König wohnt. Johannes hielt sich oft bei ihm auf, bekehrte ihn auch. Es ist dieser Ort später ein Bistum geworden. — Zwischen diesem Wohnort der heiligen Jungfrau und Ephesus läuft ein ganz wunderbar geschlängeltes Flüßchen.

2.

Das Haus Mariä bei Ephesus. Einteilung. Feuerstelle.
Schlafzelle. Betwinkel. Kleiderkammer

Das Haus Mariä war von Steinen, viereckig und an dem hinteren Ende rund oder eckig, die Fenster waren hoch oben angebracht, das Dach war platt. Es war in zwei Teile geteilt durch den in der Mitte angelegten Feuerherd. Das Feuer brannte der Türe gegenüber an der Erde in einer Zugvertiefung an einer Mauer, welche sich von beiden Seiten stufenförmig bis an die Decke des Hauses erhob. In der Mitte dieser Mauer lief von der Feuerstelle bis an die Decke des Hauses eine Vertiefung gleich einem halben Rauchfang hinan, worin sich der Rauch hinaufzog und dann durch die in der Decke befindliche Öffnung seinen Ausgang fand. Auf dieser Öffnung sah ich eine schiefe kupferne Röhre über das Haus hervorragen.

Dieser vordere Teil des Hauses ward durch leichte bewegliche Wände von Flechtwerk an beiden Seiten der Feuerstelle von dem Raum hinter der Feuerstelle getrennt. — In diesem vorderen Raum, dessen Wände ziemlich roh und auch wohl von Rauch etwas geschwärzt waren, sah ich zu beiden Seiten kleine Zellen durch zusammengestellte geflochtene Schirme gebildet. — Sollte dieser Teil des Hauses als ein größerer Saal dienen, so wurden diese Schirme, welche bei weitem nicht zur Decke reichten, auseinandergenommen und beiseite gestellt. — In dieser Zelle schliefen die Magd Mariä und andere Frauen, die sie besuchten.

Links und rechts neben der Feuerstelle ging man durch leichte Türen in den hintersten, finstersten, halbrund oder in Winkel endenden Raum des Hauses, welcher sehr angenehm und reinlich verziert war. Alle Wände waren mit Holzflechtwerk bekleidet und die Decke von den Seiten heran gewölbt. — Die überliegenden Balken, mit anderem Getäfel und Geflecht verbunden und mit mancherlei Blätterverzierung geschmückt, machten einen einfachen und doch anständigen Eindruck.

Das äußerste runde oder Winkelende dieses Raumes, durch einen Vorhang abgeschlossen, bildete den Betort Mariä. In der Mitte der Mauer war in einer Nische ein Behälter angebracht, den man, gleich einem Tabernakel drehend, öffnete und schloß, indem man an einem Bande zog. — Es stand ein etwa armlanges Kreuz mit aufwärtsragenden, eingesetzten Armen darin, in der Gestalt Y, wie ich das Kreuz Christi immer gesehen. Es war ohne besondere Zierlichkeit und Schärfe kaum so geschnitzt wie die Kreuze, die noch heutzutage aus dem gelobten Lande kommen. Ich meine, Johannes und Maria haben es wohl selbst verfertigt. — Es bestand aus verschiedenem Holze. Mir wurde gesagt, der weißliche Stamm sei Zypressen-, der eine bräunliche Arm Zedern-, der andere gelbliche Palmenholz, der obere Aufsatz mit den Täfelchen aber von gelbem glatten Ölbaumholz. Das Kreuz war in einer Erhöhung von Erde oder Stein, wie das Kreuz Christi im Kalvariafelsen, befestigt. Zu seinen Füßen befand sich ein Pergamentzettel, worauf etwas geschrieben, ich glaube Worte Christi. — Auf dem Kreuze selbst war die Gestalt des Herrn einfach, ohne Zierlichkeit eingeritzt und diese Linien mit dunklerer Farbe eingerieben, damit man die Figur bestimmt sehen könne. — Mir wurden auch die Betrachtungen Marias bei dem verschiedenen Holze des Kreuzes mitgeteilt. Leider vergaß ich diese schöne Weisung. — Ich weiß auch in diesem Augenblicke nicht, ob das Kreuz Christi auch aus diesen verschiedenen Holzarten bestand, oder ob dies Kreuz Mariä bloß der Betrachtung halber so verfertigt war. Es stand dasselbe zwischen zwei Töpfchen voll lebendiger Blumen.

Auch sah ich ein Tüchlein bei dem Kreuze liegen und hatte die Empfindung, es sei dasselbe, womit die heilige Jungfrau nach der Kreuzabnahme alle Wunden des heiligen Leibes von Blut gereinigt hat. — Ich hatte diese Empfindung, denn mir ward bei dem Anblick dieses Tüchleins jene Handlung der heiligen Mutterliebe gezeigt. Zugleich fühlte ich, es sei dieses jenes Tüchlein, womit die Priester, wenn sie das Opferblut des Erlösers getrunken, den Kelch reinigen, und Maria schien mir, die Wunden des Herrn reinigend, ähnliches zu tun; auch hatte sie bei dieser Handlung das Tüchlein auf dieselbe Weise gefaßt. — Solches empfand ich bei dem Anblick dieses Tüchleins neben dem Kreuze.

Rechts von diesem Gebetsraum, an einer Nische in der Mauer lehnend, stand die Schlafzelle der heiligen Jungfrau und dieser gegenüber zur Linken des Gebetsraumes eine Zelle, worin ihre Kleider und Geräte bewahrt wurden. — Von einer dieser Zellen zu der anderen hing ein Vorhang nieder und schloß den zwischen ihnen liegenden Betort ab. — In der Mitte vor diesem Vorhang pflegte Maria zu sitzen, wenn sie arbeitete oder las.

Die Schlafzelle der heiligen Jungfrau lehnte mit der Rückseite an der mit einem geflochtenen Teppich behängten Mauer, die beiden Seitenwände waren leicht von Splint oder Bast in abwechselnder Naturfarbe des Holzes nach einem Muster geflochten. Die vordere Wand, mit einem Teppich überspannt, enthielt in der Mitte die leichte, sich doppelt nach innen öffnende Türe. — Die Decke dieser Zelle war auch von Flechtwerk und lief von den vier Seiten oben wie ein Gewölb zusammen, von dessen Mitte eine mehrarmige Lampe niederhing. — Das Lager Marias, mit einer Seite an der Mauer stehend, war ein anderthalb Schuh hoher hohler Kasten von der Breite und Länge eines schmalen Bettes. Die darüber ausgespannte Decke war an vier Knöpfen an seinen Ecken befestigt. Die Seiten dieses Kastens waren bis zum Boden hinab auch mit Teppichen bekleidet und mit Quasten und Fransen verziert. Das Kopflager auf diesem Bette war ein runder Wulst und ein bräunlich gewürfelter Teppich die Decke. Das kleine Haus lag zwischen glattstämmigen, pyramidenförmigen Bäumen in der Nähe eines Waldes. Es war gar still und einsam hier. Die Wohnungen der anderen Familien waren, alle zerstreut, in einiger Entfernung. Die ganze Ansiedlung war wie eine Bauernschaft.

3.

Ephesus. Hausgenossen Mariä. Johannes reicht ihr das heilige Sakrament. Der Kreuzweg Mariä

Die heilige Jungfrau wohnte hier mit einer jüngeren Person, ihrer Magd, allein, welche das wenige, was sie zur Nahrung brauchten, zusammentrug. — Sie lebten gar still und in tiefem Frieden. — Es befand sich kein Mann in dem Hause. Manchmal besuchte sie ein reisender Apostel oder Jünger.

Am öftersten sah ich einen Mann bei ihr aus- und eingehen, den ich immer für Johannes gehalten habe, aber weder in Jerusalem noch hier war er fortgesetzt in ihrer Nähe. Er reiste ab und zu. — Er trug jetzt ein anderes Gewand als zu Jesu Zeiten. Sein Gewand war sehr lang und faltig, von grauweißlichem dünnem Zeug. Er war sehr schlank und beweglich, sein Angesicht lang, schmal und fein, auf seinem unbedeckten Haupte hatte er die langen blonden Haare gescheitelt hinter die Ohren gestrichen. Er machte in seiner zarten Erscheinung gegen die anderen Apostel einen schier weiblichen, jungfräulichen Eindruck.

In der letzten Zeit ihres Hierseins sah ich Maria immer stiller und inniger werden, sie nahm schier gar keine Nahrung mehr zu sich. Es war, als scheine sie nur noch hier zu sein, als sei sie bereits mit ihrem Geiste jenseits. Sie hatte das Wesen einer Abwesenden an sich. — Ich sah in den letzten Wochen vor ihrem Ende sie bejahrt und schwach manchmal von ihrer Magd in dem Hause herumführen.

Einmal sah ich Johannes in das Haus eintreten, auch er sah viel älter aus. Er war hager und schlank und hatte eintretend sein langes, weißes, faltiges Kleid im Gürtel geschürzt. Er legte diesen Gürtel ab und legte einen anderen, mit Buchstaben bezeichneten, um, den er unter seinem Gewand hervorzog. An den Arm legte er eine Art von Manipel und eine Stola um. — Die heilige Jungfrau trat, ganz in ein weißes Gewand verhüllt, auf den Arm ihrer Magd gestützt, aus ihrer Schlafzelle heraus.

Ihr Antlitz war schneeweiß und wie durchsichtig. Sie schien vor Sehnsucht zu schweben. Seit der Himmelfahrt Jesu war der Ausdruck ihres ganzen Wesens eine wachsende, sie immer mehr auflösende Sehnsucht. — Johannes und sie begaben sich nach dem Gebetsort. Sie zog an einem Band oder Riemen, da drehte sich der Tabernakel in der Wand, und das darin befindliche Kreuz zeigte sich. — Nachdem beide eine Zeitlang kniend davor gebetet hatten, erhob sich Johannes und zog eine metallene Büchse aus dem Busen, öffnete an einer Seite, nahm einen Umschlag von feiner Wollfarbe heraus und aus diesem ein gefaltetes Tüchlein von weißem Stoff, zwischen welchem er das heilige Sakrament in Form eines kleinen, viereckigen, weißen Bissen hervornahm; dann sprach er mit feierlichem Ernste einige Worte und reichte der heiligen Jungfrau das Sakrament. Er reichte ihr einen Kelch.

Hinter dem Hause, eine Strecke Wegs den Berg hinan, hatte sich die heilige Jungfrau eine Art von Kreuzweg angelegt. Sie hatte, da sie noch in Jerusalem wohnte, seit dem Tode des Herrn nie unterlassen, dort seinen Leidensweg unter Tränen und Mitleid zu wandeln. Sie hatte alle Stellen des Wegs, wo Jesus gelitten, nach ihrer Entfernung voneinander mit Schritten abgemessen, und ohne die stete Betrachtung dieses Leidensweges konnte ihre Liebe nicht leben.

Bald nach ihrer Ankunft hier in der Gegend sah ich sie täglich hinter ihrem Hause den Berg hinan eine Strecke Wegs in diesen Leidensbetrachtungen wandeln. — Sie ging anfangs allein und maß nach der Zahl der Schritte, die sie so oft gezählt hatte, die Entfernung der Stelle ab, wo dem Heiland irgend etwas widerfahren war. — An jeder solchen Stelle richtete sie einen Stein auf oder, so ein Baum daselbst stand, bezeichnete sie denselben. — Der Weg führte in einen Wald, wo sie auf einem Hügel den Kalvarienberg und in der kleinen Höhle eines anderen Hügels das Grab Christi bezeichnete.

Als sie diesen ihren Kreuzweg in zwölf Stationen abgemessen hatte, ging sie ihn unter stiller Betrachtung mit ihrer Magd;

an jeder der Leidensstellen saßen sie nieder und erneuerten das Geheimnis ihrer Bedeutung im Herzen und lobten den Herrn um seine Liebe unter Tränen des Mitleids. — Dann ordnete sie die Stellen noch besser, und ich sah, daß die heilige Jungfrau mit einem Griffel auf den bezeichneten Stein die Bedeutung des Ortes, die Zahl der Schritte und dergleichen hinschrieb.

Ich sah auch, daß sie die Höhle des heiligen Grabes reinigten und zum Gebete bequem machten.

Ich sah damals kein Bild, auch kein feststehendes Kreuz diese Stelle bezeichnen, es waren nur einfache Denksteine mit Inschriften; aber durch öfteres Wandeln und Ordnen sah ich diese Anlage immer wegsamer und schöner werden. Auch nach dem Tode der heiligen Jungfrau sah ich diesen Weg von Christen gewandelt, die sich niederwarfen und den Boden küßten.

4.

Mariä Reisen von Ephesus nach Jerusalem. Sie besucht die Leidensorte daselbst, wird ohnmächtig und erkrankt zum Tode. Man bereitet Marias Grab am Ölberg. Sie genest und kehrt nach Ephesus. Wie das Gerücht von Marias Tod und Grab in Jerusalem entstanden

Nach dem dritten Jahre ihres Hierseins hatte Maria eine große Sehnsucht nach Jerusalem. Johannes und Petrus brachten sie dahin. — Ich meine, es waren mehrere Apostel dort versammelt; ich sah Thomas, ich glaube, es war ein Konzilium, und Maria stand ihnen mit ihrem Rate bei[1].

Bei ihrer Ankunft sah ich sie am Abend in der Dämmerung, ehe sie in die Stadt gingen, den Ölberg, Kalvarienberg, das heilige Grab und alle heiligen Stellen um Jerusalem her besuchen. — Die Mutter Gottes war so traurig und von Mitleid bewegt, daß sie sich kaum aufrecht erhalten konnte und Petrus

---

[1] Da sie früher einmal gesagt, die heilige Jungfrau sei zweimal von Ephesus nach Jerusalem gekommen, so ist es möglich, daß sie die erste und zweite Reise in betreff des Konziliums verwechselt.

und Johannes sie unter den Armen stützend hinwegbrachten.

Sie ist nochmals anderthalb Jahre vor ihrem Tode von Ephesus hierher gereist; da sah ich sie abermals verhüllt zur Nachtzeit mit den Aposteln die heiligen Orte besuchen. Sie war unaussprechlich traurig und seufzte immer: „O mein Sohn, mein Sohn!" — Als sie an das hintere Tor jenes Palastes kam, wo sie Jesus, der unter dem Kreuze niedersank, begegnet war, sank sie, von schmerzlicher Erinerung bewegt, ohnmächtig zur Erde, und ihre Begleiter glaubten, sie sterbe.

Man brachte sie auf Sion in das Zönakulum, in dessen Vorgebäuden sie wohnte. — Hier ward die heilige Jungfrau während mehrerer Tage so schwach und krank und erlitt so viele Ohnmachten, daß man ihren Tod öfters erwartete und darauf bedacht war, ihr ein Grab zu bereiten. — Sie selbst erwählte eine Höhle am Ölberg hierzu, und die Apostel ließen ihr daselbst ein schönes Grab durch einen christlichen Steinmetz bereiten [1].

Unterdessen ward sie mehrmals totgesagt, und ward das Gerücht von ihrem Tode und Grab in Jerusalem auch an anderen Orten verbreitet. Als aber das Grab vollendet war, war sie bereits genesen und kräftig genug, wieder in ihre Wohnung nach Ephesus zurückzureisen, wo sie nach anderthalb Jahren wirklich starb. — Man hielt das für sie am Ölberg bereitete Grab allezeit in Ehren, baute auch später eine Kirche darüber, und Johannes Damaszenus — so hörte ich im Geiste —, was ist das für einer? — schrieb dann vom Hörensagen, sie sei in Jerusalem gestorben und begraben.

Die Nachrichten von ihrem Tode, ihrem Grabe, ihrer Aufnahme in den Himmel hat Gott wohl unbestimmt nur einen Gegenstand der Überlieferung werden lassen, um dem damals noch so heidnischen Sinn keinen Spielraum im Christentum zu geben, denn sie würde leicht als eine Göttin angebetet worden sein.

---

[1] Wir erinnern uns, ein anderes Mal von ihr gehört zu haben, Andreas habe an diesem Grabe auch gearbeitet.

5.

Bei Ephesus. Verschiedene Verwandte und befreundete Frauen der heiligen Familie, welche auch hier in der christlichen Ansiedlung leben. Eine Schwestertochter der Prophetin Hanna am Tempel. Mara, eine Nichte Elisabeths und Tochter Rhodes. Der Bräutigam von Kana sei der Sohn dieser Mara usw.

Unter den heiligen Frauen, welche auch hier in der christlichen Ansiedlung lebten und am meisten bei Maria waren, befand sich eine Schwestertochter der Prophetin Hanna vom Tempel. Ich habe sie vor Jesu Taufe einmal mit Seraphia (Veronika) nach Nazareth reisen sehen. Diese Frau war durch Hanna mit der heiligen Familie verwandt, denn Hanna war mit Anna, näher aber noch mit Elisabeth, der Schwestertochter Annas, verwandt.

Eine andere der hier um Maria lebenden Frauen, die ich auch vor Jesu Taufe nach Nazareth reisen gesehen, war eine Nichte Elisabeths und hieß Mara. — Ihre Verwandtschaft mit der heiligen Familie war folgende: Annas Mutter Ismeria hatte eine Schwester Erementia, beide lebten in der Hirtengegend Mara, zwischen dem Berge Horeb und dem Roten Meere. — Auf die Mahnung des Essener Oberhauptes am Berge Horeb, daß aus ihren Nachkommen Freunde des Messias werden würden, heiratete sie den Aphras aus jenem Priestergeschlechte, das die Bundeslade getragen hatte. — Erementia hatte drei Töchter, Elisabeth, die Mutter des Täufers, Enue, die als eine Witwe bei der Geburt der heiligen Jungfrau im Hause Annas war, und Rhode, deren eine Tochter die hier anwesende Mara ist.

Rhode hatte weit aus ihrer Stammgegend weggeheiratet, sie wohnte anfangs in der Gegend von Sichem, dann in Nazareth und Casaloth am Tabor [1]. — Sie hatte außer der Tochter Mara noch zwei Töchter, und unter diesen war eine Mutter von

---

[1] Am 7. November 1822 in der Erzählung der Lehrjahre Jesu glaubte sie, Erementia habe schon nach Casaloth geheiratet.

Jüngern. — Weiter war einer der zwei Söhne Rhodes der erste Ehemann der Maroni, welche nach seinem Tode als kinderlose Witwe Eliud, einen Neffen der Mutter Anna, heiratete und nach Naim zog. Maroni hatte einen Sohn von diesem Eliud, den der Herr, als sie abermals verwitwet war, in Naim von den Toten erweckte. Es war der Jüngling von Naim und wurde als Jünger Martialis getauft.

Rhodes Tochter Mara, die hier bei Marias Tod anwesend, war in der Nähe von Bethlehem verheiratet. — Als bei Christi Geburt sich die Mutter Anna einmal von Bethlehem entfernte, war sie bei ihr. — Mara war nicht wohlhabend, denn auch Rhode hatte ihren Kindern nur ein Drittel der Erbschaft gelassen, die zwei anderen Dritteile aber dem Tempel und den Armen gegeben.

Nathanael, der Bräutigam von Kana, war, wie ich meine, ein Sohn dieser Mara und erhielt in der Taufe den Namen Amator. Sie hatte noch andere Söhne, alle waren Jünger.

6.

Bei Ephesus. Die heilige Jungfrau besucht zum letzten Male vor ihrem Tod den von ihr errichteten Kreuzweg. Ihr Aussehen. Ihre Kleidung genauer beschrieben durch die Anregung einer Reliquie derselben. Einige Apostel sind bereits in ihrem Hause

(Am 7. August 1821 morgens erzählt.)

Ich hatte gestern und heute nacht viel mit der Muttergottes in Ephesus zu schaffen. — Ich bin mit ihr und etwa fünf anderen heiligen Frauen ihren Kreuzweg gegangen. Es war die Nichte der Prophetin Hanna und die Witwe Mara, Elisabeths Nichte, dabei. — Die heilige Jungfrau ging vor allen her. Ich sah sie schon alt und schwach, sie war ganz weiß und wie durchsichtig. Sie war unbeschreiblich rührend anzusehen. — Es war mir, als gehe sie diesen Weg zum letztenmal. Es schien mir, während sie hier wandelte, als seien Johannes, Petrus und Thaddäus in ihrem Hause bereits anwesend.

Ich sah die heilige Jungfrau schon sehr bejahrt, sie hatte jedoch keinen anderen Ausdruck des Alters in ihrer Erscheinung als den einer verzehrenden Sehnsucht, welche sie wie zur Verklärung hinzog. — Sie war unbeschreiblich ernst. Ich habe sie nie lachen sehen, wohl rührend lächeln. Je älter sie geworden, je weißer und durchsichtiger erschien ihr Angesicht. Sie war mager, aber ich sah keine Runzeln, keine Spur einer Verwelkung an ihr. Sie war wie im Geist.

Daß ich die heilige Jungfrau in diesem Bilde so ganz besonders deutlich sah, mag wohl durch eine kleine Reliquie eines Kleides herrühren, das sie bei dieser Gelegenheit trug. — Ich besitze diese Reliquie und will versuchen, dieses Kleid zu beschreiben, so deutlich ich es vermag. Es war ein Oberkleidungsstück. Es bedeckte nur den Rücken ganz, von welchem es in einigen Falten bis zu den Füßen niederhing. Ein Teil legte sich oben am Halse über die Schulter und Brust zur anderen Schulter herüber, auf welcher es mit einem Knopfe befestigt war und so ein Halstuch bildete. Indem es durch den Gürtel an die Mitte des Leibes angeschlossen war, faßte es den Leib von unter den Armen bis zu den Füßen nieder, zu beiden Seiten des bräunlichen Unterkleides, an dessen Seiten von dem Gürtel abwärts es einen Umschlag bildete, als zeige sich das Futter. Dieser Umschlag war nach der Länge und Quere rot und gelb gestreift. Von der rechten Seite dieses Umschlages, nicht aber von dem Futter, ist das Streifchen, das ich besitze. — Es war ein Feierkleid, das nach altjüdischer Sitte so getragen ward. Die Mutter Anna trug es auch. — Dieses Gewand bedeckte nur die Rückseite des bräunlichen Unterkleides, dessen Bruststück und ganzes Vorderteil wie auch dessen anschließende, nur um Hand und Ellbogen etwas krause Armbedeckung sichtbar war. — Die Haare trug sie in der gelblichen Mütze verborgen, welche auf der Stirne sich etwas hereinbog und am Hinterkopf in Falten zusammengezogen war. Hierüber trug sie noch einen schwarzen

Schleier von weichem Stoff, der bis zum halben Rücken niederhing. — Ich sah sie einmal in diesem Kleide bei der Hochzeit zu Kana. — Im dritten Lehrjahr Jesu, da der Herr jenseits des Jordans bei Bethabara, das auch Bethanäa heißt, heilte und lehrte, sah ich die heilige Jungfrau auch in diesem Feierkleide in Jerusalem, wo sie in einem schönen Haus nächst den Häusern des Nikodemus, dem es, glaube ich, auch gehörte, wohnte. — Auch bei der Kreuzigung des Herrn sah ich sie unter dem ganz verhüllenden Gebets- oder Trauermantel damit bekleidet. — Wahrscheinlich trug sie dieses Feierkleid zur Erinnerung, das sie auf Jesu Leidensweg damals getragen, auch jetzt hier auf dem Kreuzweg bei Ephesus.

7.

Haus Mariä bei Ephesus. Die heilige Jungfrau auf ihrem Sterbelager. Abschied nehmende Frauen. Sechs Apostel beten im Vorhaus

(Am 9. August 1821 morgens erzählt.)

Ich kam in das Haus Mariä, etwa drei Stunden von Ephesus. Ich sah sie in ihrem ganz weiß überspannten Schlafzelt, im Raume hinter dem Feuerherd zur Rechten auf einem niederen, ganz schmalen Lager liegen. Ihr Kopf ruhte auf einem runden Wulst. Sie war sehr schwach und bleich und ganz wie von Sehnsucht verzehrt. Ihr Kopf und ihre ganze Gestalt waren in ein langes Tuch eingewunden. Eine braune, wollene Decke lag über ihr.

Ich sah etwa fünf Frauen nacheinander in ihr Schlafzelt ein- und austreten, als nähmen sie Abschied von ihr. Die aus dem Zelt tretenden machten mancherlei rührende Gebets- oder Trauergebärden mit den Händen. — Ich bemerkte Hannas Nichte und Mara, Elisabeths Nichte, die ich auf dem Kreuzweg gesehen, wieder unter ihnen.

Ich sah nun schon sechs Apostel versammelt, nämlich Petrus,

Andreas, Johannes, Thaddäus, Bartholomäus und Matthias und auch einen der sieben Diakone, den Nikanor, der immer so dienend und hilfreich war. — Ich sah die Apostel rechts, im vorderen Teil des Hauses, wo sie sich einen Gebetsraum bereitet hatten, betend zusammenstehen.

8.

Haus Mariä bei Ephesus. Noch zwei Apostel sind angekommen. Matthias, ein Stiefbruder Jakobs des Kleineren. Gottesdienst der Apostel im Vorhaus. Der Altar. Eine kreuzförmige Büchse für Heiligtümer. Ob Reliquien hier? Stellung bei dem Gottesdienst

(Am 10. August 1821 erzählt.)

Die Jahreszeit der kirchlichen Todesfeier der heiligen Jungfrau ist wohl richtig; nur trifft sie nicht alle Jahre auf denselben Tag. — Ich sah heute noch zwei Apostel mit geschürzten Kleidern, wie Reisende, eintreten, nämlich Jakob den Kleineren und Matthäus, der dessen Stiefbruder ist, denn Alphäus heiratete als ein Witwer die Maria, Kleophä Tochter, und brachte ihr aus früherer Ehe den Matthäus zu.

Ich sah die versammelten Apostel gestern abend und heute morgen Gottesdienst im vorderen Teile des Hauses halten, wo sie zu diesem Zweck die beweglichen Schirmwände aus Flechtwerk, welche dort Schlafzellen bildeten, teils beiseite gebracht, teils anders geordnet hatten. — Der Altar bestand aus einem rot und weiß darüber bedeckten Tisch. Er ward zu der heiligen Handlung jedesmal rechts von der Feuerstelle, welche noch im täglichen Gebrauch stand, an der Mauer aufgestellt und nachher wieder hinweggebracht. — Vor dem Altar stand ein bedecktes Gestell, worüber eine Schriftrolle hing. Es brannten Lampen über dem Altar. — Sie hatten auf dem Altar ein kreuzförmiges Gefäß von einer mit Perlmutter schimmernden Substanz liegen oder stehen. Es war kaum eine Spanne lang und breit und enthielt fünf mit silbernen Deckeln geschlossene Büchsen. In der mittelsten befand sich das heilige Sakrament, in den anderen aber Chrisam, Öl, Salz und Fasern oder vielleicht Baumwolle und anderes Heiligtum. Sie waren so zusammengefügt und geschlossen, daß nichts herausfließen konnte.

Die Apostel pflegten auf ihren Reisen dieses Kreuz, unter dem Gewande auf der Brust hängend, zu tragen. — Da waren sie mehr als der Hohepriester, wenn er das Heiligtum des Alten Bundes auf der Brust trug.

Ich erinnere mich jetzt nicht bestimmt, ob in einer der Büchsen oder sonstwo heilige Gebeine sich befanden. Ich weiß aber, daß sie bei dem Opfer des Neuen Bundes immer Gebeine von Propheten und später von Martyrern in der Nähe hatten, ebenso wie die Patriarchen immer bei ihrem Opfer Gebeine Adams oder anderer Altväter, auf denen die Verheißung geruht, auf den Altar stellten. Christus hatte sie bei dem letzten Abendmahl also zu tun gelehrt.

Petrus im Priesterornat stand vor dem Altare, die anderen chorweis hinter ihm. — Die Frauen wohnten im Hintergrunde stehend bei.

9.

Haus Mariä bei Ephesus. Ankunft Simeons. Fünfzehn Apostel und Jünger. Gottesdienst. Petrus reicht der heiligen Jungfrau das heilige Sakrament. Persönliches. St. Susanna V. M. begleitet sie in der Vision. Zustand von Jerusalem in dieser Zeit. Über Heilungen durch priesterliche Gewalt

(Am 11. August 1821 erzählt.)

Ich sah heute noch einen neunten Apostel ankommen, es war Simon. Es fehlten nur noch Jakobus der Ältere, Philippus und Thomas. Auch mehrere Jünger sah ich noch angelangt, unter welchen ich mich des Johannes, Markus und jenes Sohnes oder Enkels des alten Simeons erinnere, der Jesu letztes Osterlamm geschlachtet und am Tempel bei der Beschauung der Opfertiere angestellt war. Es waren jetzt wohl an zehn Männer versammelt.

Es war wieder Gottesdienst bei dem Altar, und einige der Neuangekommenen sah ich hoch aufgeschürzt, so daß ich meinte, sie wollten nachher gleich wieder abreisen. — Vor dem Bett der heiligen Jungfrau stand ein kleines, niederes, dreieckiges Schemelchen wie jenes, worauf sie in der Krippenhöhle die Geschenke der Könige empfangen hatte. Es stand ein Schälchen mit einem braunen, durchsichtigen Löffelchen darauf. — Ich sah heute nur eine Frau in dem Wohnraum der heiligen Jungfrau.

Ich sah, daß ihr Petrus nach dem Gottesdienst das heilige Sakrament wieder reichte; er brachte es in jenem Kreuzbehälter zu ihr. Die Apostel bildeten zwei Reihen vom Altar bis zu ihrem Lager und verbeugten sich tief, als Petrus mit dem heiligen Sakrament durch sie durchging. Die Schirme um das Lager der heiligen Jungfrau waren von allen Seiten offen.

Nachdem ich dieses bei Ephesus gesehen, verlangte mich zu schauen, wie es um diese Zeit in Jerusalem aussah, aber mir bangte vor der langen Reise von Ephesus bis dorthin; da trat die heilige Jungfrau und Martyrin Susanna, deren Fest heute ist und deren Reliquie ich bei mir habe und welche die ganze Nacht hindurch bei mir war, zu mir heran und sprach mir Mut ein, sie wolle mich begleiten. Da zog ich neben ihr her über Meer und Land hin, und wir waren bald in Jerusalem. Sie war aber ganz anders als ich, sie war ganz leicht, und wenn ich sie anfassen wollte, konnte ich nicht. Wenn ich in ein bestimmtes örtliches Bild eintrat, wie zum Beispiel hier in Jerusalem, war sie verschwunden, aber auf jedem Übergangsweg, von einem Bilde zum anderen, war ich von ihr begleitet und getröstet.

Jerusalem zur Zeit vom Tode der heiligen Jungfrau

Ich kam an den Ölberg und sah alles verwüstet und verändert gegen sonst. Ich konnte jedoch noch jegliche Stelle erkennen. — Das Haus bei dem Garten Gethsemane, wo die Jünger verweilten, war niedergerissen und mancherlei Graben und Mauern dort gezogen, um die Zugänge unwegsam zu machen. — Ich begab mich hierauf zu dem Grabe des Herrn. Es war verschüttet und vermauert, und oben darüber auf der Höhe des Felsens hatte man ein Gebäude wie das eines kleinen Tempels begonnen. Es standen erst nur die leeren Mauern.

Als ich, über die Verwüstung betrübt, in der Gegend umherschaute, erschien mir mein himmlischer Bräutigam in der Gestalt, wie er einst Magdalena hier erschienen ist, und tröstete mich.

Den Kalvarienberg fand ich auch verwüstet und verbaut. Der kleine Hügel oben, auf welchem das Kreuz gestanden, war abgegraben, außerdem waren Gräben und Wälle umhergezogen, so daß man nicht dazu konnte. — Ich kam aber doch hinauf und betete dort, da nahte mir der Herr abermals mit Trost und Erquickung. Bei diesen Annäherungen des Herrn sah ich die heilige Susanna nicht neben mir.

Ich kam hierauf in ein Bild von Christi Wundern und Heilungen in der Gegend von Jerusalem und sah viele dieser Heilungen wieder. Als ich dabei an die Gnade der Heilungen im Namen Jesu gedachte, welche besonders den Priestern verliehen ist, und wie namentlich die Ausübung dieser Gnade am Fürsten Hohenlohe in unseren Tagen wieder besonders hervorgetreten, sah ich diesen Priester in seiner Wirkung. Ich sah vielerlei Kranke durch sein Gebet geheilt werden, auch Menschen, die alte Geschwüre mit schmutzigen Lumpen bedeckt trugen. — Ich weiß jetzt nicht, ob dieses wirklich Geschwüre oder nur Sinnbilder alter Gewissenslasten waren. — Selbst in meiner Nähe kam ich nun auf andere Priester, welche auch diese Heilkraft in gleichem Grade besaßen, sie aber durch Menschenfurcht, Zerstreutheit, Durcheinandertuerei und Mangel an Ausdauer der Gesinnung nicht aufkommen ließen. — Einen unter ihnen sah ich besonders deutlich, er half zwar vielen Leuten, in deren Herzen ich häßliche Tiere nagen sah, was wohl Sünden bedeuten sollten, andere aber, die hie und da körperlich krank lagen und denen er sicher helfen konnte, versäumte er aus Zerstreutheit zu helfen. Er hatte allerhand störende Hindernisse in sich.

10.

Haus Mariä bei Ephesus. Gottesdienst der Apostel. Maria hat ein Kreuz bei sich. Sie empfängt das heilige Sakrament. Wie alt sie geworden. Persönliches. Die Erzählende geht singend den Kreuzweg Mariä. Beschreibung des Kreuzwegs Mariä

(Am 12. August 1821 mitgeteilt.)

In allem sind jetzt höchstens zwölf Männer in Marias Wohnung versammelt. — Heute sah ich den Gottesdienst in ihrem Betwinkel halten, es ward Messe dort gelesen. Ihr Kämmerchen war rings geöffnet. Es kniete eine Frau neben dem Lager Marias, welche sie dann und wann aufrecht hielt. Ich sehe dieses auch sonst unter Tags geschehen, und daß sie ihr etwas Saft mit dem Löffelchen aus der Schale reicht. — Maria hat ein Kreuz auf ihrem Lager, beinahe einen halben Arm lang von der Gestalt Y, wie ich das heilige Kreuz sehe. Der Stamm ist etwas breiter als die Arme. Es ist wie von verschiedenem Holz eingelegt, der Körper Christi ist weiß. — Die heilige Jungfrau empfing das heilige Sakrament. — Sie hat gelebt von Christi Himmelfahrt vierzehn Jahre und zwei Monate.

Heute am Abend entschlummernd, sang die Erzählerin mit leiser, friedlicher, ungemein rührender Weise Muttergotteslieder. Aufwachend von dem Schreiber gefragt, was sie singe, antwortete sie noch schlaftrunken: „Ich bin mit der Prozession gegangen, mit der Frau da — nun ist sie fort!" — Am folgenden Tage sagte sie über dieses Singen:

Ich folgte am Abend zweien der Freundinnen Mariä auf dem Kreuzweg hinter ihrem Haus. Sie gehen abwechselnd alle Tage diesen Weg am Morgen und Abend, und ich schleiche dann ganz sachte hinten drein. Gestern riß es mich hin, und ich begann zu singen, da war alles fort.

Der Kreuzweg Mariä hat zwölf Stationen. Sie hat sie selbst alle mit Schritten abgemessen, und Johannes hat ihr die Denksteine setzen lassen. Anfangs waren es nur rohe Steine, die Stelle zu bezeichnen, später ward alles zierlicher. Jetzt waren es niedere, glatte, weiße Steine von mehreren, ich meine schier acht Ecken, oben etwas zusammenlaufend, wo in einer kleineren Fläche eine Vertiefung war. — Jeder dieser Denksteine ruhte auf einer Platte desselben Steines, deren Dicke man vor dem dichten Rasen und den schönen Blumen, die sie einfaßten, nicht sehen konnte. Die Steine und Platten waren alle mit hebräischen Buchstaben bezeichnet.

Diese Stationen lagen alle in Vertiefungen wie in kleinen, runden, ausgehöhlten Becken eingezäunt. In diesen Gruben führte ein Pfad, für einen oder zwei Menschen breit genug, rings um den Stein, um die Aufschriften zu lesen. Die mit Gras und schönen Blumen bewachsenen Plätze umher waren teils größer, teils kleiner. — Diese Steine lagen nicht immer frei; an der einen Seite war eine Matte oder Wetterdecke befestigt, welche, wenn man nicht dort betete, über sie gedeckt und auf der anderen Seite mit zwei Pflöcken befestigt wurde.

Diese 12 Stationssteine waren alle gleich, alle mit hebräischen Inschriften bezeichnet, die Orte aber ihrer Lager waren verschieden. — Die Station des Ölbergs befand sich in einem kleinen Tale neben einer Höhle, in welcher mehrere Menschen knien konnten. — Die Station des Kalvarienberges allein war in keiner Vertiefung, sondern auf einem Hügel. — Zur Station des heiligen Grabes ging man über den Hügel und kam jenseits in einer Vertiefung zu dem Denkstein und noch tiefer am Fuße des Hügels in einer Felsenhöhle zu dem Grabelager selbst, in welches auch die heilige Jungfrau begraben wurde. — Ich meine, dieses Grab muß unter der Erde noch bestehen und wird noch einstens zutage kommen.

Ich sah, daß die Apostel, heilige Frauen und andere Christen, wenn sie diesen Stationen nahten, um kniend oder auf dem Antlitz liegend, davor zu beten, ein etwa schuhlanges Kreuz Y unter dem Gewande hervorzogen und es mittels einer beweglichen Stütze an seiner Rückseite in der Vertiefung oben auf dem Stationssteine aufstellten.

11.

Haus Mariä bei Ephesus. Jakobus der Ältere mit drei Jüngern und Philippus kommen. Kleidung und Betragen der ankommenden Apostel. Sie begrüßen die heilige Jungfrau. Wie die Apostel zu Mariä Tod berufen worden. Vom Stande ihrer Missionen, da sie berufen wurden. Von ihrem Wirken und Reisen. Wo die Apostel der Ruf traf, sich nach Ephesus zu begeben. Vieles von der Gestalt einzelner Apostel und Jünger. Wirkung von Reliquien bei diesen Anschauungen

(Am 13. August 1821 erzählt.)

Ich sah heute den Gottesdienst wie sonst. Ich sah die heilige Jungfrau am Tage mehrmals aufrichten und mit dem Löffelchen erquicken. — Abends gegen 7 Uhr sagte sie im Schlafe: „Jetzt ist auch Jakobus der Größere angekommen aus Spanien über Rom mit drei Begleitern, Timon, Eremensear und noch einem Gekommenen. Später kam noch Philippus mit einem Begleiter aus Ägypten.

Die Apostel und Jünger sah ich meist sehr ermüdet ankommen. Sie hatten lange Stäbe mit Haken und Knöpfe verschiedener Art in der Hand, welche ihren Rang bezeichneten.

Ihre wollweißen langen Mäntel trugen sie teils zur Bedeckung wie Kapuzen über das Haupt gezogen. Sie hatten darunter lange, weiße, wollene Priesterhemden an; diese waren von oben bis unten offen, aber mit geschlitzten Riemchen als Schlingen und kleinen Wülsten als Knöpfen geschlossen. Ich sah dies immer so, aber vergaß es zu sagen. Sie hatten diese Kleidungsstücke zum Gehen hoch im Gürtel aufgeschürzt. Einige trugen einen Beutel zur Seite am Gürtel hängend.

Die Eintretenden umarmten die bereits Anwesenden zärtlich, und ich sah manche vor Freud und Leid weinen, daß sie sich wiedersahen, und zwar bei so trauriger Veranlassung. Nun legten sie die Stäbe, Mäntel, Gürtel und Beutel ab, da fiel ihr weißes Leibgewand bis zu den Füßen nieder. Sie legten einen breiten, mit Buchstaben bezeichneten Gürtel um, den sie bei sich trugen. Man wusch ihnen die Füße, und sie nahten dem Lager Mariä und begrüßten sie ehrerbietig. Sie konnte nur noch einige Worte mit ihnen reden. — Ich sah sie keine Speise zu sich nehmen als kleine Brote, und sie tranken aus den kleinen Flaschen, die sie anhängen hatten.

Wie die Apostel zu Mariä Tod berufen wurden

Einige Zeit vor dem Tode der heiligen Jungfrau, als sie das Herannahen ihrer Wiedervereinigung mit ihrem Gotte, ihrem Sohne, ihrem Erlöser, inne ward, betete sie, daß an ihr erfüllt werden möge, was Jesus ihr am Tage vor seiner Himmelfahrt im Hause Lazari zu Bethanien verheißen. — Es ward mir aber im Geiste gezeigt, wie damals Jesus ihr, die flehte, nach seiner Himmelfahrt nicht mehr lange in diesem Jammertale zu leben, im allgemeinen sagte, welche geistliche Arbeiten sie noch bis zu ihrem Ende auf Erden verrichten solle, und ihr eröffnete, daß auf ihr Gebet die Apostel und mehrere Jünger bei ihrem Tode gegenwärtig sein würden, und was sie diesen sagen und wie sie dieselben segnen solle. — Ich sah auch, wie er damals der trostlosen Magdalena sagte, sich in die Wüste zu verbergen, und ihrer Schwester Martha, eine Genossenschaft von Frauen zu bilden; er aber wolle immer bei ihnen sein.

Als die heilige Jungfrau um die Ankunft der Apostel bei ihr gebetet hatte, sah ich nach sehr verschiedenen Gegenden der Welt hin den Ruf an die Apostel ergehen, im Augenblick ist mir noch folgendes erinerlich:

Die Apostel hatten an mehreren Orten, wo sie gelehrt, bereits kleine Kirchen errichtet, wenn auch manche davon noch nicht von Steinen gemauert, sondern bloß von Reisern geflochten und mit Lehm beworfen waren, so hatten doch alle, die ich gesehen, an der hinteren Seite die halbrunde oder dreiseitige Form wie das Haus Mariä bei Ephesus. — Sie hatten Altäre darin und opferten das heilige Meßopfer.

Alle, auch die Entferntesten, sah ich durch Erscheinungen zu der heiligen Jungfrau berufen. — Überhaupt geschahen die unbeschreiblich weiten Reisen der Apostel nicht ohne wunderbare Mitwirkung des Herrn. Ich glaube, daß sie oft, ohne es vielleicht selbst zu wissen, auf eine übernatürliche Weise gereist sind, denn oft sah ich sie mitten durch das Gedränge der Menschen hindurch ziehen, ohne daß irgend jemand sie zu sehen schien.

Ich sah die Wunder der Apostel bei verschiedenen heidnischen und wilden Völkern von ganz anderer Art als ihre Wunder, die wir aus der heiligen Schrift kennen. Sie wirkten überall Wunder nach dem Bedürfnisse der Menschen. — Ich sah, daß sie alle auf ihren Reisen Gebeine der Propheten oder in den ersten Verfolgungen umgekommener Martyrer mit sich führten und bei ihrem Gebete und Opfer in der Nähe hatten.

Als der Ruf des Herrn an die Apostel erging, sich nach Ephesus zu begeben, befand sich Petrus, und ich meine, auch Matthias in der Gegend von Antiochien. — Andreas, von Jerusalem kommend, wo er Verfolgung erlitten, befand sich nicht weit von ihm. — Ich sah Petrus und Andreas nachts und unterwegs an verschiedenen Orten, doch nicht sehr weit voneinander schlafen. Sie befanden sich beide in keiner Stadt, sondern ruhten in solchen öffentlichen Herbergen, wie sie sich dort in den heißen Ländern am Wege befinden. — Petrus lag an einer Mauer. Ich sah einen leuchtenden Jüngling ihm nahen, der ihn, bei der Hand fassend, weckte und ihm sagte, er solle sich erheben und zu Maria eilen, er werde Andreas auf dem Wege finden. Ich sah, daß Petrus, der vor Alter und Anstrengung schon steif war, sich aufrichtete und mit den Händen auf die Knie stützte, während er den Engel anhörte. — Kaum war die Erscheinung verschwunden, so erhob er sich, legte seinen Mantel um, schürzte sich in seinen Gürtel, ergriff seinen Stab und machte sich auf den Weg. — Bald begegnete ihm Andreas, den dieselbe Erscheinung gerufen; weiter reisend, trafen sie mit Thaddäus zusammen, dem es auch so gesagt worden war. So kamen sie bei Maria an, wo sie Johannes trafen.

Jakob der Größere, schmalen, bleichen Angesichts und schwarzer Haare, kam aus Spanien mit mehreren Jüngern nach Jerusalem und verweilte einige Zeit in Sarona bei Joppe, wo der Ruf nach Ephesus an ihn erging. — Nach dem Tode Mariä ging er mit etwa sechs anderen nach Jerusalem zurück und starb den Martertod. Sein Ankläger bekehrte sich, ward von ihm getauft und mit ihm enthauptet.

Judas Thaddäus und Simon waren in Persien, als der Ruf sie traf.

Thomas war von untersetzter Statur und hatte rotbraune Haare. Er war am weitesten entfernt und kam erst nach dem Tod Mariä. Ich habe gesehen, wie der rufende Engel zu ihm kam. Er war sehr fern. Er war in keiner Stadt, sondern in einer Hütte von Rohr und betete, als ihm der Engel befahl, nach Ephesus zu ziehen. — Ich habe ihn mit einem gar einfältigen Diener allein in einem kleinen Kahn weit übers Wasser fahren sehen; dann zog er quer durchs Land und berührte, wie ich meine, keine Stadt. Es kam noch ein Jünger mit ihm.

Er war in Indien, als er die Mahnung erhielt, hatte sich aber schon vor dieser Mahnung entschlossen, mehr mitternächtlich bis in die Tartarei zu ziehen, und konnte sich nicht bezwingen, es zu unterlassen. Er wollte immer zu viel tun und kam darum oft zu spät. So zog er denn noch weiter gen Mitternacht, schier über China, wo jetzt Rußland ist, da ward er nochmals gerufen und eilte nach Ephesus. — Der Knecht, den er bei sich hatte, war ein Tartare, den er getauft. Es ist später noch etwas aus diesem Menschen geworden. Ich habe es vergessen. — Thomas kam nicht wieder in die Tartarei nach Mariä Tod. Er ward in Indien mit einer Lanze durchstochen. Ich habe auch gesehen, daß er in diesem Land einen Stein aufgerichtet, auf ihn gekniet und gebetet hat, daß die Spuren seiner Knie sich darauf abgedrückt und daß er gesagt, wenn das Meer bis zu diesem Steine reiche, werde ein anderer hier Jesum Christum verkünden.

Johannes war kurz vorher in Jericho gewesen, er reiste öfters ins gelobte Land. Er verweilte gewöhnlich in Ephesus und der Umgegend, und in dieser war auch der Ruf an ihn ergangen.

Bartholomäus war östlich vom Roten Meer in Asien. Er war schön und sehr gewandt. Er war weiß von Farbe, hatte eine hohe Stirne, große Augen, schwarze krause Haare, einen kleinen, krausen, gespaltenen, schwarzen Bart. Er hatte gerade einen König und dessen Familie bekehrt. Ich sah alles und will es seiner Zeit erzählen. Als er dorthin zurückgekehrt, ward er vom Bruder jenes Königs gemordet.

Wo Jakob der Kleinere gerufen ward, habe ich vergessen. Er war sehr schön und hatte eine große Ähnlichkeit mit unserem Herrn, weswegen er auch von allen seinen Brüdern der Bruder des Herrn genannt ward.

Von Matthäus sah ich heute wieder, daß er der Sohn des Alphäus aus früherer Ehe war, den er seiner zweiten Frau Maria (Kleophä Tochter) als Stiefsohn zubrachte. — Andreas vergaß ich.

Paulus ward nicht gerufen. Es wurden nur jene gerufen, die mit der heiligen Familie verwandt oder bekannt waren.

Wirkung von Reliquien der Apostel bei diesen Anschauungen

Während diesen Anschauungen standen unter den vielen Reliquien, die ich besitze, auch jene von Andreas, Bartholomäus, Jakobus Major, Jakobus Minor, Thaddäus, Simon, Kannaneus, Thomas und mehreren Jüngern und heiligen Frauen an meiner Seite; alle diese traten in jene Folge, in der sie zu Maria gekommen, heller und deutlicher erst zu mir heran und dann in das Bild ein. — Thomas sah ich auch zu mir herantreten, aber er trat nicht in das Bild von Marias Tod ein, er war fern und kam zu spät. — Ich sah auch, daß er jener Zwölfte war, welcher fehlte. Ich sah ihn sehr fern unterwegs.

Ich sah auch fünf Jünger in das Bild eintreten und erinnere mich des Simeon Justus und Barnabas (oder Barsabas), deren Gebeine bei mir waren, besonders deutlich. — Von den drei anderen war einer der Hirten Söhne, welche Jesum auf seinen weiten Reisen nach Lazari Erweckung begleitet (Eremenzear), — die beiden anderen waren aus Jerusalem.

Ich sah auch Maria Heli, die ältere Schwester der heiligen Jungfrau, und ihre jüngere Stiefschwester, eine Tochter Annas aus zweiter Ehe, bei ihr eintreten. Maria Heli (Weib des Kleophas, Mutter der Maria Kleophä, Großmutter des Apostels Jakob Minor, Thaddäus, Simon usw.) war schon eine sehr alte Frau. (20 Jahre älter als die heilige Jungfrau.) — Alle diese heiligen Frauen wohnten in der Nähe, sie waren schon früher vor der Verfolgung aus Jerusalem in diese Gegend geflüchtet. Manche wohnten in Felsenhöhlungen, die durch Flechtwerk zu Wohnungen ergänzt waren.

Haus Mariä bei Ephesus. Tod der heiligen Jungfrau. Bestimmung des Todesjahres. Maria auf ihrem Sterbelager segnet die Apostel und ihre Hausgenossen. Sie trägt dem Johannes die Verteilung ihrer Kleider auf. Die Apostel rüsten sich zum Gottesdienst. Ankunft Jakobs des Größeren mit drei Jüngern und dann des Philippus, die auch den Segen Mariä empfangen. Petrus vollendet das Meßopfer, reicht den Aposteln das heilige Sakrament. Die heilige Jungfrau empfängt das heilige Sakrament und die Letzte Ölung. Ordnung der Apostel bei dieser heiligen Handlung. Tod der heiligen Jungfrau. Vision vom Eingang ihrer Seele in den Himmel. Die Apostel knien betend bei ihrem Leibe

(Am 14. August 1821 erzählt.)

Am 14. August 1821 nach Mittag sprach die Seherin zu dem Schreiber:

„Ich will jetzt vom Tode der heiligen Jungfrau erzählen, wenn ich nur nicht gestört werde, sagen Sie, daß mein Nichtchen mich nicht unterbrechen soll, sie möge sich in der Vorstube ein wenig gedulden." — Als der Schreiber dieses getan und zurückgekehrt war, sprach er: „Nun erzähle"; — sie aber sprach vor sich hinstarrend: „Wo bin ich denn, ist es Morgen oder Abend?" — Der Schreiber: „Du wolltest vom Tode der heiligen Jungfrau erzählen!" — „Da sind ja die Leute, die Apostel, frage sie selbst, du bist gelehrter als ich, du kannst sie besser fragen, sie gehen den Kreuzweg und arbeiten am Grabe der Muttergottes usw." — (Sie sah bereits die Handlung nach dem Tode Mariä, als sie dies äußerte. Nach einer Pause fuhr sie fort, indem sie die vorkommenden Zahlen mit den Fingern darstellte.) — „Sieh, welche Zahl, ein Strich I und dann ein V zusammen, ist das nicht vier? Dann wieder ein V und drei Striche, ist das nicht acht? Dies ist mit Buchstabenzahlen nicht richtig geschrieben; ich sehe es aber so, als seien es Ziffern, weil ich so hohe Zahlen in Buchstaben nicht verstehe. — Es soll heißen: das Jahr 48 nach Christi Geburt ist das Jahr des Todes der heiligen Jungfrau. Weiter sehe ich X und III und dann zwei Vollmonde ● ●, wie man sie im Kalender abbildet, das heißt dreizehn Jahre und zwei Monate nach Christi Himmelfahrt starb die heilige Jungfrau. Es ist jetzt der Monat ihres Todes nicht. Ich meine, es ist schon ein paar Monate vorüber, daß ich dieses Bild auch gesehen habe. Ach, ihr Tod war voll Trauer und voll Freude! usw. — (Fortwährend in diesem Zustande von Innigkeit erzählte sie hierauf folgendes:)

Ich sah schon gestern Mittag große Trauer und Sorge im Hause der heiligen Jungfrau. Ihre Magd war aufs äußerste betrübt, sie warf sich bald hie und da in Winkeln des Hauses, bald vor dem Hause auf die Knie und betete weinend mit ausgebreiteten Armen.

Die heilige Jungfrau ruhte still und wie todesnah in ihrer Zelle. Sie war ganz, selbst über die Arme, in eine weiße Schlafhülle eingewickelt, wie ich es bei ihrem Schlafengehen in Elisabeths Haus bei der Heimsuchung beschrieben habe. Der Schleier über ihrem Haupte war in Querfalten auf der Stirne geschürzt; mit Männern sprechend, zog sie ihn über das Antlitz nieder. Selbst ihre Hände waren nur, wenn sie allein war, unbedeckt. — Ich sah sie in der letzten Zeit nie etwas nehmen als dann und wann ein Löffelchen voll eines Saftes, den ihr die Magd aus einer traubenartigen Frucht von gelben Beeren in das Schälchen neben ihrem Lager drückte. Gegen Abend, als die heilige Jungfrau erkannte, daß ihr Ende herannahe, wollte sie nach dem Willen Jesu die anwesenden Apostel, Jünger und Frauen segnen und von ihnen Abschied nehmen. — Ihre Schlafzelle war nach allen Seiten hin geöffnet, sie saß schimmernd weiß, wie durchleuchtet, aufgerichtet auf ihrem Lager. — Die heilige Jungfrau betete und segnete einen jeden mit kreuzweis gelegten Händen, indem sie seine Stirne berührte. Sie redete dann noch zu allen und tat überhaupt, wie Jesus ihr zu Bethanien befohlen hatte.

Als Petrus zu ihr ging, sah ich, daß er eine Schriftrolle in der Hand hatte. Zu Johannes sagte sie, wie es mit ihrem Leibe solle gehalten werden und wie er ihre Kleider an ihre Magd und eine andere arme Jungfrau aus der Gegend, welche ihr manchmal zu dienen kam, verteilen solle. — Die heilige Jungfrau zeigte hierauf nach dem Verschlage hin, der ihrer Schlafzelle gegenüber stand, und ich sah, daß ihre Magd hinging, den Verschlag öffnete und wieder verschloß. — Da sah ich alle Kleidungsstücke der heiligen Jungfrau und will sie später erzählen. — Nach den Aposteln nahten sich die anwesenden Jünger dem Lager der heiligen Jungfrau und empfingen den Segen gleich diesen. — Die Männer begaben sich hierauf wieder in den vorderen Raum des Hauses und bereiteten sich zu dem Gottesdienst, während die anwesenden Frauen dem Lager der heiligen Jungfrau nahten, niederknieten und ihren Segen empfingen. Ich sah, daß eine unter ihnen, welche sich ganz über Maria hinbeugte, von ihr umarmt wurde.

Unterdessen ward der Altar gerüstet, und die Apostel kleideten sich zum Gottesdienst in ihre langen weißen Kleider und breiten Gürtel mit Buchstaben. Fünf von ihnen, welche bei der feierlichen Opferhandlung beschäftigt waren, wie ich sie Petrus nach Himmelfahrt zuerst in der neuen Kirche am Teiche Bethesda halten gesehen, legten die großen prächtigen Priesterkleider an. Der Priestermantel Petri, welcher die heilige Handlung hielt, war hinten sehr lang, ohne doch zu schleppen. Es muß unten etwas wie ein Reif darin sein, denn ich sehe ihn rund und breit abstehen.

Sie waren noch mit ihrer Kleidung beschäftigt, als Jakobus der Größere mit drei Gefährten ankam. Er kam mit Timon, dem Diakon, aus Spanien über Rom und war diesseits dieser Stadt mit Eremensear und einem dritten zusammengetroffen. — Die Anwesenden, im Begriff, an den Altar zu treten, bewillkommneten ihn mit feierlichem Ernst und sagten ihm mit wenigen Worten, zu der heiligen Jungfrau zu gehen. — Da wusch man ihnen die Füße, sie ordneten ihr Gewand, und so

gingen sie noch in Reisekleidern zu der heiligen Jungfrau und
empfingen ihren Segen gleich den anderen, zuerst er allein,
dann seine drei Begleiter zusammen, worauf er sich auch zu
dem Gottesdienste begab. — Der Gottesdienst war schon etwas
vorgerückt, als Philippus mit einem Begleiter aus Ägypten ankam. Er begab sich sogleich zu der Mutter des Herrn, empfing
ihren Segen und weinte heftig.

Petrus hatte indessen das heilige Opfer vollendet, er hatte
konsekriert, den Leib des Herrn empfangen und den anwesenden Aposteln und Jüngern gereicht. — Die heilige Jungfrau
konnte nicht auf den Altar sehen, aber sie saß während der
heiligen Handlung immer in tiefer Andacht aufrecht auf ihrem
Lager. — Nachdem Petrus kommuniziert hatte, reichte er auch
allen anderen Aposteln das heilige Sakrament, und nun brachte
er der heiligen Jungfrau das heilige Abendmahl und die Letzte
Ölung.

Alle Apostel begleiteten ihn in feierlicher Ordnung. Thaddäus
schritt mit einem Weihrauchbecken räuchernd voraus, Petrus
trug das Allerheiligste in dem kreuzförmigen Behälter, von dem
ich früher gesprochen, vor der Brust; ihm folgte Johannes, er
trug ein Tellerchen, worauf der Kelch mit dem heiligen Blute
und einige Büchsen standen. Der Kelch war klein, weiß und
dick wie gegossen. Er hatte einen so kurzen Stiel, daß man ihn
nur mit ein paar Fingern fassen konnte, er hatte einen Deckel
und war übrigens von der Gestalt des Abendmahlkelches. — In
dem Betwinkel neben dem Lager der heiligen Jungfrau war vor
dem Kreuze ein kleiner Altar durch die Apostel errichtet worden. Die Magd hatte einen Tisch hingebracht, den sie rot und
weiß bedeckt hatten. Es brannten Lichter darauf, ich glaubte,
es seien Kerzen und Lampen. — Die heilige Jungfrau ruhte still
und bleich auf dem Rücken. Sie schaute mit unverwandten
Blicken aufwärts, redete mit niemand und war wie in steter
Entzückung. Sie schimmerte von Sehnsucht, ich konnte diese
Sehnsucht, welche sie emporzog, fühlen; — ach, mein Herz
wollte auch mit dem ihren zu Gott hinauf!

Petrus nahte ihr und gab ihr die heilige Letzte Ölung ungefähr auf dieselbe Weise, wie es auch heutzutage geschieht, er salbte sie mit dem heiligen Öle aus den Büchsen, die Johannes hielt, im Angesicht, auf Händen und Füßen und an der Seite, wo ihr Gewand eine Öffnung hatte, so daß sie nicht im mindesten enthüllt ward. Es ward dabei von den Aposteln chorweise gebetet. — Dann reichte Petrus ihr das heilige Sakrament. Ohne sich zu stützen, richtete sie sich auf, um es zu empfangen, und sank dann wieder zurück. Die Apostel beteten eine Weile, und nun empfing sie, etwas weniger aufgerichtet, den Kelch von Johannes. — Ich sah beim Empfang des heiligen Sakraments einen Glanz in Maria eingehen, worauf sie wie entzückt niedersank und nicht mehr sprach. — Die Apostel begaben sich nun mit den heiligen Gefäßen in feierlicher Ordnung wieder zum Altar im Vorhaus zurück, wo sie den Gottesdienst fortsetzten. Jetzt empfing auch der heilige Philippus das heilige Sakrament. — Es waren nur ein paar Frauen bei der heiligen Jungfrau geblieben.

Später sah ich die Apostel und Jünger wieder um das Lager der heiligen Jungfrau betend stehen. Marias Angesicht war blühend und lächelnd wie in ihrer Jugend. Sie hatte die Augen mit heiliger Freude gen Himmel gerichtet. — Da sah ich ein wunderbar rührendes Bild. Die Decke über Marias Zelle war verschwunden, die Lampe hing in freier Luft, ich sah wie durch den offenen Himmel in das himmlische Jerusalem hinein. Es senkten sich zwei Flächen von Glanz wie Lichtwolken herab, aus welchen viele Angesichter von Engeln erschienen. Zwischen diesen Wolken goß sich eine Lichtbahn zu Maria nieder. Ich sah von Maria über einen leuchtenden Berg hinan bis in das himmlische Jerusalem hinein. — Sie streckte die Arme mit unendlicher Sehnsucht entgegen, und ich sah ihren Leib in seiner ganzen Enthüllung so hoch über ihrem Lager emporschweben, daß man darunter hinwegsehen konnte. — Ich sah aber ihre Seele wie eine kleine, unendlich reine Lichtgestalt mit emporgestreckten Armen aus ihrem Leibe ausgehen und auf der Lichtbahn, die wie ein glänzender Berg himmelan stieg, hinaufschweben. — Die zwei Engelchöre in den Wolken schlossen sich unter ihrer Seele zusammen und trennten sie von dem heiligen Leibe, der im Momente der Scheidung die Arme über der Brust kreuzend wieder auf das Lager sank. — Mein Blick, ihrer Seele folgend, sah sie auf der leuchtenden Straße in das himmlische Jerusalem hineingehen bis zum Throne der allerheiligsten Dreifaltigkeit. Ich sah ihr viele Seelen, worunter ich viele Patriarchen und Joachim, Anna, Joseph, Elisabeth, Zacharias und Johannes den Täufer erkannte, mit freudiger Ehrfurcht entgegenziehen. Sie aber schwebte durch alle hindurch zum Throne Gottes und ihres Sohnes hin, der, mit dem Lichte seiner Wunden das Licht seiner ganzen Erscheinung noch überstrahlend, sie mit göttlicher Liebe empfing und ihr etwas, gleich einem Zepter, überreichte und rings wie über die Erde niederzeigte, als übergebe er ihr eine Gewalt. — So sah ich sie in die himmlische Glorie eingehen und hatte das ganze Bild auf der Erde um sie her vergessen. — Einige Apostel, zum Beispiel Petrus und Johannes, müssen dieses auch gesehen haben, denn sie hatten ihr Angesicht emporgerichtet. Die anderen knieten meistens ganz zur Erde gebeugt. Alles war voll Licht und Glanz. Es war wie bei Christi Himmelfahrt.

Ich sah, was mich sehr erfreute, der Seele Marias, als sie zum Himmel einging, eine große Anzahl erlöster Seelen aus dem Fegfeuer folgen — und auch heute am Gedächtnistag sah ich viele arme Seelen in den Himmel eingehen, worunter mehrere, die ich kannte. Es ward mir auch die tröstliche Mitteilung, daß jährlich an ihrem Sterbetag viele Seelen ihrer Verehrer dieser Gnadenwirkung teilhaftig würden.

Als ich wieder zur Erde niederschaute, sah ich den Leib der heiligen Jungfrau glänzend, mit blühendem Angesicht, geschlossenen Augen und über der Brust gekreuzten Armen auf dem Lager ruhen. — Die Apostel, Jünger und Frauen lagen rings auf den Knien und beteten. — Es war, während ich alles dieses sah, ein liebliches Tönen und eine Bewegung in der ganzen

Natur, auf die Weise, wie ich es in der Christnacht vernommen habe. — Ihre Todesstunde erkannte ich als nach der Nona, wo auch der Herr gestorben.

Nun deckten die Frauen eine Decke über den heiligen Leib, und die Apostel und Jünger begaben sich in den vorderen Teil des Hauses. Das Feuer des Herdes ward zugedeckt, alles Geräte des Hauses ward beiseite geräumt und verdeckt. Die Frauen verhüllten und verschleierten sich und saßen im Vorhaus in der Kammer an der Erde zusammen und hielten abwechselnd kniend und sitzend eine Totenklage. — Die Männer verhüllten das Haupt mit jener Zeugbahn, die sie um den Hals trugen, und hielten einen Trauergottesdienst. Zwei knieten immer abwechselnd betend zu Häupten und Füßen des heiligen Leibes. Matthäus und Andreas gingen auf dem Kreuzwege der heiligen Jungfrau bis zu der letzten Station, jener Höhle, die das Grab Christi vorstellte. Sie hatten Werkzeuge bei sich, um das Grablager noch mehr auszuarbeiten, denn hier sollte der Leib der heiligen Jungfrau ruhen. Die Grabhöhle war nicht so geräumig wie das Grab des Herrn und kaum so hoch, daß ein Mann aufrecht hineingehen konnnte. Der Boden senkte sich beim Eingang, dann stand man vor dem Totenlager wie vor einem schmalen Altar, über den sich die Felsenwand herüberwölbte. Die beiden Apostel arbeiteten noch manches daran aus und bereiteten eine Türe, die man vor das Grablager schließend setzte. In dem Grablager war eine Vertiefung von der ungefähren Form eines eingehüllten Leibes, an dem Kopf etwas erhöht ausgehöhlt. Vor der Höhle war wie vor Christi Grab ein durch Stangen umzäuntes kleines Gärtchen. Nicht weit davon lag die Station des Kalvarienberges auf einem Hügel, es war kein Kreuz darauf errichtet, sondern nur in einem Stein eingehauen; es war wohl eine halbe Stunde Wegs von Mariä Wohnhaus bis hierher.

Viermal habe ich die Apostel, welche bei dem heiligen Leibe betend wachten, abwechseln sehen. Heute sah ich eine Anzahl Frauen, worunter ich mich einer Tochter Veronikas und der

Mutter des Johannes Markus erinnere, kommen, um den Leib zur Beerdigung zu bereiten. Sie brachten Tücher und Gewürze mit, um ihn auf jüdische Weise zu balsamieren. Alle hatten sie auch kleine Töpfe, mit einem noch frischen Kraut, zugetragen. Das Haus ward geschlossen, sie hatten Lichter bei ihrem Geschäft, die Apostel beteten in der Vorstube chorweise. — Die Frauen legten den Leib der heiligen Jungfrau in seiner ganzen Einhüllung von dem Sterbelager in einen langen Korb, der mit dicken, grobgeflochtenen Decken oder Matten so hoch angefüllt war, daß der Leib über ihm erhoben lag. Jetzt hielten zwei Frauen ein breites Tuch über dem Leibe ausgespannt, und zwei andere entkleideten den Leib unter diesem Tuche von seiner Hülle und Kopfbedeckung, so daß er nur mit dem langen wollenen Hemde bekleidet war. Sie schnitten die schönen Locken der heiligen Jungfrau zu ihrem Andenken ab. Ich sah hierauf, daß diese beiden Frauen den heiligen Leib wuschen, sie hatten etwas Krauses in den Händen, wahrscheinlich Schwämme, das lange Hemd, das den Leib bedeckte, war zertrennt. Sie verfuhren mit großer Scheu und Ehrfurcht, sie wuschen den Leib mit den Händen unter der übergehaltenen Decke, ohne ihn anzublicken, denn die Decke trennte ihre Augen von demselben. Jede Stelle, welche der Schwamm berührt hatte, ward sogleich wieder bedeckt, die Mitte des Leibes blieb verhüllt, nicht die kleinste Entblößung fand statt. Eine fünfte der Frauen drückte die Schwämme in ein Becken aus und füllte sie neuerdings, dreimal sah ich das Becken in eine Grube bei dem Hause ausleeren und frisches Wasser zutragen. — Der heilige Leib ward mit einer neuen offenen Hülle bekleidet und mittels untergelegter Tücher ehrerbietig auf eine Tafel gehoben, auf welcher schon die Leichentücher und Binden zum bequemen Gebrauch nach der Ordnung untergelegt waren. Sie wickelten nun den Leib von den Fußknöcheln bis gegen die Brust in die Tücher und Binden fest ein; Haupt, Brust, Hände und Füße waren noch frei von den Binden.

Die Apostel hatten indes dem feierlichen Opfer des Petrus

beigewohnt und das heilige Sakrament mit ihm empfangen, worauf ich Petrus und Johannes noch in großen bischöflichen Mänteln aus dem Vorhaus zu dem heiligen Leibe hereintreten sah. Johannes trug ein Salbengefäß, und Petrus tauchte den Finger der rechten Hand hinein und salbte die Stirne, die Mitte der Brust, die Hände und Füße der heiligen Jungfrau unter Gebet. Es war dieses nicht die Letzte Ölung, welche sie noch lebend empfangen. Er strich mit der Salbe über Hände und Füße, Stirn und Brust bezeichnete er mit Kreuzen. Ich glaube, es war Ehrerweisung gegen den heiligen Leib, wie es auch bei der Beerdigung des Herrn geschehen ist. — Als die Apostel hinweggegangen, setzten die Frauen die Leichenbereitung fort. Sie legten dem heiligen Leibe Myrrhenbüsche unter die Arme in die Achselhöhlen und in die Herzgrube, sie füllten den Raum zwischen den Schultern, um den Hals und um die Kinnladen und die Wangen damit aus; auch die Füße lagen ganz von solchen Gewürzbüschen umgeben. Nun kreuzten sie die Arme über die Brust, schlugen den heiligen Leib in das große Grabtuch ein und wickelten ihn vermittelst der unter dem einen Arm eingeklemmten Binde wie eine lange Puppe. Über dem Angesicht lag ein durchsichtiges Schweißtuch zurückgeschlagen, und man sah es weiß und leuchtend zwischen den Kräuterbüschen ruhen. Nun legten sie den heiligen Leib in den Sarg, der wie ein Bettchen zur Seite stand, er war wie ein Brett mit niederem Rand und hatte eine leichte, gewölbte Decke und war wie ein länglicher Korb. Jetzt legten sie ihm einen Kranz von weißen, roten und himmelblauen Blumen als Zeichen der Jungfräulichkeit auf die Brust. — Nun traten alle Apostel, Jünger und Anwesende herein, um das liebe heilige Antlitz noch einmal zu sehen, ehe es verhüllt war. Sie knieten unter vielen Tränen still um die heilige Jungfrau herum und berührten die auf der Brust eingewickelten Hände Marias, Abschied nehmend, worauf sie sich hinwegbegaben. Jetzt nahmen auch die heiligen Frauen den letzten Abschied, verhüllten dann das heilige Angesicht und deckten den Deckel über den Sarg, den sie mit

grauen Binden an beiden Enden und in der Mitte umwickelten.
— Hierauf sah ich den Sarg auf eine Tragbahre legen und von
Petrus und Johannes auf den Schultern aus dem Hause hinaustragen. Sie müssen wohl gewechselt haben, denn ich sah später
sechs Apostel als Träger, vorn Jakob den Kleineren und Größeren,
in der Mitte Bartholomäus und Andreas und hinten Thaddäus
und Matthäus. Die Tragestangen steckten wohl in einer Matte
oder einem Leder, denn ich sah den Sarg zwischen ihnen wie
in einer Wiege hängen. Ein Teil der anwesenden Apostel und
Jünger ging voraus, andere und die Frauen folgten. Es dämmerte schon, und es wurden vier Leuchter auf Stangen um den
Sarg getragen. — So ging der Zug auf dem Kreuzweg Marias
bis zur letzten Station und kam über den Hügel dem Stationsstein vorüber zur Rechten des Grabeinganges an. Hier setzten
sie den heiligen Leib nieder, und vier brachten ihn in die
Grabhöhle und legten ihn in das ausgetiefte Totenlager. Alle
Anwesenden gingen noch einzeln hinein, legten Gewürze und
Blumen umher, knieten und opferten Tränen und Gebet.

Es waren viele, Schmerz und Liebe machten sie verweilen;
es war schon Nacht, als die Apostel den Grabeingang verschlossen. Sie machten einen Graben vor dem engen Eingang
der Höhle und pflanzten ein Flechtwerk von verschiedenen
grünen, teils blühenden, teils Beeren tragenden Sträuchern, die
sie mit den Wurzeln anderwärts ausgehoben hatten, hinein; so
daß auch keine Spur von dem Eingang zu sehen war, um so
mehr, da sie eine nahe Quelle vor diesem Busche vorüber
leiteten. Man konnte nicht anders mehr in die Höhle, als wenn
man sich von der Seite hinter dem Strauche hineindrängte. —
Sie kehrten zerstreut zurück und verweilten noch hie und da
betend auf dem Kreuzwege, einzelne wachten auch im Gebet
bei dem Grabe. — Die Heimkehrenden sahen aus der Ferne
ein wunderbares Leuchten über dem Grabe Mariä und waren
dadurch gerührt, ohne zu wissen, was es eigentlich sei. Ich sah
es auch und erinnere mich aus vielem anderen nur noch so viel
davon. Es war, als senke sich vom Himmel eine Lichtbahn

gegen das Grab nieder und eine feine Gestalt in ihr, gleich der Seele der heiligen Jungfrau, begleitet von der Gestalt unseres Herrn; aus dem Grabe aber erhob sich der Leib Marias leuchtend mit der leuchtenden Seele vereinigt und zog mit der Erscheinung des Herrn zu dem Himmel empor. Alles das liegt noch gleich einer Ahnung und doch deutlich vor meiner Erinnerung.

Ich sah in der Nacht mehrere Apostel und heilige Frauen in dem Gärtchen vor dem Grabfelsen beten und singen. Es senkte sich aber eine breite Lichtbahn von dem Himmel zu dem Felsen, und ich sah sich in ihr eine Glorie von drei Kreisen, von Engeln und Geistern niederbewegen, welche die Erscheinung unseres Herrn und der leuchtenden Seele Marias umgaben. Die Erscheinung Jesu Christi mit hellstrahlenden Wundmalen schwebte vor ihr her. Um die Seele Mariä sah ich im innersten Kreis der Glorie nur kleine Kindergestalten, im zweiten Kreis erschienen sie wie von sechsjährigen Kindern und im äußersten gleich erwachsenen Jünglingen. Nur die Angesichter erkannte ich deutlich, alles übrige sah ich nur wie schimmernde Lichtgestalten. Als diese Erscheinung, immer deutlicher werdend, sich bis auf den Felsen ergossen hatte, sah ich von ihr bis hinauf in das himmlische Jerusalem eine leuchtende Bahn eröffnet. — Nun aber sah ich die Seele der heiligen Jungfrau, welche der Erscheinung Jesu folgte, bei dieser vorüber durch den Felsen in das Grab niederschweben und bald darauf, mit ihrem verklärten Leibe vereinigt, viel deutlicher und leuchtender aus demselben heraussteigen und mit dem Herrn und der ganzen Glorie in das himmlische Jerusalem hinaufziehen, worauf aller Glanz wieder einsank und der stille Sternhimmel die Gegend bedeckte.

Ob die vor dem Grabe betenden Apostel und heiligen Frauen alles dieses auch so gesehen haben, weiß ich nicht, aber ich sah, daß sie anbetend und staunend emporschauten oder sich erschüttert mit dem Gesicht auf die Erde niederwarfen. Auch sah ich, wie einzelne, die betend und singend auf dem Kreuzwege mit der Tragbahre heimzogen und bei den einzelnen Stationen verweilten, sich mit großer Rührung und Andacht nach dem Lichte über dem Grabfelsen hinwendeten.

So habe ich denn die heilige Jungfrau nicht gewöhnlich sterben und nicht zum Himmel fahren sehen, sondern zuerst ihre Seele, dann ihren Leib von der Erde entnommen werden.

Heimgekehrt, nahmen die Apostel und Jünger einige Speisen zu sich und gingen dann zur Ruhe. Sie schliefen außer dem Hause in angebauten Schoppen. Die Magd Mariä, welche in dem Hause zurückgeblieben war, um manches zu ordnen, und andere Frauen, welche zu ihrer Hilfe noch hier verweilten, schliefen in dem Raume hinter der Feuerstelle, wo die Magd während dem Begräbnis alles weggeräumt hatte, so daß es nun hier aussah wie in einer kleinen Kapelle, in welcher fortan die Apostel beteten und opferten.

Heute abend sah ich die Apostel noch im Gebet und Trauer in ihrem Raume. Die Frauen waren schon zur Ruhe gegangen. Da sah ich den Apostel Thomas, mit zwei Begleitern reisemäßig geschürzt, vor dem Gitter des Hofes anlangen und pochen, daß man ihm öffne. — Es kam ein Jünger mit ihm, er hieß Jonathan und war der heiligen Familie verwandt [1].

Sein anderer Begleiter war ein sehr einfältiger Mann aus dem Lande, wo der fernste der heiligen drei Könige herkam, welches ich immer Partherme nenne, weil ich die Namen nicht genau behalten kann. Thomas hat ihn von daher mitgebracht, er trug ihm seinen Mantel und war wie ein kindlich gehorsamer Knecht.

---

[1] Sie erkannte diesen Jünger aus einer Reliquie von ihm, die sich namenlos bei ihr fand. Sie sagte am 25.—26. Juli 1821 von ihm: Jonathan oder Jonadab hieß getauft Elieser vom Geschlecht Benjamin aus der Gegend von Samaria, war bei Petrus, auch bei Paulus, dem aber war er zu langsam, er war auch bei Johannes und kam mit Thomas aus weiter Ferne zu Mariä Tod. Er war gleich Thomas ein einfältiger tartarischer Knecht, auch ein sehr kindlicher Mensch, aber ein Priester. Ich sah ihn drei Jahre nach Mariä Tod noch hier in Ephesus. Später sah ich, daß er dort in der Gegend halbtot gesteinigt, liegengelassen und dann in die Stadt gebracht ward, wo er starb. In der Folge kamen seine Gebeine nach Rom. Man wußte aber seinen Namen nicht.

— Ein Jünger öffnete die Türe, und da Thomas mit Jonathan in den Raum der Apostel ging, befahl er seinem Diener, vor der Türe sitzen zu bleiben. Der gute braune Mann tat alles, was man ihm befahl, er setzte sich gleich ruhig nieder. Oh, wie waren sie betrübt, als sie hörten, daß sie zu spät gekommen. Thomas weinte wie ein Kind, da er von Mariä Tod hörte. Die Jünger wuschen ihnen die Füße und erquickten sie ein wenig. Indessen waren die Frauen erwacht und aufgestanden, und als sie sich zurückzogen, führte man Thomas und Jonathan an die Stelle, wo die heilige Jungfrau gestorben. Sie warfen sich an die Erde und benetzten sie mit Tränen. Thomas kniete auch noch lange betend an Mariä Altärchen. Seine Trauer war unaussprechlich rührend, ich muß noch weinen, wenn ich daran denke. — Als die Apostel mit ihrem Gebete, das sie nicht unterbrochen hatten, fertig geworden waren, gingen sie alle, die Angekommenen zu bewillkommnen. Sie faßten Thomas und Jonathan unter den Armen, zogen sie von den Knien auf, umarmten sie und führten sie in den vorderen Raum des Hauses und erquickten sie mit kleinen Broten und Honig, und sie tranken aus kleinen Krügen und Bechern. Sie beteten auch nochmals zusammen und umarmten sich alle untereinander.

Nun aber verlangten Thomas und Jonathan nach dem Grabe der heiligen Jungfrau, und die Apostel zündeten Leuchten an, die auf Stangen befestigt waren, und zogen alle mit ihnen hinaus auf dem Kreuzwege Mariä zu ihrem Grabe. Sie sprachen nicht viel, sie verweilten bei den Stationssteinen ein wenig, gedachten des Leidensweges des Herrn und der mitleidenden Liebe seiner Mutter, welche diese Gedenksteine hier gegründet und so oft mit ihren Tränen begossen hatte. Bei dem Grabfelsen angekommen, warfen sich alle umher auf die Knie nieder, Thomas aber eilte mit Jonathan zuerst nach dem Eingang der Höhle, Johannes folgte ihnen. Zwei Jünger bogen das Gesträuch vor dem Eingang zurück, und sie traten hinein und knieten mit ehrfürchtiger Scheu vor dem Totenlager der heiligen Jungfrau nieder. — Dann nahte sich Johannes dem leichten Korbsarge, der etwas über das Totenlager hervorragte, löste die drei grauen Binden auf, welche den Deckel umschlossen, und stellte diesen zur Seite, nun leuchteten sie in den Sarg und sahen mit tiefer Erschütterung die Grabtücher des heiligen Leibes in der ganzen Form der Einhüllung leer vor sich liegen. Über dem Angesicht und der Brust waren sie auseinandergeschlagen, die Umwindungen der Arme lagen leicht aufgelöst, doch noch in gewickelter Form, wie sie gelegen, aber der verklärte Leib Marias war nicht mehr auf der Erde. Sie blickten mit aufgehobenen Armen staunend empor, als sei der heilige Leib ihnen jetzt erst entschwunden, und Johannes rief zu der Höhle hinaus: „Kommt und staunet, sie ist nicht mehr hier!" Da traten sie alle paarweise in die enge Höhle und sahen mit Staunen die leeren Grabtücher vor sich liegen, und hinausgetreten, knieten alle zur Erde, sahen die Arme gen Himmel hebend empor, weinten und beteten, priesen den Herrn und seine liebe verklärte Mutter, ihre liebe, treue Mutter, wie treue Kinder mit mancherlei süßen Liebesworten, wie der Geist sie ihnen auf die Lippen legte. — Da erinnerten sie sich wohl und gedachten jener Lichtwolke, welche sie gleich nach der Begrabung auf dem Heimwege aus der Ferne gesehen, wie sie auf den Grabhügel niedergesunken und dann wieder emporgeschwebt war. — Johannes aber nahm die Grabtücher der heiligen Jungfrau mit großer Ehrfurcht aus dem Sargkorbe, faltete und rollte sie ordentlich zusammen und nahm sie zu sich, dann legte er den Deckel wieder über den Sarg und band ihn wieder mit den Binden zu. — Nun verließen sie die Grabhöhle, deren Eingang wieder mit dem Gesträuche geschlossen ward. — Betend und Psalmen singend, wandelten sie auf dem Kreuzwege zu dem Hause. Hier gingen sie alle in den Wohnraum Mariä. Johannes legte hier die Grabtücher ehrerbietig auf das Tischchen vor dem Betwinkel der heiligen Jungfrau. Thomas und die anderen beteten noch auf der Stelle, wo sie gestorben. — Petrus zog sich abgesondert zurück, als habe er eine geistliche Betrachtung; vielleicht bereitete er sich vor, denn ich sah hierauf den Altar vor dem Betort Mariä, wo deren Kreuz stand, aufrichten und Petrus einen feierlichen Gottesdienst hier halten, die übrigen standen reihenweise hinter ihm und beteten und sangen wechselseitig. Die heiligen Frauen standen mehr zurück an den Türen und an der Rückseite der Feuerstelle.

Der einfältige Knecht des Thomas war ihm aus dem fernen Lande, wo er zuletzt gewesen, gefolgt. Er hatte ein ganz fremdes Aussehen. Er hatte kleine Augen, eine eingedrückte Stirne und Nase und hohe Backenknochen. Seine Farbe war bräunlicher als hierzulande. Er war getauft und außerdem aber ganz wie ein unerfahrenes, gehorsames Kind. Er tat alles, was man ihm befahl, er blieb stehen, wo man ihn hinstellte, sah hin, wo man es gebot, und lachte jedermann an. Wo Thomas ihm gesagt hatte, sich hinzusetzen, da blieb er sitzen, und als er Thomas weinen sah, weinte auch er bitterlich. Dieser Mensch ist immer bei Thomas geblieben, er konnte große Lasten tragen, und ich habe ihn ganz gewaltige Steine heranschleppen sehen, als Thomas eine Kapelle baute.

Ich sah nach dem Tode der heiligen Jungfrau die versammelten Apostel und Jünger oft beieinander im Kreise stehen und sich gegenseitig erzählen, wo sie gewesen, und was ihnen begegnet war. — Ich habe alles gehört, es wird mir schon wieder einfallen, wenn es Gottes Wille ist.

20. August 1820 und 1821. — Nach mannigfacher Andacht haben die anwesenden Jünger nun meist Abschied genommen und sind wieder ihrem Berufe nachgezogen. Beim Hause sind noch die Apostel und Jonathan, der mit Thomas kam, und des Thomas Knecht anwesend. — Aber sie werden nun auch alle abreisen, sobald sie mit ihrer Arbeit fertig sind. Sie arbeiten nämlich alle daran, den Kreuzweg Mariä von Unkraut und Steinen zu reinigen und mit schönen passenden Sträuchern, Kräutern und Blumen zu verzieren. Sie tun dies alles unter Beten und Singen; es ist gar nicht zu sagen, wie rührend das anzusehen ist, es ist alles wie ein ernster Gottesdienst der trauernden Liebe, gar beweglich und doch so lieblich. Sie

schmücken wie treue Kinder die Fußtapfen ihrer und ihres Gottes Mutter; die Fußtapfen, mit welchen sie den Marterpfad ihres göttlichen Kindes zum Erlösertode für uns in mitleidender Andacht gemessen hat.

Den Eingang in das Grab Mariä schlossen sie ganz, indem sie die vorgepflanzten Sträucher mit Erde fester anschlossen und den Graben davor verstärkten. Das Gärtchen vor dem Grab reinigten und verzierten sie und gruben einen Gang von der Rückseite des Grabhügels bis zu der hinteren Wand des Totenlagers und meißelten dort eine Öffnung in den Felsen, durch welche man auf das Grablager blicken konnte, wo der Leib der heiligsten Mutter geruht, die der sterbende Erlöser ihnen allen und seiner Kirche in Johannes am Kreuze übergeben hatte. Oh, sie waren getreue Söhne, gehorsam dem vierten Gebot, und lange werden sie und ihre Liebe leben auf Erden! — Sie errichteten auch eine Art Zeltkapelle über der Grabhöhle, sie spannten ein Zelt von Teppichen und umgaben und deckten es mit Flechtwerk von Reisern. Sie bauten ein Altärchen hinein. Sie legten einen Stein als Stufe, richteten einen Stein auf und legten eine große ebene Steinplatte darüber. Hinter dieses Altärchen hängten sie einen kleinen Teppich an die Wand, auf welchen das Bild der heiligen Jungfrau ganz schlicht und einfach gewebt oder gestickt war, und zwar in bunten Farben, wie sie in ihrem Festkleide gekleidet war, braun und blau und rot gestreift. — Sie hatten, als sie fertig waren, einen Gottesdienst dort, wobei sie alle mit emporgehobenen Händen kniend beteten. — Sie richteten den Wohnraum Mariä in dem Hause ganz zu einer Kirche ein. Die Magd Mariä und einige andere Frauen blieben darin wohnen, und es wurden zwei Jünger, worunter einer von den Hirten jenseits des Jordans hier zurückgelassen zum geistlichen Troste der umherwohnenden Gläubigen. — Bald hierauf trennten sich auch die Apostel; Bartholomäus, Simon, Judas, Thaddäus, Philippus, Matthäus zogen zuerst nach einem rührenden Abschiede wieder nach ihren Berufsorten. Die übrigen, außer Johannes, der noch etwas verweilte, zogen vereint zuerst noch nach Palästina, wo sie sich auch wieder verteilten. Es waren viele Jünger dort, auch mehrere Frauen zogen von Ephesus mit nach Jerusalem. Maria Markus tat dort sehr viel für die Gemeinde, sie hatte eine Genossenschaft für wohl 20 Frauen errichtet, welche gewissermaßen klösterlich lebten, fünf derselben lebten ganz bei ihr im Haus. — Die Jünger versammelten sich immer bei ihr. Die christliche Gemeinde hatte die Kirche am Teiche Bethesda noch inne usw.

Am 22. August sagte sie: Johannes allein ist noch in dem Hause. Alle anderen sind bereits abgereist. Ich sah Johannes nach dem Willen der heiligen Jungfrau die Kleider derselben an ihre Magd und eine andere Jungfrau verteilen, welche manchmal ihr zu dienen kam. Es war einiges aus Stoffen der heiligen drei Könige darunter. Ich sah zwei lange weißliche Kleider, mehrere lange Hüllen und Schleier, auch Decken und Teppiche. — Ich sah auch jenes gestreifte Überkleid ganz deutlich, das sie zu Kana und auf dem Kreuzweg angehabt und wovon ich ein kleines Streifchen besitze. — Einiges kam zur Kirche, und zum Beispiel aus dem schönen Brautkleid, himmelblau mit Gold durchnäht und mit Rosen bestreut, ward ein Opferornat für die Bethesdakirche in Jerusalem bereitet. In Rom sind noch Reliquien davon. Ich sehe sie, weiß aber nicht, ob man sie kennt. Maria hat es nur, während sie getraut ward, angehabt, nachher nie wieder.

Alles dieses Leben, Handeln und Wandeln ging still und heimlich, doch ohne jene Angst wie heutzutage vor sich. Die Verfolgung war noch keine Späherei geworden und der Friede nicht gestört.

NACHWORT

Am Feste „Mariä Geburt", dem 8. September 1774, wurde dem Bauern Bernhard Emmerick und seiner Frau Anna, geb. Hillers zu Flamske bei Coesfeld in Westf., ein Mädchen geboren, das in der Taufe den Namen Anna Katharina erhielt. Schon als kleines Kind hatte sie Visionen, sie sah Bilder aus den Begebenheiten des Alten und Neuen Testamentes zu jeder Stunde des Tages und während jeglicher Beschäftigung. Da sie annahm, daß auch ihre Umgebung dieselben Gesichter wahrnehmen müsse, wurde sie bei der Erzählung über das Geschehene oft verspottet. Anna Katharina Emmerick[1] berichtete in späteren Jahren hierüber:

„Als ich in meinem fünften bis sechsten Jahre den Artikel des katholischen Glaubensbekenntnisses betrachtete: ‚Ich glaube an Gott Vater, den allmächtigen Schöpfer Himmels und der Erde', da kamen mir allerlei Bilder von der Erschaffung des Himmels und der Erde vor die Seele. Ich sah den Sturz der Engel, die Erschaffung der Erde und des Paradieses, Adams und Evas und den Sündenfall. Ich dachte nicht anders, als dies sehe ein jeder Mensch so, wie die anderen Dinge um uns her, und so erzählte ich denn meinen Eltern, Geschwistern und Gespielen ganz unbefangen davon, bis ich merkte, daß man mich auslachte und fragte, ob ich ein Buch habe, worin das alles stehe. Da fing ich nach und nach an, von diesen Dingen zu schweigen ... Ich habe diese Gesichter gehabt sowohl bei Nacht als auch bei hellem Tag im Feld, im Haus, gehend, arbeitend, bei allerlei Geschäften[2]."

Schon in jungen Jahren spürte Anna Katharina eine heftige Sehnsucht zum Ordensstande. Trotz des Widerstandes der Eltern und ihres schlechten Gesundheitszustandes trat sie im Sep-

---

[1] Aus nicht geklärten Gründen schrieb Brentano statt Emmerick stets Emmerich.
[2] Schmöger, P. Karl E., Leben der gottseligen Anna Katharina Emmerich, 3. Aufl. 1907. S. 19 ff.

tember des Jahres 1802 in das Augustinerkloster Agnetenberg in Dülmen ein.

In dem vom Ende des 15. Jahrhunderts stammenden Nonnenkloster herrschte bitterste Armut. In jener Zeit, zu Beginn des 19. Jahrhunderts, der Zeit der Aufklärung und der politischen Wirren in Deutschland, waren die religiösen Zustände in dem kleinen verarmten Kloster alles andere als ideal. Aber Anna Katharina begrüßte die Armut und die primitive Ausstattung der kleinen Zelle, in der es nicht einmal einen Stuhl mit Lehne gab. „Diese meine arme Zelle war mir doch so voll und prächtig, daß der ganze Himmel mir darin zu sein schien[3]!"

Als im Dezember 1811 das Kloster Agnetenberg aufgehoben wurde, zog Anna Katharina in das Haus der Witwe Roters in Dülmen. Sie war so krank und schwach, daß sie nur mit Hilfe das neue Domizil erreichen konnte, das ihr nun die Klosterzelle ersetzen mußte.

Hier in ihrem Stübchen im Dezember 1812, als sie mit ausgebreiteten Armen in ekstatischem Geist verweilte, wurde sie mit den Stigmen der Wundmale Christi begnadet. Dies war für sie eine neue große Pein, denn sie wünschte nichts sehnlicher, als daß ihre Leiden vor der Welt unbekannt blieben und daß sie nicht für viele zum Gegenstand der Bewunderung wurde. So sprach sie zum Dechant Rensing, als dieser sie aufsuchte: „Gott erweist mir mehr Gnaden, als ich verdiene, und ich danke ihm dafür; aber ich wünschte, daß er diese Gnaden vor den Menschen verborgen hätte, denn ich fürchte, daß sie mich darum für besser halten als ich bin[4]."

Es konnte nicht ausbleiben, daß die Kunde von der Stigmatisation der begnadeten Nonne nicht auf den engeren Kreis ihrer Bekannten beschränkt blieb. Von ärztlicher und kirchlicher Seite aus fanden Untersuchungen statt, die die Lage der leidenden Anna Katharina immer schwerer machen mußten. Sie sah sich gegen ihren Willen vor das Forum der ganzen Welt

---

[3] Ebd. S. 90.
[4] Ebd. S. 164.

gezerrt. So wurde sie „aus einer Klostergemeinde in einer übermütigen, seichten und ungläubigen Zeit in die eitle Welt gestoßen und mit den Ordenszeichen der Passion Christi belehnt, mußte das blutige Gewand des Keltertreters am lichten Tag vor vielen Menschen tragen, welche kaum an Jesu eigene Wunden, viel weniger an deren Ebenbild glaubten. So war sie, die so viele Stunden ihrer Jugend bei Tag und Nacht vor den Stationsbildern des Leidensweges Christi und vor den Kreuzen am Wege gebetet hatte, nun selbst wie ein Kreuz am Wege geworden, von den einen mißhandelt, von den anderen mit Tränen der Buße begrüßt, von den dritten als Gegenstand der Kunst und Wissenschaft betrachtet und von den Unschuldigen mit Blumen geschmückt [5]".

Gott aber hatte die arme demütige und leidende Nonne zu seinem Werkzeug erwählt, auf daß er verherrlicht würde. So berichtet sie: „Die vielen wunderbaren Mitteilungen aus dem Alten und Neuen Testamente und unzählbare Bilder aus dem Leben der Heiligen usw. waren mir alle durch die Barmherzigkeit Gottes gegeben, nicht allein zu meiner Belehrung, denn vieles konnte ich nicht fassen, sondern zur Mitteilung, um vieles Verschlossene und Versunkene wieder zu erwecken ... Ich weiß, daß ich schon lange gestorben wäre; denn ich habe jetzt ein Bild gehabt und wäre längst gestorben, wenn nicht durch den ‚Pilger‘ alles bekannt werden müßte. Er muß alles aufschreiben: denn die Prophezeiung, das heißt die Verkündigung der Gesichte ist *meine Bestimmung*. Und wenn der ‚Pilger‘ erst alles in Ordnung hat und mit allem fertig ist, wird auch er sterben."

Es war am Donnerstag, dem 24. September 1818, als der „Pilger" das erste Mal mit der Stigmatisierten zusammentraf. Clemens Brentano, der in Frankfurt geborene Dichter der Romantik, dessen Lebenslauf durch alle Himmel und Höllen der irdischen und himmlischen Liebe hindurchführte, war von der göttlichen Gnade berührt. Nach einem unsteten Leben der Sinnenfreude fand Brentano nach langem inneren Ringen zur

---

[5] Brentano, Cl.: Ges. Werke, Bd. IV, S. 314 f.

katholischen Kirche zurück. Am Bette der armen Leidenden, unter der Fülle der Gesichte, die sie ihm täglich bot, war er bald fasziniert von der Idee der Niederschrift. Trotz unzähliger Schwierigkeiten, die durch die Kranke und ihre Umgebung ihm, dem feinsinnigen und empfindlichen Dichter, entstanden, hat er dann mit Unterbrechungen bis zum Tode der Seherin an ihrem Krankenbett geweilt. Hier entstanden die Tagebücher und Aufzeichnungen in mühevoller und oft beschwerlicher Niederschrift.

Man hat Clemens Brentano den Vorwurf gemacht, er hätte die Visionen der Emmerick verfälscht und zu sehr mit seinen eigenen Empfindungen und Zusätzen angereichert. Wer die umfangreiche vorliegende Literatur über die Entstehung der Aufzeichnung aufmerksam verfolgt, wird aber bald die Feststellung treffen können, daß dem Aufzeichnenden gar keine andere Wahl blieb. Die genaue Überprüfung der einzelnen Zettel und Notizen zeigt die ungeheuren Schwierigkeiten auf, denen sich der Dichter gegenübersah. Hat doch die Emmerick in ihren Visionen keine fortlaufenden Bilder und Szenen geben können, sondern unzählige Male wird die Darstellung abgebrochen und unterbrochen. Oft klagt die Betrachtende, wenn sie aus ihren Visionen erwacht, dieses oder jenes sei ihr nicht mehr recht gegenwärtig, ein Name oder die Entwicklung einer Handlung seien ihr entfallen, und sie könne sich an nichts mehr erinnern. Dann bricht der Gang einer Vision plötzlich ab, um von neuen Bildern und Gleichnissen aus anderen Perioden des Lebens Christi überschachtelt zu werden.

Zudem wird der empfindsame Dichter, der von seiner Aufgabe der Aufschreibung der Schauung der Visionärin mehr und mehr besessen wird, durch unzählige Besuche des Bekannten- und Verwandtenkreises der Emmerick in seiner Arbeit gestört. Er möchte diese Besuche am liebsten verbieten und verhindern, denn sie fallen oft in wichtige Abschnitte der Verkündigungen und zerschneiden ihm unbarmherzig den Faden der Gesichte.

Daß es dem Dichter trotzdem gelungen ist, aus der Flut der

aufgezeichneten Tagebuchnotizen das Wesentliche herauszuziehen, gehört zu den Gnadenerweisungen, durch die Gott seine Auserwählten wirken läßt. Es erscheint im Grunde genommen unwichtig, wieweit Brentano durch Überarbeitung den ungeheuren Stoff veränderte und in eine künstlerische Form goß. Daß der von so vielen Launen und Versuchungen Hinundhergerissene wenigstens den größten Teil der Visionen bearbeiten und herausgeben konnte, ist das Entscheidende.

Nach dem Tode Anna Katharina Emmericks am 9. Februar 1824 machte sich Brentano an das Ordnen der Notizen. In Koblenz beginnt er 1826 mit der Anlage eines umfassenden Registers, „um nach einer Übersicht des Gleichartigen die Arbeit des Ganzen zu überschauen und zu beginnen[6]".

Als erster zusammengefaßter Band erschien im Jahre 1833 „Das bittere Leiden unseres Herrn Jesu Christi". Dieses Werk vermittelt einen außerordentlich plastischen Eindruck der Visionen und zeigt auch deutlich die Art der Bearbeitung des Dichters. Nicht so einfach gestaltete sich die Zusammenstellung der Tagebuchaufzeichnung für das geplante „Arme Leben unseres Herrn Jesu Christi" und des „Lebens der heiligen Jungfrau Maria".

Erst nach seiner Übersiedlung nach München konnte Brentano darangehen, den spröden und ungeheuer umfangreichen Stoff zu bearbeiten. Der Dichter war alt und müde geworden, und oft schien es, als wolle er die ganze Arbeit liegenlassen. So schrieb er an einen Freund: „Ich sitze einsam wie in einer Wüste von Sandwogen über einem Schatz flüchtiger Blätter schützend hingebeugt und verschmachte mitten im Gewühle der Welt[7]."

Ohne die Hilfe des Orientalisten Professor Haneberg, der seit dem Jahre 1839 in München alttestamentliche Exegese vortrug und mit dem Brentano in München zwei Jahre in gemeinsamem

---

[6] Brentano, Cl.: Ges. Werke, Bd. IX, S. 140.
[7] Diel, J. P. und W. Kreiten: Cl. Brentano, Bd. II, S. 457.

Haushalt lebte, wäre die Arbeit nicht vorangekommen. Ebenso ließ der Dichter sich von dem Kirchenhistoriker Johann Adam Möhler, dessen Buch über die christliche „Symbolik" Aufsehen erregte, beraten und las ihm stundenlang aus seinem Emmerick-Manuskript vor. Zugleich unterrichtete er sich über die Geschichte und die Altertümer des Orients sowie über Mariologie und Hagiographie. Eine Frucht dieser Studien sind die vielen Anmerkungen im „Marienleben", die auf die verschiedenen, von Brentano zu Rate gezogenen Werke hinweisen.

Die dichterische Potenz Brentanos stand vor dem Erlöschen. So sind viele, nicht sorgfältig genug ausgefüllte Stellen aus den Visionen nicht mit der Stärke gekommen wie in der „Passion". Trotz allem bleibt auch im „Marienleben" wie im „Armen Leben" genug des Interessanten und Erbaulichen, das den Aufzeichnungen des Dichters so viele Freunde gewinnen konnte.

Es war allerdings Brentano nicht beschieden, die beiden letzten Bände der Visionen fertigzustellen. Erst die Gattin seines Bruders Christian vollendete nach seinem Tode das „Marienleben" und gab es mit Hilfe gelehrter Freunde 1852 zum ersten Male heraus. Das „Arme Leben" wurde in drei Bänden durch P. Schmöger bearbeitet und erschien im Jahre 1858/1860.

Unsere Ausgabe des „Marienlebens" bringt den unveränderten Text der Originalausgabe mit den für die heutige Zeit erforderlichen orthographischen und satztechnischen geringfügigen Änderungen. Sie ist als Ergänzung zu den bereits erschienenen Bänden der „Passion" und des „Lebens Jesu" gedacht. So schließt sie eine Lücke zwischen den beiden bereits erschienenen Bänden.

Bernard Pattloch

LITERATURHINWEISE

Adam, Joseph: Clemens Brentanos Emmerick-Erlebnis. Bindung und Abenteuer. Freiburg 1956.

Back, S.: Von der Liebe verwundet. Anna Katharina Emmerick (1774—1824). Würzburg 1955.

Brentano, Clemens: Gesammelte Schriften, herausgegeb. v. Chr. Brentano. 9 Bde. Frankfurt 1852—1855.

— Sämtliche Werke, herausgegeben von C. Schüddekopf, Band XIV, 2. Religiöse Schriften II. München-Leipzig 1913.

Diehl, Joh. B. S. J. — Wilh. Kreiten S. J.: Clemens Brentano. Ein Lebensbild. 2 Bde. Freiburg 1878.

Emmerich, A. K.: Leben der heiligen Jungfrau Maria. 1. Aufl. München 1852.

— Das Marienleben. Nach den Gesichten der Anna Katharina Emmerich, aufgezeichnet von Clemens Brentano. Einführung von Franz Lackner. Innsbruck 1952.

— Das bittere Leiden unseres Herrn Jesu Christi nach den Betrachtungen der gottseligen Anna Katharina Emmerich, herausgegeb. v. Th. Rody. Aschaffenburg. 4. Aufl. 1962.

— Das arme Leben unseres Herrn Jesu Christi, herausgegeb. v. Th. Rody, Aschaffenburg. 2. Aufl. 1963.

Emmerick, A. K.: Der Gotteskreis. Aufgezeichnet von Cl. Brentano. In erstmaliger genauer Veröffentlichung der Urtexte ausgewählt, herausgegeben und eingeleitet von Dr. Anton Brieger. München 1960.

Henze, Cl. M.: Anna Katharina Emmerich schaut Maria. Gesichte über Heimgang und Himmelfahrt Unserer Lieben Frau im Rahmen der Zeugnisse von 15 Jahrhunderten. Wiesbaden 1954.

Schmöger, P. Karl E.: Leben der gottseligen Anna Katharina Emmerich. Freiburg 1907.

ANNA KATHARINA EMMERICH

Authentische Werke

aufgezeichnet von Clemens Brentano während seines mehrjährigen Aufenthaltes am Krankenbett der stigmatisierten Augustinerin des Klosters Agnetenburg zu Dülmen.

Visionen

Ganzleinen, 244 Seiten, Bestell-Nr. 91 060

Schon als Kind hat Anna Katharina Emmerich Visionen gehabt und jenseitige Dinge gesehen. Hier berichtet sie in ihren Schauungen über die Gliederungen der Engel, die armen Seelen im Fegfeuer, die streitende und leidende Kirche, das hl. Meßopfer und über das jenseitige Leben in Lohn und Strafe.

Anna Katharina war von tiefem Mitleiden für die armen Seelen im Fegfeuer erfüllt, für die sie Schmerzen, Sorgen und Krankheit litt und aufopferte um ihnen zu helfen. Oftmals jammerte sie: „Es ist traurig, wie jetzt so wenig den armen Seelen geholfen wird. Und ihr Elend ist doch so groß, sie selber können sich ja gar nicht helfen."

Ein dringendes Anliegen der Seherin ist das Gebet. Sie sagt: „Eine der größten Gnaden, welche der liebe Gott den sündigen Menschen erweist, ist die, daß sie zu ihm beten können. Was könnte es auch für ein Geschöpf Wünschenswerteres geben, als daß es mit seinem Schöpfer wie ein Kind mit seinem Vater reden darf?"

PATTLOCH VERLAG

Die Geheimnisse des Alten Bundes
162 Seiten, Ganzleinen
Bestell-Nr. 91 008

> Die Visionen der Anna Katharina Emmerich über die „Geheimnisse des Alten Bundes" sind Gesichte, über die sie bereits als Kind berichtete. Sie beginnen mit dem Sturz der gefallenen Engel vor der Erschaffung der Welt, zeigen die gesamte Schöpfungsgeschichte, den Sündenfall und die Verheißung des Heiles. Sie berichten uns ausführlich über die Familie Adams, die Sintflut und über Noe und seine Nachkommen. Sie schildert dabei ausführlich die Gestalt des Religionsstifters Hom, von der wir erst durch die Nachforschungen des Frhr. von Ow seit dem Jahre 1906 Kenntnis haben. Wie es möglich war, daß die Seherin von Dülmen hierüber bereits etwa hundert Jahre vorher berichten konnte, gehört zu den unbegreiflichen Wundern ihrer Visionen.

Das arme Leben unseres Herrn Jesu Christi
568 Seiten, Ganzleinen
Bestell-Nr. 91 006

> Über anderthalb Jahrhunderte hinweg haben die Visionen der großen Seherin ihre Anziehungskraft auf gläubige Menschen bewahrt, ergänzen sie doch die knappen Berichte der Evangelien durch viele ansprechende Einzelheiten.

Das bittere Leiden unseres Herrn Jesu Christi
480 Seiten, Ganzleinen
Bestell-Nr. 91 007

> In eine großartigen Schau erlebte Anna Katharina Emmerich das bittere Leiden und Sterben unseres Herrn; verblüffend ist die Wiedergabe der geringsten Einzelheiten, die einer wissenschaftlichen Prüfung standhielten.

PATTLOCH VERLAG